汽车耐老化技术手册

主　编　黄　平　张晓东　程　舸
副主编　（以编写内容先后为序）
　　　　付　鑫　李　波　王　胜　郭文军　余梅玲
　　　　付　丹　张　恒　张庆华
参　编　（以编写内容先后为序）
　　　　陈心欣　王钊桐　杨　豪　仝　岩　唐　雨
　　　　陈平方　高　嵩　高常娟　王伟健　李书鹏
　　　　宋伟伟　安林林　张　雯　罗茜元　赵海英
　　　　李春平　刘晓甫　李　燕　郭翰卿　范伟江
　　　　苏伊寒　余晓杰　时彦鹏　叶碧华　胡玉洁
　　　　胡利芬　谢　强　曹玲玲　马旭东　孙杏蕾
　　　　瞿华盛　海树岩　金柱银　沈邦全

机械工业出版社

《汽车耐老化技术手册》由中国汽车工程学会汽车防腐蚀老化分会组织编写，全面讲解了汽车老化环境、车用材料与汽车零部件耐老化开发、汽车零部件与整车耐老化试验，详细介绍了耐老化试验常用设备和老化失效分析方法等内容，力求帮助读者对汽车耐老化技术建立系统认知。

本手册共分10章，包括汽车老化环境、汽车耐老化性能开发、汽车用非金属材料耐老化开发与检测、汽车零部件耐老化开发与检测、整车耐老化试验、汽车耐老化试验与检测常用设备、汽车老化失效分析、汽车高加速老化测试的研究进展、耐老化试验的要点和进展、金属卤化物灯试验箱加速老化试验案例研究等内容。

本手册既可作为汽车整车生产企业、车用非金属材料生产企业、汽车检测机构的耐老化相关工程人员、试验人员和管理人员的工具书，也可作为汽车工程技术相关专业高校师生、科研院所研究人员的参考书。

图书在版编目（CIP）数据

汽车耐老化技术手册/黄平，张晓东，程舸主编.
北京：机械工业出版社，2024.6. -- ISBN 978 - 7 - 111 - 76006 - 1

Ⅰ.U472 - 62

中国国家版本馆 CIP 数据核字第 2024Q51L82 号

机械工业出版社（北京市百万庄大街22号　邮政编码100037）
策划编辑：孟　阳　　　　　责任编辑：孟　阳
责任校对：郑　雪　张亚楠　封面设计：马精明
责任印制：张　博
北京建宏印刷有限公司印刷
2024年7月第1版第1次印刷
210mm×285mm・20.5印张・1插页・627千字
标准书号：ISBN 978-7-111-76006-1
定价：130.00元

电话服务　　　　　　　　网络服务
客服电话：010-88361066　机　工　官　网：www.cmpbook.com
　　　　　010-88379833　机　工　官　博：weibo.com/cmp1952
　　　　　010-68326294　金　书　网：www.golden-book.com
封底无防伪标均为盗版　机工教育服务网：www.cmpedu.com

本书编委会

主　编：黄　平　重庆长安汽车股份有限公司

　　　　　张晓东　中国电器科学研究院股份有限公司

　　　　　程　舸　ATLAS 亚太拉斯材料测试技术有限公司

副主编（以编写内容先后为序）：

　　　　　付　鑫　吉利汽车研究院（宁波）有限公司

　　　　　李　波　广州汽车集团股份有限公司

　　　　　王　胜　比亚迪汽车工业有限公司

　　　　　郭文军　上海汽车集团股份有限公司乘用车分公司

　　　　　余梅玲　武汉达安科技有限公司

　　　　　付　丹　东风汽车集团有限公司

　　　　　张　恒　美国 Q-Lab 公司

　　　　　张庆华　弘埔技术（香港）有限公司

参　编（以编写内容先后为序）：

　　　　　陈心欣　中国电器科学研究院股份有限公司

　　　　　王钊桐　威凯检测技术有限公司

　　　　　杨　豪　浙江零跑科技股份有限公司

　　　　　仝　岩　一汽-大众汽车有限公司

　　　　　唐　雨　吉利汽车研究院（宁波）有限公司

　　　　　陈平方　吉利汽车研究院（宁波）有限公司

　　　　　高　嵩　北汽福田汽车股份有限公司

　　　　　高常娟　北京新能源汽车股份有限公司

　　　　　王伟健　广州汽车集团股份有限公司

李书鹏	广州汽车集团股份有限公司
宋伟伟	北京奔驰汽车有限公司
安林林	北京汽车集团越野车有限公司
张　雯	北京汽车股份有限公司
罗茜元	重庆长安汽车股份有限公司
赵海英	北京汽车集团越野车有限公司
李春平	一汽解放汽车有限公司
刘晓甫	北京汽车研究总院有限公司
李　燕	浙江零跑科技股份有限公司
郭翰卿	浙江极氪汽车研究开发有限公司
范伟江	一汽奔腾汽车股份有限公司
苏伊寒	武汉达安科技有限公司
余晓杰	吉利汽车研究院（宁波）有限公司
时彦鹏	一汽奔腾汽车股份有限公司
叶碧华	武汉达安科技有限公司
胡玉洁	东风汽车集团有限公司
胡利芬	广州汽车集团股份有限公司
谢　强	比亚迪汽车工业有限公司
曹玲玲	ATLAS 亚太拉斯材料测试技术有限公司
马旭东	ATLAS 亚太拉斯材料测试技术有限公司
孙杏蕾	美国 Q-Lab 公司
瞿华盛	美国 Q-Lab 公司
海树岩	弘埔技术（香港）有限公司
金柱银	弘埔技术（香港）有限公司
沈邦全	弘埔技术（香港）有限公司

前　言

随着汽车轻量化技术的发展和节能减排的需要，非金属材料（塑料、橡胶、玻璃、涂料等）在车用材料中的占比呈逐年上升趋势。由非金属材料制成的汽车零部件，在户外受到阳光、雨水、温度、湿度等气候环境因素的影响，会逐渐老化失效，影响汽车的外观及使用性能，严重的还会产生安全隐患，导致品牌美誉度降低。耐老化性能是汽车质量品质的重要评价指标之一，是汽车中长期使用性能的重要体现。鉴于我国一直缺少聚焦于汽车耐老化技术的系统、全面的工具书，中国汽车工程学会汽车防腐蚀老化分会特组织23家单位的45位专家，编写了这本《汽车耐老化技术手册》。

本手册共分10章，包括汽车老化环境、汽车耐老化性能开发、汽车用非金属材料耐老化开发与检测、汽车零部件耐老化开发与检测、整车耐老化试验、汽车耐老化试验与检测常用设备、汽车老化失效分析、汽车高加速老化测试的研究进展、耐老化试验的要点和进展、金属卤化物灯试验箱加速老化试验案例研究等内容。

本手册参编人员分工：张晓东、陈心欣、王钊桐、杨豪、仝岩编写第1章；付鑫、唐雨、陈平方、高嵩、高常娟编写第2章；李波、王伟健、李书鹏、宋伟伟、安林林编写第3章；王胜、张雯、罗茜元、赵海英、李春平编写第4章；郭文军、刘晓甫、李燕、郭翰卿、范伟江编写第5章；余梅玲、苏伊寒、余晓杰、时彦鹏编写第6章；付丹、叶碧华、胡玉洁、胡利芬、谢强编写第7章；程舸、曹玲玲、马旭东编写第8章；张恒、孙杏蕾、瞿华盛编写第9章；张庆华、海树岩、金柱银、沈邦全编写第10章。黄平、张晓东和程舸负责统稿。

本手册的编写得到了中国汽车工程学会、重庆长安汽车股份有限公司、中国电器科学研究院股份有限公司、威凯检测技术有限公司、浙江零跑科技股份有限公司、一汽-大众汽车有限公司、吉利汽车研究院（宁波）有限公司、北汽福田汽车股份有限公司、北京新能源汽车股份有限公司、广州汽车集团股份有限公司、北京奔驰汽车有限公司、北京汽车集团越野车有限公司、比亚迪汽车工业有限公司、北京汽车股份有限公司、一汽解放汽车有限公司、上海汽车集团股份有限公司乘用车分公司、北京汽车研究总院有限公司、浙江极氪汽车研究开发有限公司、一汽奔腾汽车股份有限公司、武汉达安科技有限公司、东风汽车集团有限公司、ATLAS亚太拉斯材料测试技术有限公司、美国Q-Lab公司、弘埔技术（香港）有限公司等机构、企业及科研院所的支持和帮助，在此衷心表示感谢。此外，要特别感谢ATLAS亚太拉斯材料测试技术有限公司、武汉达安科技有限公司和中国电器科学研究院股份有限公司为本手册的出版提供支持。

由于编者水平有限，本手册难免有疏漏或不妥之处，恳请广大读者批评指正。希望这本凝聚了行业众多专家心血和智慧的手册，能切实助力我国汽车耐老化行业持续健康发展。

中国汽车工程学会汽车防腐蚀老化分会秘书长　黄平
2024年5月

目　录

前言
第1章　汽车老化环境 …………… 1
1.1　概述 ………………………… 1
1.1.1　环境与汽车老化环境 …… 1
1.1.2　汽车老化主要环境因素 … 1
1.2　大气环境 ……………………… 4
1.2.1　全球气候环境类型 ……… 4
1.2.2　我国典型气候类型 ……… 6
1.2.3　主要自然暴露试验场的气候环境比较 …… 6
1.3　汽车微环境 …………………… 12
1.3.1　汽车微环境的影响因素 … 12
1.3.2　我国试验车典型微环境 … 17
1.4　汽车老化环境作用的量化计算 … 23
1.4.1　单环境因素 ……………… 23
1.4.2　双环境因素 ……………… 23
1.4.3　多环境因素 ……………… 26
1.5　汽车老化的人工模拟环境 …… 26
1.5.1　人工模拟环境的设计方法 … 27
1.5.2　人工模拟环境的相关性分析 … 27
1.6　发展趋势及展望 ……………… 30
1.6.1　汽车老化环境仿真 ……… 30
1.6.2　复杂环境的人工模拟 …… 32

第2章　汽车耐老化性能开发 ……… 33
2.1　概述 ………………………… 33
2.2　汽车耐老化开发体系 ………… 35
2.2.1　汽车耐老化开发技术体系 … 35
2.2.2　汽车耐老化开发质量体系 … 38
2.3　汽车耐老化设计方法 ………… 39
2.3.1　汽车三级耐老化性能目标设计 … 39
2.3.2　汽车三级耐老化性能验证与评价 … 42
2.4　商用车耐老化性能开发 ……… 46
2.4.1　商用车与乘用车主要差异 … 46
2.4.2　商用车与乘用车耐老化性能开发差异 … 47
2.4.3　商用车典型老化案例 …… 49
2.5　发展趋势及展望 ……………… 51

第3章　汽车用非金属材料耐老化开发与检测 …… 52
3.1　概述 ………………………… 52
3.2　车用塑料 ……………………… 52
3.2.1　塑料老化类型及机理 …… 52
3.2.2　塑料耐老化性能开发 …… 56
3.2.3　塑料老化性能检测及评价 … 63
3.3　车用橡胶 ……………………… 64
3.3.1　橡胶老化类型及机理 …… 64
3.3.2　橡胶耐老化性能开发 …… 66
3.3.3　橡胶老化性能检测及评价 … 69
3.4　车用涂层 ……………………… 71
3.4.1　涂层老化类型及机理 …… 72
3.4.2　涂层耐老化性能开发 …… 74
3.4.3　涂层老化性能检测及评价 … 76
3.5　车用其他非金属材料 ………… 77
3.5.1　织物老化及评价 ………… 77
3.5.2　皮革老化及评价 ………… 78
3.5.3　黏合剂老化及评价 ……… 81
3.5.4　油液老化及评价 ………… 81
3.5.5　电解液老化及评价 ……… 82
3.6　非金属材料耐老化开发与检测发展趋势 …… 83
3.6.1　耐老化开发技术发展趋势 … 83
3.6.2　耐老化检测技术发展趋势 … 84

第4章　汽车零部件耐老化开发与检测 …… 85
4.1　概述 ………………………… 85
4.2　内外饰件 ……………………… 85
4.2.1　内外饰老化特点 ………… 85
4.2.2　内外饰耐老化性能要求 … 87
4.2.3　内外饰耐老化试验设计 … 92
4.3　电器件 ………………………… 97
4.3.1　电器件老化特点 ………… 97
4.3.2　电器件耐老化性能要求 … 97
4.3.3　电器件耐老化试验设计 … 99
4.4　结构件 ………………………… 101

4.4.1 结构件老化特点 ………………… 101
4.4.2 结构件耐老化性能要求 ………… 102
4.4.3 结构件耐老化试验设计 ………… 104
4.5 动力总成 ………………………………… 106
4.5.1 传统能源动力总成耐老化性能要求 … 106
4.5.2 纯电动力总成耐老化性能要求 … 108
4.6 发展趋势及展望 ………………………… 110

第5章 整车耐老化试验 …………………… 112
5.1 概述 …………………………………… 112
5.1.1 整车耐老化试验的分类和特点 … 112
5.1.2 整车耐老化试验缺陷评价方法 … 113
5.1.3 整车耐老化试验在整车全生命周期中的作用和意义 …………………… 117
5.1.4 我国开展整车耐老化试验的历史与现状 ………………………………… 118
5.2 整车大气暴露试验 ……………………… 120
5.2.1 干热气候整车大气暴露试验 …… 120
5.2.2 湿热气候整车大气暴露试验 …… 126
5.3 人工模拟环境整车耐老化试验 ………… 130
5.3.1 整车气候温度存放试验 ………… 130
5.3.2 整车气候交变试验 ……………… 132
5.3.3 整车阳光模拟试验 ……………… 135
5.3.4 整车综合道路环境模拟试验 …… 141
5.4 整车大气暴露试验与人工模拟环境老化试验对比 …………………………………… 146
5.4.1 整车大气暴露试验与人工模拟环境老化试验的相关性 …………………… 146
5.4.2 整车大气暴露试验与人工模拟环境老化试验的差异性 …………………… 149
5.5 发展趋势及展望 ………………………… 154
5.5.1 整车大气暴露试验 ……………… 154
5.5.2 人工模拟环境试验 ……………… 155
5.5.3 新能源汽车耐老化试验 ………… 156

第6章 汽车耐老化试验与检测常用设备 … 157
6.1 概述 …………………………………… 157
6.2 实验室人工加速老化试验设备 ………… 157
6.2.1 温湿度老化试验设备 …………… 157
6.2.2 光老化试验设备 ………………… 160
6.2.3 臭氧老化试验设备 ……………… 170
6.2.4 整车道路环境综合模拟试验设备 … 171
6.3 户外暴露老化试验设备 ………………… 171
6.3.1 外饰件试验设备 ………………… 172
6.3.2 内饰件试验设备 ………………… 175
6.4 非金属材料检测常用设备 ……………… 177

6.4.1 表观性能检测设备 ……………… 177
6.4.2 物理及力学性能检测设备 ……… 183
6.4.3 其他性能检测设备 ……………… 193
6.5 发展趋势及展望 ………………………… 195

第7章 汽车老化失效分析 ………………… 197
7.1 概述 …………………………………… 197
7.2 失效分析程序及方法 …………………… 197
7.2.1 失效分析程序 …………………… 197
7.2.2 失效分析方法 …………………… 198
7.3 典型案例 ………………………………… 200
7.3.1 外饰件老化失效案例 …………… 200
7.3.2 内饰件老化失效案例 …………… 207
7.3.3 结构件老化失效案例 …………… 215
7.3.4 电器件老化失效案例 …………… 218
7.3.5 动力总成老化失效案例 ………… 226
7.4 老化失效售后调查指导 ………………… 229
7.4.1 售后车老化失效趋势分析 ……… 229
7.4.2 售后调查指导 …………………… 231
7.5 发展趋势及展望 ………………………… 231

第8章 汽车高加速老化测试的研究进展 … 233
8.1 概述 …………………………………… 233
8.2 温度在加速老化测试中的重要性研究 … 233
8.2.1 温度测量 ………………………… 234
8.2.2 应用举例 ………………………… 237
8.2.3 服务寿命评估模型 ……………… 239
8.2.4 结论 ……………………………… 240
8.3 高辐照度的老化测试研究 ……………… 240
8.3.1 主要天气因素 …………………… 241
8.3.2 加速测试 ………………………… 241
8.3.3 加速耐老化测试的方法 ………… 242
8.3.4 自然直接老化测试 ……………… 242
8.3.5 户外加速测试 …………………… 247
8.3.6 实验室加速老化装置 …………… 250
8.3.7 氙弧灯试验箱与荧光紫外灯试验箱的主要区别 ……………………………… 254
8.3.8 高辐照度测试 …………………… 256
8.3.9 加速性和相关性 ………………… 258
8.3.10 互易性 ………………………… 260
8.3.11 选择合适的高辐照度测试 …… 262
8.4 汽车整车及零部件的阳光模拟测试研究 … 263
8.4.1 经滤光的氙弧灯技术 …………… 263
8.4.2 经滤光的金属卤素灯技术 ……… 263
8.4.3 全球太阳辐射通用标准/太阳总辐射通用标准 ……………………………… 264

8.4.4 金属卤素灯阳光模拟试验方法 …… 264
8.4.5 结论 …… 266
8.5 两个汽车外饰重要标准的比较解读 …… 267
 8.5.1 机械应力循环频率 …… 267
 8.5.2 阶段持续时间 …… 267
 8.5.3 标准参考物质 …… 268
 8.5.4 温度 …… 268
 8.5.5 湿润时间 …… 268
 8.5.6 辐照度 …… 269
 8.5.7 光谱比较 …… 269
 8.5.8 测试方法的选择 …… 270

第9章 耐老化试验的要点和进展 …… 271

9.1 户外耐老化试验的要点和进展 …… 271
 9.1.1 佛罗里达和亚利桑那的气候特点 …… 271
 9.1.2 佛罗里达和亚利桑那户外暴露试验 …… 271
9.2 实验室加速耐老化试验要点及进展 …… 279
 9.2.1 荧光紫外灯和氙弧灯测试的比较 …… 279
 9.2.2 几种典型汽车实验室试验方法的开发 …… 285
9.3 系统考虑高效且经济的耐老化试验 …… 294
 9.3.1 不同目的试验方法的特点 …… 294
 9.3.2 利用不同方法建立经济且高效的系统试验方案 …… 295

第10章 金属卤化物灯试验箱加速老化试验案例研究 …… 300

10.1 研究背景 …… 300
 10.1.1 开展加速老化试验的意义 …… 300
 10.1.2 加速老化试验与金属卤化物灯试验箱 …… 300
10.2 试验与评价 …… 300
 10.2.1 辐照度分布对比 …… 300
 10.2.2 车用合成树脂涂层试验 …… 301
10.3 试验数据与结论 …… 315

参考文献 …… 316

第1章

汽车老化环境

1.1 概述

1.1.1 环境与汽车老化环境

所谓环境，是指在给定时间和空间条件下产生或遇到的自然和诱发条件的综合体。自然环境因素主要包括地表、温度、湿度、气压、太阳辐射、降雨、固体沉降物、雾、风、盐雾、臭氧、生物、微生物等。诱发环境因素主要包括大气污染物、沙尘、振动、冲击、加速度、噪声、电磁辐射、核辐射等。

日常使用的汽车，无论是在繁华喧嚣的都市，还是在人烟稀少的荒原，无论是在冰天雪地的极地，还是在炎热潮湿的热带雨林，无论是在尘土飞扬的沙漠，还是在道路崎岖的丘陵，每时每刻都会受到一个或多个环境因素的影响，有时甚至是非常严酷的环境考验。在设计之初，就应深入考虑这些环境因素对汽车服役性能和服役寿命的影响，并通过各类环境试验加以验证和改进设计。

能够导致汽车上使用的高分子材料（塑料、橡胶、涂料以及黏合剂等）或零部件老化的环境因素组合称为汽车老化环境。汽车老化环境包括汽车使用区域的大气环境以及大气环境因素作用于车上产生的微环境，微环境是导致零部件或材料环境失效的主体。

1.1.2 汽车老化主要环境因素

老化是汽车最普遍的失效形式之一，会影响汽车外观、功能，甚至导致安全隐患。大量研究案例表明，汽车老化主要受太阳辐射、温度、水等环境因素影响。

1. 太阳辐射

定量描述和研究太阳辐射的参量有辐照度和辐照量。

辐照度是指太阳辐射经过大气层的吸收、散射、反射等作用后，到达地球表面上单位面积单位时间内的辐射能量，单位为瓦/米^2（W/m^2）。辐照量是辐照度的时间积分，通常以日、月、年为周期进行计算，单位为焦/米^2（J/m^2）。

太阳光穿越太空、地球大气层到达地球表面的过程中，不仅辐照度会衰减，光谱分布也发生了变化。为了量化太阳辐射的衰减程度，常采用"大气质量"（Air Mass，AM）来进行标记，见图1-1。

大气质量为零的状态，是指地球外空间接收太阳光的情况。日地距离大约为1.5亿km，即太阳光穿越1.5亿km的太空到达地球大气层上界时，其辐照度衰减到1353W/m^2。这个值可以看作一个常数，即太阳常数，也称为大气质量零辐射的标准值，记作 AM 0。

太阳光进入大气层的过程中，其辐射能量衰减可达 30% 以上。由于太阳光的入射角度不同，其穿过大气层的厚度也会有相应变化，导致太阳光辐射能量的衰减程度有所区别。设太阳光入射到地球的天顶角（即太阳光入射光线与地面法线之间的夹角）为 θ，则大气质量与 θ 的关系可表示为

$$AM = \frac{1}{\cos\theta} \qquad (1-1)$$

式中，AM 是大气质量；θ 是太阳光入射到地球的天顶角。

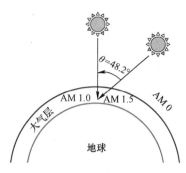

图 1-1 不同大气质量示意

当 $\theta = 0°$，即太阳在头顶正上方时，大气质量为 AM 1.0。CIE No. 85：1989 中的表 4 定义了海平面全球辐射（直接和漫射辐射）的光谱辐照度，此时太阳光是垂直入射的，因此正好被"一个大气"（大气质量 AM 1.0）过滤，该数据一直作为工业用参考太阳光谱，并用作比较和鉴定人造光源的基础（CIE No. 241：2020 中的"CIE – H1"将替代 CIE No. 85：1989 中的表 4）。

当 $\theta = 48.2°$ 时，大气质量为 AM 1.5。这是典型晴天时太阳光照射到一般地面的情况，更接近人类生活的实际状况。美国材料实验协会（American Society of Testing Materials，ASTM）标准 ASTM G173 定义了 AM 1.5 的光谱辐照度。

不同大气质量的太阳光谱见图 1-2。对光谱原始数据进行分析，可以发现 AM 1.5 在窄带 340nm 处的辐照度约为 0.50W/m²。进一步对 AM 1.5 的光谱进行面积积分计算，得到 AM 1.5 宽带（280～4000nm）的辐照度约为 991W/m²。但是，由于取整的便利性和入射太阳辐射的内在变化，标准的 AM 1.5 已被定义为 1000W/m²。

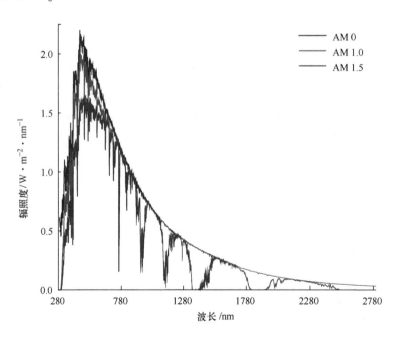

图 1-2 不同大气质量的太阳光谱

地球表面的太阳辐射由紫外线（Ultraviolet，UV）、可见光（Visible，VIS）和红外线（Infrared，IR）三部分组成。其中，紫外线波长范围为 290～400nm，可见光波长范围为 400～800nm，红外线波长范围为 800～2450nm，三者在太阳光谱中的占比见表 1-1。

表 1-1 太阳光中不同部分所占比例

光线类型	波长范围	辐照度/(W/m²)		占比（%）	
		AM 1.0	AM 1.5	AM 1.0	AM 1.5
紫外线（UV）	$290<\lambda\leqslant400$	71.25	46.38	6.52	4.68
可见光（VIS）	$400<\lambda\leqslant800$	609.89	543.00	55.79	54.78
红外线（IR）	$800<\lambda\leqslant2450$	412.01	401.82	37.69	40.54

太阳辐射对汽车老化的影响主要体现在两方面：一方面是光化学效应，主要由太阳辐射中的紫外线导致，紫外线提供的光能量激发分子跃迁，使分子键断裂，发生降解或交联反应，从而使高分子材料老化变质；另一方面是热效应，主要由红外线引起，导致产品短时高温和局部过热，进而使一些对温度敏感的元器件失效、结构材料产生机械破坏以及绝缘材料产生过热损坏等。当太阳辐射与温度、湿度等气候因素综合作用时，其破坏作用更为明显。最易发生的损坏是变形、变色、失光、粉化、开裂等表面损坏，同时，其内在的机械性能和电气性能也会随之降低。与高温产生的热效应不同，太阳辐射的热效应具有方向性，并产生热梯度。

2. 温度

汽车产品的温度来源于三个方面：大气温度、吸收太阳辐射产生的附加升温以及设备运行时产生的温度变化。

（1）**大气温度**

影响大气温度的主要因素有季节和昼夜变换、纬度、地形、海陆位置、洋流、天气状况、下垫面以及人类活动等。

1）季节和昼夜变换：由于太阳公转和自转形成季节和昼夜交替，通常夏季比冬季气温高，白昼比黑夜气温高。

2）纬度：影响太阳高度、昼夜长短、太阳辐照量、气温日较差和年较差。通常从低纬度向两极气温逐渐降低，低纬度地区气温日较差和年较差小于高纬度地区。

3）地形：山地阳坡比阴坡气温度；地势越高气温越低，海拔每升高100m气温下降0.6℃；谷地、盆地地形热量不易散失，高大地形对冬季风阻挡，同纬度山地比平原气温日较差和年较差小等。

4）海陆位置：由于海陆热力性质差异，受海洋影响大的地区的气温变化缓和，受陆地影响大的地区相反。如温带海洋性气候全年温和，而温带大陆性气候夏季炎热、冬季寒冷。

5）洋流：暖流增温，寒流降温。同一纬度的两个地区，暖流经过的地区，气温较高。

6）天气状况：天气系统的变化，如气压变化、风向变化、降雨量变化等，也会导致气温的变化。

7）下垫面：绿地气温日较差和年较差小于水泥、沥青、砂砾等裸地；冰雪地面反射率大等。

8）人类活动：城市的热岛效应、大气的温室效应，人类营林与毁林、兴修水库与围湖造田等活动对大气温度都有很大影响。

（2）**吸收太阳辐射产生的附加升温**

在日光照射下，物体表面吸收太阳辐射能量而升温，升温幅度取决于被辐射表面的材质、颜色、粗糙度以及自身温度，并与所接受的热射线的波长范围及入射角有关。例如，在同样的辐照条件下，金属材料相比于非金属材料有着更高的热容量和热导率，金属材料表面温度比非金属材料高；黑色材料对太阳辐射的吸收率超过90%，而白色材料仅约20%，黑色材料表面温度显著高于白色材料。

汽车上不同材料和部件，除了材质特性有差别，还有所处位置不同并受车身内部"玻璃温室效应"影响，致使吸收太阳辐射产生的附加升温差异较大。

（3）**设备运行时产生的温度变化**

燃油车发动机工作时，会产生大量热量，使发动机周围空气温度明显高于其他部位；汽车高速行驶时，轮胎发热升温等都属于设备运行时产生的温度变化。

汽车上使用了大量的高分子材料，温度升高，高分子材料分子链运动加剧，若超过了分子链的离解能，就会引起高分子材料的热降解或交联，从而导致高分子材料使用性能的下降。在有氧气存在的条件下，极易造成高分子材料的热氧老化，加剧高分子材料的降解；温度降低则会引起高分子材料物理状态的变化，在材料临界温度两侧，高分子材料的聚集态结构以及分子链会发生明显的变化，影响高分子材料的物理性能，尤其是材料的力学性能。如在极寒环境下，塑料和橡胶会变脆，韧性大幅下降，极易折断。当同一材料/部件的不同部位或不同材料/部件之间存在温度梯度时，会以不同的速率膨胀或收缩，产生严酷的应力并破坏结构的完整性。

3. 水

随着环境温度的变化，水会以不同形态（气态、液态、固态）存在，因而对材料产生物理或化学作用，引起老化。

当水以雨和露的形式出现在材料表面时，其携带的氧与材料表面接触，促进材料表面发生氧化反应，使材料损坏。当材料有裂纹时，水在裂纹里的凝结促使应力产生，进一步损坏高分子材料。在高分子材料光降解时，水的存在会影响自由基活性（通常活性减少）。

当高分子材料所处环境湿度较高时，水分子会慢慢渗透到材料分子之间，积累到一定程度就会使材料出现溶胀现象，严重的甚至会直接溶解，从而破坏材料的聚集状态。这种老化对于非交联的非晶聚合物有较明显的效果，而对于结晶形态的塑料或纤维，由于水分较难渗透进入，影响较小。同时，湿度较高的环境也有利于微生物对天然高分子和一些合成高分子材料的生化降解。有的微生物会产生能分解高分子的酶，使缩氨酸和糖类水解成水溶性产物。不过，也可以利用这一特性，制作可被生物降解的高分子材料，减少"白色污染"。

水的吸收和脱附也会对高分子材料老化产生影响。吸水过程会导致材料表面体积膨胀，从而在内部较干的层面上产生机械应力。随后的干燥过程开始逐渐脱水，使材料表面产生体积收缩，而内部较湿的层面会抵抗收缩，从而使材料表面出现应力裂纹。水的吸收和脱附状态的交替出现会导致材料破碎。由于水在高分子材料中的扩散较慢，高分子材料可能需要几周甚至几个月时间才能达到水分平衡状态。另外一种物理作用是结冰–解冻过程。水在结冰时膨胀，材料中吸收的水分，如受潮后的涂层，在低温结冰时会产生膨胀和应力，从而导致涂膜的撕开、断裂或剥落。

降雨会对材料长期老化速率产生影响，降雨频率通常比降雨量对材料的老化影响更大。降雨会周期性地冲洗材料表面的尘埃和污秽，其蒸发作用还会使材料表面迅速降温，导致材料的进一步物理降解。另外，冰雨或冰雹在降落时对材料表面的冲击，也会导致材料表面的物理破坏，如涂层或油漆的脱落。

水分还能直接参与材料降解的化学反应，如某些涂层和聚合物中二氧化钛（TiO_2）的粉化。在高分子材料光化学反应过程中，水的作用将加速材料表面的破坏。高分子材料在老化的任何阶段接触水都会导致其老化加速。潮湿环境也会影响酸雨对油漆和涂层的侵蚀效果。

1.2 大气环境

1.2.1 全球气候环境类型

气候是一个地域内、长久时间下天气综合表现的统计结果，包括日常的天气状况和极端的天气状况。一般情况下，用来表示一个地域内气候的特征因素有很多，比如一定区域内的温度、湿度、气压、风速、降雨量、细颗粒物（PM2.5）等。而世界气象组织建议以30年作为描述一个地区气候的标准时间段，而气候因素在这30年内的平均值则作为该地区气候的特征值，用以表征该区域内的气候。

地球上不同位置受到的太阳辐射、大气环流、地形地貌以及人为因素的影响不同，甚至是不同时期的天气，冷热干湿也千差万别，因此就形成了不同类型的自然气候。但如果将每一种不同的气候都作为研究对象，则会形成一项庞大的工程。因此，通常会把地球上的气候类型按照不同的维度分成几类，以便分析研究。

如前所述,气候带和气候类型的划分有很多种方法,单从分类原则上来分,可以分为实验分类法和成因分类法两大类。实验分类法是根据大量的观测数据,也就是大数据来统计一段较长时间内的气候因素平均值,用于表征该区域内的气候类型。柯本(W. P. Köppen)、桑斯威特(C. W. Thornthwaite)是这种分类方法的代表。成因分类法则是根据气候形成的辐射因子、环流因子和下垫面因子来划分气候带和气候类型,一般是先通过辐射和环流来划分气候带,然后再就大陆东西岸位置、海陆影响、地形等因子与环流相结合来确认气候类型。采用这一分类法的专家有很多,著名的有弗隆(H. Flohn)、特尔真(W. H. Terjung)和施塔勒(A. N. Strahler)等。

目前,应用最多的世界气候分类方法是柯本气候分类法。1931年,柯本开发出一套以生理学和植物分类为基础的生物气候分类法,有5个生物气候指标:最热月温度、最冷月温度、温度年较差、年降水量和可能蒸散(Potential Evapotranspiration,也称最大可能蒸散量,指由被低矮绿色植物充分覆盖,对水流没有或仅有微小阻力的一个广阔表面,在保持充足水分供应条件下的蒸散)。

柯本气候分类法首先根据最热月温度、最冷月温度和年降水量将赤道至极地分成5个气候带:热带多雨气候、干燥气候、温带气候、寒冷气候、冰雪气候。再根据季节雨量及干旱程度对这5个气候带进行二级划分。之后根据最热月和最冷月的平均温度、温度年较差和湿度进行三级划分。柯本全球气候类型见表1-2。

表1-2 柯本全球气候类型

代码	生态气候类型	气候界限
Ar	热带潮湿	所有月份的平均气温大于18℃,且没有干季
Aw	热带潮湿/干旱	气温同Ar,但冬季有2个月干季
BSh	热带/亚热带半干旱	蒸发超过降水,所有月份的平均气温大于0℃
BWh	热带/亚热带干旱	BSh的一半降水,所有月份的平均气温大于0℃
BSk	温带半干旱	同BSh但至少一个月低于0℃
BWk	温带干旱	同BWh但至少一个月低于0℃
Cs	亚热带干旱夏季(地中海)	8个月气温大于10℃,最冷月低于18℃,夏季干旱
Cf	亚热带湿润	同Cs但没有干季
Do	温带海洋性	4~7月气温大于10℃,最冷月高于0℃
Dc	温带大陆性	同Do但最冷月低于0℃
E	北方或亚北极	最多3个月的气温大于10℃
Fo	冻原	所有月份的平均气温小于10℃
Fi	极地冰盖	所有月份的平均气温小于10℃

柯本气候分类系统的主要意义是找出了与主要植物群落分布界限大体上一致的气候界限,以温度、雨量及其简单组合、气温与降水的季节性特征来描述和命名植被分布的气候类型,分类结构简单明了,气候界限和植被界限一致性高,在低纬度地区较适用。最明显的优点是标准严格、界限明确、应用便利,并且较其他分类法更适合景观带,应用广泛。其缺点有三:干燥气候的标准几乎是人为制定的;并未考虑海拔对温度与气候分类的影响;不适用于小范围的植被气候。

当然,随着世界各地气候的变化和一些人对气候的进一步研究,世界气候的分类方法也在不断更新迭代。

1.2.2 我国典型气候类型

我国幅员辽阔，国土面积超过 1000 万 km^2，无论是东西经度还是南北纬度，都跨越了较大的幅度，和世界上大多数国家相比，气候的复杂程度较高。同时，我国地形地貌特征复杂多样，具有很明显的地势特征，整体地势西高东低，大致呈三级阶梯分布，囊括了平原、高原、山地、丘陵、盆地五种地形，也属于世界上地形地貌较为复杂的国家之一。由此造就了我国复杂的气候类型。

中国气候区划方法是在划分气候带和气候型的基础上，结合生产实际需要并适当照顾自然区或行政区，又按一定标准划分为若干气候区。1959 年，中国科学院自然区划工作委员会公布了《中国气候区划（初稿）》，以日平均气温不低于 10℃ 稳定期的积温和最冷月气温或极端最低气温多年平均值为热量指标，以干燥度为水分指标。1966 年，中央气象局在上述气候区划的基础上，用 1951—1960 年全国 600 多个气象站的资料，进行补充和修正，绘制了中国气候区划图。1978 年，中央气象局又在此基础上用 1951—1970 年的气候资料编绘了新的中国气候区划图。1998 年实行的 GB/T 17297—1998《中国气候区划分名称与代码 气候带和气候大区》标准，依据各地的气温指标和湿度指标，对全国气候进行了更科学、更全面的划分。

根据热量指标，把全国划分成 6 个气候带和 1 个高原气候区：①赤道带，积温 9000℃ 左右，生长热带植物；②热带，积温 8000℃ 以上，终年无霜，橡胶、槟榔和咖啡等均宜生长，稻可一年三熟，主要植被为樟科等；③亚热带，积温 4500～8000℃，稻可一年二熟，自然植被为亚热带季风林、常绿阔叶林以及它们和落叶林的混生林，柑橘、茶、棕榈、油桐和毛竹等为代表性植物；④暖温带，积温 3400～4500℃，冬冷夏热，农作物可一年两熟或三年三熟；⑤温带，积温 1600～3400℃，冬天严寒，不宜农作物生长，春小麦、大豆为主要作物，自然植被为针叶松和落叶阔树的混生林；⑥寒温带，积温低于 1600℃，尚可种植春小麦、马铃薯、麦和谷子，主要植被为针叶林；⑦高原气候区（青藏高原），积温低于 2000℃，光照条件优于寒温带，虽不适宜林木生长，但除部分地区外，尚可栽培耐寒作物和蔬菜。

此外，还结合地形特点和历史行政区划传统，将全国分为 8 个一级气候区和 32 个二级气候省。其依据是全国 609 个气象站，1971—2000 年的气象观测数据，遵循以下 5 条原则：①地带性和非地带性相结合；②发生同一性和区域气候特征相对一致性相结合；③综合型和主导因素相结合；④自下而上和自上而下相结合；⑤空间分布连续性与取大去小等。在充分吸纳已有气候区划基本理论与方法的基础上，参照《中国自然地理》编辑委员会制定的气候区划三级指标体系，对全国气候带进行了重新划分，包括 12 个温度带、24 个干湿区和 56 个气候区。

1.2.3 主要自然暴露试验场的气候环境比较

介绍上述信息是为了更好地研究整车的耐候性能。整车耐候性最基本的试验方法是典型环境自然暴露试验，因此，在哪里研究整车的耐自然老化性能，就变成了一个关键问题。世界上的气候多种多样，我国不同地区的气候类型也千差万别。把汽车在所有的环境下都进行一遍试验是不现实的，也是不可取的，因此必须选择某一个或者某几个环境，来代表所有环境，进行整车的零部件耐自然老化性能试验。

在自然老化方面，国外的企业比我们走得更靠前。比如德国大众、美国通用等著名汽车公司，经过长期研究已经建立起汽车整车的自然老化试验标准及评价方法，例如德国大众的 VW 50185，对其他公司的耐自然老化试验产生了深远影响。我国在 2005 年也颁布了一个相关的行业标准，即 QC/T 728—2005《汽车整车大气暴露试验方法论》，其中有很多内容借鉴了国外标准。

无论如何规定和说明，究其根本，还是在自然环境下的老化试验，因此选择什么样的自然环境能够综合考虑汽车的耐候性能，才是这项试验最核心的内容。

在汽车耐候性方面研究最早的美国，通过大量的调研和数据的积累，发现对于气候老化试验来说，亚热带气候和干热沙漠气候具有较广泛的代表性。在美国，佛罗里达州迈阿密的气候和亚利桑那州凤凰城的气候就分别属于亚热带气候和干热沙漠气候。在这两种典型的气候下进行的整车、零件以及材料的气候老化试验结果，其老化效果明显，因此规定了将亚热带气候和干热沙漠气候作为气候老化试验的基准气候。世界上很多著名的汽车公司和气候研究所都在这两个地方建立了整车曝晒试验场，如大众公司、通用汽车公司和日产公司，以及 Atlas 材料测试技术公司等。每年都有很多新的车型要经过严格的自然老化试验，合格后才能走向市场。

大多数主机厂一般都会把整车在亚利桑那或佛罗里达的静态大气曝晒试验周期定为 1 年，也有要求较高的，如大众，其对整车的大气曝晒试验周期要求为 2 年。如果在规定周期内，汽车零部件的颜色、光泽没有变化，零件无失效现象（如开裂、开胶、变形等）及功能失效，就可认为汽车能够满足服役期间的耐候性要求。另外，通过对大量耐候问题的对比，得出汽车在佛罗里达及亚利桑那自然气候老化 1 年的效果相当于在南欧使用 3~4 年或中欧使用 5~6 年的结论，这一结论也经常用在耐候性问题的风险评估中。

国内很多主机厂和研究所也都在很早之前就开始了整车的自然曝晒试验。目前，国内公认的最适合整车自然曝晒的试验场是亚热带气候的海南琼海和干热沙漠气候的新疆吐鲁番。国内的各大主机厂几乎每年都会在这两个地方开展整车、零件或者材料的气候老化试验。

虽然亚利桑那和吐鲁番都是干热气候，佛罗里达和琼海都是湿热气候，但毕竟地理区位还是有区别，这就导致它们的气候特点还是有一些不同。下面用数据分别对比不同试验场之间的气候，以便读者从不同角度全面考虑问题的成因，了解失效问题中是哪些主要的气候参数在起作用，见表 1-3。

表 1-3 代表性亚热带和干热沙漠气候位置及环境特征

地点	亚利桑那凤凰城	新疆吐鲁番	佛罗里达迈阿密	海南琼海
环境类型	干热	干热	湿热	湿热
地理位置	西经 112°8′ 北纬 33°54′	东经 89°12′ 北纬 42°56′	西经 80°27′ 北纬 25°52′	东经 110°28′ 北纬 19°18′
海拔/m	610	61.5	3	10
年最高气温/℃	43	45	32	34
年平均气温/℃	22	17.4	23	27.4
年平均降雨量/mm	255	16.4	1685	2134
年平均相对湿度（%）	37	27.9	78	87
年平均辐照量/(MJ/m²)	8004	5513	6588	5191
年日照时间/h	3800	2912	2838	2055

在耐自然老化中，影响实验的因素很多，如温湿度、辐照能量、降水量和风速等，但核心的因素就三个，即环境温度、环境湿度和太阳辐照度。其中，环境温度决定了整车曝晒的基础温度，环境湿度决定了湿度对整车零件的影响，太阳辐照度则决定了车内外零件能达到的最高温度，尤其是车内零件，大部分热量都源于太阳辐射。下面以干热和湿热两种试验场气候分别对比影响试验的核心因素。

图 1-3 和图 1-4 所示为典型的干热气候，亚利桑那与吐鲁番全年最高温度和平均温度对比。从图中可以看到，由于同属北半球且纬度接近，两地全年最热的时间都集中在 4—10 月。吐鲁番的极限温度达到了 49.5℃，超过了亚利桑那的 47.4℃。但进入冬季，1—3 月和 11—12 月，吐鲁番由于地处内陆，蓄热能力差，最高温度都在 20℃以下，最冷的时段里最高温度仅有 2.2℃，平均温度达到 -10℃，全年温差接近 70℃。反观亚利桑那，落基山脉阻挡了太平洋上的加利福尼亚寒流，加之周边有广袤的沙漠，导致其全年气温都很高，最冷的时段里最高温度都能达到 20℃以上。因此，亚利桑那全年处于高温的时间长，冬季和夏季温差小，而吐鲁番极热温度高，但高温持续时间短，且冬季和夏季温差大。

再来看湿度。亚利桑那和吐鲁番都是极端干燥的地区，全年日照强度大，日照时间长，蒸发量大，

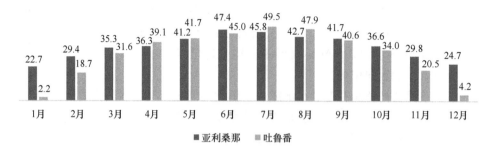

图1-3 亚利桑那和吐鲁番年最高温度对比（单位：℃）

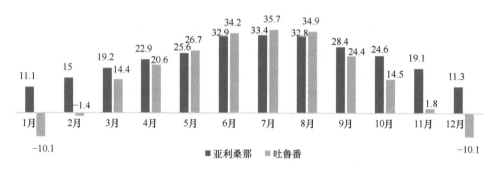

图1-4 亚利桑那和吐鲁番年平均温度对比（单位：℃）

而降水量小，全年除了最冷的季节，相对湿度基本都保持在20%~40%的水平，是典型的干热气候，如图1-5所示。此外，由于吐鲁番在内陆深处，且吐鲁番盆地是天山地区陷落最深的盆地，最低处在海平面以下155m，是我国陆地最低的地方，加之四周高山环绕，受副热带高气压控制而产生的热量难以散发，因此既炎热又干燥。

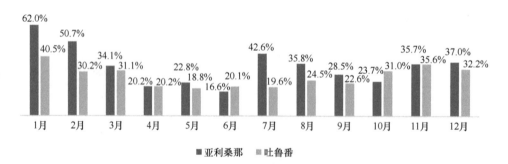

图1-5 亚利桑那和吐鲁番年平均湿度对比

最后是太阳辐照。一般来说，对比不同地区的太阳辐照程度，要通过两个维度对比，一个是当地的太阳辐照度，另一个是当地的太阳辐照量，而这两者的关系是：辐照量=辐照度×辐照时间。太阳辐照度代表了这一地区太阳光的照射强度，辐照量则代表了这一地区接收的全光谱太阳能量。从图1-6和图1-7可以看出，亚利桑那的月太阳辐照度和辐照量均高于吐鲁番。从图1-8和图1-9可以看出，亚利桑那的月平均日照时间及全年总日照时间也远高于吐鲁番，最终导致亚利桑那一年的辐照总量高出吐鲁番辐照总量27%（图1-10）。究其原因，一是因为亚利桑那的纬度低于吐鲁番，客观上造成了其接收太阳的照射强度大，照射时间长；二是因为亚利桑那全年几乎无云的天气超过320天，其接收的太阳能量可以直接到达地面，几乎没有中间的折射和散射损失。而处于内陆沙漠中的吐鲁番，一年之内刮风天气较多，空气中高浓度的沙尘会散射很多太阳能量，导致吐鲁番的太阳辐照总量低于亚利桑那。

以下对比湿热曝晒的基准气候地区——佛罗里达和琼海的气象数据。图1-11和图1-12展示了佛罗里达和琼海的月最高温度和月均温度。从图1-11可以看出，两地最高温度相差最大不超过4℃，而且全年 12 个月的最高温度均超过了 27℃，属于典型的热带气候。从图 1-12 可以看出，琼海由于更靠近赤道，每个月的平均温度均要高于佛罗里达。单从温度的角度来看，琼海的自然气候是完全可以媲美湿热基准试验场佛罗里达的。

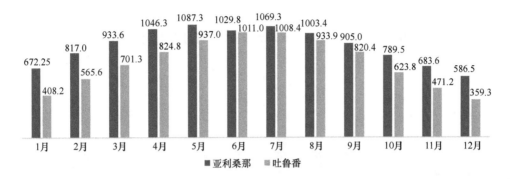

图 1-6　亚利桑那和吐鲁番 0°年太阳平均辐照度对比（单位：W/m²）

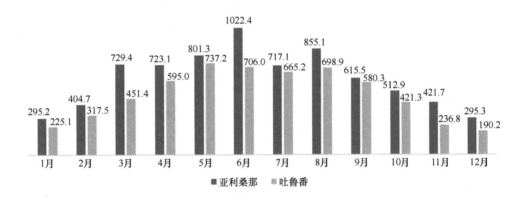

图 1-7　亚利桑那和吐鲁番 0°月太阳辐照量对比（单位：MJ/m²）

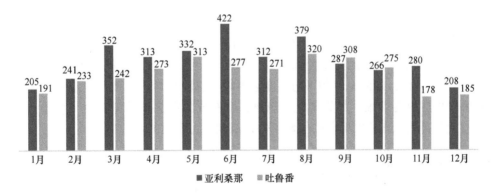

图 1-8　亚利桑那和吐鲁番月平均日照时间对比（单位：h）

图 1-9　亚利桑那和吐鲁番全年总日照时间对比（单位：h）

图 1-10　亚利桑那和吐鲁番 0°年太阳辐照总量对比（单位：MJ/m²）

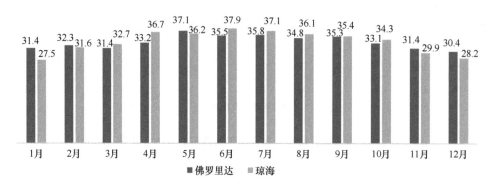

图 1-11　佛罗里达和琼海年最高温度对比（单位：℃）

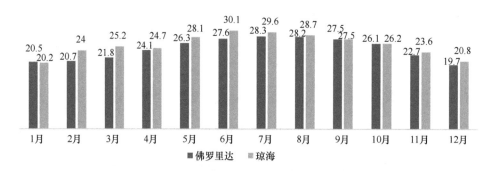

图 1-12　佛罗里达和琼海月平均温度对比（单位：℃）

其次，对于湿热试验场来说，与干热最大的不同就体现在湿度上。佛罗里达和琼海由于都靠近海，全年的湿度都保持在一个比较高的水平上。但从图 1-13 可以看出，虽然两地每个月的最高湿度几乎都达到了 95%以上，但琼海全年的最高湿度都达到了 98%以上。琼海全境都位于海南省最湿润的区域。另外，从图 1-14 可以看出，琼海全年的平均湿度也要高于佛罗里达，因此综合温度和湿度来看，琼海的湿热环境较佛罗里达更为严酷。尽管如此，琼海并没有成为湿热试验的基准气候地，而佛罗里达却是。下面继续对比与自然老化相关的其他气候条件，就能找到原因了。

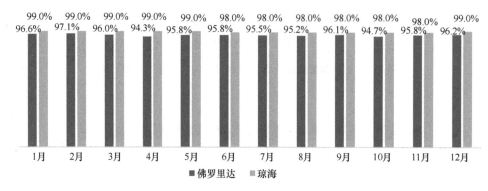

图 1-13　佛罗里达和琼海月最高湿度对比

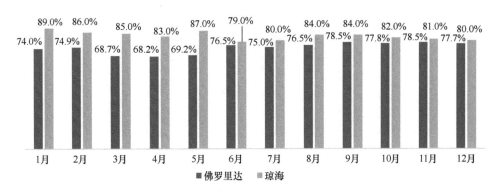

图 1-14 佛罗里达和琼海月平均湿度对比

最后一个关键的气候因素是太阳辐照度。从图 1-15 中可以看出,佛罗里达和琼海在每个月的平均辐照度上比较接近,但从图 1-16 也可以看出,全年 12 个月中,佛罗里达有 8 个月接收的太阳辐射能量要高于琼海,这是因为佛罗里达全年的日照时间比琼海高出了近 62%。从地理位置上以上规律也是有迹可循的,佛罗里达虽然处于洋流影响区域,属于典型的亚热带季风性湿润气候,但与全球其他类似气候的地区相比,佛罗里达受到极端气候的影响很小,尤其是迈阿密,在过去几十年里仅受到一次飓风袭击。而正是这样的地理位置,导致其全年处于晴朗天气的天数占比超过了 87%,而且优良空气指数能达到 99% 以上。日照时间长且日照质量高,导致其接收的太阳辐照量充足(图 1-17 ~ 图 1-19),因此成为典型湿热曝晒试验的基准气候地之一。

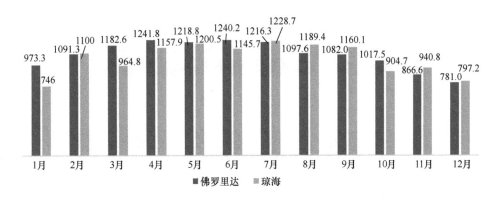

图 1-15 佛罗里达和琼海 0° 年太阳平均辐照度对比(单位:W/m^2)

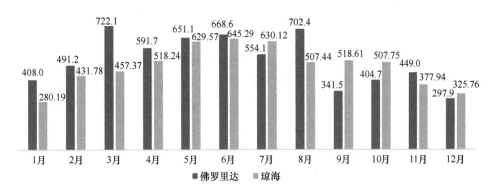

图 1-16 佛罗里达和琼海 0° 月太阳辐照量对比(单位:MJ/m^2)

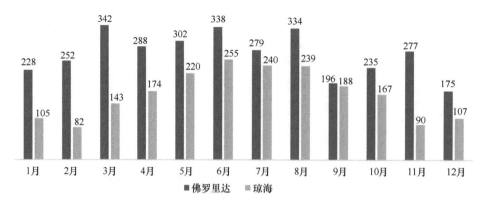

图1-17 佛罗里达和琼海月平均日照时间对比（单位：h）

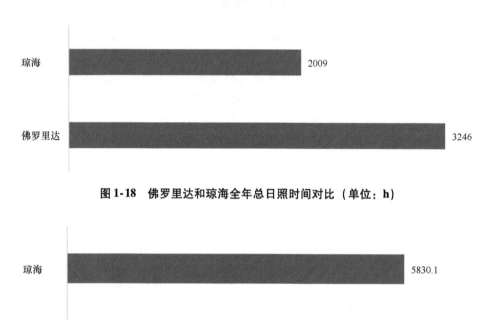

图1-18 佛罗里达和琼海全年总日照时间对比（单位：h）

图1-19 佛罗里达和琼海0°年太阳辐照总量对比（单位：MJ/m^2）

1.3 汽车微环境

汽车微环境是指汽车上各种具体零部件表面接收的太阳辐射、表面温度、邻近空气湿度以及表面润湿状态等。汽车是结构复杂的工业产品，组成汽车的零部件数以万计，由于所处位置、材料组成以及工作状态等的不同，汽车上不同零部件甚至同一零部件不同部位的微环境差异都可能会很大。零部件及材料服役寿命主要受微环境影响。

1.3.1 汽车微环境的影响因素

1. 温室效应

汽车在停放时，车门、车窗关闭，这种情况下，车厢形成一个带玻璃的封闭箱体结构，太阳光中可见光及部分红外光（紫外光一般被吸收）穿透汽车玻璃进入车厢内使车内空气和物体温度升高。

任何物体只要其本身的温度高于绝对零度，就会产生热辐射，温度越高，辐射能量越大，普朗克黑体辐射定律描述了在任意温度 T 下，从一个黑体中发射出的电磁辐射能量密度与波长的函数关系为

$$B(\lambda,T) = \frac{2hc^2}{\lambda^5} \cdot \frac{1}{e^{hc/\lambda kT} - 1} \tag{1-2}$$

式中，B 是辐射能量密度，$W/(m^2 \cdot nm)$；h 是普朗克常数，$6.62607015 \times 10^{-34} J \cdot s$；$c$ 是光速，$2.99792458 \times 10^8 m/s$；$\lambda$ 是波长，m；k 是玻尔兹曼常数，$1.380649 \times 10^{-23} J/K$；$T$ 是热力学温度，K。

某个温度下物体产生的辐射并非单波段上的辐射，而是具有一定的连续波谱分布的辐射。某个温度下物体的辐射波谱一般都有一个峰值，按照维恩位移定律（式1-3），在一定温度范围内，黑体辐射谱峰值波长与黑体温度成反比（图1-20）。

$$\lambda_{\max} T = 2898 \mu m \cdot K \tag{1-3}$$

式中，$\lambda_{\max}$ 是黑体辐射谱峰值波长，μm；T 是热力学温度，单位为 K。

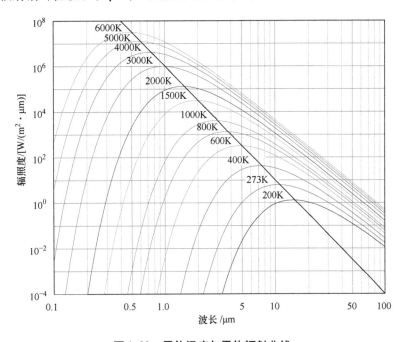

图 1-20 黑体温度与黑体辐射曲线

太阳照射下，车厢内物体表面的最高温度一般不超过120℃（绝对温度为393K），此时产生的辐射波长大于1000nm。由于汽车玻璃对红外线的阻挡作用是双向的，既阻挡车外的红外线向车厢内穿透，也阻挡车厢内的红外线向车厢外穿透，因此一部分红外辐射被汽车玻璃反射回车厢内，被车内物体再次吸收，导致车厢内空气和物体温度进一步升高。这就是所谓的汽车"温室效应"。

受温室效应影响，在太阳照射条件下，车厢内空气相比户外大气的最大附加升温可达30~40℃，仪表板、衣帽架等阳光直接照射部件的表面相比户外大气的最大附加升温则可达70~80℃（图1-21，数据日期2021年9月21日）。

2. 服役状态

汽车的服役状态主要包括动态行驶和静止停放两种。同样的外部气候环境，汽车服役状态不同，汽车微环境也会显著不同。

太阳照射条件下，当汽车行驶时，即使没有自然风，周围空气与汽车外部表面也会产生相对风速，使温度较高的外表面产生强迫冷却而降温；当汽车静止停放时，周围空气与汽车外部表面是否有相对运动取决于外部环境是否有自然风，汽车外部表面会发生自然冷却降温。表1-4展示了自然冷却和强迫冷却两种条件下，产品表面因太阳辐射引起的最大附加温升情况。

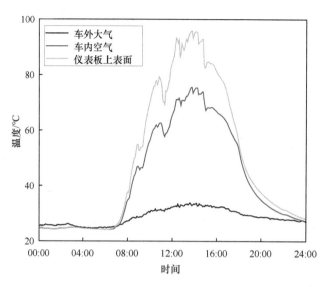

图 1-21　琼海夏季某试验车 24h 内车厢内外空气、仪表板上表面温度变化

表 1-4　产品表面因太阳辐射引起的最大附加温升

散热情况		最大附加温升/℃
自然冷却	静止空气	40~50
强迫冷却	风速约 0.5m/s	15~20
	风速≥2.5m/s	5~10

汽车行驶时，驾乘人员一般会根据需要开启空调系统，车内空气温度和湿度处于相对比较适宜的范围内。而当汽车静止停放时，车窗、车门紧闭，在太阳照射下会产生温室效应，车内空气温度上升，车内空气在绝对湿度基本不变的情况下相对湿度下降。图 1-22、图 1-23（数据日期 2021 年 9 月 21 日）展示了琼海夏季某静态自然暴露试验车 24h 内车顶表面温度与周围空气温度差异情况以及车厢内空气温湿度变化情况。

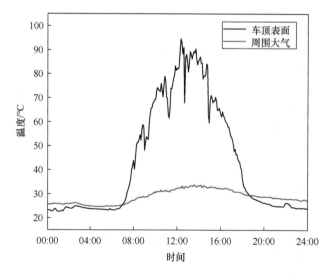

图 1-22　琼海夏季某试验车 24h 车顶表面温度与周围空气温度差异

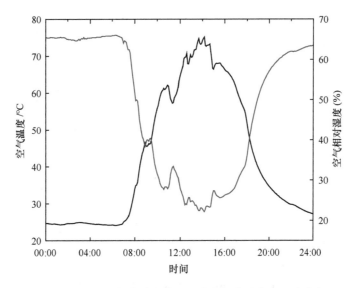

图 1-23　琼海夏季某试验车 24h 内车厢内空气温湿度变化

由此可知，长时间静止停放时，车身大多数零部件（轮胎、发动机等除外）所处的老化微环境更严酷。《2023 年度中国主要城市通勤监测报告》显示，中国主要城市的单程平均通勤时间为 36min，即使是北上广深等一线城市，每天上、下班总的极端通勤时间按 3h 计算，家庭乘用车每年的行驶时间一般也不超过 800h，动静时间比约 1:9。该数据表明家庭乘用车绝大部分时间都处于静止停放状态（其中相当一部分为露天静止停放）。在汽车全寿命周期内，静态微环境的老化影响占主导地位。因此，在研究汽车及其零部件材料老化时，主要研究静态环境老化，常用的试验方法为典型自然环境暴露试验。

汽车整车典型自然环境暴露试验周期一般为 1 年，部分高可见且影响安全的零部件（如前照灯）自然暴露试验周期为 2 年。整车典型自然环境暴露试验相比消费者实际使用具有两方面的加速性：一是暴露试验场所在区域大气环境比大多数实际使用地区严酷；二是暴露试验区域开阔无遮挡，而实际使用时会尽量选择有遮荫的地方。大量统计数据表明，汽车整车典型自然环境暴露试验 1 年相当于普通地区消费者实际使用 3~5 年。

3. 车身结构

车身结构主要影响车身不同表面的倾角和方位，进而影响对太阳辐射的吸收导致温度差异。

汽车车身表面可视为由一组几何表面图形（平面和曲面）组成，见图 1-24。车身表面由近似水平面、垂直面以及斜面等组成，而曲面又可看作若干微小平面的集合。

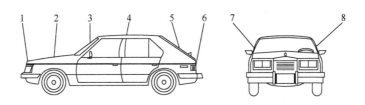

图 1-24　车身外表面结构示意
1、6—近似垂直面　2、4—近似水平面　3、5、7、8—近似斜面

当车身表面与太阳光垂直时，吸收能力最大；当车身表面与太阳光平行时，吸收能力最小。图 1-25 展示了车身外部典型位置由于对太阳光吸收的不同而产生的温度变化情况。

4. 车身材质

不同材质对太阳辐射吸收、反射和透过系数不同。太阳辐射吸收系数 μ 是介于 0 到 1 之间的数值，表示物体表面吸收太阳辐射的比例，同样，有某物体的辐射能反射系数 σ 和透过系数 λ。

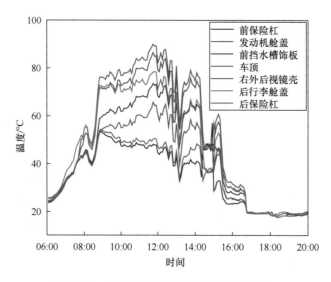

图1-25 车身外部典型位置的温度变化情况

根据μ、σ、λ的大小,可定义黑体、镜体、透热体和灰体四类特殊的物体。

1）黑体（绝对黑体）：能全部吸收辐射能的物体,即 $\mu = 1$ 的物体。自然界中无绝对黑体存在,但有些物体,如无光泽的黑漆表面, $\mu = 0.96 \sim 0.98$,接近于黑体。一般来说,深颜色物体比浅颜色物体的太阳辐射吸收系数高,金属比非金属的太阳辐射吸收系数高。表1-5列举了部分颜色汽车漆的吸收系数。

表1-5 不同颜色汽车漆的吸收系数

面层类型	表面性质	表面颜色	吸收系数 μ
黑色漆	光滑	深黑色	0.92
灰色漆	光滑	深灰色	0.91
褐色漆	光滑	淡褐色	0.89
绿色漆	光滑	深绿色	0.89
棕色漆	光滑	深棕色	0.88
蓝色漆	光滑	深蓝色	0.88
中棕色漆	光滑	中棕色	0.84
浅棕色漆	光滑	浅棕色	0.80
棕色、绿色喷泉漆	光亮	中棕、中绿色	0.79
红色漆	光亮	大红	0.74
浅色涂料	光平	浅黄、浅红	0.50
银色漆	光亮	银色	0.25
白色漆	光亮	白色	0.15~0.30

2）镜体（绝对白体）：能全部反射辐射能的物体,即 $\sigma = 1$ 的物体。实际上,镜体也是不存在的,但有些物体,如表面磨光的铜, $\sigma = 0.97$,接近于镜体。一般地,光滑表面会增加反射,降低吸收能力,而粗糙表面会增加散射,提高吸收能力。对汽车来说,外表面采用白色或浅色漆,并提高其光泽度,可以减少对太阳热辐射的吸收,对防热是有积极作用的。

3）透热体：能全部透过辐射能的物体，即 $\lambda=1$ 的物体。单原子和对称双原子构成的气体（H_2、N_2、O_2 和 He 等）一般可视为透热体。多原子和不对称双原子气体则能有选择地吸收和反射某一波长范围的辐射能。玻璃作为汽车上常用的材料，不同的玻璃材质对太阳辐射的透过率显著不同（图1-26），产生的"温室效应"也明显不同（图1-27）。

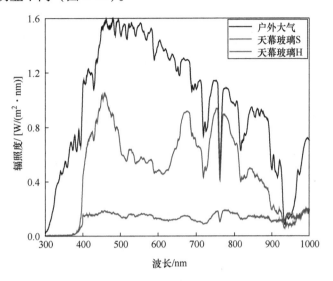

图1-26 透过天幕玻璃的太阳光谱

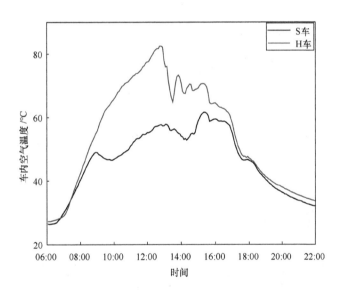

图1-27 不同天幕玻璃的车内空气温度变化

4）灰体：以相同吸收率 μ 部分吸收 $0\sim\infty$ 全部波长辐射能的物体。汽车前风窗玻璃要求具有良好的视觉效果，在可见光波长范围内具有灰体效果（图1-28）。

1.3.2 我国试验车典型微环境

如前所述，车身结构对于汽车的微环境有重要影响作用，因此本节针对常见的乘用车和商用车两种车型，进行典型部位微环境的对比分析。本节选用了试验时间接近的小型轿车和轻型货车在海南开展整车自然暴晒试验的数据，通过监测典型零部件的表面温度、空间温湿度以及典型位置的辐照情况开展分析论述。

1. 乘用车的典型微环境

对于车辆的微环境研究，一般对外饰件、内饰件进行区分。其中，外饰件直接接触自然界的自由空

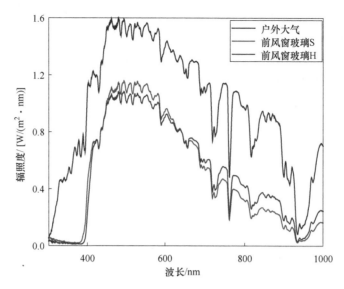

图1-28 透过汽车前风窗玻璃的太阳光谱

间,受到外界环境的温度、湿度的直接作用,大部分零部件还会受到太阳辐照以及雨水等的影响。内饰件没有直接与自然界接触,主要受到相邻部位的温度场以及内部空气的影响,此外,部分零部件会受到透过车窗玻璃后的太阳辐照的影响,而且这种影响在一天不同时刻的作用变化尤其明显。

对于本节案例车型,其典型外饰件、内饰件的表面温度见图1-29和图1-30。外饰件中,车顶和发动机舱盖温度最高,车顶最高温度为103℃,发动机舱盖为98℃。内饰件中,仪表板区域的温度最高,其左部达104℃。

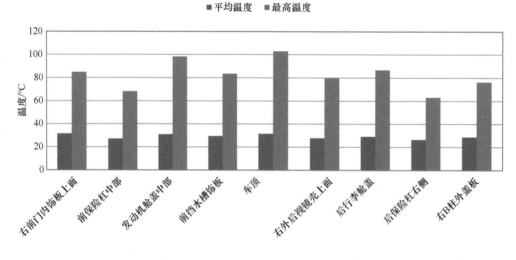

图1-29 案例乘用车典型外饰件的温度

车顶作为外饰件,主要受外界空气温度和太阳辐射的影响,而且其几乎为水平面,因此其温度与水平面太阳辐照度的变化密切相关。图1-31展示了典型的一天内(5月22日)车顶温度的变化情况。可见,随着太阳辐照的增加,车顶温度逐渐上升,在中午时段,太阳辐照达到当天最高值,而车顶温度也达当天最高值。整个白天,车顶温度基本跟随水平面太阳辐照变化,图中曲线很好地反映了这一规律。

车内零部件所受影响更为复杂。车内温度除了受外界环境温度、辐照的影响,还受车身结构的影响。图1-32所示为典型一天内(4月8日)仪表板温度的变化情况,它与车内空气温度和仪表板水平面的辐照均有较好的跟随性。

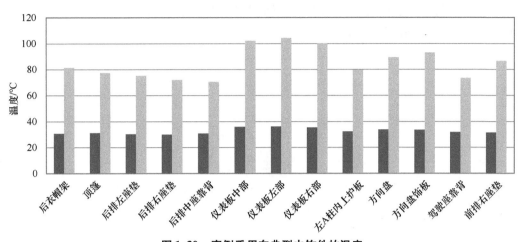

图1-30 案例乘用车典型内饰件的温度

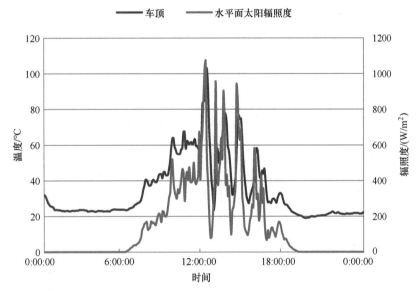

图1-31 案例乘用车车顶位置温度变化情况

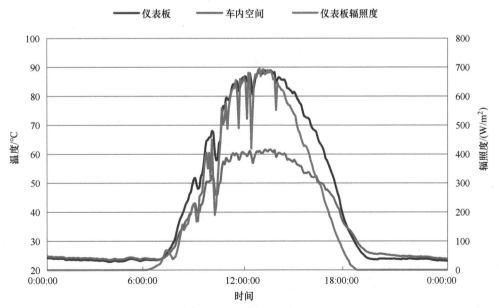

图1-32 案例乘用车仪表板温度变化情况

对于右前门内饰板，如图 1-33 所示，其表面温度除了与车内空气温度相关，还与太阳照射角度相关。在中午前后的时段，由于车内结构的遮挡，造成阳光直射到右前门不同表面的辐照会受到一定的阻碍，此影响在 10：30—14：00 特别明显。

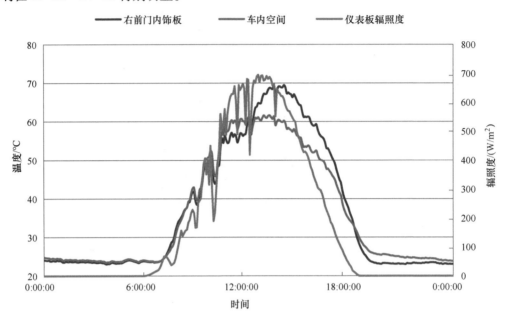

图 1-33　案例乘用车右前门内饰板温度变化情况

2. 商用车的典型微环境

对于商用车，其外形结构以及材料等与乘用车有一定差别，典型的商用车外饰件、内饰件的表面温度见图 1-34 和图 1-35。外饰件中，温度最高位置为右车门与前下视镜，分别为 73.1℃ 与 73.2℃。内饰件中，仪表板温度最高，为 91.7℃。

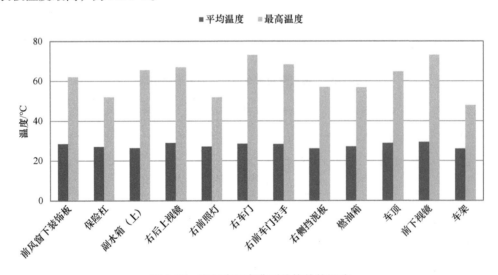

图 1-34　案例商用车典型外饰件的温度

图 1-36 展示了典型的一天内（9 月 12 日）车顶、前下视镜的温度基本跟随水平面太阳辐照变化的规律，与乘用车车顶的温度变化规律相似。而商用车的前下视镜部位在中午前，与车顶温度相仿或略低于车顶，但中午过后，则明显比车顶高。这缘于商用车的前下视镜位于车身右前部的最顶端，在中午过后太阳偏向西侧，此位置受到的太阳直射更为强烈。

该车仪表板、右车门上装饰板两个内饰件的典型一天内温度变化见图 1-37。仪表板温度曲线的形状

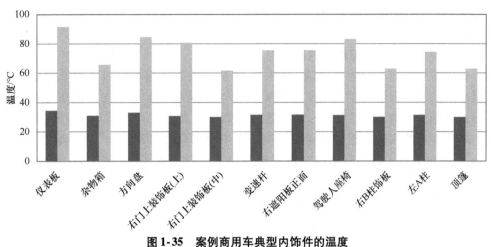

图1-35 案例商用车典型内饰件的温度

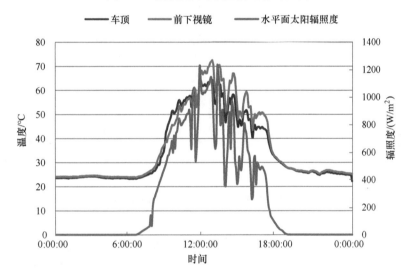

图1-36 案例商用车车顶、前下视镜温度变化情况

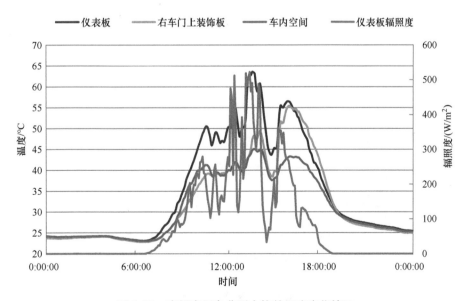

图1-37 案例商用车典型内饰件温度变化情况

与车内温度曲线的形状更为相似,也受到达仪表板太阳辐照的影响。对于右车门上装饰板,与乘用车相似,上午时段由于阳光无法直射到这个区域,其温度相对较低,而到了下午则显著上升,在傍晚时段甚至略高于仪表板的温度。

3. 两种车型的典型部位微环境统计对比分析

下面分析对比两种案例车型的微环境,其中,零部件表面选用相同(或相似)的典型部位,其对应的一年试验期的最高温度和平均温度见图1-38。车顶是乘用车外饰件中温度最高的,达103℃;商用车的车顶最高温度只有64.73℃,与该车型的外饰件最高温度(前下视镜73.2℃)相差8.5℃。对于内饰件,两种车型均为仪表板位置温度最高,其中乘用车为102.2℃,商用车为91.7℃,两种车型相差达10℃。但对于方向盘、右车门内饰板这些内饰次高温的区域,两种车型的最高温度差则降低到5℃以内。

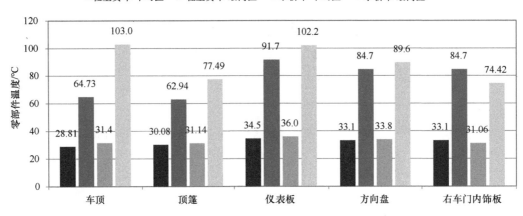

图1-38 两种车型典型部位的微环境对比

此外,针对车内仪表板水平面的辐照,对其辐照总量及最大辐照度的对比结果见图1-39。乘用车前风窗角度相对于商用车更接近水平,因此太阳光可透过前风窗玻璃照射仪表板水平面的总时长较长,导致其累计总辐照量以及最大辐照度均比商用车高。

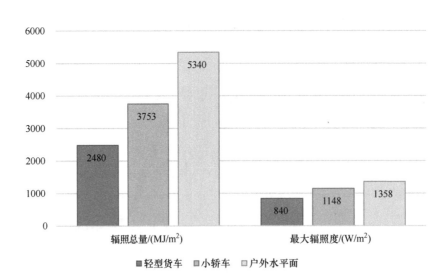

图1-39 辐照情况对比

1.4 汽车老化环境作用的量化计算

如前所述,汽车自然老化环境复杂多样,太阳辐射、温度、水分等环境因素不断改变,为了使不同批次、不同地点开展的环境试验作用效果一致,除了采用性能变化规律已知的参考材料量化环境作用外,利用环境应力模型定量描述环境因素的作用效果,在汽车行业也得到越来越广泛的应用,并在应用过程中不断完善。同时,环境作用量化计算也是开展自然与人工试验周期相关性研究的基础。

1.4.1 单环境因素

当导致材料老化的主要环境因素仅为温度时,可以采用阿累尼乌斯(Arrhenius)模型来量化温度在一段时间内对材料的环境作用效果。

$$k = A\exp\left(-\frac{E_a}{RT}\right) \tag{1-4}$$

式中,k 是速率常数;A 是指前因子;R 是摩尔气体常数,8.314J/(mol·K);E_a 是表观活化能,单位为 kJ/mol;T 是热力学温度,单位为 K。

在一定温度范围内,活化能 E_a 被视为与温度无关的常数,单环境因素应力加速因子可以表示为

$$AF = \frac{\Delta\tau_u}{\Delta\tau_t} = \exp\left[\frac{E_a}{RT}\left(\frac{1}{T_u} - \frac{1}{T_t}\right)\right] \tag{1-5}$$

式中,AF 是加速因子;$\Delta\tau_u$、$\Delta\tau_t$ 是实际使用及加速状态下的服役寿命,单位为 s;T_u、T_t 是实际使用及加速状态下的热力学温度,单位为 K。

1.4.2 双环境因素

1. 湿热老化环境

当材料老化影响因素为温度和湿度时,一般采用 Hallberg – Peck 模型来描述在温湿度条件下的老化测试,双环境因素应力加速因子可表示为

$$AF = \frac{\Delta\tau_u}{\Delta\tau_t} = \left(\frac{RH_t}{RH_u}\right)^3 \exp\left[\frac{E_a}{R}\left(\frac{1}{T_u} - \frac{1}{T_t}\right)\right] \tag{1-6}$$

式中,AF 是加速因子;E_a 是表观活化能,单位为 kJ/mol;R 是摩尔气体常数,8.314J/mol·K;RH_u、RH_t 是实际使用及加速测试条件下的相对湿度(%);$\Delta\tau_u$、$\Delta\tau_t$ 是实际使用及加速状态下的服役寿命,单位为 s。

以某汽车企业汽车仪表板材料实验室湿热老化试验要求[温度(80±3)℃,湿度(75±5)%RH]为例,探讨如何利用湿热双环境因素模型计算等效海南户外暴露 1 年的实验室湿热加速试验周期。

对式 1-6 进行整理,可得式 1-7 及式 1-8。

$$\Delta\tau_t = \frac{\Delta\tau_u}{AF} \tag{1-7}$$

$$\Delta\tau_t = \sum_i \Delta\tau_{ti} = \sum_i \frac{\Delta\tau_{ui}}{AF_i} \tag{1-8}$$

式中,$\Delta\tau_{ti}$、$\Delta\tau_{ui}$、AF_i 是 i 时刻的相应参数。

仪表板材料一般为 PP,取其湿热老化活化能为 48kJ/mol,整车大气暴露试验中各时刻的温、湿度数据均取平均值。将各参数代入式 1-8,计算每 5min 大气暴露试验相对应的湿热老化时间,见表 1-6。相应可获得整车大气暴露试验 1 年,汽车仪表板材料相对应的湿热老化试验时间约为 400.34h(表 1-7)。

表1-6 每5min大气暴露试验相对应的湿热老化时间

时间	仪表板上表面温度/℃	驾驶室空气湿度（%）	$\Delta\tau_{ui}/s$	$\Delta\tau_{ti}/s$
2023-9-2 11:05	83.2	39.55	300	50.95
2023-9-2 11:10	85.3	39.22	300	54.63
2023-9-2 11:15	86.9	38.39	300	55.04
2023-9-2 11:20	88.8	37.75	300	56.93
2023-9-2 11:25	89.6	37.04	300	55.70
2023-9-2 11:30	90.0	36.35	300	53.57
2023-9-2 11:35	90.1	35.71	300	51.02
2023-9-2 11:40	91.1	35.37	300	51.79
2023-9-2 11:45	91.7	35.05	300	51.72
2023-9-2 11:50	91.6	34.52	300	49.20
2023-9-2 11:55	93.0	34.35	300	51.50
2023-9-2 12:00	94.2	34.10	300	53.05
2023-9-2 12:05	95.3	33.84	300	54.33
2023-9-2 12:10	96.0	33.47	300	54.15
2023-9-2 12:15	96.9	33.09	300	54.36
2023-9-2 12:20	97.7	32.69	300	54.21
2023-9-2 12:25	98.3	32.28	300	53.52
2023-9-2 12:30	98.9	31.9	300	52.96
2023-9-2 12:35	99.2	31.55	300	51.88
2023-9-2 12:40	99.5	31.24	300	51.00
2023-9-2 12:45	100.1	31.09	300	51.54
2023-9-2 12:50	100.8	30.89	300	52.04
2023-9-2 12:55	101.9	30.77	300	53.81
2023-9-2 13:00	102.7	30.56	300	54.48

表1-7 试验车各个试验月份的加速试验换算时间

大气暴露试验月份	$\Delta\tau_{ti}/s$	大气暴露试验月份	$\Delta\tau_{ti}/s$
1	107151.01	8	129903.48
2	108907.24	9	77956.14
3	103121.12	10	75860.55
4	140348.87	11	115689.00
5	151121.00	12	128128.07
6	167348.20	$\Delta\tau_t$	1441208.39（约400.34h）
7	135673.72		

2. 光热老化环境

在某些条件下，材料老化主要受光和热的影响，其在一段时间内受到的破坏程度可以表示为

$$D = \sum_t I_t A \exp\left(\frac{-E_a}{RT_t}\right)\Delta t \tag{1-9}$$

式中，I_t 是 t 时刻样品接收的辐照量，单位为 J/m^2；T_t 是 t 时刻样品的表面温度，单位为 K；Δt 是取值时间间隔，单位为 s；R 是气体常数，$8.314 J/(mol \cdot K)$；A 是破坏速率常数。

定义一恒定的等效温度值 T_{eff} 代替 T_t，使得样品接收相同辐照量时，其破坏程度相同。

$$D = \sum_t I_{\text{eff}} A \exp\left(\frac{-E_a}{RT_{\text{eff}}}\right)\Delta t_{\text{eff}} \tag{1-10}$$

对式 1-9 和式 1-10 进行整理，可得

$$\sum_t I_{\text{eff}} \Delta t_{\text{eff}} = \sum_t I_t \exp\left[\frac{E_a}{R}\left(\frac{1}{T_{\text{eff}}} - \frac{1}{T_t}\right)\right]\Delta t \tag{1-11}$$

PP 光热老化活化能 E_a 为 41.57kJ，当设定等效温度 T_{eff} 为 93.3℃，式 1-11 化简整理得到式 1-12，即为通用汽车 GMW 3417 标准中的 TNR 模型。

$$\sum_t I_{\text{eff}} \Delta t_{\text{eff}} = \sum_t I_t \exp\left(13.643 - \frac{5000}{T_t}\right)\Delta t \tag{1-12}$$

表 1-8 列举了自然暴露试验中某试验车仪表板上表面处 TNR 的计算。表中 R_i 为 i 时段接收的太阳辐照量，本示例数据记录时间间隔为 5min（300s）。

表 1-8　自然暴露试验中 TNR 计算示例

时间	上表面温度/℃	上表面辐照度/（W/m²）	R_i/（MJ/m²）	TNR_i/（MJ/m²）
2020 - 5 - 19 12:05	98.8	715.3	21.46	26.22
2020 - 5 - 19 12:10	99.3	739.7	22.19	27.61
2020 - 5 - 19 12:15	100.5	664.6	19.94	25.90
2020 - 5 - 19 12:20	100.5	734.9	22.05	28.64
2020 - 5 - 19 12:25	102.1	744.2	22.33	30.70
2020 - 5 - 19 12:30	102.7	748.8	22.46	31.56
2020 - 5 - 19 12:35	103.6	744	22.32	32.37
2020 - 5 - 19 12:40	104.3	718.8	21.56	32.05
2020 - 5 - 19 12:45	103.9	706.8	21.20	31.07
2020 - 5 - 19 12:50	103.7	729.6	21.89	31.85
2020 - 5 - 19 12:55	104.3	742.2	22.27	33.09
2020 - 5 - 19 13:00	105.1	734.6	22.04	33.68
2020 - 5 - 19 13:05	106	738.1	22.14	34.92
2020 - 5 - 19 13:10	105.8	721.4	21.64	33.90
2020 - 5 - 19 13:15	106.3	470.9	14.13	22.51
2020 - 5 - 19 13:20	101.6	398.0	11.94	16.13
2020 - 5 - 19 13:25	93.9	236.8	7.10	7.25

(续)

时间	上表面温度/℃	上表面辐照度/(W/m²)	R_i/(MJ/m²)	TNR_i/(MJ/m²)
2020-5-19 13:30	88.3	654.2	19.63	16.23
2020-5-19 13:35	93.6	714.8	21.44	21.65
2020-5-19 13:40	97.4	691.9	20.76	24.11
2020-5-19 13:45	98.6	676.6	20.30	24.62
2020-5-19 13:50	97.8	417.2	12.52	14.75
2020-5-19 13:55	93.2	441.5	13.25	13.18
2020-5-19 14:00	90.2	483.2	14.50	12.88
累计值			461.043	606.86

1.4.3 多环境因素

对于除温度以外还包含其他应力 S 的普通情况，材料老化寿命可以用广义 Eyring 模型进行更精确的描述。

$$\eta = \frac{A}{T}\exp\left(\frac{-E_a}{kT}\right)S^{-n} \tag{1-13}$$

式中，η 是特征寿命；A、n 是待定常数；E_a 是反应活化能；T 是热力学温度，单位为 K；k 是波尔兹曼常数，$1.38064852 \times 10^{-23}$ J/K；S 是温度以外的其他应力。

当考虑光、热以及水等环境因素时，其老化寿命模型可以表示为

$$\eta = \frac{A}{T}\exp\left(\frac{E_a}{kT}\right)R^{-m}RH^{-n} \tag{1-14}$$

式中，R 是样品表面辐照量，单位为 J/m²。

取 m 值为 3，n 值为 1，并分别用下标 u 和 t 表示户外大气暴露试验和实验室加速对比试验，则可得

$$\eta_u = \frac{A}{T_u}\exp\left(\frac{E_a}{kT_u}\right)R_u^{-1}RH_u^{-3} \tag{1-15}$$

$$\eta_t = \frac{A}{T_t}\exp\left(\frac{E_a}{kT_t}\right)R_t^{-1}RH_t^{-3} \tag{1-16}$$

当在两种不同条件下开展试验时，依据环境等效原理，当材料性能变化程度相同时，应满足 $\eta_u = \eta_t$，得到式 1-17，进一步整理得到式 1-18。

$$\frac{A}{T_u}\exp\left(\frac{E_a}{kT_u}\right)R_u^{-1}RH_u^{-3} = \frac{A}{T_t}\exp\left(\frac{E_a}{kT_t}\right)R_t^{-1}RH_t^{-3} \tag{1-17}$$

$$AF = \frac{\eta_u}{\eta_t} = \frac{T_t}{T_u}\exp\left[\frac{E_a}{k}\left(\frac{1}{T_u} - \frac{1}{T_t}\right)\right] \cdot \frac{R_t}{R_u} \cdot \left(\frac{RH_t}{RH_u}\right)^3 \tag{1-18}$$

1.5 汽车老化的人工模拟环境

通过自然环境试验来考核验证产品的环境适应性，结果真实、可靠，缺点是周期较长。人工模拟环境试验能够缩短试验和评价周期，但要做到对产品自然环境效应的真实再现和等效评估，就必须选取合适的试验条件。

1.5.1 人工模拟环境的设计方法

对特定产品而言，一段时间内所经历的环境变化历程可以用"谱"的形式进行描述，人工模拟环境设计的基础在于服役环境（大气环境及相应的微环境）谱的编制以及如何将服役环境谱转化为人工模拟环境谱。

服役环境谱可分为单项环境谱、组合环境谱和综合环境谱3类。

1）单项环境谱。单项环境谱指仅针对单一环境因素建立的环境谱，不考虑其他环境因素，如温度谱定义为"一定统计时间内，温度平均值、极值及特定温度区间累积时间的统计结果"。常用的单项环境谱有温度谱、相对湿度谱、日照辐射谱等。

2）组合环境谱。组合环境谱以多种因素在确定应力水平组合下所占年均累积时间的形式体现。例如，温度-相对湿度谱定义为"一定统计时间内，特定温度-相对湿度区间累积时间的统计结果"，温度-降水谱定义为"一定统计时间内，特定温度区间降水量、降水时数和降水次数的统计结果"。常用的组合环境谱有温度-相对湿度谱、温度-降水谱、温度-凝露谱等。

3）综合环境谱。将某区域所有环境因素归类合并计算后，形成综合环境谱。综合环境谱中给出了各种环境因素的时间比例、累积作用时间、作用次数、作用强度以及各种污染介质的浓度等。

编制服役环境谱前，可根据具体的编制目的、已有的经验和环境试验结果，对环境因素进行筛选，保留主要影响因素，对次要因素进行剔除或暂时不予考虑。选取环境因素后应搜集详尽的环境因素数据，并对搜集到的数据进行核查，以确保数据准确可靠，建立环境因素数据库。然后对一定时间内的环境因素数据进行统计、分析与处理，得出单项环境因素的环境谱。最后根据归并原则对单项环境因素进行归并，得到某产品的服役环境谱。

在加速试验中，每种环境因素的量值水平应在自然环境谱中对应环境因素的监测数据范围内。如温度推荐采用整点温度的年极值，相对湿度推荐采用月均值的年极值，污染介质浓度推荐采用年极值，日照辐射、降水、雾、露、酸雨等推荐采用年均累计值进行折算。当设定的加速试验条件明显高于自然环境谱中的作用水平时，应当作出充分的分析和论证，说明作用水平的改变不会引发异常环境效应，即环境腐蚀机理及产品与环境作用的产物不会发生显著变化。

在一个加速试验周期内，每种环境因素的作用时间比例按照自然环境谱中的作用时间比例来确定。如果与自然环境谱中的作用时间比例不符，应有充分的理论依据或试验结果作为支撑。

为尽可能在实验室中模拟多环境因素的综合作用，优先进行综合试验，必要时可牺牲部分试验条件的控制精度来满足这一要求。

1.5.2 人工模拟环境的相关性分析

人工模拟环境的相关性分析包括试验结果相关性分析和试验周期相关性分析两方面。本部分主要阐述试验结果的相关性分析方法，确定了相应的人工模拟环境参数后，可以利用参考材料的性能变化确定人工模拟环境的试验终止时间，或利用1.4节介绍的环境应力量化模型计算人工模拟环境的试验终止时间。

试验结果相关性好的试验应满足"三个一致"，即性能变化趋势一致、失效现象一致、微观反应机理一致。下面以聚苯乙烯（PS）材料老化试验结果为例，具体阐述如何从上述三方面进行自然与人工模拟环境相关性分析。

PS自然暴露试验在海南琼海湿热试验场开展，试验周期为1年。人工模拟环境试验分别为氙弧灯光老化试验和荧光紫外灯光老化试验，试验周期为30天，试验参数设置见表1-9。

表 1-9 人工模拟试验的环境参数

参数设置	方法一 （氙弧灯试验）	方法二 （荧光紫外灯试验）
滤光管类型	硼硅玻璃	UVA-340
340nm 处辐照度 /(W/m²)	0.5	0.89
试验循环	全光照 102min 光照 18min 光照+喷水	8h 光照 3.75h 凝露+光照 0.25h 喷水
黑标温度/℃	65	光照阶段：60±3 凝露阶段：50±3 喷水阶段：室温
相对湿度（%）	50%	—

试验过程中和结束时，对 PS 样条拉伸性能进行测试，结果见图 1-40。无论是自然暴露试验还是人工模拟光老化环境试验，试验初期在光和热的持续作用下，相当于对材料进行了"退火"处理，消除了材料内部部分残余应力，并使分子链排列更为规整，样条的拉伸强度出现了稍微上升的趋势。一段时间后，PS 拉伸性能进入下降通道。

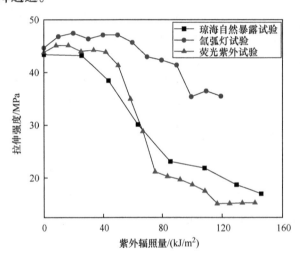

图 1-40　PS 样条拉伸性能变化规律

利用体式显微镜对样品表面放大 10 倍进行拍照观察，样品表面形貌见图 1-41。可以看出，经自然暴露试验与荧光紫外灯光老化试验后，PS 样条表面均出现了明显的开裂现象，而氙弧灯光老化试验后样条表面无明显开裂现象。

  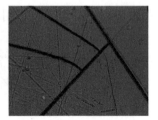

a) 自然暴露试验　　　　　b) 氙弧灯光老化试验　　　　　c) 荧光紫外灯光老化试验

图 1-41　不同光老化试验后 PS 样条表面形貌

进一步对三种试验后的 PS 样条表面老化产物进行傅里叶红外扫描（FT-IR）分析，结果见图 1-42。其表层分子结构出现了明显变化，主要是 1720cm^{-1} 出现了羰基（C=O）吸收峰和 3440cm^{-1} 出现了羟基（—OH）吸收峰。

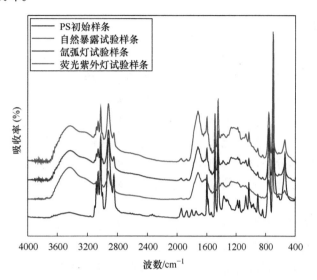

图 1-42　不同光老化试验后 PS 样条表面老化产物红外谱

根据 PS 的老化产物，可以推断其老化机理为聚苯乙烯在受到阳光照射时，通过光激杂质或电荷转移复合物（CTC）引发反应，形成图 1-43 所示的自由基。

在有氧的情况下，与氧反应形成过氧化自由基，见图 1-44。

该过氧化自由基从添加剂或相邻的链夺取氢，并形成一个新的自由基，见图 1-45。

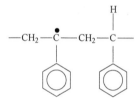

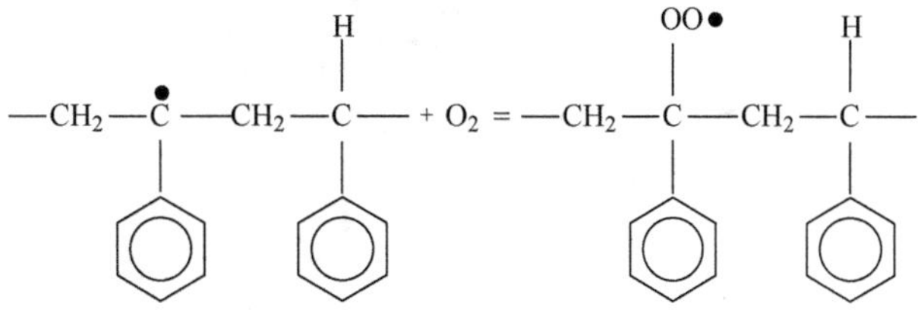

图 1-43　自由基

图 1-44　过氧化自由基

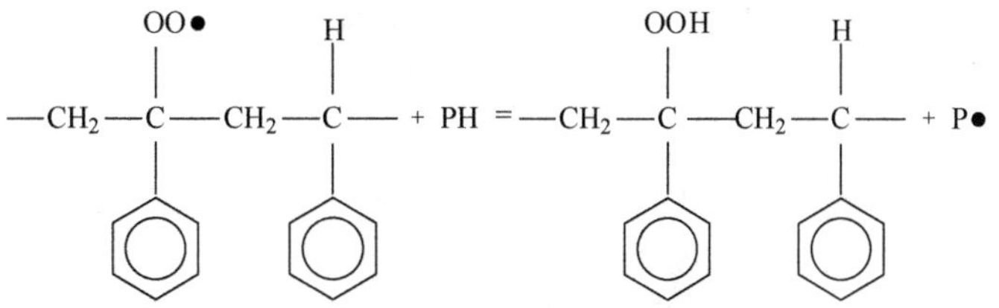

图 1-45　新自由基

氢过氧化物迅速分解，形成烷氧自由基，经过一系列的反应后最终生成酮、酸等。

从上述 PS 海南湿热环境自然暴露试验和人工光老化试验相关性分析结果来看，荧光紫外灯试验在拉伸性能下降速度和样条表面形貌两方面具有比氙弧灯试验更好的模拟相关性。为提升氙弧灯试验相关性，可以考虑从光照强度、水喷淋周期等方面进行改进。

1.6 发展趋势及展望

1.6.1 汽车老化环境仿真

目前，国内外汽车耐候性研究人员和企业技术人员对汽车内外关键零部件环境数据的积累主要是通过整车试验实现，但试验存在操作难度大、成本高、周期长等缺点，且在对自然暴露下车身内外重要零部件的太阳辐射状态、温度场分布影响汽车老化的主要因素缺乏全面深入了解的情况下，对汽车内外表面温度采集的测量点、测量周期、测量规模都缺乏科学的依据，而仅仅建立在技术人员的直觉和经验上，导致了测量数据信息量小、极端工况和实际使用情况存在偏差等不能真实反映汽车重要零部件温度场分布的弊端。目前，国内部分高校和科研院所已尝试开展汽车老化环境仿真技术研究，并取得了初步成果。与实证试验测试手段相比，数值仿真分析具有操作易、费用少和用时短等优点，在汽车老化领域具有较好的应用前景。

数值仿真模型输入包括网格离散模型、零部件物性及表面参数和气象数据等。网格离散模型由保险杠、车窗玻璃、中控台、座椅等主要实体零部件组成（图1-46、图1-47）。所有的实体网格模型皆为面网格，并根据个别零部件的实际制造情况设置了多层材料结构。对所有的零部件模型都进行了密度、热导率、比热等参数的设定。对于透明的零部件（如车灯、车窗）还设定其材料的反射率和透射率。对于由多层材料构成的零部件，还分别设置了每层材料的热物性参数和厚度。气象数据参数包括气温、相对温度、太阳辐照度、风速和风向等。

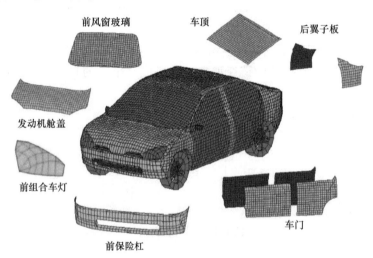

图1-46　汽车外饰部件的表面网格模型

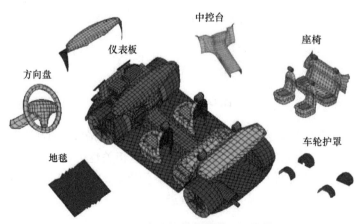

图1-47　汽车内饰部件的表面网格模型

环境仿真结果不仅可以直观了解车身内外温度场实时变化情况（图1-48），还可以对不同零部件表面最高温度点进行预测（图1-49）。

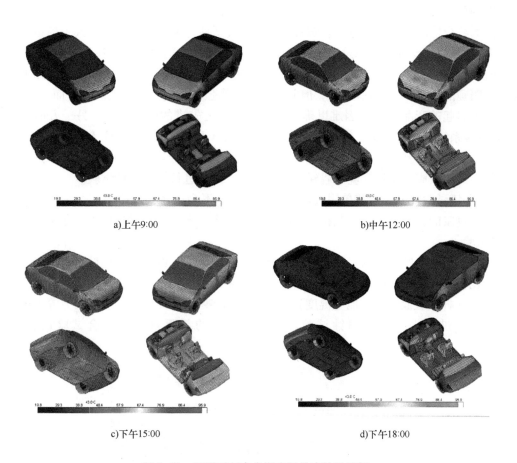

a) 上午9:00 b) 中午12:00

c) 下午15:00 d) 下午18:00

图 1-48　不同时刻车身温度场仿真结果示例

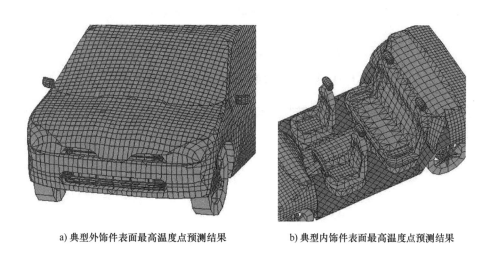

a) 典型外饰件表面最高温度点预测结果　　b) 典型内饰件表面最高温度点预测结果

图 1-49　汽车内外饰件表面最高温度点预测结果示意

我国自主品牌汽车在国外典型地区的服役微环境数据目前还比较缺乏，利用仿真技术，输入车型结构数据、材料物性数据以及国外典型地区大气环境数据，就可以快速预测车辆各部件微环境数据，从而为出口汽车耐候性设计和验证提供基础数据支撑。

1.6.2 复杂环境的人工模拟

自然界中的环境因素通常不会单独存在，产品所经受的环境应力通常都是综合环境应力，不同环境因素之间产生的综合协同作用不容忽视。随着产品的环境适应性要求不断提高，人工模拟环境已经从单因素模拟向多因素的组合/综合模拟发展，环境试验设备也从过去的单一型发展为复杂型、综合型。

组合/综合试验越来越广泛地应用，对试验设备的能力也提出了新的技术要求。实际上，尽管各项标准中提出了明确的组合/综合试验方法，但并未对试验作强制性的实施要求。一方面，由于组合/综合环境试验过程中引起的产品故障原因难以确定，需要采取更先进的分析手段；另一方面，由于某些组合/综合试验设备系统复杂，购买、维护费用较高。由此，GJB 150.1A—2009《军用装备实验室环境试验方法 第1部分：通用要求》对综合环境试验作出了说明：综合环境试验可能比一系列连续的单个试验更能代表实际环境效应。使用环境中遇到这些条件时，鼓励进行综合环境试验。

组合/综合环境试验能激发某些单因素环境试验条件下不会产生的故障模式，为装备环境适应性和可靠性提供了最直接的验证途径，因此在装备的研制、生产、定型和交付过程中，越来越多地引入了组合/综合环境试验。

目前，在汽车行业主要还是以二综合和三综合环境试验为主，四综合环境试验也已经在某些汽车企业得到应用，比较具有代表性的是包含光、热、水、盐雾四环境因素的综合环境试验。通过改变、控制光辐照度、温度（样品表面温度、舱室温度）、相对湿度、喷淋方式、盐雾喷雾压力等方式，模拟海洋大气环境，对样品进行人工老化腐蚀试验。某企业生产的氙弧灯盐雾组合试验设备主操作界面见图1-50。

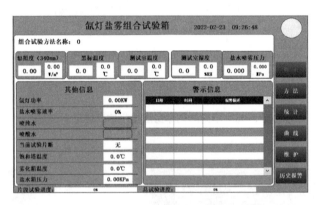

图1-50 某氙弧灯盐雾组合试验箱的主操作界面

试验研究结果表明，光、热、水、盐雾四因素综合环境试验比氙弧灯光老化+中性盐雾组合试验具有更好的模拟相关性和试验加速倍率。

第 2 章

汽车耐老化性能开发

2.1 概述

非金属材料在汽车上的应用十分广泛，大约占整车质量的 20%，不同种类非金属材料可在汽车上实现多样性的功能，从而达到汽车舒适性、美观精致性与个性化需求，在提升汽车内外饰的感知质量方面起到巨大作用，例如车身油漆可使车辆外观展现不同绚丽色彩。内饰主要体现产品设计格调，软内饰、硬内饰设计，颜色、纹理、面料、油漆、大部分造型设计以及功能均通过非金属材料体现。除此之外，非金属材料的应用还有助于车辆的整体轻量化，在当下新能源汽车发展大趋势下，整车轻量化需求更高，非金属材料在汽车零件发展中会有进一步的应用空间。

与此同时，由于非金属材料的固有特性，不可避免地会产生老化问题。随着人们对汽车老化危害的认识不断加深，汽车耐老化性能逐渐被整车制造企业所重视。汽车老化问题不仅表现在产品的外观品质上，严重老化问题还会影响整车安全性能，威胁驾乘人员生命安全，典型的零部件老化问题见图 2-1、图 2-2。综上，有必要对整车进行正向耐老化设计开发，建立整车耐老化开发体系，以规避整车老化问题。

图 2-1 汽车格栅变色发白

图 2-2 安全带插头老化开裂

除了非金属材料本身的耐老化性能，产品设计也存在影响产品老化的关键点，即零件材料的选择是决定其耐老化性能的基础，而零件结构设计是影响其耐老化性能的重要因素。在产品设计方面要充分考虑零件所处位置选材是否合理；结构设计方面兼顾对手件线性膨胀系数；合理设计零件本身壁厚；合理设计零件之间的间隙；合理布置安装点位与数量；充分考虑应力集中位置与释放位置。以下为一些选材或零件设计不合理导致的产品老化案例。

图 2-3 所示为某汽车尾灯内饰板出现明显收缩现象。经分析，该问题产生的原因为装饰板使用 ABS 材料，耐温性 83℃ 左右。试验中，此处灯罩外板温度最高为 85.1℃，内部装饰板经仿真分析温度最高为 113℃。选材耐温性不满足使用要求。

图 2-4 所示为组合仪表罩本体与组合仪表上罩间隙变大的现象，其产生原因为组合仪表罩本体与组合仪表罩安装支架配合缺少 Z 向限位结构，导致卡扣卡接不到位，老化后间隙增大。

图 2-3　尾灯内饰板收缩

图 2-4　组合仪表罩本体与组合仪表上罩间隙变大

图 2-5 所示的副仪表板面板边角翘起，按压有异响，其产生原因有两方面：一方面是内板与外板间隙小，局部零接触，导致按压摩擦异响；另一方面是内外板过盈配合导致应力较大，高温下软化、窜出，造成翘起。

图 2-5　副仪表板面板边角翘起且按压有异响

为减少整车老化市场问题,在整车耐老化开发过程中,应遵循"V字形"开发模式,见图2-6。工程师须通过合理的整车目标设定,进行零部件目标分解,再到原材料的选择、加工,以及材料零件到整车的逐级验证优化,最终达成整车耐老化目标要求。

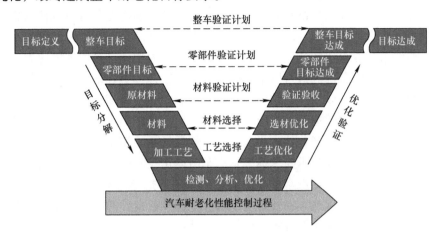

图2-6 耐老化性能正向设计开发示意

2.2 汽车耐老化开发体系

2.2.1 汽车耐老化开发技术体系

汽车耐老化开发体系是指确保汽车耐老化性能达到设定目标的一套系统和方法。汽车耐老化开发体系的目的是通过模拟和加速汽车长时间使用过程中的各种环境和负载条件,评估汽车的可靠性和持久性。

通过对汽车长时间使用过程进行模拟和测试,制造商可以更好地了解汽车的性能和耐久性,发现和解决潜在问题,提高产品的质量和可靠性。同时,汽车耐老化开发体系还可以减少生产过程中的失误和故障,降低产品召回和维修成本。

汽车企业为控制并提高汽车耐老化性能,必须建立较为完整的汽车耐老化性能开发流程体系,并在汽车新产品研发和质量控制流程中应用。汽车耐老化开发流程体系基于汽车气候耐老化技术建立,有着严谨、科学的开发流程。以下从汽车耐老化技术能力要求、汽车耐老化开发体系流程、汽车耐老化技术体系文件三方面来介绍耐老化开发流程体系。

1. 汽车耐老化技术能力要求

汽车耐老化技术能力建设是汽车制造业中非常重要的一项工作。随着汽车使用时间的增长,各种环境、物理和化学因素会使汽车非金属材料和零部件产生一定程度的损耗和老化。因此,制定和实施汽车耐老化技术能力建设是确保汽车在长期使用中保持高品质和可靠性的关键。

汽车耐老化技术能力建设的关键工作包括对材料的选择和研发、零部件设计和制造过程的优化,以及对整车的试验和验证。通过对材料进行科学的筛选和测试,可以选择更具耐老化特性的材料,确保汽车在不同环境下的使用寿命。同时,对零部件的设计和制造过程进行优化,可以减少零部件在使用中的磨损和老化。通过改进生产工艺和提高工艺水平,可以生产出更加耐久和可靠的零部件,进而提高整车的耐老化性能。此外,对整车的试验和验证也是汽车耐老化技术能力建设的重要环节。通过对整车进行各种严苛的环境和性能测试,可以及时发现和解决可能存在的问题,确保汽车在各种复杂条件下的可靠性和耐久性。汽车在自然环境下的自然暴露试验是对其在实际使用中所面对的气候环境因素进行监测和评估。通过这项试验可以收集汽车在不同气候条件下的数据,包括温度、湿度、紫外线辐射、氧化性环境等。这些数据又可以用来分析汽车材料和部件在各种气候条件下的耐老化性能。

再根据加速老化试验条件与气候环境因素数据的相关性分析，可以确定影响汽车耐老化性的主要气候因素和加速老化试验的参数。例如，通过统计分析可以确定高温对橡胶密封件老化速度的影响程度，然后制定相应的加速老化试验方法标准。

气候老化试验方法标准是在实际试验过程中确保试验条件的准确性和可再现性的指导文件，包括试验设备和仪器的选择及校准、试验条件的控制和记录等内容。制定这些标准可以确保不同实验室和机构进行的气候老化试验结果具有可比性和一致性。通过环境应力模型计算自然环境应力，可以模拟汽车在实际使用中所面对的气候环境条件。这可以帮助研究人员和工程师更好地理解和评估汽车材料和部件在不同气候条件下的耐老化性能，以及整体结构的耐老化性能。试验周期相关性分析可以确定气候老化试验的持续时间和频率。根据试验数据和环境应力模型的结果，可以确定在不同气候条件下汽车材料和部件的老化速度。这将指导制定气候老化技术要求标准，包括材料的使用寿命和更换周期等内容。

汽车气候老化试验方法标准和技术要求标准是汽车耐老化技术能力的重要组成部分。这些标准将帮助汽车制造商和相关企业制定和评估汽车产品的耐老化要求，指导汽车研发和生产过程中的材料选择、零部件设计和整车验证，从而确保汽车在各种气候条件下都具有良好的性能和耐久性。根据耐老化技术标准体系，结合汽车产品质量要求相关技术支撑体系，就可以形成汽车耐老化技术评价体系，为汽车制造商和供应商提供一个全面评估和改进产品耐老化性能的框架。通过这个评价体系，汽车制造商可以进行系统性的耐老化控制，从原材料选择到整车验证，确保汽车产品在各种气候条件下都能满足用户的要求和期望。

2. 汽车耐老化开发体系流程

车企在开发一款车型时，会把整个造车时间按节点分解成几个大的时间段，主要包括以下环节。

（1）概念设计阶段

在这个阶段，车企会与设计团队合作，通过市场调研和创意设计来确定车辆的整体理念和框架，包括对车辆外观、性能、功能等方面的设定。

（2）工程设计阶段

在这个阶段，车企的工程师会利用计算机辅助设计（CAD）软件进行设计，并进行车辆的参数化建模和虚拟样机验证。这个阶段还包括设计车辆的底盘、发动机、传动系统、车身结构等。

（3）技术开发阶段

在这个阶段，车企会对车辆的各项技术进行开发和优化，包括发动机的燃烧系统、底盘的悬架系统、安全系统等。同时，还会进行车辆的耐久性测试、性能测试和安全性测试等。

（4）试制和验证阶段

在这个阶段，车企会小批量试制车辆，并进行各项测试和验证，包括车辆的动力性能测试、底盘悬架系统调校、安全性能测试等。

（5）量产阶段

在这个阶段，车企会根据测试验证结果进行车辆的量产。同时，还需要进行整车的装配、质量控制和生产线优化等工作。

（6）售后服务和维修阶段

在这个阶段，车企会提供售后服务和维修支持，包括为车辆提供质保、维护、修理等服务。

结合整车制造流程，制订汽车耐老化开发流程（图2-7），围绕整车老化目标，进行目标设定、目标检查和目标验证，以完成整车耐老化性能的开发。

图2-7 整车耐老化开发流程

整车老化目标设计的合理性，应基于车型产品定位，结合目标销售地区的气候环境条件，以及产品质保目标，差异化设计零件所处车辆不同位置的老化性能要求等，多维度综合考量以达到合理的整车老化性能目标要求，精准化设定零件、原材料老化目标。

目标检查阶段也是原材料选择、造型确认的阶段，工程设计人员需要在该阶段提前进行用材、工艺、造型、供应商风险预判，例如造型设计要用到的新颜色、以往项目未曾应用过的新材料、新进入体系内的供应商以及一些相对不成熟的工艺，然后在圈定的预选供应商范围内进行提前摸底测试验证，选择合格的材料投入使用。

目标验证是对已定供应商产品的耐老化性能的验证，是对零件生产工艺过程、零件成品设计的耐老化性能的考察。要通过光、热、湿度三个维度进行验证并修正。零件验证合格后，再对整车进行耐老化性能的进一步验证。理论上，所有材料、零件、整车的目标要求应为金字塔型，即材料耐老化性能 > 零件耐老化性能 > 整车耐老化性能。但实际整车环境条件与零件试验条件有差异，验证结果仍会有偏差。整车发生老化问题时应以整车验证结果为主、零件验证结果为辅进行相应整改。

为达成耐老化既定目标，可将开发流程进一步细化，见图 2-8。

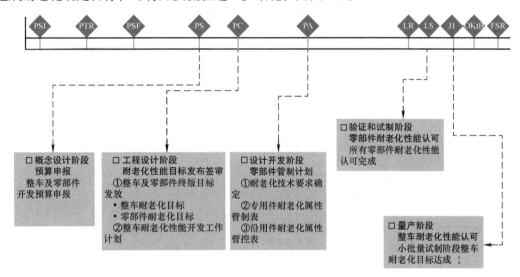

图 2-8　汽车耐老化开发应用体系流程

3. 汽车耐老化技术体系文件

建立汽车耐老化技术体系文件的目的是确保在进行汽车耐老化试验和评价时有明确的准则和规范。这样可以确保不同的试验人员在不同的时间和地点进行的试验结果具有可比性和一致性。耐老化技术体系文件应包括以下内容。

（1）耐老化技术要求标准

耐老化技术要求标准是对材料、零部件、整车在耐老化方面的要求和规范。这些要求和规范应该与实际使用环境相符，各车企的技术要求标准存在一定差异。例如吉利汽车公司，就针对材料、零部件和整车的耐老化性能要求出台了专门的标准，包括《乘用车橡胶部件耐臭氧老化性能要求》《乘用车非金属零部件耐光老化性能技术要求》等。

（2）耐老化试验方法标准

耐老化试验方法标准包括具体的试验方法、试验条件、试样准备等。车企要从材料、零部件、整车三个维度考量，设计不同的试验方法标准。这些标准可以是企业自己制定，也可以引用国家标准、行业标准等。

（3）评价方法标准

评价方法标准包括对于试验结果的评价方法、评价指标等，可以引用国家标准、行业标准等。

通过建立耐老化技术文件体系，车企可以确保在进行耐老化试验和评价时达到一定的准确性和可重复性，从而提高产品的质量和可靠性。同时，这也有助于企业对产品进行改进和优化，提高产品在各种气候条件下的使用寿命和性能。

以下列举一些老化开发工作中的实用文件：

1）耐老化开发体系管理办法。此文件规定了从事耐老化性能开发工作工程师的责任义务及项目组其他角色在此过程中须配合完成的一些开发事项，避免整车开发工作中因责任义务不清晰，导致进展困难。此类文件在车企内部一般需要纳入质量管理体系文件，如《老化属性开发管理办法》。

2）耐老化性能开发手册。用于将耐老化开发过程中的一些经验总结记录下来，避免后开发项目重复犯错的文件。此类文件需要不断更新，把项目开发过程及市场上的老化问题及时纳入其中。

3）标准。作为耐老化开发工作的支撑核心，将在本书第3章、第4章和第5章详细介绍。

4）整车耐老化目标及零部件耐老化目标。有目标才有工作方向，这两份文件是整个开发周期中耐老化开发工作的指导文件。根据所开发车型的不同，售卖区域的不同，制订合理的零部件及整车开发目标，是耐老化工程师的主要工作。

5）整车耐老化性能开发工作计划。将耐老化性能开发工作按整车工程开发周期分解，然后在每个节点完成既定工作计划，如在车型开发初期完成零部件及整车耐老化目标输出，在数据阶段完成目标要求校核，在实物阶段完成零部件及整车试验验证等。

6）零部件及整车耐老化性能认可报告。在整车开发过程中，在实物阶段完成零部件及整车的耐老化性能测试及报告验收。

7）耐老化性能开发总结报告。作为一款车型开发结束后，耐老化性能开发工作的总结与提炼，既可以是材料、零部件及整车老化问题的整改经验，也可以是对开发体系流程的补充及优化。总结报告的内容一般纳入《耐老化性能开发手册》中，使整车开发流程形成闭环。

以上体系文件的大致关系见图2-9。

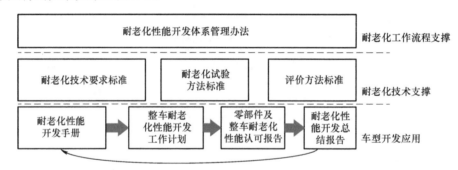

图2-9 汽车耐老化性能开发应用体系文件关系

2.2.2 汽车耐老化开发质量体系

1. 汽车耐老化开发质量体系建设

质量管理是项目产品交付过程中的持续改进活动。良好的质量管理是将产品设计转化为高质量产品的桥梁，是保障产品质量稳定性、提升产品竞争力的命脉。做好质量管理，对成功开发汽车耐老化性能至关重要，管理耐老化性能开发过程中的工作活动，是实现性能达标的关键。

一般情况下，建设汽车耐老化开发质量体系分为3个模块，依次是耐老化性能质量管理规划、耐老化性能质量开发过程管理、监督耐老化性能开发工作。

耐老化性能质量管理规划是耐老化性能开发质量工作的基准和指南，规定了耐老化性能如何进行质量管理。正向的耐老化性能质量管理以完善的开发流程为基础。质量管理规划的工作流程与耐老化性能开发流程相似，即首先参考项目开发主计划输出质量管理计划，明确性能指标量纲，通过规定质量检查的方式方法（主机厂一般采用三级验证计划，即材料级、零部件级、整车级DV试验验证），必要时通过加强生产过程质量管理（即识别生产过程中影响耐老化性能达标的工序并加以控制）来确保产品耐老化性能达标。此外，越来越多的主机厂将耐老化性能质量预防管理纳入正向的耐老化性能质量管理流程中。常规的操作方式是依据历史车型开发经验和市场老化质量问题，制订再发防止清单，用于在设计阶段规避耐老化质量问题。

耐老化性能质量开发过程管理主要是指对质量检查的过程进行跟踪确认，必要时通过对生产过程进行跟踪确认，及时识别影响耐老化性能指标达成的风险和问题，通过科学的分析处理，找到风险或问题的根本原因并施加干预措施，保障产品耐老化性能达标。耐老化性能质量管理过程主要包括以下方面。

1）工程设计过程中耐老化性能质量评估（即设计质量管理）。

2）零部件制造过程中耐老化性能质量管理（即零部件开发状态管理，从选材、设计结构、耐老化性能目标设定、试验跟踪和试验结果验收五个维度进行质量管理）。

3）整车制造过程中耐老化性能质量管理（从系统及整车制造过程中匹配结果跟进、整车耐老化性能目标设定和试验跟踪、试验结果验收三个维度进行质量管理）。

4）耐老化性能质量问题改善管理。耐老化性能质量问题改善管理过程一般分为五大过程组：质量问题责任方判定、问题原因分析、问题措施制订、问题措施实施、效果验证和问题关闭。推荐将耐老化性能质量问题纳入公司级质量管理系统，以提高关注度。

监督耐老化性能开发工作一般发生在项目收尾环节，通过前期对性能指标的检核结果进行检查确认，以获得最终认可，完成指标验收，交付耐老化性能开发工作成果。

2. 汽车耐老化性能质量控制流程

汽车耐老化性能质量控制流程见图2-10。

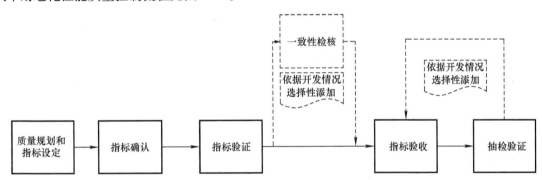

图2-10 汽车耐老化性能质量控制流程

质量规划阶段，指导项目实施适用的三级耐老化标准和验证手段，通过明确角色和职责，规定项目运营的质量要求或不符合质量要求的情况以及纠正措施，实现耐老化性能指标的达成。

管理耐老化性能质量开发过程即将质量规划转化为可执行的质量活动，通过一系列工作来达成耐老化性能指标。该流程包括对指标进行分析确认，通过验证工作识别性能达标风险并进行产品过程优化改进，通过对性能达标产品进行一致性检核来保障产品指标达标。指标验收是耐老化性能质量控制的关键活动和最终目标，即对性能达标情况进行验收，核实产品耐老化性能是否已达目标要求，确认产品是否具备可交付条件。一般情况下，经过前述工作逻辑，完成指标验收工作，汽车耐老化性能正向开发流程便接近尾声，若有必要（例如在开发过程中即识别出材料或零部件耐老化性能属于高风险属性）可增加量产后的抽检验证，以加强耐老化性能质量控制。

2.3 汽车耐老化设计方法

2.3.1 汽车三级耐老化性能目标设计

非金属材料具有比金属材料更好的成型性、更多样的表面处理手段和更亲和柔顺的触感，因此各大主机厂、零部件供应商甚至材料厂家都加大了对非金属材料在汽车领域的开发与应用。

然而，汽车服役环境复杂且多变，阳光、雨水、泥沙、臭氧、细菌等会加速产品老化失效，人为磕碰划伤、人体排出的汗液与油脂以及千人千面的使用方法也会不同程度地加速产品老化失效。非金属材料应用到汽车上的区域复杂多样，不同可见区域对耐老化性能指标要求不同，驾驶舱内和驾驶舱外对耐老化性能指标要求也不同，因此设计合理的耐老化性能指标是耐老化性能开发工程师的工作目标。从材料角度分析耐老化性能目标设计方法，一般需研究分析高分子聚合键的反应特性，如聚氨酯类材料因含有酯键和尿素键，极易吸附水分子生成氢键，减小聚合物分子之间的化学键力，发生主链断裂，导致拉伸强度等性能下降，破坏聚氨酯材料的性能。在设计该类材料耐老化性能过程中，材料耐水解性是重要验证目标。从零部件角度分析耐老化性能目标设计方法，除了考虑试验对象的材料组成，还要考虑零部件结构、安装方式以及安装位置。如同样使用PP材料制成的轮眉和车门下饰板，均安装在车辆垂直位置，但轮眉因装配在驾驶舱外，其耐光老化性能目标要高于车门下饰板。从整车角度分析耐老化性能目标设计方法，需考虑车辆使用区域和使用对象，如车辆长期暴露在室外环境中表现的耐老化性能与长期停放在地库中表现的耐老化性能截然不同。男性车主和女性车主对车辆的操作不同，也会影响车辆的耐老化性能。如女性车主更频繁地使用护手霜，会对手部接触的零件表面提出更高的耐油性试剂要求。

耐老化性能开发工程师一方面从研究汽车服役环境中的环境因子入手，设计材料、零部件和整车的耐老化性能目标；另一方面，也要综合考虑汽车使用过程中人为操作产生的破坏因子，如刮擦、试剂接触等。

一般情况下，材料、零部件和整车耐老化性能目标设计方法可分为正向设计方法和逆向设计方法。正向设计方法是从材料、零部件和整车所处的环境因子分析研究出发，结合材料本身物化性能与成型性、零部件结构特性、整车装配位置，制订合理的耐老化性能验证方法和评价指标。逆向设计方法是通过试验验证整车在老化环境中的耐老化性能表现，对耐老化性能不达标的零部件进行原因分析，修正零部件设计方案或实验验证方法。逆向设计方法一般是正向设计方法的补充和完善。

以下侧重于讨论耐老化性能目标设计中的正向设计方法，并重点讨论气候环境因子对汽车耐老化性能的影响。

1. 气候环境对耐老化性能目标设计的影响

气候环境的要素包括光照、气温和降水等，这些要素作用在非金属材料制品上，会产生环境应力，使得非金属材料制品外观损伤或功能失效，反映到产品性能上表述为耐老化性能下降。产品暴露在气候环境中的时间越久，承受的气候环境应力越大。例如，气候要素中的降水会导致聚酯类材料在使用中接触过多水分，发生水解反应，使其老化失效。表2-1列出了汽车服役过程中接触的主要环境因子及其引起老化失效的反应机制。

表2-1 汽车服役过程中接触的主要环境因子及其引起老化失效的反应机制

环境因子	老化失效反应机制
高温、低温与温差 相对湿度及湿度波动 太阳辐照度及辐照量（紫外光、可见光、红外光） 风、雨	光老化 热老化 氧化老化

通过对全球气候进行分类识别，结合汽车产品使用的环境状态，将对汽车产品耐老化性能影响最为突出的典型环境气候分为湿度低、温度高的荒漠气候和湿度高、温度高的海洋性气候。气候环境在各国的气象局官方网站都有统计记录，主机厂对气候环境研究的主要方向是研究整车在典型环境气候中停放，各部件外观面可达到的极限温度、湿度，平均温度、湿度，累积温度、辐照量等。

气候环境研究的主要方法是将整车暴露在自然环境中，在指定的零件表面安装温度传感器、湿度传感器、阳光辐照量测量仪以采集数据，通常按照 QC/T 728—2005《汽车整车大气暴露试验方法》布置车辆和设备仪器。试验结束后对采集的数据进行分析处理，选择合理的试验参数用以模拟车辆在客户实际使用过程中的老化环境因子。图 2-11 所示为气候环境研究示意。

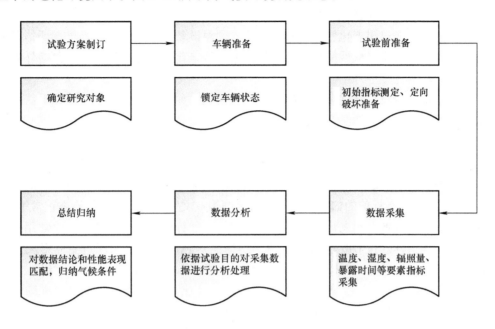

图 2-11 气候环境研究示意

通过上述暴露试验的验证，可以总结归纳出整车级和零部件级耐老化性能目标值。

2. 耐老化试验条件指标设定方法

各主机厂对整车、零部件、材料的耐老化性能试验方法不尽相同，但有一个共同特点，即聚焦于温度、湿度、光照、时间四种变量，且试验条件分为 2 种——自然暴露条件和人工加速老化条件。

如前文所述，自然暴露试验常选择 2 种气候环境，即荒漠气候和海洋性气候环境，分别用来验证干热和湿热环境。干热气候如我国吐鲁番地区，湿热气候如我国海南地区。耐老化性能工程师的研究方向是将试验对象暴露在自然气候中，由此得到在大气环境中试验对象的环境参数和老化规律，并对试验对象的老化性能状态进行分析，设定合理的人工加速老化试验条件。人工加速老化试验可有效缩短自然暴露试验周期，且弥补了自然暴露试验条件不可控和试验结果不可复现的弊端，因此耐老化性能开发工程师倾向于在耐老化性能开发流程中选择人工加速老化试验评价产品性能指标，辅助以自然暴露试验，确保整车、零部件和材料的耐老化性能满足设计要求。

常用的人工加速老化试验方法可分为：

1）单一环境因子的试验方法：热老化试验、极限热老化试验、低温试验、低温冲击试验、耐水试验。

2）复合环境因子的试验方法：湿热试验、盐雾试验、高低温交变试验、耐光照试验。

3）增加人工干扰的试验方法：低温耐冲击试验。

上述试验方法可应用于材料级和零部件级的耐老化性能验证。在选择了合适的试验方法后，还需合理定义试验时间或周期。一般情况下，试验时间或周期依据车辆产品销售/使用地区、产品定义定位，或零部件在整车装配位置来确定。产品销售/使用地区对产品耐老化性能影响很大，可适当延长试验时间或周期。高端产品耐老化性能验证的试验时间可适当大于低端产品。依据可视情况，位于高度可见区域的零部件的耐老化性能验证的试验时间可适当大于位于中低度可见区域的零部件。

如某公司的仪表板在设定耐老化性能验证试验时，考虑到水平面的极限高温高于垂直面，在设定耐极限热老化试验条件时，仪表板上本体的温度会比仪表板下本体的温度高、时间设定长。

整车级的耐老化性能试验方法依据车辆使用地区不同，以及汽车产品定位定义特性，如汽车产品价格区间、销售区域等不同，也有不同的试验参数设计。常见的整车级人工加速老化试验方法有整车级高低温试验方法、整车级阳光模拟试验方法等。

3. 耐老化性能评价指标设定方法

材料、零部件、整车经过耐老化性能试验验证后，须对试验对象进行结果判定，评估其是否满足耐老化性能指标。评价指标是耐老化性能结果的评价依据。耐老化性能评价指标主要包括外观和功能评价指标。

外观评价指标是指试验对象在试验前后的表面形貌变化，如颜色变化、形状变化等；功能评价指标是指试验对象在试验前后的断裂伸长率变化、附着力变化等。具体评价指标可表述为以下 3 类。

1）颜色评价指标：有指标值的（定量规定）包括光泽度、失光度、色差、灰度；文字描述的（定性描述）包括发黄、发白等。

2）形貌评价指标主要是文字描述：翘曲变形、粉化、裂纹、起皱、斑点、生锈、霉菌等。

3）功能评价指标：有指标值的如力学性能衰减比例等；文字描述的如功能检查正常等。

耐老化性能指标设定高低与耐老化性能好坏直接相关。如针对织物类零部件，通常用灰卡等级判定耐老化验证前后的性能指标。按 GB/T 250—2008《纺织品 色牢度试验 评定变色用灰色样卡》的判定说明，经过耐光照老化试验后，A 样品的灰卡等级≥4 级，B 样品的灰卡等级≥3 级，说明经过试验后，A 样品的变色程度比 B 样品小，即 A 样品的耐老化性能比 B 样品优。基于当前市场对汽车产品耐老化性能的要求，并无强制性目标值，一般都是各大主机厂根据自身产品的定位定价和销售区域，自行设置，如低端产品，整车级耐老化性能指标可设定为自然暴露 0.5 年，外观色差≤3 级，无功能失效；中高端产品，指标可设定为自然暴露 1 年，外观色差≤3 级，无功能失效。耐老化性能工程师在设定评价指标时，须综合考虑投入成本、客户满意度、产品品牌价值以及市场竞争力。同一品牌低端车型的耐老化性能评价指标设定值低于中高端车型，同一公司低端品牌车型的耐老化性能评价指标设定值可低于高端品牌车型。

总之，耐老化性能工程师要综合考量并依据实际情况实时调整耐老化性能指标设定值，以谋求最优值。

2.3.2 汽车三级耐老化性能验证与评价

1. 材料及零部件耐老化性能验证与评价

（1）材料、零部件耐老化性能验证方法

在汽车产品开发和生产过程中，由于开发项目节点的不同，产生的输出物也不同。因此，在汽车产品开发过程中，一般采用材料、零部件、整车三级耐老化性能验证方式，用来指导材料选型、零部件设计验证、整车性能验收。这三个层级是内在统一的，一般来讲，材料严于零部件，零部件严于整车，才能保证最终目标的达成。

材料、零部件和整车试验，按照开展试验的场所来划分，主要是自然暴露试验和实验室人工加速老化试验。自然暴露试验是一种将试验样品长期暴露于某种自然环境中，以确定该种自然环境对试验样品老化影响的试验。而实验室人工加速老化试验，主要是通过模拟一种或几种老化影响因子，对试验样品进行加速老化。针对不同的老化影响因子，形成了各种实验室人工加速老化试验方法。耐老化性能验证方法见图 2-12。

针对材料级别的试验，由于试验样品的形状和大小可自由选取，可以采用许多基本的户外暴露和实验室人工加速老化验证方法，选择范围广泛。对于零部件产品，由于受到试验样品尺寸或形状的影响，限制了一些气候老化验证方法的使用。

材料的耐老化性能是基础性能，在很大程度上决定了制成的零部件的耐老化性，因此，选择符合技术要求的材料是很重要的。目前，大多数车企从节约成本与产品一致性等角度考虑而建有材料认可数据

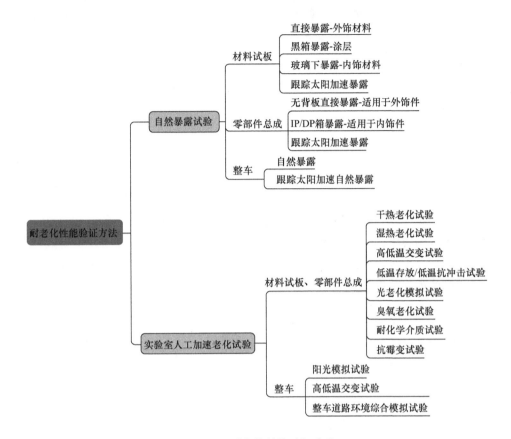

图 2-12　耐老化性能验证方法

库。材料供应商生产的某种牌号的材料只有通过了试验认可，才能进入车企的材料数据库，成为制造零部件的候选材料。在材料的试验认可中，耐老化性能一般作为非金属材料的常规技术要求之一，是一项重要的检测项目，特别是对涂层、塑料、皮革等非金属材料而言。

材料的耐老化性能虽然对制成的零部件的耐老化性能影响很大，但也不能保证两者完全一致，零部件的成型加工方式与工艺控制过程也会对其耐老化性能产生影响。有的零部件是由多种材料制成的，各种材料可通过焊接、粘接、热压等多种方式结合在一起，各材料之间可能因迁移导致染色，因膨胀系数不同产生应力，导致分层、开裂、缩痕等现象，也有可能因材料收缩率不同，而产生变形、收缩。由多个零部件组装成的部件或总成，可能由于各零部件耐老化性能的差异，或在温度影响下膨胀系数的差异而导致变形、结合处间隙加大或产生面差等现象。为了评估整个零部件总成的耐老化性能，进行汽车零部件耐老化性试验是十分必要的，因为相对于材料的耐老化性试验，零部件的耐老化性试验更接近最终的使用情况。

随着汽车产品开发周期逐渐缩短，尽管实验室人工加速老化试验还不能完全代替自然暴露试验，但因其试验周期短，重复性较好，条件可控，目前已经得到了广泛的应用。具体测试项目见图 2-12，其中，温度类试验和光老化试验最为常用。各汽车企业根据零部件所处位置、环境、功能要求以及寿命要求的不同等，试验的项目、方法与技术条件也略有不同，详见本书第 3 章、第 4 章。

（2）材料、零部件耐老化性能评价方法

对于材料、零部件的耐老化性能评价，均可以采取评级的方式。不同的材料，不同的缺陷，有不同的评价内容，表 2-2 所示为材料和零部件推荐的评价框架。

表2-2 材料和零部件推荐评价框架

种类	分类	灰度等级	色差	透光率	光泽度	橘皮	附着力	外观
塑料	非透明材料	□	□		□			□
	透明材料	□	□	□	□			□
橡胶	橡胶	□	□					□
皮革	皮革		□					□
织物	织物							□
涂层	喷漆件	□	□		□	□	□	□

注：1. 带符号"□"的表示适用。
2. 零部件以所属材料为准。

表2-2所列的评级内容中，色差、透光率、光泽度、橘皮和附着力均采用设备测试，为客观测试结果，本章不展开说明。以下重点阐述外观评价。外观评价一般采用主观评价的方式，分为6个评价等级，当发现不良及缺陷需要评价时，可以按照表2-3所列内容进行等级评价。

表2-3 主观评价评级标准

缺陷	等级					
	0	1	2	3	4	5
光泽变化	无变化	很轻微变化	轻微变化	明显变化	严重变化	很严重变化
颜色变化	无变化	很轻微变化	轻微变化	明显变化	严重变化	很严重变化
粉化	无粉化	很轻微，拭布或手指上刚可观察到的微量粒子	轻微，拭布或手指沾有少量粒子	明显，拭布或手指沾有较多粒子	严重，拭布或手指沾有很多粒子	很严重，拭布或手指沾满大量粒子，或样板出现漏底
裂纹/开裂	无裂纹/开裂	刚可察觉少量裂纹/开裂	可见少量裂纹/开裂	可见中等数量裂纹/开裂，尺寸<0.5mm	较多数量裂纹/开裂或裂纹/开裂尺寸0.5~1.0mm	密集裂纹/开裂或裂纹/开裂尺寸>1.0mm
变形/分层	无变形/分层	很轻微变形/分层	轻微变形/分层	中等程度变形/分层	较大变形/分层	严重变形/分层
起泡	无起泡	很少，几个泡	有少量泡	有中等数量的泡，尺寸<0.5mm	有较多数量的泡或气泡尺寸为0.5~1.0mm	密集型的泡或气泡尺寸>1.0mm
锈蚀	无可见锈点	≤5个锈点，锈点尺寸<0.5mm	6~10个锈点，锈点尺寸<0.5mm	11~15个锈点，锈点尺寸<0.5mm	16~20个锈点或锈点尺寸0.5~5mm	>20个锈点或锈点尺寸>5mm
剥落	无剥落	剥落面积≤0.1%或剥落最大尺寸≤1mm	剥落面积≤1%或剥落最大尺寸≤3mm	剥落面积≤3%或剥落最大尺寸≤10mm	剥落面积≤15%或剥落最大尺寸≤30mm	剥落面积>15%或剥落最大尺寸>30mm
斑点	无斑点	很少几个斑点，10倍放大镜下可见	稀疏少量斑点，正常视力下刚可见	有中等数量斑点或斑点尺寸<0.5mm	有较多数量斑点或斑点尺寸0.5~5mm	密集型斑点或斑点尺寸>5mm
长霉	无霉点	很少几个霉点，正常视力下刚可见	稀疏少量霉点或霉点尺寸<1mm	有中等数量霉点或霉点尺寸<2mm	有较多数量霉点或霉点尺寸<5mm	密集型霉点或霉点和菌丝尺寸≥5mm

(续)

缺陷	等级					
	0	1	2	3	4	5
变软/变硬	无变化	很轻微的变软或变硬	轻微的变软或变硬	明显的变软或变硬	较严重的变软或变硬	严重的变软或变硬
发粘	不粘	略有阻滞感,有点黏性	有黏性,轻微发粘	明显发粘	较严重发粘,令人反感的	严重发粘

注:未在表中列出的也可参考评级。

2. 整车耐老化性能验证与评价

相较于材料、零部件耐老化试验,整车耐老化试验的结果与实际使用环境中的老化状态最为接近。因为试验样品是最终的产品形式,各种汽车零部件均处于实际安装状态,也就是说,各种零部件是在实际的约束条件、安装姿态下接受环境应力的作用,因此,所获得的结果是环境应力、各零部件的安装应力、各零部件之间的相互作用等因素的综合影响结果,与实际使用时一致。这样一来,整车耐老化性能评价指标的高低直接关系到汽车产品耐老化性能的好坏。

(1) 整车耐老化性能验证方法

整车耐老化性能验证方法有整车自然暴露试验法和实验室人工加速模拟试验法,见图2-12。两种方法各有优缺点,各有用途,差异性见表2-4。后者以前者为基础,前者为后者提供长期、大量的试验数据,以建立两者之前的相关性。只有建立了强相关性,实验室人工加速模拟老化试验法才是可靠的,确定的试验条件和试验周期才更具说服力,更能反映车辆的真实使用状态,才能为各大汽车企业广泛采用。在汽车行业中,根据汽车开发周期和开发目的的不同,自然暴露试验法和实验室人工加速老化试验法可同时使用,但对于开发周期短的车型,往往只进行实验室人工加速老化试验,各大车企会根据自己的实际情况采取合适的方法,详见第5章。

表2-4 自然暴露试验与实验室人工加速模拟老化比较

序号	自然暴露试验	实验室人工加速模拟老化
1	试验条件真实,试验与实际一致性好,影响因子多样化	人工模拟环境因素试验、影响因子单一化
2	试验时间长,通常为1年	强化有影响的环境因素,试验时间短
3	条件非人力可控,重复性差	条件可控,重复性好

(2) 整车耐老化性能评价方法

在汽车行业,由于结构因素不能把汽车的零部件搬运到检测实验室内进行分析,除了使用便携式光泽度仪、橘皮仪和色差仪,许多耐老化性能无法应用仪器检测,并且有些老化检测项目目前也无可用的检测设备,只能依靠试验人员主观评价。对整车的耐老化性能评价,是以零部件评价为基准的,对零部件的各种外观变化和功能衰减采用评级的方式,按照GB/T 40512—2021《汽车整车大气暴露试验方法》(以下简称GB/T 40512—2021)的规定,一般可以分为0~5级,见表2-5。

表2-5 主观评价评级标准

评级	外观	功能
0	无变化,即无可觉察的变化	无衰减
1	很轻微,即有刚可觉察的变化	很轻微,不易发现的衰减
2	轻微,即有明显可觉察的变化,常温时可恢复正常	有可察觉的衰减,不影响行车安全,且常温时可恢复正常

(续)

评级	外观	功能
3	明显,即有明显可觉察的变化,常温时不可恢复正常	有明显的衰减,不影响行车安全,且常温时可恢复正常
4	较严重,即有较大变化,常温时不可恢复正常	有明显的衰减,不影响行车安全,且常温时不可恢复正常
5	很严重,即有很大变化,且永久不能恢复	衰减严重甚至失效,且永久不能恢复或影响行车安全

为了获得更全面、直观的印象,便于对不同车型的耐老化性能进行横向比较,不断改进产品耐老化性能,还可采用客观的计算数据来对试验结果进行评价,计算整车耐老化性能的得分,建立一种合理科学的评价体系。

建立这个评价体系大致分为三步:第一步,明确评价对象,即整车耐老化试验是检测哪些零部件的性能,根据这些零部件在汽车上的位置和受重视程度,确定其权重;第二步,选择恰当的评价标准,即先确定这些零部件会发生什么样的老化现象,再确定单个老化现象的评价等级标准;第三步,制订综合评价方法,统计试验数据,得出综合评价值。

结合汽车行业的特点,评价维度一般分为感官品质、功能品质和安全品质,且按照重要程度具有不同的权重。三者的权重比例和分值详见本书第 5 章。

1) 感官品质:汽车驾乘人员通过视觉、嗅觉、触觉、听觉等感觉器官能直接感受到的品质,如外观、气味等。该类品质缺陷会引起用户抱怨,但不影响正常使用,较少产生维修费用。

2) 功能品质:汽车机械或电器功能正常发挥作用的能力状况。该类品质缺陷对用户使用会产生一定影响,衰减程度较轻会引起用户抱怨,较重则会产生维修费用,但对整车安全和可靠性无重大影响。

3) 安全品质:与车辆正常接触或使用人员的生命安全或身心健康相关的品质。该类品质缺陷会引起用户投诉甚至引发召回。

汽车作为一个完整系统,评价的是整个系统的整体耐老化水平。在这个系统中,又分为不同的大类,每个大类由数量不同的单元组成。汽车上的非金属零部件按功能来分,主要有内外饰装饰件、功能件和结构件等;按在汽车上的位置来分,又可以分为发动机舱件、内饰件、外饰件等。所有参与评价的汽车非金属件,均位于正常情况下可以直接观察到的部位。根据全车各零部件所处位置以及用户关注程度,对全车零部件进行权重划分。感官品质评价权重和各区域定义详见本书第 5 章。

最终,整车耐老化性缺陷分值计算为感觉品质、功能品质、安全品质三者综合结果,即:

$$DS = \sum DS_{感官品质} \times 评价权重 + \sum DS_{功能品质} \times 评价权重 + \sum DS_{安全品质} \times 评价权重$$

2.4 商用车耐老化性能开发

商用车与乘用车在设计用途、使用工况、维护和修理上都有很大的差异,因此在耐老化性能的开发及评价上也存在一定的差异。

2.4.1 商用车与乘用车主要差异

1) 结构及用材差异:乘用车多采用承载式车身结构,而商用车多采用非承载式车身结构,底盘车架结构以满足功能要求为主,常直接暴露于工况环境中,受环境影响较大,典型商用车结构形式见图 2-13。不带货箱的二类底盘,对于零部件油漆的耐老化性能有直接要求,普通底面合一电泳漆存在耐盐雾及耐老化性能无法兼顾的问题。同时对于底盘内的橡胶、塑料件的耐老化性能也有一定考验。

2) 使用工况差异:商用车主要用于货物运输或工地作业,工作条件较为恶劣,经受更多的路况、负载和振动等因素的影响,存储环境多为户外受阳光照射环境。装载货物造成车辆油漆的磕碰破坏,部分货物可能具有腐蚀性,车辆行驶动态时间长、静态时间短。而乘用车主要用于家庭和城市交通等环境,相对较少面临恶劣的路况和工作条件,车辆行驶静态时间长、动态时间短。因此,在进行耐老化性能开发时,商用车需要更加关注对恶劣环境下及动态环境下的适应能力和老化耐久性的测试。

3)用户关注度差异:商用车除必要的功能件保养外,车辆实际运行中,污染较大,清理通常不及时,例如,冬季融雪剂和甩泥的清理等,用户对于不突出的老化问题不敏感,更多关注老化对于零部件的功能影响情况。

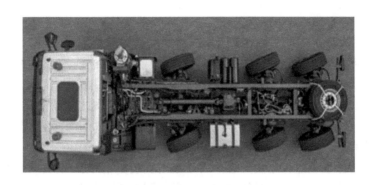

图 2-13 典型商用车结构形式

2.4.2 商用车与乘用车耐老化性能开发差异

1. 商用车耐老化性能开发体系

商用车的耐老化性能开发流程与应用、耐老化性能开发体系技术文件与应用、耐老化性能开发质量控制基本与乘用车一致。

2. 商用车耐老化性能设计、验证及评价方法

1)商用车耐老化性能指标设计:整体遵循的原则与乘用车相同,在整车开发之初,要整体考虑项目的整车耐老化性能目标,并分解到风险零部件上去,在项目的不同阶段进行管控,需要考虑以下方面。

① 产品设计寿命:通常情况下,车身油漆、内外饰件、车身密封件、灯具等非金属件在三包期内不能出现任何明显的老化现象,在使用寿命时间内不能出现任何严重的影响用户使用的外观老化和功能衰退。

② 产品销售区域的气候:根据光照、温度、湿度等气候因素水平,全球分为几大典型气候带,进行产品开发时,可根据产品销售区域的环境严苛度来制订相应的耐老化性能指标。

③ 汽车微环境:对汽车零部件来说,车上不同位置的光、热微环境也是不同的,零部件的老化目标需要考虑这些因素,通常需要对全车进行分区,再对每个区域进行差异化的指标设置。商用车微环境参考分区见表 2-6。

表 2-6 商用车微环境分区

序号	区域	特点描述	包含部件示例	可见程度
1	车外	车身顶部	导流罩等	太阳垂直照射区域、低可见区
2		车头正面垂直表面	前照灯、前风窗下装饰板等	外饰件环境第二严酷区域、高可见区
3		车身两侧垂直表面	两侧车门、轮眉等	外饰件环境第三严酷区域、高可见区
4		车厢底盘	燃油箱垫带、储气筒等	不受光照区域,低可见区(受地面热辐射影响)

(续)

序号	区域	特点描述	包含部件示例	可见程度
5	车内	驾驶室前端区域	仪表板上本体、方向盘、内后视镜等	受光照强烈影响,高可见区
6	车内	驾驶室中间区域	座椅织物面料、门护板、遮阳板等	受阳光影响区域,高可见区
7	车内	驾驶室顶部及底部区域	座椅塑料件、顶篷、顶柜、地毯、卧铺等	受阳光影响轻微区域,低可见区

2) 商用车耐老化性能验证:商用车与乘用车一样,均采用材料、零部件、整车三级耐老化性能验证方式,可开展户外暴露试验和实验室人工加速老化试验,其中,材料、零部件耐老化性能验证方法与评价方法与乘用车一致。

整车户外自然暴露试验普遍参考 GB/T 40512—2021,商用车在此基础上,可进一步增加行驶工况里程,对于常用开闭件、功能件增加检查操作频次,以更好地模拟商用车实际使用工况,及时暴露各系统,尤其是底盘及动力系统零部件老化后的一些功能问题。除车身外,可适当在底盘重点关注零部件上布置温度传感器,在油漆涂层上进行划痕处理。对于是否安装货箱开展试验,可根据车型实际开发工况选择,如果车型在二类底盘条件下存储时间超过 6 个月,则需适当考虑在试验中增加二类底盘工况验证时间,以更好地验证底盘零部件的耐老化性能。

3) 商用车耐老化性能评价:可参考 T/CSAE 135—2020《商用车整车大气暴露试验评价方法》(以下简称 T/CSAE 135—2020),该标准规定了商用车整车大气暴露试验老化评级通则,包括油漆涂层件、塑料件、橡胶件、织物件、皮革件、镀层件以及无涂镀层金属件共 7 类零部件的单项耐老化性能评级方法以及整车的耐老化性能等级评价方法。

通过调查统计用户对整车各部位的关注度,设置 A、B、C、D 四个分区,关注度高和老化强度大的部位纳入 A 区。老化强度是指在阳光下暴露的程度,暴露时间越长,零部件表面与阳光光线的夹角越大则老化强度越大。整车耐老化性能评价区域划分见表 2-7。整车耐老化性能评价区域划分与前述零部件耐老化性能指标制订分区具有一定程度的相似性。

表 2-7 商用车耐老化性能评价区域划分

区域	定义	部位	代表零部件
A 区	用户关注度较高的区域	仪表台	仪表罩、仪表板、功能开关、出风格栅、转向柱护套
A 区	用户关注度较高的区域	座椅	发泡泡沫、蒙皮
A 区	用户关注度较高的区域	轮胎	轮胎、轮毂、轮胎螺母
A 区	用户关注度较高的区域	车架两侧零件	燃油箱、储气筒、蓄电池盖板
A 区	用户关注度较高的区域	驾驶室前部	保险杠单元、灯、前围、后视镜、密封条、遮阳罩、刮水器、品牌标识
A 区	用户关注度较高的区域	驾驶室侧部	车门、侧围、手柄、翼子板、侧装饰罩、转向灯、脚踏、侧导流罩、品牌贴纸
B 区	用户关注度一般的区域	车架上部	牵引盘、工作平台、后工作灯模块、挂车单元
B 区	用户关注度一般的区域	车架总成	纵梁、横梁、板簧、牵引盘、防撞梁
B 区	用户关注度一般的区域	驾驶室上部	导流罩、导流罩支架、天窗
B 区	用户关注度一般的区域	内饰(门)	内护板、扶手、按钮
B 区	用户关注度一般的区域	内饰(前上)	遮阳板、杂物箱
B 区	用户关注度一般的区域	驾驶室后部	防护支架、进气道、后围、后窗密封条、换气格栅
B 区	用户关注度一般的区域	内饰(侧)	护板、衣帽钩、安全带、窗帘

(续)

区域	定义	部位	代表零部件
C区	用户关注度较低的区域	车架内部附件	阀、线束
		后桥及传动轴	后桥、传动轴
		卧铺	上卧铺总成、下卧铺
		内饰（后）	后围护板总成
		内饰（顶）	顶盖护板总成
		总成地毯	左前地毯总成、中地毯总成、右地毯总成
D区	用户一般不关注的区域	驾驶室底部	发动机及其附件、前后悬置、前桥

各分区零部件耐老化性能评价参考指标见表2-8，各类零部件单项耐老化性能评级方法具体见T/CSAE 135—2020标准。

表2-8 各分区零部件耐老化性能评价参考指标

分区零部件类别	A区	B区	C区	D区
油漆件	≤1	≤2	≤2	≤3
塑料件	≤1	≤1	≤2	≤2
橡胶件	≤1	≤1	≤2	≤2
织物件	≤0	≤1	≤1	≤2
皮革件	≤0	≤1	≤1	≤2
镀层件	≤1	≤1	≤1	≤2
无涂镀层金属件	≤1	≤1	≤2	≤2

2.4.3 商用车典型老化案例

商用车老化问题与乘用车老化问题整体相似，主要出现在塑料件、橡胶件上，老化现象以发白、褪色、虎皮纹、喷霜等为主，同时结合一些变形、翘曲、间隙等问题，但由于结构及用材的差异，底盘零部件往往也会出现一些典型的老化问题。

1. 副水箱老化开裂

商用车副水箱见图2-14，它是散热冷却系统的重要组成部分。货车副水箱通常置于驾驶室后部，在

图2-14 商用车副水箱

高温、高辐照地区，副水箱长期受到光照影响，容易产生老化龟裂问题，主要原因为材料耐老化性能差。通过调整材料配方，调整抗氧剂及抗紫外线助剂种类及含量，经750h氙弧灯老化试验，以及成型后零件的耐热性能及爆破压力验证等，问题解决。

2. 底盘支架漆膜粉化

零部件表面防护工艺不一致，主要有电泳、喷粉、电泳+面漆等。在自然气候老化试验过程中，具有各种防护工艺的零部件的老化表现也不相同。底盘上各类固定支架、箍带类零部件，仅有电泳单涂层，在暴露试验进程中表现为：3个月漆膜粉化，6个月漆膜严重粉化，老化照片见图2-15。只有电泳单涂层，没有面漆涂层的零件，包含换档支架、储气筒托架、燃油箱箍带等。这类零件多数是外购件，应要求配套供应商增加面漆层或喷粉层，以达到耐老化性能指标要求。

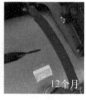

图2-15 电泳涂层不同时间的老化现象

对电泳单涂层与提升后电泳+面漆双涂层样板在海南进行自然气候暴露试验。试验数据见表2-9，质量提升前的单涂层电泳漆膜海南暴露12个月的失光率为99%，6个月的色差达到26；质量提升后双涂层底盘黑漆件海南暴露12个月 失光率为9.6%，色差为5.6。

表2-9 不同涂层油漆件海南自然暴露后性能对比

项目	电泳单涂层			电泳+面漆双涂层		
	0月	6月	12月	0月	6月	12月
膜厚/μm	23.6	23.4	23.1	67.3	67	67
光泽（20°）	83.7	1.8	0.8	83.6	79.4	75.6
失光率（%）		98	99		5	9.6
ΔE			26		2.6	5.6

3. 车架油漆失光变色

传统的车架总成经底面合一电泳工艺后，中重型牵引车或轻型货车在不装货箱的情况下，因库存或出口周期长等因素，长期露天存放，电泳漆膜粉化发白，导致在发给客户前严重失光变色，影响销售品质。

散件电泳+总成喷粉工艺对车架耐老化性能有极大改善，解决了车架当前面临的问题。采用车架散件电泳+总成喷粉工艺制备了6个样品，分别按照SAE J2527—2017《使用可控辐照度的氙灯装置对汽车外饰件进行加速曝晒》、GB/T 1771—2007《色漆和清漆 耐中性盐雾性能的测定》检测耐盐雾性和耐老化性，试验时间为1000h，样品的耐盐雾性和耐老化性均可达到1000h的防腐质量标准。散件电泳解决了多层板车架产品夹层锈蚀问题，总成喷粉工艺解决了铆钉、"双眼皮"、生产磕碰划伤、装错、老化、耐盐雾性等问题。车架总成喷粉后，粉末通过固化、流平，还能很好地填充到零件搭接面的缝隙处，对夹层锈蚀进一步起到良好的防护作用。通过双涂层匹配性验证、试板全面测试、实物工艺验证和实物市场验证等，均得到了很好的测试结果和用户的认可，充分证明了该工艺的可靠性。

2.5 发展趋势及展望

随着整车开发周期不断缩短，在新能源汽车发展大浪潮的推动下，国内汽车耐老化性能开发体系也将朝着短周期开发与验证，全球化老化适应性的方向发展。

目前，限制耐老化性能开发周期的主要影响点为零件、整车耐老化性能验证周期。自然暴露符合实际应用老化场景，但企业投入金钱成本与时间成本相对较高，且问题暴露过程中车辆已上市，带着问题流入市场不利于产品口碑。尽管对于在研车型整改具有一定意义，但也有一定限制，老化问题除受材料本身性能影响外，还有接近一半的问题是结构设计问题导致的。因此，短周期开发验证需求强烈，就意味着需要对实验室老化环境与自然老化环境的趋同性和一致性做更深入的研究，研究更适宜的加速倍率、加速条件，从而缩短老化验证周期。

我国普遍使用的整车阳光模拟加速条件大多参考 DIN 75220：1992《标准太阳模拟装置中汽车部件的老化试验》。欧洲车企的汽车耐老化工作开展时间早，数据积累多，由此获得了该加速老化标准条件。与此同时，国外车企的整车耐老化性能验证体系较为完整，验证轮次与条件相对国内更加完善。如果期望使用加速老化验证替代自然暴露，就需要对当前的阳光模拟加速试验条件进行优化或者延长暴露时间，以适应更加多样化和全球变暖的环境要求。

大数据与仿真技术在耐老化领域的应用待开发，耐候仿真是利用仿真软件结合数值分析方法建立汽车多物理场模型分析的一种方法。耐老化仿真开发在整车系统的开发中尚无应用，原因在于整车所应用的非金属材料种类广泛，不同零件构成千差万别，导致了零件级的老化机理也大不相同，建议从单种材质零件的耐老化性能仿真开始做起，逐渐过渡到多种材料复合零件的耐老化性能仿真，最终达成整车级耐老化性能仿真应用。耐老化性能仿真模型可应用于前期耐老化性能设计选材阶段，对零件耐老化性能进行预估，输入销售地的自然环境条件因子，评估零件使用年限，如达不到设计目标可及时更换材料。在整车耐老化性能仿真阶段，也可提前识别整改问题。

新能源、智能网联汽车给整车耐老化性带来新的要求。对于"三电"系统、储氢系统、线束、插接件的耐老化、外观及功能性要求需进一步提升，尤其是对于商用车二类底盘存储条件、暴露状态，以上零部件的耐老化性能要求具有更大挑战，企业应尽快建立起相应系统耐老化性能验证及评价标准，适应行业发展趋势。

第3章

汽车用非金属材料耐老化开发与检测

3.1 概述

汽车用非金属材料是汽车设计、制造理念得以实现、功能得以正常运行的基本保障。汽车用非金属材料种类繁多，包括塑料、橡胶、涂料、织物面料、皮革、黏合剂、油液等，应用部位遍及全车各个系统。一台汽车上的非金属材料用量可超过250kg。近年来，在"双碳"政策的指导下，节能减排、绿色环保理念深入人心，汽车轻量化、电动化发展加快，各种以塑代钢、全塑料外覆盖件方案层出不穷，伴随之而来的是不断提升的黏合剂、涂料的应用和技术需求。新能源汽车则在"三电"系统上为塑料、橡胶、黏合剂、油液等提供了新的应用场景。汽车行业不断加快的研发投产节奏和丰富多彩的造型风格也为织布面料、皮革等提供了广阔的应用前景。以各种形式存在的非金属材料在汽车上的应用呈现出百花齐放的态势，共同推动着汽车行业的高速发展。

但是，汽车的服役工况较为复杂苛刻，我国幅员辽阔，气候多样，温度、湿度、太阳辐照、臭氧、高低温差交变乃至化学介质等因素，无不对汽车用非金属材料的耐老化性能形成了严峻考验。每年因老化导致的汽车外观品质下降、功能失效甚至安全故障等问题层出不穷。汽车的老化本质上是汽车用非金属材料在光、热、水、气等作用下物理、化学性能发生不可逆的变化。因此，做好汽车用非金属材料耐老化性能的开发与检测非常重要，管控好车用非金属材料的耐老化性能就相当于从源头上把握了整车的耐老化品质。

3.2 车用塑料

塑料是汽车用非金属材料的重要组成部分，当前我国单车的塑料用量平均已达160kg，单车塑料用量已成为汽车设计和制造水平的标志。但是塑料在光、热、氧、水等外部条件长期作用下，结合自身分子结构、官能团的影响，会引起表面变化和性能衰减，最终引起材料失效，丧失材料属性。这就是塑料的老化现象，是一种不可逆的物理、化学变化。

3.2.1 塑料老化类型及机理

塑料种类繁多，应用于汽车多个部位，所受到的环境影响不同，因而汽车塑料的老化表现出不同的类型，主要分为外观变化和性能变化两类。

塑料老化的外观变化主要有变色、失光、发粘、变形、裂纹、粉化等。塑料的这些外观变化都会影响产品的外观质量，给产品带来廉价、低质的感官体现。

塑料在使用过程中受到光、热和氧等作用会出现变色现象，并且一般时间越长，塑料的变色越明显。变色是塑料经过老化后比较常见和直接的外观现象。变色程度一般通过视觉来主观评价，也经常用老化前后色差 ΔE 客观评价，典型塑料老化变色情况见图3-1和图3-2，老化后色差变化见图3-3。

图3-1　塑料自然曝晒后颜色变化

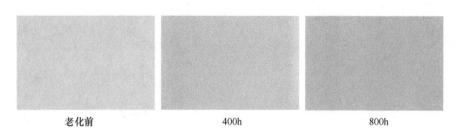

图3-2　塑料氙弧灯照射老化后颜色变化

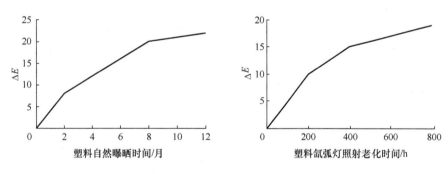

图3-3　塑料老化前后色差变化

失光是塑料经过老化后另一种比较常见的现象。塑料在使用过程中受到光、热和氧等作用会出现表面光泽度变化，一般时间越长，光泽度变化越明显，且多数情况下光泽度是降低的，表现为失光现象。一般通过用光泽度仪测试老化前后光泽度变化来评价，典型塑料老化前后光泽度变化见图3-4。

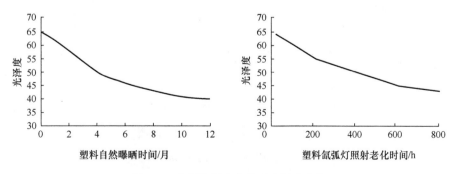

图3-4　典型塑料老化前后光泽度变化

塑料在受到光、热和氧等作用时，除了出现视觉上的变化外，还会出现触觉上的变化，比较典型的是出现表面黏手的发粘现象。塑料老化发粘一般会在表面有油状或雾状物质析出，用手接触后表面会留下明显指纹，典型塑料老化发粘现象见图3-5。

塑料在使用过程中受到光、热和氧等作用会出现尺寸变化，进而出现变形，这种现象往往在热的情况下出现较多。变形是一种比较严重的老化现象，一般出现在较长的老化时间后，随着老化时间的延长，材料的变形量会越来越大，见图3-6。

图3-5　典型塑料老化发粘现象

图3-6　塑料老化变形现象

裂纹是塑料在经过长时间的光、热和氧等作用后出现的一种较严重的老化现象。如图3-7所示，塑料老化前表面致密光滑，曝晒半年后表面开始出现较明显的微裂纹；曝晒1年时，表面一部分裂纹的宽度和深度明显增大，形成一些大裂纹；曝晒1.5年时，表面裂纹数量达到饱和，形成密集的裂纹；曝晒2年后，裂纹的数量没有明显增加，但裂纹在深度和宽度方向同时扩展，形成了大量较深、较宽的裂纹。

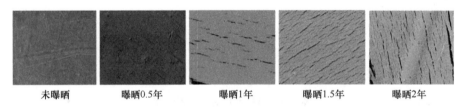

图3-7　塑料老化裂纹变化

塑料在经过光、热和氧等作用后内部会发生分子链的降解和交联，进而发生脆化直至粉化。粉化是塑料老化后出现的一种非常严重的老化现象，粉化会导致塑料失去使用价值。如图3-8所示，聚丙烯塑

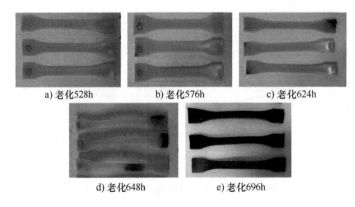

图3-8　聚丙烯不同热老化时间粉化情况

料在170℃下不同老化时间的外观，在500h后随着时间的延长，样条的颜色加深、变黄、变黑，从样条的一端开始向中间传导，最终表现为样条整体粉化。

塑料的上述老化现象是比较常见的外观现象，变色、失光、发粘一般是老化初期出现的现象，而变形、裂纹、粉化现象往往出现在老化后期。这些外观的变化都是由于受到光、热和氧等作用引起内部的变化，塑料内部变化除了影响外观，还会引起性能的变化。性能的变化分为力学性能和与产品强相关的产品性能。

塑料老化引起力学性能的变化主要体现在拉伸强度和冲击强度上，这两项指标影响着汽车塑料产品的强度和韧性。如图3-9所示，聚丙烯材料在自然老化情况下力学性能的变化，随着老化时间的延长，无论是干热还是湿热条件，拉伸强度和冲击强度都出现了降低，进而导致产品强度和韧性降低。

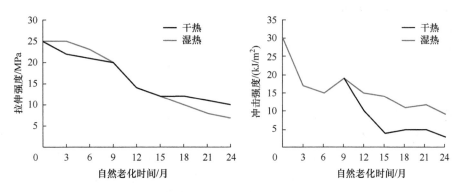

图3-9　聚丙烯材料自然老化力学性能变化

塑料老化还会引起与汽车产品强相关的性能变化，比如耐刮擦性能。如图3-10所示，汽车聚丙烯材料在经过总辐照量为1250kJ/m²的光老化和120℃/1000h的热老化后，经10N刮擦试验后样板表面泛白更加明显，测试刮擦前后ΔL变化，如图3-11所示，ΔL增大。可知老化后塑料的耐刮擦性能下降。

图3-10　聚丙烯材料老化后刮擦测试表面状态

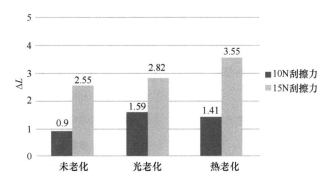

图3-11　聚丙烯材料老化后刮擦测试ΔL变化

塑料老化机理主要包括游离基反应机理、离子-分子机理和扩散控制论机理三种。

游离基反应机理是指塑料等高分子材料在光、热和氧等共同作用下老化，是一个自动催化过程，主要按照如下游离基反应历程进行。

链引发：RH→R·+·H（热、光、氧或催化剂作用）

链传递：R·+ O_2→ROO·

ROO·+RH→ROOH + R·

ROOH→RO·+·OH

2ROOH→RO·+ ROO·+ H_2O

RO·+RH→ROH + R·

ROO·+RH→ROOH + R·

·OH +RH→R·+ H_2O

链终止：R·+ R·→R－R

R·+ RO·→ROR

R·+ ROO·→ROOR

ROO·+ ROO·→非自由基产物

其中，RH 表示橡胶大分子，R·表示自由基，RO·表示氧化自由基，ROO·表示过氧化自由基。

塑料老化降解反应的引发阶段机制至今尚不十分清楚，通常认为是分子中 C-C 和 C-H 极性键的均裂或者氧直接与聚合物反应产生的自由基。在研究不同聚合物老化行为及动力学反应系数时，认为微量的具有引发作用的杂质和添加的防老剂对高聚物的老化有重大影响。光氧化与热氧老化的机理基本相同，都是自由基链式反应。两者的区别在于，热氧反应要经过诱导期和自催化阶段，而光氧反应没有自催化阶段，这种现象可以用光氧过程的高引发速率和短动力学链长来解释。

离子-分子机理认为聚氯乙烯分解脱 HCl 反应的引发，起因在于 C-Cl 极性键及邻近受其能量活化的 C-H 键，使相邻的碳原子上的氢带上部分正电荷，于是在静电吸引力作用下，形成了活化环状体，发生电子的转移，脱出 HCl，在主链上形成双键。双键是一个活泼官能团，在烯丙基氯结构的超共轭效应的作用下，使脱 HCl 的反应继续进行，以致产生共轭双键结构。

扩散控制论机理是指化学介质对高分子材料的老化可以理解为聚合物材料在化学介质中发生的，并引起材料性能变化的化学与物理过程的总和。关于介质分子是怎样扩散穿过固态聚合物的，有两种观点。分别是 Barrer 的聚合物内部热能起伏论和其他学者提出的扩散自由体积论。这两种理论都认为在扩散过程中牵涉的聚合物链段数目随扩散分子的尺寸增大而增加。

3.2.2 塑料耐老化性能开发

汽车用塑料种类繁多，主要包括 PP、PE、ABS、PC + ABS、ASA、PA、PC、PMMA、POM、PBT、PPO、PPS 等。根据塑料不同的性能特点，应用于汽车不同的零部件，具体见表 3-1。

表 3-1 汽车常用塑料特性及应用

材料	基本特性	主要应用部位
PP	密度低、流动性好、低温韧性差、价格低	保险杠、仪表板、门板、立柱等
PE	密度低、化学性质稳定、易燃烧	风道、防溅板、油箱等
ABS	机械性能好、易喷漆和电镀、耐候性差	副仪表板装饰板、格栅、门板装饰板、尾翼、外后视镜壳体等
PC + ABS	韧性好、易喷漆和电镀、耐候性差	仪表板装饰板、格栅、门扣手等
ASA	机械性能好、耐候性优异	格栅、外立柱、外后视镜壳体等
PA	机械性能优异、耐磨、吸水性大	进气歧管、发动机装饰罩、水室等

(续)

材料	基本特性	主要应用部位
PC	透明、耐热、耐冲击、耐磨性差、耐候性差	前照灯壳体、外立柱、格栅、三角窗、氛围灯等
PMMA	透明、耐候性优异、韧性差	尾灯壳体、标牌、外立柱、格栅、三角窗、氛围灯等
POM	耐磨、耐疲劳性优异、散发性差	卡扣、齿轮、内门把手、保险杠支架等
PBT	电绝缘性好、机械性能优异、耐热性好、易水解	门锁系统、门把手、连接器等
PPO	机械性能优异、难燃、易应力开裂、加工性能差	翼子板、加油口盖、蓄电池外壳等
PPS	机械性能优异、耐热性高、韧性差	水泵外壳、水泵叶轮、电机定子、电容器、油泵、管路等

PP 材料具有轻质、成型性好、低成本等特点，广泛应用于汽车保险杠、仪表板、门板等部件，是汽车中应用最多的非金属材料。由于 PP 结构中存在叔碳原子，对氧比较敏感，在加工、贮存和使用过程中受热、氧、光的作用极易生成叔丁基过氧化氢，成为老化的引发源，进而失去优良的物理机械性能和使用价值。

光和热是引起 PP 老化的主要因素，且光的作用更强。在自然暴露过程中，PP 的老化以降解反应为主，其相对分子质量不断下降并降解。无论是热氧化老化还是光氧老化，大分子的叔丁基过氧化氢的形成都是 PP 老化的关键性一步。在相同温度条件下，PP 在高氧气压条件下老化比在空气中老化快得多，能缩短完成老化试验所需的时间。PP 光、氧降解的核心原因是在催化剂残渣和大分子过氧化物的作用下形成了自由基，引发速率增高。Balanban 发现在 PP 的老化过程中，$TiCl_2$ 能够加速热氧老化。鲸井忠伍发现灰分残渣对 PP 光老化影响极大，同时会因 Ti-Al 比例不同以及反应和工艺条件的变化而改变。可以看出催化剂残渣对 PP 光老化的影响是十分复杂的过程。

为改善 PP 材料的耐老化性能，需要在其中添加抗氧剂和光稳定剂。根据抗氧剂在聚合物的氧化降解过程中所产生的作用和效果，PP 抗氧剂大体上可分为主抗氧剂与辅助抗氧剂，前者的作用在于捕获自由基，终止链反应；后者的作用在于将氢过氧化物分解，使其不再是有害的中间产物。目前，PP 材料多数选用相对分子质量较高的受阻酚类抗氧剂、高性能耐水解亚磷酸酯、硫代类及其复合产品的抗氧剂。根据分子结构的不同，受阻酚抗氧剂有单酚、双酚以及多酚等品种。前两种以 2246 和 BHT 为代表，这类抗氧剂分子量一般较低，容易迁移和挥发，会对 PP 制成品的色泽产生影响，因此其实际应用率不高。多酚抗氧剂以 1010 和 1076 为主导产品，1010 多酚抗氧剂不仅分子量高，还与 PP 材料有着较好的相容性，因而具有很好的抗氧化作用，适用范围较广。通过向 PP 材料中添加受阻酚抗氧剂，能够提供更多的质子，加速了酚氧自由基的形成，使聚合物趋于稳定，从而阻断了氧化过程。除此以外，受阻酚抗氧剂还兼具再捕获自由基的功能，因而能够再次中断链反应。作为辅助抗氧剂的一种，亚磷酸酯抗氧剂能够通过改变自身硫原子的化合价，对 PP 中活性较高的氢过氧化物产生分解作用，将其降解为低活性分子。亚磷酸酯抗氧剂分解生成的氧化物能够与多种抗氧剂产生协同效应，有利于提高 PP 材料的稳定性。亚磷酸酯抗氧剂有 618 和 626 等多个品种，且大部分磷含量较高，以双螺旋结构为主。在 PP 材料的生产加工中，加入亚磷酸酯抗氧剂能够在维持光性能稳定的同时，保持制品本身的光泽和颜色。目前，国内外相继开发了一批受阻酚抗氧剂与亚磷酸酯抗氧剂的复合剂，能够充分协调发挥两种抗氧剂的作用。与多酚抗氧剂的性能相似，亚磷酸酯抗氧剂的挥发性较低，而且有很好的耐析出性，使用耐久，应用价值很高。在抗氧剂中，硫代酯抗氧剂、硫醚型酚抗氧剂以及硫代双酚抗氧剂是最为主要的几类硫酯抗氧剂。由于分子结构存在较大差异，其实际抗氧、抗老化效果也有明显的差异。硫代酯抗氧剂由于含有受阻酚结构，作为塑料制品生产抗氧剂能够发挥很好的耐热、耐高温及抗氧性能。硫醚型酚抗氧剂属于辅助抗氧剂，与受阻酚抗氧剂合用的协同效应好，主要代表产品是 105。复合抗氧剂是同一类型抗氧剂按照一定质量比例复合制成的抗氧剂，其原配材料中常含 2 种及以上的结构分子不同的抗氧剂。这种抗氧剂能够将不同分类抗氧剂的协同作用发挥至最大水平，能够在最小投入的条件下起到最好的抗热、抗老化作用。所谓协同效应，就是多种（通常为2种及以上）抗氧剂在复合使用的情况下，其产生的效能要大于这些抗氧剂单独使用时的效应之和，即充分发挥了每种抗氧剂的优势。例如Anoxsyn 442复合抗氧剂，是由亚磷酸酯抗氧剂与硫酯抗氧剂复合制成的一种抗氧剂，同时具备了较高的稳定性、较好的耐久性和耐高温性，在高温状态下不会产生异味，此外与紫外光稳定剂合用能够发挥稳定的、良好的协同效应。

按照作用机理不同，目前已经开发的光稳定剂可分为：光屏蔽剂、紫外光吸收剂、激发态猝灭剂、氢过氧化物分解物、自由基捕获剂五大类。光屏蔽剂主要功能是在紫外光到达塑料表面时，将其反射或吸收，在塑料和光源之间设置屏蔽，阻止紫外光深入塑料内部，从而起到保护塑料的作用，炭黑是最常见的光屏蔽剂。紫外光吸收剂能够强烈地、选择性地吸收太阳光中对塑料有害的紫外光，同时自身具有高度的光稳定性。激发态猝灭剂能够有效转移塑料中光敏发色团激发态能量，并将其以无害的形式消散，从而避免塑料发生光降解反应。虽然猝灭剂对紫外光的吸收率很低，但在许多条件下其光稳定性能甚至优于紫外光吸收剂。氢过氧化物分解物能以非自由基方式破坏塑料中的 –OOH 基团，氢过氧化物分解剂很早就作为聚烯烃辅助抗氧剂，但通常不耐光，不能作为光稳定剂使用。作为塑料光稳定剂的氢过氧化物分解剂主要是包含硫磷配体的镍配合物。自由基捕获剂能有效捕获和清除自由基的光稳定剂。

在PP材料中添加抗氧剂和光稳定剂，能显著提升其耐老化性能。考察不同老化体系对玻纤增强PP耐热老化性能的影响，配方见表3-2。在增强PP中添加受阻酚类抗氧剂1010、亚磷酸酯类抗氧剂168和光稳定剂3346，见图3-12，结果表明：随着热氧老化时间的延长，复合材料的缺口冲击强度和拉伸强度均呈现下降趋势，这是因为PP在热氧作用下分子链发生断裂，引起材料力学性能下降。虽然材料力学性能均会随着热老化时间的延长而下降，但不同配方的力学性能下降的幅度有所不同，受阻酚抗氧剂、亚磷酸酯抗氧剂和光稳定剂复配的抗老化体系有良好的协同作用，其耐热老化性能良好。

表3-2 耐候PP材料配方　　　　　　　　　　　　（单位：%）

样品编号	PP	GF	相溶剂	抗氧剂1010	抗氧剂168	光稳定剂3346
1#	70	30	3	0	0	0
2#	70	30	3	0.2	0	0
3#	70	30	3	0.2	0	0.2
4#	70	30	3	0.2	0.2	0
5#	70	30	3	0.2	0.2	0.2

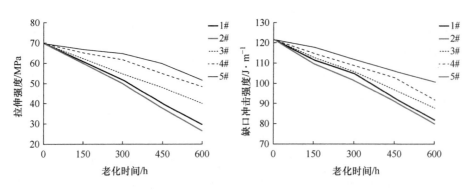

图3-12 不同耐候剂对PP性能的影响

PE（聚乙烯）具有密度低、化学性质稳定等特点，广泛应用于风道、油箱等零部件。PE分为LDPE（低密度聚乙烯）和HDPE（高密度聚乙烯），其中，LDPE很少单独用于直接生产汽车零部件，往往作为增韧剂添加到PP或PA中使用，而HDPE常单独成型风道、防溅板等汽车零部件。HDPE对紫外光的吸收能力很低,理论上不易产生光化学反应,但实际上它在聚合、加工过程中,在结构上可形成少量的氢过氧化物及某些含羰基的杂质而易发生老化,因此老化对 HDPE 材料性能影响仍比较大,提高其耐老化性能十分必要。在 HDPE 中添加紫外光吸收剂、受阻胺光稳定剂和抗氧剂,见表3-3。采用 QUV 紫外光加速老化实验箱,以模拟热、氧、紫外光以及湿度对 HDPE 材料性能的影响,见图3-13,结果表明:添加了紫外光吸收剂、受阻胺光稳定剂和抗氧剂的 HDPE,拉伸强度保持率和断裂伸长率保持率明显提高。2#和3#差异不大,3#材料的拉伸强度保持率和断裂伸长率保持率略微大些,这表明加入抗氧剂1010后,HDPE 的抗老化性能有所提高,但提高幅度并不显著。而4#与2#相比,拉伸强度保持率和断裂伸长率保持率均有较大幅度提高,这是因为在4#中除了使用抗氧剂1010外,还加入了抗氧剂168,在 HDPE 光降解过程中链增长阶段会产生高活性的自由基(ROO·)和过氧化物(ROOH),而1010属于酚类链终止型抗氧剂,可以捕获产生的自由基,使活性链反应终止。168属于亚磷酸酯类氢过氧化物分解剂,能与过氧化物反应生成稳定物质,从而阻止过氧化物又生成自由基,故两者配合使用有很好的协同效应,可提高 HDPE 的抗老化性能。

表3-3 耐候 HDPE 材料配方 （单位:%）

样品编号	HDPE	紫外光吸收剂326	受阻胺光稳定剂770	抗氧剂1010	抗氧剂168
1#	100	0	0	0	0
2#	100	0.1	0.1	0	0
3#	100	0.1	0.1	0.1	0
4#	100	0.1	0.1	0.1	0.15

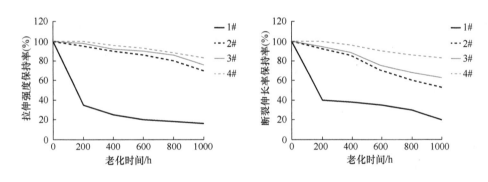

图3-13 不同耐候剂对 HDPE 性能影响

ABS 是丙烯腈-丁二烯-苯乙烯共聚物,机械性能优秀,易涂装和电镀。广泛应用于副仪表板装饰板、格栅、门板装饰板、尾翼等。ABS 中的丁二烯橡胶相能够提升材料的韧性和电镀性能,但其不饱和双键极易发生变色和老化,特别是在紫外光照射下,其力学性能会严重下降,甚至丧失力学性能,同时制品会变黄或者褪色。改善 ABS 耐老化性能的方法主要有两种:一是在 ABS 中添加抗氧剂和光稳定剂,二是将不饱和丁二烯橡胶组分用其他饱和的橡胶代替,比如用丙烯酸酯代替丁二烯合成 ASA(丙烯腈-苯乙烯-丙烯酸酯)或用三元乙丙橡胶代替丁二烯合成 AES(丙烯腈-三元乙丙橡胶-苯乙烯)。

在 ABS 中添加抗氧剂和不同的光稳定剂,见表3-4。随着老化时间的增加,5种 ABS 的悬臂梁缺口冲击强度均有下降,但添加了抗氧剂和光老化剂的 ABS 悬臂梁缺口冲击强度下降缓慢,同时,5种 ABS 的色差均明显增大,但添加了抗氧剂和光老化剂的 ABS 色差增加缓慢。此外,添加了受阻胺光稳定剂 A 和紫外光吸收剂 B、C 的 ABS 耐老化性较好,三者在 ABS 中并用有协同作用,见图3-14。ASA 比 ABS 具有更好的耐老化性能,在 ASA 中添加紫外光吸收剂能进一步提升材料的耐老化性能,见图3-15。

表 3-4 耐候 ABS 材料配方　　　　　　　　　　　　　　　　　　（单位:%）

样品编号	ABS	抗氧剂 1010	抗氧剂 168	CAST	受阻胺光稳定剂 A	紫外光吸收剂 B	紫外光吸收剂 C	钛白粉	ZnO
1#	100	0.1	0.2	0.2	—	—	—	—	—
2#	100	0.1	0.2	0.2	0.7	—	—	—	—
3#	100	0.1	0.2	0.2	0.3	0.2	0.2	—	—
4#	100	0.1	0.2	0.2	0.3	0.2	0.2	2	—
5#	100	0.1	0.2	0.2	0.3	0.2	0.2	—	2

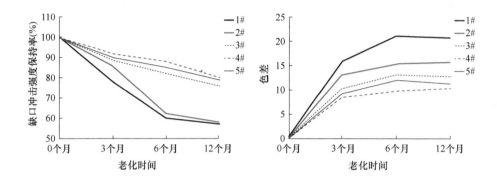

图 3-14　不同耐候剂对 ABS 性能的影响

PC（聚碳酸酯）力学性能优良，吸水率低，透光性好，可见光的透过率可达 90% 以上，广泛应用于汽车灯具和外立柱饰板等。PC 材料长时间暴露于户外，会因光氧化反应而发黄，甚至降解、变脆。这主要是由于 PC 材料在受到光和氧作用时，会发生弗利斯（Fries）重排反应和光氧化反应。在老化初期，弗利斯重排反应会产生自由基，在有氧条件下，自由基作用于 PC 链，诱发一系列光氧化反应，光氧化反应的中间产物又继续反应，生成酚、芳酮、酸类产物，使材料黄变。另一方面，PC 极性酯基在水分含量极小时，都会发生水解。水解时 PC 发生构象重排和断链。若同时处在热、氧、光照条件下，则生成的产物更为复杂，也会造成 PC 的黄变、降解、

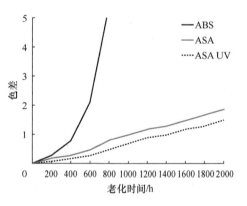

图 3-15　ASA 耐老化性能比较

性能劣化。改善 PC 耐老化性能的方法主要有两种：一是在 PC 中添加抗氧剂和光稳定剂；二是在 PC 的聚合过程中添加硅氧烷合成共聚 PC。

添加紫外光吸收剂是抑制 PC 发生光氧降解的有效方法，见表 3-5。随着老化时间的增加，添加了抗氧剂和苯并三唑类紫外光吸收剂的 PC 材料色差明显降低，并且复配的紫外光吸收剂具有协同作用，色差最小，见图 3-16。聚碳酸酯可分为脂肪族聚碳酸酯、脂肪-芳香族聚碳酸酯、芳香族聚碳酸酯等类型。目前只有芳香族聚碳酸酯获得了大规模工业化生产和应用，其中以双酚 A 型聚碳酸酯为主，通常所说的 PC 即为双酚 A 型 PC。在 PC 的聚合过程中通过引入有机硅基团，形成硅共聚聚碳酸酯，能够显著改善 PC 的耐候性能。通过在普通 PC 中添加紫外光吸收剂，随着时间的延长，紫外光吸收剂会被慢慢消耗掉，而后基材会逐渐降解。硅共聚 PC 可以在材料表面形成一层自我更新的抗紫外光保护层，从而达到持久的抗紫外光性能，见图 3-17。

表 3-5　耐候 PC 材料配方　　　　　　　　　　　　　　　（单位:%）

样品编号	PC	抗氧剂 1010	紫外光吸收剂 A	紫外光吸收剂 B
1#	100	0.15	0	0
2#	100	0.15	0.1	0
3#	100	0.15	0.1	0.15

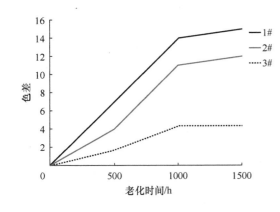

图 3-16　PC 耐老化性能比较　　　　　　　　图 3-17　硅共聚 PC 耐老化性能

PA（尼龙）具有机械性能优异、耐磨、吸水性大的特点，广泛应用于汽车发动机装饰罩、进气歧管、水室等零部件。应用在汽车上的 PA 包括 PA6、PA66、PA11、PA12 等。由于 PA 主链上的酰胺基团（—NHCO—）极性较强，易受到热、氧、紫外光、水分等环境因素的影响，发生一系列的热解反应，生成水、CO_2、CO、烃和少量环戊酮等，聚合物主链发生断裂，进而引起相对分子质量降低，各项性能下降以及颜色变化，必须采取防老化措施以尽可能地保持制品老化后的外观和颜色。PA 常用的抗氧剂有自由基链终止剂和氢过氧化物分解剂两种。其中，自由基链终止剂包括受阻酚类抗氧剂、受阻胺类抗氧剂以及铜盐类抗氧剂。铜盐类抗氧剂是 PA 所特有的抗氧剂，氢过氧化物分解剂一般是亚磷酸酯类抗氧剂。选择受阻酚类抗氧剂 1098、亚磷酸酯类抗氧剂 168 和 626、无机磷酸盐抗氧剂 H10、有机铜盐类抗氧剂 H3386 共 5 种抗氧剂，通过复配或者单独使用，见表 3-6，讨论不同的抗氧体系玻纤增强 PA 热氧老化性能。结果表明：在 120℃热老化环境中，随着老化时间的增加，如图 3-18 所示，4# 的色差 ΔE 最小，其次为 2#，最差的为 3#，说明 H3386 对材料颜色的热稳定性最优，1098 和 626 在 120℃老化中的颜色稳定性略微优于 1098 和 168。

表 3-6　耐老化 PA 抗氧体系配方　　　　　　　　　　　　（单位:%）

样品编号	抗氧剂 1098	抗氧剂 168	抗氧剂 626	抗氧剂 H10	抗氧剂 H3386
1#	0.2	0.3	0	0	0
2#	0.2	0	0.3	0	0
3#	0	0	0	0.5	0
4#	0	0	0	0	0.5

POM（聚甲醛）是一种具有优良机械性能、耐磨损性、耐疲劳性和自润滑性的工程塑料，广泛应用于汽车卡扣、齿轮、内门把手等零部件。POM 大分子链的结构单元主要是—CH_2-O—，分子主链上两个相邻氧原子对亚甲基氢原子有较强的活化作用，在氧气进攻下产生氢过氧化物，氢过氧化物进而分解并使分子链断裂形成自由基，发生自动氧化降解。同时，由于紫外光波长较短，能量较大，更易引起长

链断裂，这些因素均会引发POM的脱甲醛解聚反应，降解反应产生的甲醛被氧化成甲酸，以及聚合反应残留下的酸性催化剂，引发聚甲醛的酸解，进一步加速脱甲醛反应，并导致POM性能下降。在POM中添加光稳定剂能显著提升其耐老化性能，见表3-7，在经过500h和1000h紫外光老化后，添加了复合光稳定剂的POM断裂伸长率明显好于未添加光稳定剂的POM，并且随着复合光稳定剂含量增加，老化后的断裂伸长率相应提高。

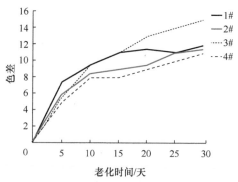

图 3-18 PA 耐老化性能

表 3-7 耐老化 POM 配方及老化性能 （单位:%）

样品编号	POM	光稳定剂 234	光稳定剂 622	断裂伸长率 (500h)	断裂伸长率 (1000h)
1#	100	0	0	19	11
2#	100	0.1	0.2	27	15
3#	100	0.3	0.3	31	26

PBT（聚对苯二甲酸丁二醇酯）具有电绝缘性好、机械性能优异、耐热性好、易水解等特点，广泛应用于汽车门锁、连接器等零部件。PBT树脂在使用过程中由于光、氧、温度和湿度等环境因素的作用，其化学组成和结构会发生变化，如降解和交联；物理性能也相应变差，如变色、变脆、变硬、失去强度等。在玻纤增强PBT中添加抗氧剂改善材料热稳定性，见表3-8。玻纤增强PBT材料拉伸强度保持率与缺口冲击强度保持率均随热氧老化试验时间（150℃）的增长而降低，见图3-19。其中，抗氧体系2#和4#的结果相近，力学性能保持率下降程度最小；抗氧体系1#和3#的结果相近，力学性能保持率下降程度略大于抗氧体系2#和4#；未添加抗氧剂体系力学性能保持率下降程度最大。这是因为抗氧体系1#、2#、3#、4#的主抗氧剂均采用受阻酚类抗氧剂，而辅助抗氧剂抗氧体系1#和3#采用亚磷酸酯类抗氧剂，抗氧体系2#和4#采用的是有机硫类抗氧剂。有机硫类抗氧剂热稳定性高且可有效地分解受阻酚氢转移过程中产生的氢过氧化物，使之转化为稳定产物，从而可有效改善玻纤增强PBT材料长期热氧老化过程中的力学性能保持率。另外，HP-136虽能在稀氧条件下捕获聚合物降解初期产生的自由基，并显著提高材料加工过程中的热稳定性，但在长期热氧老化过程中效果并不明显。

表 3-8 抗氧体系 PBT 配方 （单位:%）

样品编号	抗氧剂 1010	抗氧剂 THP-EPQ	抗氧剂 412S	抗氧剂 HP-136
1#	0.25	0.25	0.25	0.25
2#	0.25	0	0.25	0
3#	0	0.25	0	0.25
4#	0	0	0.05	0.05

PMMA（聚甲基丙烯酸甲酯）俗称有机玻璃或亚克力，具有质硬、易碎裂、高度透明等特点，广泛应用于汽车尾灯壳体、标牌、外立柱等零部件。PMMA大分子结构中没有叔氢原子，无需在材料中添加耐老化剂，具有较好的耐老化性，满足汽车耐老化性的要求，可以直接应用在汽车零部件上。

PPO（聚苯醚）和PPS（聚苯硫醚）属于耐温性能优异的工程塑料，在汽车上一般应用在非外露零部件中，无需考察材料的耐光老化性能。

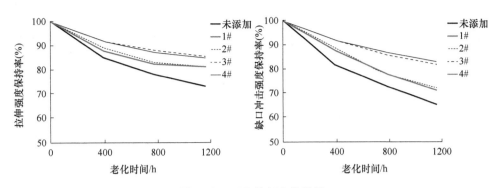

图 3-19　PBT 热氧老化性能

3.2.3　塑料老化性能检测及评价

塑料的老化性能检测主要分为大气暴露试验和人工加速试验两种。大气暴露试验历史悠久，接近汽车使用的实际情况，试验结果更加真实可靠，且试验设备成本低、操作简便，是设计人工加速老化试验的基础，此方法目前仍是在自然环境下检测材料耐老化性时使用最多、最直接可靠的方法。人工加速老化试验耗时短，重现性好，可与整车开发进程相匹配，但人工试验箱可以模拟的变量有限，且结果缺乏可靠性。

大气暴露试验就是将材料试样直接暴露在自然环境下。通常材料以一定的角度安装在曝晒架上，观测其性能随时间发生的变化。相关的测试标准有 ISO 877-1-2009《塑料．受太阳辐射照射的方法．第1部分：一般指南》、ASTM G7-13《非金属材料大气环境暴露试验方法》和 GB/T 3681.1—2021《塑料　太阳辐射暴露试验方法　第1部分：总则》等。

为加快试验周期，更快得到老化数据，实验室通常使用人工加速试验，即在实验室利用老化箱模拟自然环境条件的某些重要因素，如阳光、温度、湿度等，对塑料进行耐老化性试验。人工加速试验主要包括人工光老化加速试验和人工热老化加速试验。

人工光老化加速试验通常使用人造光源模拟日光辐射，匹配不同的温湿度及淋雨条件等，可以模拟各种自然气候。常用的人造光源有氙弧灯、碳弧灯和紫外荧光灯。

氙弧灯是当代发展最快的一种人工加速老化试验设备，世界上很多国家的研究普遍认为氙弧灯光源是目前最接近太阳光谱的一种光源。汽车塑料氙弧灯老化试验可参考 GB/T 16422.2—2014《塑料　实验室光源暴露试验方法　第2部分：氙弧灯》或者 GB/T 32088—2015《汽车非金属部件及材料氙灯加速老化试验方法》。氙弧灯的缺点在于其 1000~1200nm 的近红外区存在很强的辐射峰，会产生大量的热。因此，须选择合适的冷却装置来带走这部分能量。另外，由于氙弧灯紫外光部分能量较另外的两种光源增加较少，其耐老化性试验方法在加速倍率方面是最低的。

人工热老化加速试验通常是将塑料置于换气式热氧老化箱，设置某一温度，考察塑料在该温度下的长期暴露情况，塑料的热老化试验标准参考 GB/T 7141—2008《塑料热老化试验方法》。

汽车塑料老化后的评价主要从外观和性能两个维度开展，外观评价反映塑料老化后直观的视觉变化，性能评价反映塑料老化后影响塑料产品应用的变化，可以参考 GB/T 15596—2009《塑料　在玻璃过滤后太阳辐射、自然气候或实验室辐射源暴露后颜色和性能变化的测定》。

塑料老化外观评价方法分为目视法和仪器法两种。目视法评价的内容包括变色、失光、发粘、变形、裂纹、粉化等。其中，变色等级可以使用灰色样卡，参考 GB/T 250—2008《纺织品　色牢度试验　评定变色用灰色样卡》中塑料老化的颜色变化进行评级，级别有5级9档，其中5级表示试样完全未变色，1级表示试样完全变色。仪器法主要是评价塑料老化后的色差和失光率。可用色差仪测定塑料老化前后颜色变化程度，色差越大表示试样变色越严重。失光率可用光泽仪测定塑料老化前后光泽度变化程度，光泽度变化越大表示试样失光越严重。塑料老化后性能评价可分为力学性能评价和与产品强相关的产品性能评价。其中，力学性能评价主要包括老化前后塑料拉伸强度、断裂伸长率、弯曲强度、弯曲模量和冲击强度等变化，参考标准见表3-9。产品强相关的产品性能评价包括塑料的耐刮擦性能和散发性能等。

表3-9 塑料力学性能测试标准

力学性能	标准号	标准名称
拉伸强度	GB/T 1040.1—2018	塑料 拉伸性能的测定 第1部分：总则
断裂伸长率	GB/T 1040.1—2018	塑料 拉伸性能的测定 第1部分：总则
弯曲强度	GB/T 9341—2008	塑料 弯曲性能的测定
弯曲模量	GB/T 9341—2008	塑料 弯曲性能的测定
冲击强度	GB/T 1043.1—2008	塑料 简支梁冲击性能的测定 第1部分：非仪器化冲击试验
	GB/T 1843—2008	塑料 悬臂梁冲击性能的测定

3.3 车用橡胶

橡胶具有高弹性、高吸震性、高耐磨性、高绝缘性和原材料来源广泛等优点，是车用材料的重要组成部分。

目前，全球每年生胶消耗量的70%以上都用于汽车行业，其中60%用于轮胎，40%用于非轮胎汽车橡胶制品。除轮胎外，一辆乘用车通常需要配200~500个橡胶零件，包括门窗密封条（圈）、悬置及衬套等，重量约占整备质量的5%左右。

橡胶尽管用量整车占比不大，却常常具有不可替代的重要作用。根据其主要应用场景，橡胶件功能大致可分为4类：①密封功能，如密封条（圈）；②传输功能，如制动管、燃油管等；③减振功能，如悬置、衬套等；④绝缘功能，如线束表皮。因此，橡胶材料性能的稳定对制品的可靠性至关重要。与大多数高分子材料相同，橡胶材料及其制件在加工、储存和使用过程中，会受到来自材料自身、自然环境和人工环境的因素的综合作用，从而引起物理、化学性质及机械性能的退变，直至影响制品功能并造成整车故障。

3.3.1 橡胶老化类型及机理

橡胶老化是指橡胶材料或制品在加工、储存、运输或使用过程中，由于受到内外因素的综合作用或影响，使其物理或化学性能发生变化和下降的现象。其中，内部因素主要有：本身结构上的弱点，如化学组成（分子链中含活泼元素）、分子链结构（分子链的长度、构象及有机基团在链上的分布）、物理结构（结晶性、玻璃化温度及卷曲程度），加工后橡胶中产生的分子链断裂及氧化等，配方中抗氧剂、增塑剂、交联剂及有机溶剂等对材料的影响。外部因素主要有：气候环境中的湿、热、光、氧、微生物等，成型加工时（如模压、挤出等）产生的应力、变形等对材料的影响。

橡胶制品使用环境复杂且材料类型多样，在不同因素的作用下，其老化类型不尽相同。本节主要结合汽车橡胶零件使用工况及材料，重点介绍车用橡胶老化类型及机理，通过了解橡胶老化的类型和机理，对开发耐老化技术，提高材料耐老化性及制品可靠性等具有重要意义。以下就车用橡胶件常见的四种老化类型及机理展开介绍。

1. 热（光）氧老化

橡胶的热（光）氧老化反应机理是橡胶材料或制品受热（温度）或光（辐照）作用产生游离基，并在氧的作用下加速催化自由基链反应。其中，氧是加速老化的主要因素，热（光）起到了活化氧化和引发氧化的作用，反应机理分为三个阶段，即链引发、链传递和链终止，机理同塑料游离基反应历程。

相关研究表明，阻尼块用的天然橡胶（NR）、密封条用的三元乙丙橡胶（EPDM）、衬套用的氯丁橡胶（CR）及高温胶管用的硅橡胶（MVQ）等，使用过程中的热（光）氧老化反应都属于上述形式。

2. 臭氧老化

臭氧在大气中含量极低，一般浓度为0～5ppm，不同地区臭氧浓度有一定差异。臭氧尽管浓度很低，但具有极强的氧化还原能力，化学腐蚀性约为氧气的200～500倍。Burstroem发现，2ppm的臭氧浓度就能对聚硫橡胶产生极大影响，在老化过程中，臭氧攻击橡胶分子使其膨胀，致使其表面产生裂纹。

臭氧分子活性极高，极易和橡胶结构中的不稳定基团发生反应，特别是与双键（活化能低）的反应。表3-10中，从臭氧与双键、硫键和饱和烃的反应速率和消耗量来看，臭氧几乎全部与双键发生反应。

表3-10 各种基团与臭氧的相对反应性

基团	反应速率/L·(mol·s)$^{-1}$	臭氧消耗(%)
—C＝C—	100000	99.99
—SX—	50	0.0001
—C-H—	0.1	0.00001

臭氧老化机理：当橡胶与臭氧接触后，活泼双键与臭氧发生加成反应，生成大分子臭氧化物。大分子臭氧化物不稳定，会很快分解成羰基化合物和两性离子。两性离子和羰基化合物会重新结合成异臭氧化物。同时，两性离子也能聚合成二过氧化物或高过氧化物。当有活性溶剂存在时，两性离子还会与之反应生成甲氧基过氧化氢物。反应机理如下。

3. 疲劳老化

橡胶的疲劳老化是指橡胶材料或制品在周期性应力或应变作用下，橡胶的分子结构发生变化导致表面出现裂纹甚至断裂的现象。

关于橡胶疲劳老化发生的机理，目前普遍认可的有两种理论，即机械破坏理论和力化学理论。

（1）机械破坏理论

该理论认为，橡胶的疲劳老化是施加到橡胶上的机械应力使橡胶结构及性能产生变化，以致最后丧失使用价值的过程，同时将疲劳过程分为三个阶段。

第一阶段：橡胶在载荷作用下，应力或应变急剧下降的阶段（应力松弛现象）。仅在含填料的硫化胶中产生这一现象，不含填料的硫化胶不产生这一现象。

第二阶段：该阶段橡胶的应力或应变变化缓慢，在橡胶表面或内部生成破坏核的时期（温度不高时有硬化现象）。物理结合发生变化，由于氧化产生分子链切断和交联，从而引起硫的交联变化，橡胶和填充剂粒子表面凝聚结合，填充剂重新分散、复合，使材料内部产生结构变化。

在该阶段，硫化橡胶中的炭黑在反复伸长后，其分散状态向均匀化方向转变，并形成较大的聚集结构。这些聚集结构就成为宏观的应力集中点，并可能成为疲劳裂纹的诱发点。

第三阶段：橡胶表面或内部生成破裂核至整体破坏的阶段。从制品寿命来看，该阶段是橡胶的实用性能将要完全丧失的阶段。

（2）力化学理论

该理论认为，橡胶的疲劳过程是在力的作用下其自身网络结构同时发生改变，这种改变会破坏部分分子的连接，产生游离基，而大量的游离基发生连锁反应，导致橡胶老化。

当周期性的力施加到橡胶上时，会产生两种作用：①直接拉伸分子链；②虽然不能直接拉伸分子，但可以降低分子链的断裂活化能，起到活化氧化及臭氧化反应的作用。前者是橡胶分子先天结构和交联网络的不均匀性以及橡胶特有的黏弹性滞后，使应力分布不均匀，甚至存在应力集中，当橡胶分子链上存在较大应力集中时就会发生断裂，生成活性大分子自由基，从而加速了橡胶的氧化引发反应：

$$R-R \rightarrow R \cdot + R \cdot$$
$$R \cdot + O_2 \rightarrow ROO \cdot \rightarrow 引发氧化$$

后者是橡胶分子在力的反复作用下，使主链或交联键的化学键力变弱，从而降低了氧化反应的活化能，加速了氧化裂解作用。此外，力学损耗产生的热量也起到了活化氧化作用。

4. 接触介质老化

橡胶在储存和使用过程中通常会与水、酸、碱及油类化学品接触而发生老化，导致橡胶材料或制品出现变软、变硬及膨胀等现象，这种现象称为接触介质老化。

接触介质老化机理：橡胶制品在接触介质的过程中一般都会伴随抽出和溶胀现象，并达到一定的平衡，见图3-20。主要原因是橡胶内部的化学键将各分子连接成空间网状结构，将橡胶配方体系中的软化剂、增塑剂、防老剂、加工助剂等固定在网状结构中。橡胶在与介质长期接触过程中，介质分子进入网状结构并逐渐扩散，从而形成溶胀。同时，橡胶内的一些小分子添加剂也会溶解到介质分子中，并转移出橡胶网状结构，从而形成抽出。溶胀会让橡胶发生高弹形变而产生应力，阻止外来溶剂分子的继续进入，当渗透压力等于该压力时，溶胀停止进行，达到平衡状态。

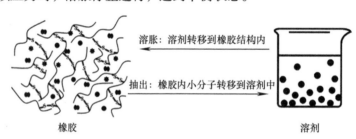

图3-20 橡胶溶胀、抽出示意

综上，橡胶老化导致分子链交联或降解进而影响制品性能，其老化机理主要是氧化、降解、交联等，具体原因要根据橡胶种类、环境工况、老化温度及时间等条件进行分析。如天然橡胶（NR）应用于汽车减振零件时，主要与空气中的氧气、臭氧等活性物质接触，同时承受反复应力作用，长期使用后使大分子链断裂进而失效，该工况下的天然橡胶主要是疲劳老化。三元乙丙橡胶（EPDM）应用于汽车水管，长期与冷却液介质（乙二醇和水）接触，同时承受高温环境，长期使用后会导致橡胶抽出或溶胀而影响水管性能，该工况下的三元乙丙橡胶主要是接触介质老化。

探讨橡胶的老化类型和机理，从根本上了解老化的过程，对于开发耐老化技术、评估使用寿命及提高橡胶件可靠性等，都具有十分重要的意义。

3.3.2 橡胶耐老化性能开发

橡胶老化的过程是其实用价值逐渐丧失的过程。橡胶老化是一种复杂不可逆的化学反应过程，要绝对防止橡胶老化是不可能的，目前只能通过各种防护措施延缓老化速度，达到延长使用寿命的目的。

由于不同因素所引起的橡胶老化类型和机理不同，在耐老化性能开发时，需要根据具体情况（老化类型、机理及影响因素）采取相应的防护方法。以下首先介绍四种老化类型的影响因素，再分别介绍各因素的防护技术，通过掌握橡胶制品的老化类型、机理、影响因素及相应的防护技术等知识，指导橡胶件老化性能开发工作，达到提高整车橡胶件寿命、可靠性的目的。

1. 橡胶老化的影响因素

（1）热（光）氧老化的影响因素

影响热（光）氧老化的因素比较多，主要包括橡胶材料种类、热（温度）、光（辐照量）、氧及湿度等。

1）橡胶种类的影响。橡胶的种类不同，其耐热（光）氧老化的性能也不一样，这主要和分子链的结构有关系，如链段上的双键、饱和链段上的取代基等。双键的 α 碳原子上的 C—H 键的解离能很低，容易被氧化过程中产生的过氧自由基夺去 H，失去 H 后的自由基不稳定，易发生氧化老化。因此一般主链上含有双键的橡胶材料或制品热（光）氧老化性能较差。在进行耐老化性能开发时，应尽量避免选用含双键结构的橡胶材料。

2）温度的影响。在橡胶的热（光）氧老化过程中，温度起着加速老化的作用，一般来说，温度越高，老化速度越快。在实际使用过程中，常用橡胶的热氧老化性能来评估橡胶的使用寿命，进而指导零件选材及使用上限。目前，行业内评估橡胶件老化寿命主要使用 Arrhenius 方程，在没有给出特定要求的情况下，一般以拉伸强度或断裂伸长率下降至 50% 的时间为橡胶的热氧老化寿命。因此，在进行耐老化性能开发时，应考虑零件使用工况、材料耐温性能及配方体系中防老化剂选取。

3）光（辐照量）的影响。光照是导致橡胶自然老化的重要因素之一，太阳光中含不同波段的光波，光波越短能量越高。当光波照射到橡胶材料或制品表面上时，可直接引起橡胶分子链的断裂或交联而产生游离基，进而引发氧化老化过程。太阳光中对橡胶起破坏作用的主要是能量较高的紫外光，波长范围在 290~400nm。因此，在进行耐老化性能开发时，应考虑材料配方体系中光吸收剂（或屏蔽剂）的选取，同时，在实验室模拟验证时应强化太阳光中的紫外光波段。

4）氧及湿度等的影响。环境中氧、湿度、SO_2/NO_x 及微生物（霉菌、细菌）等因素，在热（光）氧老化过程中起到了加速作用，如橡胶分子链受热（光）作用产生自由基，氧与自由基发生连锁反应，橡胶分子链断裂或高度交联而影响橡胶特性。王伟健等基于 Hallberg-Peck 模型，研究了湿度对加速老化的影响，并在实验室条件下复现出橡胶件发白析出现象，证实了湿度对老化的影响。

（2）臭氧老化的影响因素

顾名思义，导致橡胶件发生臭氧老化的主要因素为臭氧。除臭氧外，还包括橡胶种类、外力、温度等。在不同的老化类型中，影响因素并不是单一的，但相同因素所起作用类似。

1）臭氧的影响。臭氧对橡胶件的影响及破坏机理在前文中已介绍，这里主要说明臭氧浓度影响。随着臭氧浓度的提高，橡胶老化（龟裂）时间显著缩短。因此，在进行耐老化性能开发时，应确定橡胶件使用环境中的臭氧浓度情况，进而选择合适材料和配方体系，同时，在实验室模拟时，应考虑不同臭氧浓度实验条件进行验证。

2）外力的影响。在具有一定臭氧浓度的环境中，橡胶件并不是都会老化龟裂。研究表明，橡胶臭氧老化是一种表面反应，只有橡胶受到的力超过临界应力时，才会产生臭氧老化龟裂，龟裂裂纹方向与受力方向垂直。这是因为橡胶件在受外力（拉向）作用时伸长，臭氧可攻击区域更大，同时，受臭氧攻击产生龟裂处在外力作用下加速恶化。因此，橡胶件受拉力产生较大应变时，耐臭氧老化性会变差。橡胶件在设计或使用过程中，如果接触环境中含臭氧，应尽量避免橡胶件受较大拉力，以提升其抵抗臭氧老化的能力。

（3）疲劳老化的影响因素

橡胶件在使用过程中受交变应力作用时会发生疲劳老化。除交变应力因素外，影响橡胶疲劳老化的外部因素还有氧、臭氧、温度等，内部因素则有橡胶种类、橡胶件结构等。

疲劳老化是橡胶件老化中比较特殊的类型之一，一般是橡胶件在特定工况（如交变应力）下与外界环境共同作用发生老化。主要原因是在交变应力场中，由于分子内摩擦，导致单个往复周期内所受到的力不能完全松弛掉，存在剩余应力。在疲劳过程中，剩余应力不断叠加，直至分子链弱键（或缺陷处）断裂并逐步形成裂纹，最后导致疲劳老化失效。橡胶的耐疲劳性与其承受的交变应力密切相关，硫化胶发生疲劳老化存在一个最小临界变形值，如天然橡胶（NR）的临界变形值为70%~80%，小于临界值不易出现裂口增长，疲劳耐久性高。因此，在进行耐老化性能开发时，应充分考虑零件变形量和硫化胶的临界变形值，以定义合适的交变应力工况，进而提升橡胶的疲劳老化性能。

（4）接触介质老化的影响

橡胶件在使用过程中长期接触液体介质会导致性能下降发生老化，造成老化的原因除介质外，还包括温度、橡胶种类等。

汽车上的橡胶件常接触的介质类型有冷却液、制动液、机油、变速器油、润滑脂等，不同的介质成分和特性相差较大。因此，橡胶件在使用时如需接触介质，要重点评估橡胶与介质的兼容性，表3-11列出了常用橡胶与基础油的兼容性，在选材时可参考使用。

表3-11 常用橡胶与基础油的兼容性

材料	油类				
	聚α烯烃油	矿物油	酯类油	聚醚油	硅油
氯丁橡胶（CR）	△	△	○	○	△
氟橡胶（FKM）	△	△	△	△	△
丁腈橡胶（NBR）	△	△	×	×	△
硅橡胶（VMQ）	×	×	×	△	○
乙丙橡胶（EPDM）	○	○	×	△	△
丁苯橡胶（SBR）	○	—	○	×	△
天然橡胶（NR）	○	—	○	×	△

注：△表示好，○表示一般，×表示差。

2. 橡胶老化防护技术

橡胶老化防护方法分为物理防护法和化学防护法两种。物理防护就是尽量避免橡胶与老化因素相互作用，如橡塑共混、表面涂层处理、加光屏蔽剂、加石蜡等；化学防护是通过加入防护剂来阻止和延缓橡胶老化反应继续进行，如加入胺类或酚类化学防老化剂。

（1）橡胶热氧老化的防护

橡胶的热氧老化是一种自由基链式自催化氧化反应，因此，凡是能终止自由基链式反应或防止引发自由基产生的物质，都能抑制或延缓氧化反应。根据作用机理，防老剂有两种类型，一种为链断裂型，如胺类和酚类等防老剂；另一种为破坏过氧化物型，如胺类和含硫、磷、硼的化合物等防老剂。

链断裂型防老剂具有不稳定的氢原子，且其分子A–H键的键能小于橡胶大分子R–H的键能。当防老剂参与氧化反应时，脱出不稳定的氢原子，与过氧化自由基或大分子自由基结合并使之稳定化，从而阻止了这些自由基引发进一步反应，这就是链断裂型防老剂的作用机理。破坏过氧化物型防老剂具有把过氧化物还原为稳定的醇类的能力，从而抑制自由基的引发。

橡胶在空气中的热氧老化是最普遍的老化现象。在实际应用中，对于橡胶热氧老化的防护，可以采取以下措施：①选用热氧稳定的橡胶或聚合物；②改进橡胶的分子结构和组成；③添加抗热氧的防老剂、稳定剂或其他物质。

（2）橡胶光老化的防护

如前所述，与热相比，光具有更强烈的活化作用，尤其是紫外光中的短波段，对橡胶等高分子材料的破坏最为严重。光老化破坏一般先从外表开始，然后慢慢深入到橡胶内部。因此，防护橡胶光老化措施主要有两种途径：一种是物理途径，即在橡胶外表覆盖隔离层（如涂层、防护蜡等），以阻止或削弱光对橡胶的直接作用；另一种是化学途径，即在橡胶配方中添加光老化剂，以防止光对橡胶的活化作用和光氧化反应，目前常用的光老化剂有光屏蔽剂、紫外光吸收剂和能量转移剂等。

（3）橡胶臭氧老化的防护

橡胶臭氧老化是一种表面反应，龟裂裂纹方向一般与受力方向垂直，这是与热（光）氧老化龟裂的不同之处。防止橡胶臭氧老化的常见措施：①覆盖或涂刷橡胶表面，形成物理隔绝；②在配方中加入蜡，在硫化温度下石蜡完全溶解，冷却后则处于过饱和状态，因而会向表面喷出一层蜡膜，形成物理隔绝，这是目前应用较多的措施，但橡胶件在承受屈挠等动态条件下，石蜡易脱落，从而失去保护作用；③在配方中加入抗臭氧剂，目前使用最多的是 N，N'-二取代对苯二胺类，如 4010NA（取代基为 N-异丙基-N'-苯基）、4010（取代基为 N-环己基-N'-苯基）。因此，橡胶件承受屈挠程度不大时，采用措施①或②，可以防止臭氧龟裂，承受屈挠程度大时，应同时采用措施②和③。

（4）橡胶疲劳老化的防护

由于影响橡胶疲劳老化的因素较多，且目前疲劳老化机理不成熟，对于橡胶疲劳老化的防护措施主要有：①选用耐疲劳性能好和稳定性高的胶种，如 NR；②改善硫化橡胶结构，提高其定伸强度，减小内摩擦生热；③在配方中添加抗疲劳剂，用于阻止或延缓橡胶的机构活化氧化进程。

（5）橡胶接触介质老化的防护

与上述老化类型不同，橡胶接触介质老化使用场景比较明确。因此，目前主要的防护措施有：①选用合适的胶种，在明确介质的条件下应用，应充分验证胶种与介质的兼容性；②橡胶配方体系优化，除生胶外，还要注意配方中其他体系与介质的兼容性，避免出现小分子析出导致橡胶老化问题。

3.3.3 橡胶老化性能检测及评价

橡胶老化是一种客观存在的现象，且危害很大。为了研究和评价各种橡胶在一定环境条件下的老化性能和规律，行业内开展了各种老化试验，并建立了检测方法和评价标准。

1. 自然老化试验

自然老化试验是指将待测试品直接置于户外的大气环境中暴露，使其经受日光、气温、水、氧、臭氧等大气因素的综合作用，以观测其性能变化。目的是验证和评价测试品在自然条件下的老化耐久性能。

自然老化试验受所在地区气候条件影响，因此，开展自然老化试验时，须重点评估待测试品对环境的适应性。目前，汽车行业开展自然老化试验主要在海南琼海实验场和新疆吐鲁番实验场。

整车自然老化试验及评价方法参照 GB/T 40512—2021《汽车整车大气暴露试验方法》，零部件或材料自然老化试验及评价方法参照 GB/T 31973—2015《汽车非金属材料及部件自然曝露试验方法》。

2. 人工老化试验

（1）热老化检测及评价

热老化试验是将试样置于常压下的热空气环境中，经受热和氧的老化作用，按规定时间测定试样的性能，并与未经老化试样的性能进行比较，其目的是评价试样的热氧稳定性能。

1）检测方法。热老化是橡胶老化失效的主要类型之一，行业内相关研究较多，各区域都已形成相应的试验检测方法，相关标准见表 3-12。

表 3-12　热老化测试标准

标准类型	GB	ISO	ASTM	DIN	JIS
标准号	GB/T 3512—2014	ISO 188：2011	ASTM D573—2019	DIN 53508—2020	JIS K6257—2017

热老化试验中有两个关键参数需要关注：一是试验温度，试验温度的选择应根据橡胶品种、使用条件和试验要求来确定；二是试验时间，试验时间应根据试验目的和要求来预定，并根据试样性能的变化进行调整，所选试验时间不应使试样的老化程度严重到妨碍性能测定。

2）评价指标。一般来说，老化性能主要是研究材料宏观性能及微观结构的变化。对于热老化试验，主要是通过对热老化前后样品的性能进行比较来判断老化的程度，主要评价指标有：①外观检查，是否出现龟裂、变软、发粘、变硬、发脆等不良现象；②性能保持，拉伸强度保持率、扯断伸长率保持率、硬度变化、压缩永久变形。

(2) 光老化检测及评价

光老化试验也称人工气候老化试验，是将试样置于人工模拟和强化自然气候中的光、热、空气、温度和湿度等综合因素的环境中进行老化，通过观测试样性能的变化，评价橡胶的耐老化性。

1）检测方法。光照是光老化试验中最重要的因素，按光源来分，常用的有氙弧灯、荧光紫外灯及碳弧灯三种。其中，氙弧灯的紫外光区和可见光区的光谱分布与太阳光近似，在行业内应用较多，相关标准见表3-13。

表3-13 光老化（氙弧灯）测试标准

标准类型	GB	ISO	SAE（内饰）	SAE（外饰）
标准号	GB/T 32088—2015	ISO 4665：2016	SAE J2412-2004	SAE J2527-2004

2）评价指标。试验后，通过对比光老化前后样品判断老化程度，主要评价指标有：①外观检查，是否出现变色、龟裂、发粘、发脆等不良现象；②色牢度，灰度等级和色差。

(3) 臭氧老化检测及评价

臭氧老化试验是将试样在静态拉伸或动态拉伸变形下暴露于人工臭氧介质环境中，使其受臭氧的作用而发生老化，从而评价其耐臭氧性能，同时，还可用于研究橡胶在臭氧作用下的老化规律，快速鉴定橡胶配方的防臭氧老化效果，为配方设计优化提供依据。

1）检测方法。臭氧浓度是臭氧老化试验中的重要因素，臭氧老化速度一般是随臭氧浓度的增加而加快。因此，为了加速试验，在不改变老化规律的情况下，可选取较高的臭氧浓度。橡胶的臭氧老化在应力应变作用下才能发生，因此在开展试验时，试样应受静态拉伸或动态拉伸，拉伸变形率根据实际使用情况选取。此外，还有温度、湿度及时间等条件因素，可依据行业标准的推荐选取，相关标准见表3-14。

表3-14 臭氧老化测试标准

标准类型	GB		ISO	
标准号	GB/T 7762—2014	GB/T 13642—2015	ISO 1431-1：2012	ISO 1431-3：2017

2）评价指标。橡胶臭氧老化试验后，试样受臭氧作用表面产生龟裂，根据GB/T 11206—2009《橡胶老化试验 表面龟裂法》中规定的方法对试样进行评价，龟裂程度等级越高，表示试样臭氧老化程度越严重。

(4) 疲劳老化检测及评价

橡胶制品产生疲劳老化的影响因素复杂，包括材料本身、产品结构及工作工况等。橡胶的疲劳性能是一项综合性能，验证方法较多，不仅有材料级的疲劳性能，还有零件级、系统/整车级的疲劳性能。

由于不同方法间疲劳结果差异较大，不同试验条件下的耐疲劳结果并不能简单等效，因此，考察橡胶疲劳性能时需综合考虑各因素影响，选取适当的方法开展验证。

1）检测方法。零件/整车级橡胶制品的疲劳性能验证，主机厂进行产品开发时均有内部标准，并未形成行业统一标准或规范。基于橡胶材料的疲劳性能验证，国内外主要采用的试验方法有伸张疲劳试验、压缩屈挠试验和屈挠龟裂试验，相关标准见表3-15。

① 伸张疲劳试验：该方法主要检测橡胶试样在反复拉伸变形下的耐疲劳性能，适用于应力-应变性能稳定的橡胶。

② 压缩屈挠试验：该方法主要检测橡胶试样在压缩屈挠下的耐疲劳性能，不适用于硬度85 IRHD以上的硫化橡胶。

③ 屈挠龟裂试验：该方法主要检测橡胶试样在反复屈挠后耐屈挠龟裂和耐裂口增长性能，适用于强伸性能稳定的橡胶或循环一段时间后不出现过分拉伸或永久变形。

表3-15 疲劳性能测试标准

标准类型	GB	ISO	ASTM	备注
标准号	GB/T 1688—2008	ISO 6943：2007	ASTM D4482-11（2021）	伸长疲劳试验
	GB/T 1687.3—2016	ISO 4666-1：2010	ASTM D623-07（2019）	压缩屈挠试验
	GB/T 13934—2006	ISO 132-2011	ASTM D518-99	屈挠龟裂试验

2）评价指标。橡胶材料经伸长疲劳或压缩屈挠试验后，主要评价项有永久变形和疲劳寿命；经屈挠龟裂试验后，主要评价项有屈挠龟裂程度和裂口增长。

（5）接触介质老化检测及评价

橡胶耐液体介质试验是将试样浸入相应介质中，在指定温度和时间条件下验证橡胶与液体的兼容性，从而评价橡胶接触介质老化性能。

1）检测方法。耐液体介质试验中主要的试验条件为液体介质，理想情况下应选用橡胶件在使用时接触的液体介质，如果无法使用实际接触介质开展试验，可选用标准中推荐的具有相似性质的标准液体，相关标准见表3-16。

表3-16 耐液体介质测试标准

标准类型	GB	ISO	ASTM	DIN	JIS
标准号	GB/T 1690—2010	ISO 1817：2011	ASTM D471-16	DIN 53521-1987	JIS K6258：2003

2）评价指标。耐液体介质试验后，主要评价指标有：①外观检查，是否出现龟裂、气孔等不良现象；②性能测试，检测试验前后硬度变化、体积变化、质量变化及拉伸性能保持率，通过性能的变化判断橡胶材料的老化程度。

3.4 车用涂层

随着汽车行业的发展，车用涂层也由最初的表面装饰性功能发展到集防腐、耐磨、耐老化、抗石击和装饰性等多种功能于一体。汽车涂装一般以施工工序来分类，称为多道涂层体系。其中，不同施工层次的涂层具有不同的功能。通常情况下，一台汽车的涂层分为底涂漆、中涂漆和面漆三层。尽管每一层漆的功能侧重点有所不同，但作为汽车外观覆盖面最大的非金属材料，无一例外地都要经受车外高温、光照、雨水、石击等环境条件考验。一台汽车的车身漆面光泽度、鲜映性质量，很大程度上决定着其保值保新水平，以及用户的价值评价和判断。涂层的耐老化性能，就是指涂层在一段时间的自然环境侵蚀下，抵抗表面聚合物发生分解，从而带来表面光泽、色差不可逆的变化能力。

近年来,随着全球环境变暖、酸雨侵蚀等影响,对汽车涂层的耐候性、机械性和耐腐蚀性提出了更高的要求。因此,在汽车研发过程中,对汽车涂层进行耐老化性能开发、验证并提出相应对策尤为重要。

3.4.1 涂层老化类型及机理

涂层的老化现象很多,归纳起来主要有以下四个方面:①外观的变化,如龟裂、长霉、沾污、失光、变色、粉化、起泡和剥落等;②物理化学性能的变化,如比重、玻璃化温度、分子量、吸光性和耐温性等;③机械性能的变化,如附着力和耐磨强度等;④电性能的变化,如绝缘电阻、介电常数和击穿电压等。涂料在老化过程中,可能同时出现多种变化。在进行涂料老化试验与评价时,一般要从使用的需求出发,抓住关键指标,以性能下降到一定程度或综合评级达到某一级作为评价判据。

1. 涂层老化的影响因素

涂层的老化是一个复杂的物理、化学过程,引起涂层老化的因素主要是太阳辐射、温度、氧气、水和气体污染物等,不同因素所导致的涂层老化机理也不同,同时,对于不同类型的涂层材料,其老化机理也不同。

(1) 太阳辐射

太阳辐射的电磁波波长范围在 0.7~10000nm 之间,290nm 以下的紫外光和 3000nm 以上的红外光在通过外空间和大气层后几乎全部被滤除,实际到达地面的太阳波谱主要分为红外光、可见光和紫外光,其中波长最短的紫外光能量最大,涂层对其吸收率也最高,因此其破坏力最大。日常环境中的太阳光含有的 300~400nm 紫外光,约占太阳光总能量的 5%,其单光子能量达到 301~598kJ/mol。聚合物常见的化学键的离解能在 167~418kJ/mol 之间(表 3-17),恰好在紫外光的光子能量区间以下,因此紫外光足以破坏这些化学键。

表 3-17 聚合物中常见的化学键的离解能

键型	C-F	O-H	C-H	C-O	C-C	C-Cl	N-N
离解能/(kJ·mol^{-1})	485.9	462	413	314~335	347	326	158

紫外光对涂层的降解过程分为光物理过程和光化学过程。光物理过程是指涂层分子吸收紫外光量子,通过发光(荧光、磷光)、发热以及能量传递等过程转化大部分激发能,成为激发态分子。这为涂层分子发生光化学反应提供了可能,但不是每个激发态分子都能促成双分子之间的化学反应,从而导致涂层降解。光化学过程是涂层分子处于激发态时,部分激发态分子发生光化学反应,以自由基反应形式引起分子链通过均裂或者重组形式降解。光降解和光氧化作用可导致涂层主链断裂、过氧化物出现及亲水性小分子产生。涂层结构发生变化后引起性能衰退,即涂层在紫外光作用下发生了老化。

(2) 温度

温度也是引起涂层老化的重要因素。自然环境条件下一天之中的温度是不断变化的,不同地域的温度差异很大。温度升高,分子的热运动加剧,容易使分子链发生断裂或产生自由基,自由基攻击临近高分子链,形成自由基链式反应,导致涂层降解和交联。温度降低,分子链的活动能力下降,涂层会发生脆化。昼夜交替和季节周期性变化等因素引起的温度变化都会导致涂层产生内应力,出现龟裂、剥离甚至脱落等老化现象。温度在氧的共同作用下可使高分子材料发生热氧老化和光氧老化反应。热氧老化与光氧老化的机理基本相同,都是自由基链式反应。两者的区别在于,光氧老化反应由紫外辐射能引发,经过诱导期和自催化阶段,而热氧老化反应由热能引发,没有自催化阶段。

(3) 氧

氧是引起高分子材料化学老化的主要因素。氧首先攻击高分子主链上的薄弱环节,如双键、羟基和叔碳原子上的氢等基团或原子,形成高分子过氧自由基或过氧化物,然后在此部位引起主链的断裂。光、热和氧通常是共同作用,光和热可促进氧向树脂中的渗透、扩散,加速高分子材料的光和热降解老化。

(4) 水

涂层在户外大气环境中受到水分的影响而发生水降解反应，大气中水对涂层的作用表现为湿气、雨雪和凝露等多种形式。降水能将涂层表面的灰尘冲洗掉，使其受太阳光的照射更为充分，从而加速了光老化反应。水分以物理或者化学吸附等形式在涂层表面形成一层水膜，随着时间的推移，水通过涂层的各种缺陷（孔隙、裂纹、杂质等）进入其内部，使其内部一些水溶性物质、含亲水性基团的物质溶解，从而改变涂层的组成和配比，加速涂层的老化。当有机涂层处于潮湿状态时，水进入有机涂层内，发生体积膨胀。在环境干燥时，涂层脱水，表面收缩。涂层膨胀收缩会产生内应力，当应力累积到一定程度时，会导致涂层出现开裂和剥落等老化现象。

(5) 气体污染物

大气污染物中包含硫氧化物气体、氮氧化物气体、碳氧化物气体和相应盐粒子。一方面，污染气体通过缺陷扩散进入涂层内部后，气体中活性基团与分子链上某些基团反应，改变分子链结构导致有机涂层发生老化；另一方面，当污染气体溶入有机涂层表面的水膜时，形成导电的电解质溶液，进入涂层/基底界面导致涂层发生老化反应。

2. 典型涂层老化机理

目前，研究涂层老化的试验方法已经从传统宏观视觉评估转变到对分子链降解产物中的典型基团含量进行定量分析，研究工作重点也转移到探究涂层老化机理上。

(1) 光降解老化机理

在涂层的户外老化影响因素中，太阳光中的紫外光是引发降解的主要因素。光分解和光氧化作用导致有机涂层分子链降解，引起涂层性能变化，即发生了老化。以下是各种典型有机涂层的老化机理。

1) 醇酸涂层。Irigoyen 等认为醇酸涂层在烘干过程中已经发生氧化反应。在紫外光作用下，醇酸树脂涂层的氧化能力和与双键连接甲基吸收氢原子（RH 中 H）能力密切相关，因此很容易发生相关键的断裂，在老化过程中，过氧基团通过重组和断裂分解为小分子量产物，如乙醛和甲酮。

2) 聚氨酯涂层。Wihelm 等分别研究了以芳香族双异氰酸酯为基的聚氨酯涂层和以脂肪族双异氰酸酯为基的聚氨酯涂层的老化机理。以芳香族双异氰酸酯为基的聚氨酯涂层在无氧存在时，只是发生苯环上的氨酯键中的 C—N 均裂，形成氨基和羧基基团，按照邻位方式连接在苯环上；在氧存在时，两个苯环之间的亚甲基形成过氧化物，然后分解为小分子产物。以脂肪族双异氰酸酯为基的聚氨酯涂层中存在两种基团，因此存在两种降解形式：一种是醚键断裂生成甲酯类同系物和甲酸类同系物；另一种是生成羧酸同系物和氨基甲酸酯。X. F. Yang 解释了聚氨酯老化机理及涂层失效原因，有机涂层在紫外光、水、氧共同作用下产生小分子可溶性产物，这些产物随着水进入涂层，然后在涂层中浓缩，结果在涂层表面下形成渗透电池。随着涂层进行水吸收和排放的干湿循环，渗透电池继续发展，最后涂层表面出现气泡，气泡出现也意味着有机涂层逐渐失效。

3) 丙烯酸酯涂层。沈志勤研究解释了在紫外光作用下丙烯酸树脂涂层的老化机理：丙烯酸树脂由于受到紫外光作用，主链上—C—C—断裂生成游离基，以自由基形式反应后生成带有—C＝C—和—COOH 的小分子，最终导致丙烯酸酯降解。

4) 丙烯酸聚氨酯涂层。丙烯酸聚氨酯涂层的降解主要发生在氨酯键断裂上。氨酯键通过均裂或者光引发产生的自由基反应方式降解，最终生成甲酸类同系物和含酰胺基团的同系物。湿度、温度、二氧化硫气体对丙烯酸聚氨酯涂层的化学降解没有明显影响。

5) 乙烯酯树脂涂层。乙烯酯树脂发生光氧化降解，在紫外光存在时酯基处发生断裂，C—O 基团进一步氧化生成羧酸基团。

虽然光引发的自由基降解可以解释一些小分子量的氧化物来源，但不能指出分子中实际由什么具体反应生成过氧化物、羧酸、乙醛、甲酮等小分子量的氧化物。

(2) 水降解老化机理

涂层在户外大气环境中除了受到太阳中紫外光作用发生光降解反应外，还受到来自不同渠道的水作用发生水降解反应。如果涂层中存在酯、醚、脲、醇和胺等基团，则涂层发生水降解的可能性更大。以上功能性官能团发生水降解的趋势是酯>脲>醚>醇、胺。

就醇酸涂层的降解机理来说，除发生光降解外，与邻苯二甲酸相连的分子链通过水降解方式失去邻苯二甲酸基团，导致分子链断裂。

Bauer认为在树脂体系固化位置容易发生水降解，从而导致涂层老化。研究发现采用三聚氰胺作为交联剂的涂层在老化过程中湿度起着相当重要的作用，同时，排除紫外光的影响后，涂层在湿润的环境中比在干燥的环境中老化速度更快。

涂层的分子链经过光降解后，会产生很多亲水基团。在大多数涂层老化过程中，水降解常发生在光降解反应后。光降解和水降解两过程相互促进，不能完全分开。

（3）涂层黄变机理

涂层在使用过程中经常会产生黄变现象，甚至有的白漆标准板在阴暗处存放过程中就会逐步产生黄变现象。黄变会影响涂层的视觉美观效果，这在清漆、白色和轻度着色涂料中比较明显，相对容易觉察。在实际使用环境中，涂层黄变的主要原因是构成涂层的聚合物链的热降解、氧化降解和光氧化降解。涂料中所含的油类树脂的不饱和碳链很容易受到氧的攻击，双键氧化后生成过氧化物或环状过氧化物，产生发色基团而导致黄变。因此，含干性油（高不饱和度）醇酸树脂、古马隆树脂、含芳香环环氧树脂、酚醛树脂等都有黄变的趋向。而对于聚氨酯，分子中的氨酯键吸收紫外光后会降解形成生色团，异氰酸酯中的亚甲基发生氧化，形成不稳定的氢过氧化物，进而生成发色团——酰亚胺结构，该结构也会导致涂层变黄。此外，聚氨酯链在紫外光照射下还会发生重排，产生伯芳胺，进一步降解为黄变产物。另外，组分含有酯基、羰基或醚基时也会导致涂料的黄变。如果配方中搭配带双键氨基的树脂或胺类增感剂，经紫外光照射后也容易产生黄变。

对于光固化树脂，除了树脂组分，光引发剂是光固化涂料黄变的另一个重要影响因素。因为光引发剂受光引发后，在体系中形成带有发色基团的较大共轭结构，冻结了苄基自由基基团，热分解速率下降，与其他自由基结合的概率增加，苄基易与苯甲酰自由基或甲酰自由基结合，形成取代"半苯环"结构，这些亚稳定结构一般都具有较深的颜色，正是涂层黄变的主要来源。

3.4.2 涂层耐老化性能开发

根据已知的涂层老化影响因素和老化机理，要改善涂层性能，提高其耐老化性能，一般考虑是在其中加入紫外光吸收剂、抗氧化剂、受阻胺稳定剂等抗老化添加剂，这些添加剂具有吸收紫外光、消灭自由基或猝灭单线态氧等功能，从而减缓紫外光或氧对涂层的破坏。

1. 紫外光吸收剂

太阳辐射中的紫外光的光子能量高，是破坏涂层高分子化学键的主要因素。紫外光吸收剂是一类能选择性地强烈吸收对聚合物有害的紫外光且自身具有高度耐光性的有机化合物。紫外光的吸收剂吸收高能紫外光后进行能量转换，将其以热能、振动能等危害较小的能量形式释放或消耗掉，从而避免了紫外光破坏聚合物。根据组成结构，紫外光吸收剂可分为苯并三唑类、三嗪类、二苯甲酮类、水杨酸酯类和取代丙烯腈类等类型。苯并三唑类是产量最大、品种最多的一类。苯并三唑类紫外光吸收剂通常是以苯酚类化合物形式存在，分子内部含有稳定的六元环。当苯并三唑类紫外光吸收剂吸收紫外光后，六元环被破坏，造成分子内氢键断裂，使分子结构不稳定，最后通过热能的形式将吸收的多余能量释放出去，从而恢复到基态。

2. 抗氧化剂

抗氧化剂作为稳定剂应用广泛，可以应用在光稳定场合和热稳定场合。对于自由基氧化链式反应所引起的破坏，它们主要是起阻抑和防护的作用。抗氧化剂包括两大类，一类是使高聚物自由基链式反应的动力学过程终止，这类化合物能有效捕获某些或者全部低相对分子量的自由基和聚合物自由基，使自由基链式反应终止；另一类是通过引起体系中存在的过氧化物分解，来防止体系中存在的自由基发生氧化链式反应。

抗氧化剂主要包括受阻酚类和芳香仲胺类，它们的主要机理是当聚合物在氧或热作用下断裂化学键而产生自由基时，捕获自由基并形成稳定结构，避免自由基进一步破坏聚合物结构，从而保护聚合物。Irganox1098 是一种较常见的抗氧化剂，其化学结构式见图 3-21。

从图中可以看到，Irganox1098 的结构中左右两端各有一个酚基，是产生抗氧作用的主要活性基团。酚类抗氧化剂的反应机理见图 3-22，当聚合物因热或氧作用产生氧自由基时，抗氧剂上的酚基会与氧自由基结合。而酚类抗氧剂苯环上带有的 2 个叔丁基有较强的供电子能力，使得苯环上的氧自由基可以与苯环形成稳定的共轭结构，最终结果是捕捉了氧自由基，避免其进一步破坏聚合物结构。

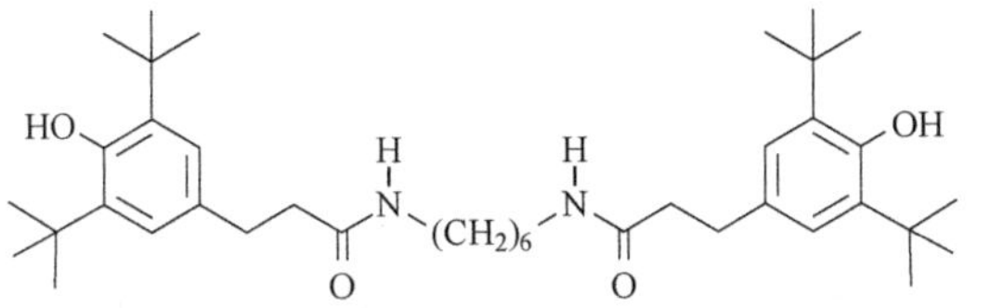

图 3-21　Irganox1098 抗氧化剂化学结构式

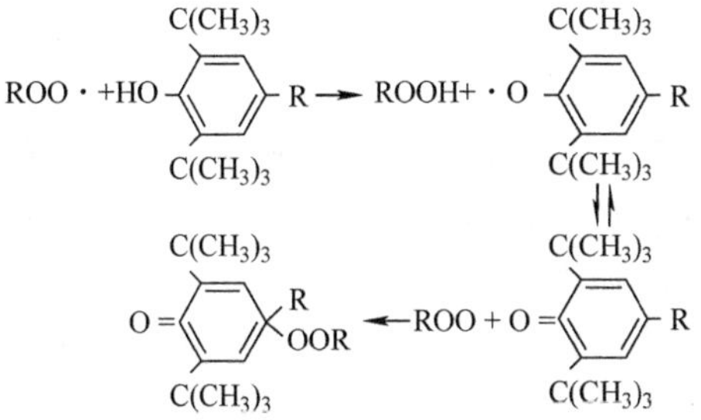

图 3-22　酚类抗氧化剂的反应机理

3. 受阻胺稳定剂

受阻胺稳定剂（Hindered Amine Light Stabilizer，HALS）是 20 世纪 70 年代出现的光稳定剂，由于性能优越，是目前应用最广泛的聚合物抗老化剂。抗氧剂和紫外光吸收剂只有捕获自由基的功能或只有吸收紫外光的功能，而受阻胺稳定剂同时具有捕获自由基、分解过氧化物和猝灭单线态氧等功能，因此具有优越的抗老化功效。

1）捕获自由基。受阻胺稳定剂中的脂环胺类结构，在有氧环境中吸收紫外光后，会转变为氮氧自由基，能有效捕获涂层材料中的烷基自由基和烷氧基自由基，生成相应的酯或过氧化酯，最后继续与其他自由基作用，回到氮氧自由基状态，在此过程中相当于消灭了自由基，从而产生光稳定作用。

2）分解过氧化物。聚合物的 C—O 键等在紫外光及氧的作用下易产生过氧化物，而过氧化物容易继续与聚合物其他部分反应，从而破坏聚合物结构。受阻胺稳定剂中的胺基可以与过氧化物反应，并且可以产生氮氧自由基，从而有更好的光稳定效果。

3）猝灭单线态氧。单线态氧是分子中的氧的电子激发后产生的，具有很高的化学活性。受阻胺稳定剂氧化生成的氮氧自由基，能通过能量传递的方式，使单线态氧由激发态猝灭回到基态，阻止了单线态氧攻击聚合物结构引起的降解反应。

4. 添加剂协同作用

由于受阻胺类光稳定剂本身不吸收紫外光，为了增强聚合物抗紫外光老化性能，一般采用紫外光吸收剂和受阻胺类稳定剂复配的方法。紫外光吸收剂和受阻胺类光稳定剂之间存在相互保护作用，呈现协同效应，能达到更佳的光稳定效果。

抗氧剂与受阻胺稳定剂并用同样可起到协同作用。杨海等研究了抗氧剂与受阻胺稳定剂的协同作用机理：受阻胺稳定剂在消除过氧化物的反应过程中会产生过渡产物烷基羟胺，而后者可以与抗氧剂捕获氧自由基过程中产生的酚氧自由基反应，使抗氧剂再生，从而产生协同作用。

5. 无机添加剂

随着纳米技术的发展，纳米无机粒子对紫外光的屏蔽作用成为研究热点。在涂层中添加无机纳米氧化物（TiO_2、SiO_2 和 ZnO 等）颗粒成为提高涂层耐老化性能的重要手段。纳米粒子特有的小尺寸效应、表面与界面效应和量子尺寸效应，使得它对紫外光具有无选择性的宽波段吸收作用，抗紫外光能力持久稳定，成为良好的紫外光屏蔽剂。陈建军利用纳米 TiO_2 和 SiO_2 分别制备了改性丙烯酸酯涂料，所得涂层在人工加速1800h后仍无起泡、粉化、剥离、脱落等老化现象，涂层的耐老化性能大为提高。张海凤等研究了改性纳米ZnO对丙烯酸聚氨酯涂层老化性能的影响，结果表明改性纳米ZnO对紫外光起到了有效的屏蔽作用，提高了聚氨酯涂层的耐老化性能。

在热反射涂料中采用片状铝粉和钛白粉，通过对太阳光线的强反射作用来降低热量吸收，也可用其他金属薄片及铁白粉等，如使用金红石型铁白粉作主体颜料，并用锆、铝和硅等添加剂对其进行表面处理，使其具有高热反射率。这类涂层的热反射率可达90%以上。热辐射涂料中掺杂Fe_2O_3、MnO_2、Co_2O_3或CuO等的尖晶石型物质，使其具有高热辐射率，对涂层的热能破坏会大幅减少。

3.4.3 涂层老化性能检测及评价

1. 自然老化

自然老化试验又称大气暴露试验，指在各种自然环境下研究大气各种因素对涂膜所起的老化破坏作用，通过对试验期间及试验结束后样板的外观检查来评定其性能，也可以在曝晒过程中或曝晒结束后进行涂膜的物理力学性能测试。

自然老化试验主要包括试验和评估两部分。试验内容包括选择试验气候条件、试验地点，制订试验场地要求、试样状态要求，开展环境监测，确定试验时间，检测涂层产品老化性能。评估内容包括大气环境数据分析，老化性能变化数据分析以及性能评估。

2. 人工加速老化

为了缩短试验周期，弥补自然老化试验方法的缺点，可采用人工加速老化试验模拟涂层实际使用过程中的老化行为。人工加速老化试验类型主要有碳弧灯老化试验、氙弧灯老化试验、荧光紫外灯老化试验、热氧老化试验、湿热老化试验、盐雾老化试验、低温老化试验和耐霉菌老化试验等。

（1）碳弧灯老化试验

碳弧灯的光谱能量分布与太阳光较为接近，但在370～390nm波长范围内的紫外光集中加强，使其模拟性不如氙弧灯，加速倍率介于氙弧灯与荧光紫外灯之间。这种光源正逐渐被氙弧灯和荧光紫外灯替代。

（2）氙弧灯老化试验

氙弧灯能模拟全太阳光光谱，其光谱能量分布与太阳光中的紫外光、可见光部分最接近。经过滤的氙弧灯光谱与太阳光有较好的一致性，对涂层的老化作用与自然条件较接近，是测试颜料、染料等产品的光稳定性的最佳光源。但氙弧灯在800～1000nm近红外区的辐射较强，会产生大量热，必须有冷却装置对设备进行冷却降温。

（3）荧光紫外灯老化试验

荧光紫外灯的光谱分布主要集中在紫外光部分。阳光中的紫外光是引起涂层老化的主要因素。荧光紫外灯通过模拟阳光中的紫外光，可以达到较高的加速倍率，在相对短的时间内得到涂层老化的试验数据。荧光紫外灯管有UVA-340和UVA-313两种类型。UVA-340型的波长范围为295～365nm，UVA-313型的波长范围为270～340nm，后者的波长较短，能量和加速倍率更高。

（4）热氧老化试验

热氧老化是反映涂层高温环境下耐老化性的一种试验方法。将样品放入热氧老化试验箱内，通过加热装置控制箱内温度，同时连续通入空气，考察温度和氧气对涂层老化的影响。通常可以根据不同涂层的使用要求来确定试验温度和空气通入量。

（5）湿热老化试验

人工加速湿热老化试验一般有两种方式：一种是采用恒温恒湿的试验方法；另一种是采用交变温湿度循环的试验方法。恒温恒湿试验法一般采用涂层使用温度和湿度的上限值作为试验条件，交变温湿度循环的试验条件较为复杂，一般选用24h作为一个循环周期，每个周期分为4个阶段：温湿度升高阶段、保持阶段、降低阶段和低温低湿阶段，以研究温度升高和降低对涂层的影响。

(6) 盐雾老化试验

盐雾老化试验是用来检测涂层在海洋环境下耐老化性能的一种人工加速试验方法。海洋环境条件下空气湿度较大,且含有氯化钠等多种盐分,对涂层具有较强的腐蚀性。在正常环境条件下,盐雾微粒会沉降吸附在涂层表面,吸收空气中的水分后会溶解成氯化物的水溶液,经过扩散作用氯离子会逐步渗透到涂层内部,使其使用性能发生变化,进而引起涂层老化。盐雾试验分为中性盐雾试验、乙酸盐雾试验、铜加速乙酸盐雾试验和交变盐雾试验,其中,交变盐雾试验是一种综合盐雾试验,在试验过程中有盐雾、湿热和干燥等不同状态,喷盐雾状态时的沉积和潮湿状态时的渗透,能更好地模拟零部件实际使用工况。

(7) 低温老化试验

低温老化试验可用来评价涂层的低温存储性能或耐寒性。耐寒性是聚合物抵抗低温引起性能变化的能力。涂层中含有不同种类的有机化合物,当环境温度达到某一低温区域时,涂层中的有机化合物会发生脆化,使涂层的物理或化学性能变差。

(8) 耐霉菌老化试验

耐霉菌老化试验用来评价涂层在储存环境下的耐霉菌性。霉菌是一种微生物,其代谢产物中的有机酸会导致涂层失效。将试样放入耐霉菌老化试验箱内,在一定的温湿度条件下观察培养真菌对涂层的腐蚀作用,研究涂层的耐霉菌老化性能。

人工加速老化试验可以较好地模拟和研究单一环境因素对涂层老化的影响,在实际应用中可以根据引起涂层老化的主要因素来选择人工加速老化的试验类型。

3.5 车用其他非金属材料

汽车用其他非金属材料指应用于汽车上的织布面料、皮革、黏合剂以及各类起辅助作用的油脂、油液等助剂。这类非金属材料虽然在汽车上用量不及塑料、橡胶多,应用面积也不如涂料广,且应用部位相对固定,但它们对维持汽车的正常使用和运转同样发挥着非常重要的作用,因此,需要关注它们的耐老化品质。

3.5.1 织物老化及评价

1. 织物在汽车上的应用

织物类材料在汽车上主要起到装饰性和功能性两大作用。装饰性应用主要指应用于顶棚内衬、门饰板、遮阳板和立柱饰件的表面、起装饰作用的织物;功能性应用主要指安全带织带、遮阳帘等。此类织物基本都是以聚酯、聚酰胺或聚丙烯为基础材料的合成纤维,经过各种织造或非织造纺织技术加工成面料,然后通过复合、缝纫、黏合、针刺、低压注塑等工艺手段制成产品或产品的一部分,进而应用于汽车上。

2. 车用织物的老化类型

虽然织物类产品在汽车的许多零件上均有应用,但几乎全部应用在驾驶舱内,属于汽车内饰的一部分。影响车内材料老化的环境因素相对简单和稳定,主要表现为窗玻璃下的太阳光照辐射以及车内较高的空气温度(有研究表明,停放在户外的汽车车内空气温度可达80℃以上,仪表、立柱等直射部位表面甚至可达110℃以上)的作用,因此,汽车用织物的老化类型主要是光老化和热氧老化。

织物老化在实际使用中是不可避免的,除上述老化形式外,聚酯和聚酰胺织物因自身分子结构,还存在部分水解老化降解现象。因此,也应适当考察车用织物的耐水解和耐湿热老化性能。

另外,值得注意的是,随着车用玻璃技术的发展以及用户实际使用中更多采用贴膜等防护手段,透过车玻璃进入车内的太阳光短波辐射大大减少,这对缓解织物的光老化有积极影响。

3. 织物耐老化性能检测及评价

由于织物多应用在汽车座椅、顶棚内衬、地毯等内饰上,既是汽车内饰造型颜色、纹理呈现的重要载体,也是用户使用中的高关注度部位,各大汽车厂对织物的耐老化性能检测和评价都十分关注。织物的耐老化性能衰减主要体现在力学性能的衰减及外观和颜色的变化上,主机厂应针对这些性能对织物开展各类老化性能验证与评价,主要检测及评价要求见表3-18。

表3-18 车用织物耐老化性能检测及评价要求

序号	老化类型	评价指标	评价要求	测试条件	参考标准
1	光老化	断裂强力保持率	≥85%	氙弧灯老化 400~700h	ISO 13934-1:2013 GB/T 3923.1—2013 GB/T 32088—2015 SAE J2412-2004 VW PV 1303-2005
2		色牢度	≥4级		GB/T 250—2008 GB/T 32088—2015 SAE J2412-2004 VW PV 1303-2005
3	热老化	外观	目视及用手触摸检查无剥离、裂纹、脆化等	(90±3)℃×168h	—
4		色牢度	≥4级		GB/T 250—2008
5	水解老化	色牢度	≥4级	完全浸湿的样品放入(37±2)℃×4h	GB/T 250—2008 GB/T 5713—2013

随着汽车造型风格愈加多变,车用织物的颜色也越来越丰富和鲜艳。这对织物的耐老化性能提出了更大的挑战。在进行织物开发时,需从原材料、配方以及织物的耐老化改性技术、整染工艺技术等方面着手,综合运用多项技术,确保其耐老化变色能力和耐老化力学性能保持力,使其更好满足汽车厂的要求和用户的需求。

3.5.2 皮革老化及评价

1. 皮革在汽车上的应用

皮革在汽车上的应用部位与织物相近,同样也是应用在驾驶舱内饰部件上。与织物不同的是,皮革在汽车上的应用几乎都是起到装饰作用,少有功能性应用。主要应用部位有座椅面套、门饰板包覆面料、仪表台包覆面料和方向盘包覆面料,少量车型应用于顶篷内衬、遮阳板包覆和立柱包覆面料。

汽车用皮革主要有两大类,即天然皮革(真皮)和人工合成的人造革。其中,人造革主要有聚氨酯(PU)合成革、聚氯乙烯(PVC)合成革以及聚烯烃热塑性弹性体(TPO)表皮。不同的皮革在汽车上的应用侧重部位也有所不同,各类皮革的应用部位见表3-19。

表3-19 各类车用皮革一般应用部位

序号	应用部位	主要皮革类型
1	座椅	真皮、PU合成革、PVC合成革
2	门饰板	PU合成革、PVC合成革、TPO表皮
3	仪表台	PVC合成革、TPO表皮

（续）

序号	应用部位	主要皮革类型
4	方向盘	PU 合成革、PVC 合成革
5	遮阳板	PU 合成革、PVC 合成革
6	顶篷	PU 合成革（超纤）、PVC 合成革
7	立柱饰件	PU 合成革（超纤）、PVC 合成革

各类皮革通过缝纫、黏合、搪塑、吸塑、低压注塑等工艺结合到各零件上，成为最终的产品。

2. 车用皮革的老化类型

由于皮革与车用织物使用部位相近，在车内的使用环境和工况也相近，其老化类型也以光老化和热氧老化为主。天然皮革的耐老化性能一般优于合成皮革，合成皮革中以 TPO 表皮综合耐老化性能最优，PVC 合成革易出现热老化，而 PU 合成革则因为分子链中含酯基，有水解老化的风险，应重点考察其耐湿热老化性能。另外，皮革常用于仪表台表面包覆，而仪表台表面是车内光照直射区域，温度和辐照量均是车内最高区域（海南自然暴露试验实测 1 年积累辐照量可达 $2700MJ/m^2$，最高温度超过 110℃），因此，相比织物，车用皮革的耐老化问题更应得到关注。

3. 皮革耐老化性能检测及评价

皮革的生产加工制造工艺比织布复杂得多，其构成除了自身主体成分外，表面往往还要做多层涂饰。皮革的老化失效类型也比织物多，主要有失光、褪色、变色、粉化、龟裂、变硬、变软、渗析、脆化、剥落等。每种类型的皮革因主体材料成分不同，耐老化性能检测及评价方法也有差异。

1）真皮的耐老化性能检测及评价见表 3-20。

表3-20 车用真皮耐老化性能检测及评价要求

序号	老化类型	评价指标	评价要求	测试条件	参考标准
1	光老化	色牢度	≥4 级	氙弧灯老化 400~600h	GB/T 250—2008 GB/T 32088—2015 SAE J2412-2004 VW PV 1303-2005
2		外观	表面无渗析物、龟裂、粉化，手触无变硬、变软等		—
3	热老化	外观	表面无龟裂、粉化、发白、变色等	(100±2)℃×72h	QB/T 2706—2005
4	湿热老化	色牢度	≥4 级	(90±2)℃，RH (80±2)%，16h	QB/T 2706—2005 GB/T 250—2008

2）PU 合成革的耐老化性能检测及评价见表 3-21。

表 3-21 车用 PU 合成革耐老化性能检测及评价要求

序号	老化类型	评价指标	评价要求	测试条件	参考标准
1	光老化	色牢度	≥4 级	氙弧灯老化 400~600h	GB/T 250—2008 GB/T 32088—2015 SAE J2412-2004 VW PV 1303-2005
2		外观	表面无渗析物、龟裂、粉化，手触无变硬、变软等		—
3	热老化	色牢度	≥4 级	(90~105)℃×(168~500)h （根据不同使用部位选择温度和时间）	GB/T 250—2008
4		外观	表面无渗析物、龟裂、粉化，手触无变硬、变软等		—
5		剥离力保持率	≥85%		GB/T 8808—1988
6	湿热老化	色牢度	≥4 级	(70±2)℃，RH (95±5)%, 720h	GB/T 250—2008
7		外观	表面无渗析物、龟裂、粉化，手触无变硬、变软等		—
8		剥离力保持率	≥85%		GB/T 8808—1988

3) PVC 合成革的耐老化性能检测及评价见表 3-22。

表 3-22 车用 PVC 合成革耐老化性能检测及评价要求

序号	老化类型	评价指标	评价要求	测试条件	参考标准
1	光老化	色牢度	≥4 级	氙弧灯老化 400~600h	GB/T 250—2008 GB/T 32088—2015 SAE J2412-2004 VW PV 1303-2005
2		外观	表面无渗析物、龟裂、粉化，手触无变硬、变软等		—
3	热老化	色牢度	≥4 级	(90~105)℃×(72~158)h （根据不同使用部位选择温度和时间）	GB/T 250—2008
4		外观	表面无渗析物、龟裂、粉化，手触无变硬、变软等		—
5		拉伸力保持率	≥85%		QB/T 1269—2012

4) TPO 表皮的耐老化性能检测及评价见表 3-23。

表 3-23 车用 TPO 表皮耐老化性能检测及评价要求

序号	老化类型	评价指标	评价要求	测试条件	参考标准
1	光老化	色牢度	≥4 级	氙弧灯老化 300~650h	GB/T 250—2008
2		外观	表面无渗析物、龟裂、粉化，手触无变硬、变软等		—
3	热老化	色牢度	≥4 级	(75~105)℃×168h （根据不同使用部位选择温度）	GB/T 250—2008
4		外观	表面无渗析物、龟裂、粉化、发粘，手触无变硬、变软等		—
5	湿热老化	色牢度	≥4 级	(40±2)℃，RH (95±5)%, 168h	GB/T 250—2008
6		外观	表面无渗析物、龟裂、粉化、发粘，手触无变硬、变软等		—

3.5.3 黏合剂老化及评价

1. 黏合剂在汽车上的应用

黏合剂在汽车上的应用十分广泛，按其应用部位不同，大概可分为车身用胶、动力系统用胶和零件系统用胶。

根据粘接对象和使用部位所要求达到的效果不同，按黏合剂的基材分，汽车用黏合剂主要有环氧胶、聚氨酯胶、丙烯酸酯胶、有机硅胶、橡胶类胶、聚氯乙烯类胶，以及多种胶混合型黏合剂。

2. 车用黏合剂的老化类型

尽管车用黏合剂也是高聚物的一种，使用过程中受光、热、水、氧等因素影响出现的老化过程和表现形式与其他类型高分子材料近似，但其使用部位有特殊性，因此老化又具有独特性。黏合剂基本上处于被粘接对象的包裹中，实际应用中一般不会受光照的作用，因此几乎不存在光老化形式，其老化主要受热、氧和水（湿度）的影响，以热老化、湿热老化以及温湿度环境循环老化为主。

3. 黏合剂老化性能检测及评价

可参考 GB/T 35489—2017《胶粘剂老化条件指南》中推荐的优选老化条件开展黏合剂的各项老化性能检测，然后针对其性能展开老化后的性能评价。汽车用黏合剂典型的老化性能检测及评价项目见表3-24。

表3-24 车用黏合剂老化性能检测及评价要求

序号	老化类型	评价指标	评价要求	测试条件	参考标准
1	热老化	剪切强度保持率	≥85%	(90~125)℃×168h（根据不同使用部位选择温度）	GB/T 35489—2017 GB/T 7124—2008
2	耐低温环境老化	剪切强度保持率	≥95%	(-40±3)℃×3h	GB/T 35489—2017 GB/T 7124—2008
3	耐潮湿环境老化	剪切强度保持率	≥95%	(50±2)℃，RH (90±5)%，120h	GB/T 35489—2017 GB/T 7124—2008
4	耐高低温交变循环老化	剪切强度保持率	≥90%	循环条件： ① (-40±3)℃在2h内升温至(90±2)℃； ② 在(90±2)℃环境中放置4h； ③ 在2h内由(90±2)℃降温至(-40±3)℃； ④ 在(-40±3)℃环境中放置4h。 以上4步为1个周期，通常建议至少进行5个周期试验	GB/T 35489—2017 GB/T 7124—2008

近年来，随着碳纤维等复合材料、镁铝合金、天幕玻璃等新材料、新装备在汽车上的应用，给黏合剂的粘接应用提供了广阔的发展前景，但同时也对黏合剂的粘接耐久技术提出了新的课题和挑战。根据黏合剂在汽车上的使用环境和工况条件，通过自然老化试验或人工加速老化试验做好其老化耐久性能开发和验证尤为重要。

3.5.4 油液老化及评价

汽车上应用的油液很多，归纳起来主要是"三油三液"，分别是机油、变速器油、电驱动油，以及冷却液、制动液和玻璃清洗液。这些油液的主体成分是各种有机大分子、小分子和助剂的混合物，在存储和使用过程中也会受温度、水分、氧等作用而出现老化变质，从而丧失润滑、冷却等功能。

1. 各类润滑油的老化及评价

机油正常存储保质期一般为 2~3 年，正常使用一般要求 5000~10000km 或 6~12 个月更换一次。变速器油和电驱动油的正常存储保质期一般为 2 年，正常使用一般要求每 60000km 或 2 年更换一次。车用润滑油老化变质后的显著变化是运动黏度和酸值变化。因此，通常采用测试 100℃ 运动黏度 [GB/T 11137—1989《深色石油产品运动黏度测定法（逆流法）和动力粘度计算法》] 和酸值 [GB/T 7304—2014《石油产品酸值的测定 电位滴定法》] 的变化量的方法来评价其老化衰减程度。根据使用部位和实际工况，选择老化温度和时间，典型的老化条件是 170℃×192h 热氧老化后测试评价 100℃ 运动黏度和酸值，要求 100℃ 运动黏度值变化率在 5%~10% 以内，酸值变化量在 ±2 以内。

2. 各类液体的老化及评价

（1）制动液

制动液性能的稳定程度直接关系到车辆制动功能的可靠与否，是确保车辆行驶安全的重要辅助液。主机厂通常建议每 2~3 年或 20000~40000km 更换一次。因制动液容易吸湿，超过建议更换周期或高温、高湿工况下使用有可能出现老化变质。可参考 GB 12981—2012《机动车辆制动液》的要求对制动液的高温稳定性、化学稳定性、pH 值、抗氧化性等进行检测，以评价其耐老化性能。

（2）冷却液

车用冷却液主要分为燃油汽车发动机冷却液、电动汽车冷却液和燃料电池汽车冷却液。主机厂通常建议每 2 年或 40000km 更换一次。目前已制定和发布了针对燃油汽车的 GB 29743.1—2022《机动车冷却液 第 1 部分：燃油汽车发动机冷却液》标准，针对电动汽车和燃料电池汽车的冷却液标准也在编制中，可参考标准要求对冷却液的储备碱度、高温存储稳定性等性能展开检测，以判断和评价其耐老化性能。

（3）玻璃清洗液

汽车玻璃清洗液通常作为耗材使用，主机厂一般不对其设定使用更换的建议周期，用完添加即可。我国将玻璃清洗液分为普通型和低温型两类。由于是耗材，一般对其老化耐久品质不作过多关注。可参考 GB/T 23436—2009《汽车风窗玻璃清洗液》标准要求对其热稳定性、低温稳定性等性能进行检测和评价，以适当评估其是否老化变质。

3.5.5 电解液老化及评价

新能源汽车动力电池中使用的电解液严格来说也是汽车用油液中的一种。电解液作为动力电池四大关键材料（正极、负极、隔膜、电解液）之一，其耐老化稳定性关系到动力电池的循环效率、安全与寿命。

目前，电解液根据其存在形态，一般可分为液态电解液和固态电解质。其中，固态电解质在抑制枝晶生长、提升电池能量密度和防止热失控方面具有很大潜力。但固态电池目前仍处在研发阶段，离真正投入量产应用还有一定距离。目前市场上实际在大批量应用的主流动力电池仍是磷酸铁锂电池和三元锂电池，因此，以下就锂离子电池的电解液耐老化及评价重点讨论。按溶剂的不同，主要有酯基和醚基两类电解液。电解液的老化变质结合电芯在实际使用中的充放电工况，主要考虑伴随电芯工作的高温高电位带来的热老化降解变质，以及电解质锂盐溶质的不稳定氧化。电解液的氧化降解会导致电池欧姆内阻和极化内阻的增大、电解液活性物质损失、促进枝晶生长和自放电增强。可见电解液的老化变质会对动力电池的寿命和安全带来严重影响。

对于电解液的老化检测与评价，目前行业内尚未有成熟统一的标准。学术研究上有不少学者采用气相色谱法对电解液的氧化分解产物进行分析，但该方法较为烦琐，在实际生产应用中不便于快速验证和判断一款电解液的稳定性。因此，实际应用中，建议参考 GB/T 31485—2015《电动汽车用动力蓄电池安全要求及试验方法》、GB/T 31467.3—2015《电动汽车用锂离子动力蓄电池包和系统　第 3 部分：安全性要求与测试方法》等标准中关于动力电池安全和耐久可靠性方面的高温试验、湿热循环、温度冷热循环试验条件，对电解液的耐老化性能展开模拟验证，同时参考 SJ/T 11723—2018《锂离子电池用电解液》标准的要求和测试方法对电解液的水分、游离酸、密度、电导率等关键性能进行测试，以判断其老化氧化变质的程度。

3.6　非金属材料耐老化开发与检测发展趋势

3.6.1　耐老化开发技术发展趋势

1. 物理防护

物理防护指在非金属材料或制品表面进行涂装或复合一层耐候性好的材料，从而延缓其老化进程。该方法主要是针对耐老化性能差或长时间暴露于苛刻的老化条件下使用的非金属材料，主要缺点是会带来成本上升，同时还需要解决防护层和基材本身的结合耐久性问题。因此，基于物理防护技术方法开展的耐老化性提升，发展方向主要是围绕低成本方案及层间结合耐久性能提升开发。

2. 优化加工工艺

非金属材料在合成或制备过程中受热、氧等因素影响，也存在老化问题。目前主要通过在合成或制备过程中增加除氧或抽真空装置等措施来减缓氧气的影响，同时优化加工温度，降低小分子助剂析出，减缓老化进程。该方法主要是通过优化产线装置进行控制，会带来产线成本增加，同时存在一些老旧产线无法满足改造条件的问题。因此，基于加工工艺优化方法的耐老化性提升，发展方向主要是产线装置优化及旧产线改造。

3. 材料结构设计

非金属材料发生老化的主要原因是分子链结构中存在极易老化的基团，如不饱和键、卤系基团等。材料在合成或制备过程中，通过技术手段（如加氢、基团取代）对分子链结构进行设计，来提升材料的耐老化性能。该方法的主要难点是在进行结构重新设计的同时，还要最大限度保留材料原本的性能特点。

4. 材料改性

材料改性是目前非金属材料耐老化开发最常用的技术方法，通过在材料配方中添加抗老化助剂来提升其耐老化性能，由于成本较低且无需改变既有生产工艺而得到广泛应用。因此，围绕抗老化助剂的使用和助剂开发，是通过材料改性提升耐老化性能的重要发展方向。

1）抗老化助剂的添加方式。材料改性过程中，抗老化助剂的添加方法主要有两种：①直接添加法，将抗老化助剂（粉末或液体）与树脂等原料直接混合搅拌后挤出造粒，简单易行，为材料厂家所广泛采用，缺点是分散性、均匀性差，生产效率低；②母粒添加法，将粉末或液体状态的助剂制作成母粒实现预分散，后期在改性过程中助剂得到二次分散，可使助剂在材料基体中分散更均匀，材料的抗老化性能更稳定。

2）抗老化助剂的发展趋势。抗老化助剂可提高非金属材料抗热氧、光氧老化等性能，主要包括抗氧化剂、光稳定性和热稳定剂。基于材料耐老化性能提升，抗老化助剂的发展趋势主要有：①高效化，指在确定用量的情况下实现效果最大化，主要途径是开发大分子量助剂，改善小分子量助剂易挥发迁移、渗出等缺陷，提升助剂的稳定性，如抗氧剂 1010 相比小分子量抗氧剂 1076 的耐迁移性、耐水解能力明显改善；②复合化，抗老化助剂通常协同使用抑制材料老化，如抗氧化剂和光稳定剂、抗氧化剂和热稳定剂，复合化技术并非指几种助剂简单混合，各助剂间协同机理研究和协同组分的开发是复合技术研发的方向；③环保化，随着环保法规日益严格，环保化成为助剂发展的重点，包括助剂制造和使用过程对环境友好。

3.6.2 耐老化检测技术发展趋势

结合行业内耐老化技术发展情况,将耐老化技术未来发展方向归结为以下方面:①老化表征技术,除了传统的颜色变化等外观状况、硬度及拉伸强度等宏观层面上的表征外,需要进一步发展微观层面的表征方法,如利用衰减全反射红外(ATR-FTIR)、固体核磁共振(NMR)等方法定量判定材料老化前后化学结构的变化;②检测手段定制化,基于材料老化机理,根据实际工况设定加速老化的条件(温度、湿度、应力、介质等因素),并设定合理的加速范围,定制相应的加速老化设备,如车内零部件热暴露试验,在传统的热空气老化箱设备中,增加红外灯暴露设备,以充分模拟实际工况条件,实现零部件不同位置处于不同温度工况;③加速老化和自然老化的对应性研究,自然老化由于时间较长,无法满足产品开发周期要求,加速老化试验的研究一直是行业内重点关注的课题,包括产品老化的表征方法和性能变化的关联,以期在此类研究的基础上,实现对材料老化寿命的预测。

第4章

汽车零部件耐老化开发与检测

4.1 概述

汽车在使用过程中一方面会受到温度、湿度、雨雪、光照等气候负荷的影响，另一方面会受到路面颠簸、发动机自振等机械负荷的影响。多负荷应力叠加效应将导致汽车零部件出现外观不良、疲劳老化或功能失效，影响汽车的使用寿命。

为解决零部件产品耐老化问题，主机厂应在产品开发时设定零部件老化性能要求，在试验验证阶段，通过实验室加速试验或自然老化试验等方式验证老化性能是否达到设计要求。

4.2 内外饰件

4.2.1 内外饰老化特点

汽车内饰零部件是指驾驶舱内具有装饰性、功能性和安全性的部件，主要包括仪表板、副仪表板、门内饰板、顶篷、座椅、地毯、立柱等。

汽车内饰零部件一般由塑料、皮革、织物等非金属材料组成，部分装饰件表面喷涂油漆或镀铬。常用材料及应用零部件见表4-1。

表4-1 汽车内饰零部件常用非金属材料

材料类型	名称	应用零部件
塑料	聚丙烯（PP）	仪表板、副仪表板、门内饰板、座椅等
	聚碳酸酯（PC）	透光装饰件
	丙烯腈-丁二烯-苯乙烯共聚物（ABS）	副仪表板、门内饰板、顶棚支架等
	聚碳酸酯+丙烯腈-丁二烯-苯乙烯共聚物（PC+ABS）	内开手柄、内后视镜、仪表板装饰件等
皮革	真皮	方向盘、座椅、门内饰板装饰件等
	超纤	方向盘、座椅、门内饰板装饰件等
	聚氯乙烯（PVC）	座椅、扶手、仪表板装饰件、门内饰板装饰件等
	聚氨酯（PU）	座椅、扶手、仪表板装饰件、门内饰板装饰件等
	仿麂皮	顶篷、立柱、座椅、门内饰板装饰件等

（续）

材料类型	名称	应用零部件
织物	针织物	顶篷、立柱、遮阳板、座椅等
	无纺布	地毯、行李舱地毯等
油漆	油漆	仪表板、副仪表板、门内饰板

汽车外饰零部件是指驾驶舱外的部件，主要包含保险杠、外后视镜、行李架、扰流板、机舱和门装饰件等。外饰件一般由塑料、油漆等非金属材料组成。常用外饰材料见表4-2。

表4-2 汽车外饰零部件常用非金属材料

材料类型	名称	应用零部件
塑料	聚丙烯（PP）	保险杠、扰流板等
	丙烯腈-丁二烯-苯乙烯共聚物（ABS）	扰流板、电镀装饰件等
	聚甲基丙烯酸甲酯（PMMA）	外装饰件、格栅等
	丙烯腈-苯乙烯-丙烯酸共聚物（ASA）	后视镜、外装饰件等
	聚甲基丙烯酸甲酯+丙烯腈-苯乙烯-丙烯酸共聚物（PMMA+ASA）	格栅、外装饰件等
油漆	油漆	保险杠、扰流板、外后视镜等

影响汽车内外饰老化性能的外部因素主要指汽车使用环境，如光照、温度和水分，内部因素包括组成材料、结构、生产工艺等。外部因素决定了汽车内外饰需要具有哪些耐老化性能，内部因素决定了老化特点。内外饰件的老化主要表现在外观、物理性能、机械性能等方面的变化。

1. 外观变化

内外饰件老化后常见的外观变化包括失光、变色、粉化、发粘、起泡、裂纹、析出、变硬等现象。

汽车外饰喷涂件主要有保险杠、外后视镜、扰流板。内饰喷涂件主要有仪表板、门内饰板装饰件。喷涂件的老化现象主要是颜色和光泽度变化、起泡、漆膜脱落等。图4-1所示为某喷涂样板经过老化试验后发生了明显的颜色和光泽度变化，图4-2所示为某喷涂件经过老化试验后发生脱落现象。

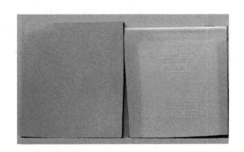

图4-1 某喷涂样板老化试验后发生颜色和光泽度变化

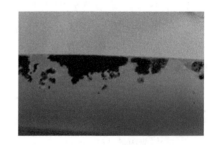

图4-2 某喷涂件老化试验后油漆脱落

汽车塑料件的老化现象主要是析出、变形、裂纹、颜色变化等。对于高光塑料件，光泽度降低也是主要老化现象。图4-3所示为某塑料件老化试验后表面出现裂纹。

包覆件主要用于汽车内饰，如座椅、中控扶手、顶篷、地毯等。包覆材料包含织物和皮革，织物的老化现象主要是变色、起皱等。皮革的老化现象主要是变色、裂纹等。图4-4所示为织物面料经过老化试验后的变色现象。

汽车内外饰用的橡胶件主要包括储物盒垫、杯托垫等。老化现象主要是变色、变形等。隔声隔热件主要由织物类材料组成，包含地毯、隔声垫、隔声棉、顶篷等部件，它们老化后的外观变化主要是变色、脆化、起皱等。

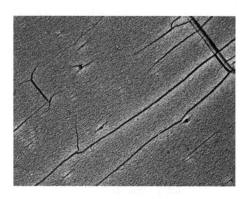

图 4-3 某塑料件老化试验后表面出现裂纹

图 4-4 某座椅的织物面料老化试验后变色

2. 物理性能变化

物理性能变化主要包含材料的硬度、密度、透光率、玻璃化温度等性能变化。

3. 机械性能变化

汽车内外饰的机械性能变化主要指零部件和材料的机械性能变化。零部件机械性能变化包括刚强度、操作力等变化。材料的机械性能变化包括拉伸强度、弯曲强度、冲击强度、涂层附着力性能等变化。图 4-5 所示为某塑料装饰件经过低温试验后的断裂现象。

图 4-5 某塑料装饰件经过低温试验后断裂

4. 功能变化

部分内饰件可开闭或移动,如副仪表板扶手盖板、出风口拨钮、内开手柄。完成老化试验后的功能变化主要指功能异常,不能满足设计要求,例如不能正常开闭或移动,开闭过程中有异响等。

4.2.2 内外饰耐老化性能要求

为了保证汽车内外饰件使用过程中不出现明显异常老化现象或问题,需要根据汽车内外饰所处的环境和使用工况,开展各种老化试验,以评估其耐老化性能是否满足使用要求。

老化试验分为户外老化试验和实验室老化试验,两者结合才能完整验证汽车内外饰耐老化性能。根据使用环境,汽车内外饰需满足以下性能。

1. 耐光老化性能

汽车内外饰的耐光老化性能是指经过太阳辐射一段时间后,仍然保持设计要求的性能。耐光老化性能可以用自然暴露试验、氙弧灯老化试验、荧光紫外灯老化试验或碳弧灯老化试验等方法进行验证。自然暴露试验和氙弧灯老化试验是汽车行业中应用较普遍的两种方法。自然暴露试验的试验条件符合汽车实际使用环境,结果最真实。氙弧灯老化试验是实验室老化试验中模拟太阳辐射最好的方法,与紫外灯和碳弧灯相比,氙弧灯发出的光谱最接近太阳辐射的光谱。

汽车内外饰耐光老化性能主要受材料的耐光老化性能影响,因此主要开展材料的耐光老化试验。表 4-3 列举了每种试验方法常用的国家标准和国际标准。各汽车企业也有自己的试验标准,方法和参数可能存在差异。

自然暴露试验的试验周期一般是 1~5 年,根据实际应用选择。试验场地通常选择典型气候环境,汽车行业选择较多的是亚热带气候和干热气候环境,我国的海南琼海和新疆吐鲁番是国内汽车企业常用的试验地点,美国的佛罗里达和亚利桑那也是常用的自然暴露试验地点。

表 4-3　耐光老化试验参考标准

试验	参考标准
自然暴露试验	ASTM G7/G7M-2021 ASTM G24-2021 ISO 877-1：2009 ISO 105.B01：2014 SAE J 1976-2012
氙弧灯老化试验	GB/T 1865—2009 GB/T 16422—1999 ISO 11341：2004 ISO 105.B02：2014 SAE J2527-2004 SAE J2412-2004 ASTM D 7869-2017
荧紫外灯老化试验	GB/T 23987—2009 GB/T 14522—2008 ASTM G154-2023

氙弧灯老化试验周期与汽车内外饰零部件的种类有关，不同零部件要求的试验周期不同，根据零部件被太阳照射的时间长短选择试验周期。通常情况下，外饰件被太阳照射的试验周期比内饰件的长。对于内饰件，仪表板上本体被太阳照射时间最长，因此试验周期在内饰件中最长，一些不容易被太阳照射或太阳照射时间较短的零部件，如地毯、行李舱地毯或装饰件，氙弧灯老化的试验周期也较短。

进行耐光老化试验后需要对样品外观、机械性能等进行评价。

（1）外观要求

样品不能出现可见的裂纹、起泡、析出物、粉化等缺陷，无明显的颜色和光泽度变化。对于颜色变化，有主观评价和客观评价两种方法。主观评价通常参考 GB/T 250—2008，利用标准灰卡（图 4-6）评价试验样和参考样之间的灰度等级差异。汽车内外饰氙弧灯老化试验后的灰度等级要求一般是≥4 级。

图 4-6　标准灰卡

客观评价是指用色差仪测量样品在试验前和试验后的色差。色差计算公式：

$$\Delta E = \sqrt{(L_1 - L_0)^2 + (a_1 - a_0)^2 + (b_1 - b_0)^2} \tag{4-1}$$

式中，L_0、a_0、b_0 代表试验前的色度平均值；L_1、a_1、b_1 代表试验后的色度平均值。

色差越小，代表样品的颜色变化较小；色差越大，代表样品的颜色变化较大。由于人的眼睛对不同颜色的分辨率不同，对于部分颜色的样品，色差测量结果与目视评价差异较大。因此，部分主机厂会选择以目视评价为主，色差测量为辅。

对于光泽度变化，一般用光泽度仪测量样品试验前后的光泽度值，利用式 4-2 计算光泽度变化率。

通常采用60°入射角测得光泽度值。对于光泽度较高（60°的光泽度值＞70）的样品，20°入射角的光泽度值更准确；对于光泽度较低（60°的光泽度值＜10）的样品，85°入射角的光泽度值更准确。

$$\Delta G = (G_1 - G_0)/G_0 \times 100\% \tag{4-2}$$

式中，ΔG 是失光率；G_0 是试验前的光泽度值；G_1 是试验后的光泽度值。

光泽度变化率越小越好，主机厂对光泽度变化率的要求一般是小于等于某一值。

（2）机械性能要求

对于塑料件，耐光老化试验后需要评价其拉伸、弯曲和冲击等性能，试验方法分别可参考 GB/T 1040.1—2018，GB/T 9341—2008 和 GB/T 1843—2008。一般要求这些力学性能在完成耐光老化试验后保持在设计范围内。

对于喷涂件，耐光老化试验后需要评价涂层的附着力。试验方法参考 GB/T 9286—2021，根据涂层脱落情况分级，见表4-4。一般要求≤1级，不同主机厂的要求不同。

表4-4　附着力结果分级

等级	变化程度	示意图
0 级	切割边缘完全平滑，无一格脱落	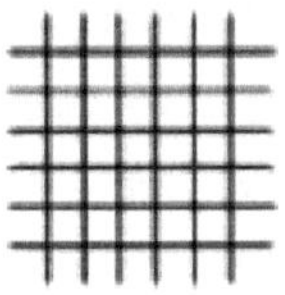
1 级	单个出现涂层剥落的面积≤5%	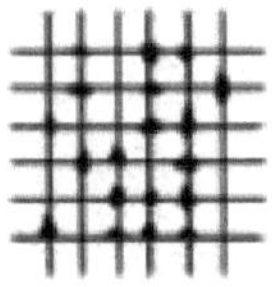
2 级	出现涂层剥落的面积明显大于5%，但不能明显大于15%	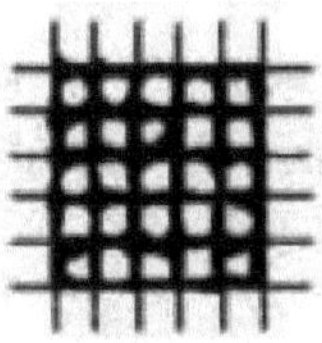
3 级	出现涂层剥落的面积明显大于15%，但不能明显大于35%	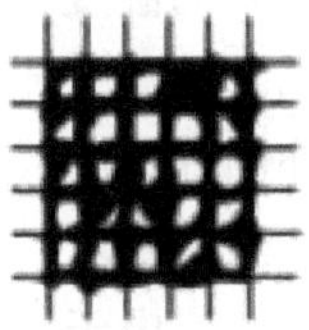
4 级	出现涂层剥落的面积明显大于35%，但不能明显大于65%	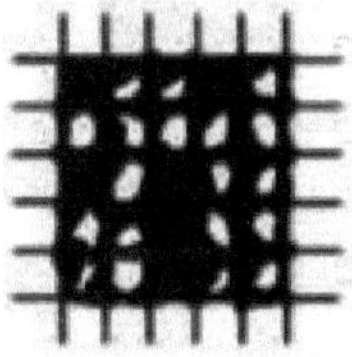
5 级	出现涂层剥落的面积明显大于65%	—

对于橡胶件，耐光老化试验评价硬度变化。试验方法可参考 GB/T 531.1—2008，试验前后分别测量一次样品的硬度，根据式4-3计算硬度变化。

$$\Delta A = (A_1 - A_0)/A_0 \times 100\% \tag{4-3}$$

式中，ΔA 是失光率；A_0 是试验前的光泽度值；A_1 是试验后的光泽度值。

硬度变化要求根据零部件的应用情况确定。

2. 高温性能

通过对汽车内外饰开展高温试验以验证其耐高温性能。高温试验既可通过户外暴露试验实现，也可通过实验室环境箱加热方式实现。

户外暴露试验是将整车或内外饰零部件放置在极热地区，如夏季的吐鲁番。放置一段时间后评价其性能。这种方式由天气因素决定，而且一年中可开展试验的时间较短，不适合作为常规验证手段。实验室高温试验随时可开展，且温度模拟准确，是常规的验证手段。

高温试验分短期高温试验和长期高温试验。短期高温试验主要验证汽车内外饰能承受的最高温度，试验温度一般偏高。长期高温试验主要验证汽车内外饰的耐高温老化性能，试验温度低于短期试验。

不同零部件的高温试验温度不同，通常根据汽车内外饰件可能达到的最高温度设定。内外饰件的位置不同，可达到的最高温度也不同。在夏季太阳照射下，汽车内外饰件的温度会达到最高点。内饰件位于驾驶舱内，空气流动性小，散热较慢，温度相对较高。外饰件位于车身外，空气流动性较好，散热较快，温度相对较低。对于内饰件，易被太阳长时间照射的温度较高，如仪表板上本体，不易被太阳照射或短时间照射的温度较低，如地毯。

高温试验主要是对内外饰件开展试验，试验后要求外观、尺寸和功能等方面满足技术要求。

1）外观要求。试验后，汽车内外饰件不能出现可见的变形、裂纹、断裂、脆化、起泡、颜色和光泽度变化等缺陷。对于颜色变化可用色差仪测量。光泽度变化可用光泽度仪测量。

2）力学性能要求。有操作力要求的内外饰件需要在试验后评价操作力变化情况。对于喷涂件，需要评价附着力变化情况。

3）尺寸稳定性要求。高温试验后，需要评价内外饰件的关键尺寸变化，如长度、宽度、配合间隙。测量工具可使用三坐标仪、检具、游标卡尺、间隙尺等。需根据尺寸的重要程度确定变化要求。

4）功能。部分内饰件在完成高温试验后需要评价运动功能，如出风口的拨钮功能、副仪表板的扶手开闭功能、遮阳板的转动功能。通过操作评价运动功能是否正常，应无干涉、异响。

3. 耐低温性能

汽车内外饰件的耐低温性能通过低温试验验证，同耐高温试验，耐低温试验既可通过户外存放开展，也可通过实验室模拟，以后者为主。

低温试验的温度通常选择 -30℃ 或 -40℃，具体与车辆使用的地区有关。试验的周期也分短期和长期，短期低温试验主要验证汽车内外饰件能承受的最低温度，试验温度一般偏低。长期低温试验主要验证汽车内外饰件的耐低温存放性能。

低温试验后要求内外饰件的外观、力学性能、尺寸和功能等方面满足要求。另外，对于塑料件、喷涂件和橡胶件，由于易在低温下变脆，强度可能减弱，需要增加低温下的冲击试验，常用落球冲击法。通过落球的重量乘以高度来表征冲击能量。易发生冲击的部位，耐冲击性能要求较高，如保险杠。通常选择较大的落球重量和冲击高度。低温冲击试验后，零部件的外观不能出现破裂、可见的裂纹等缺陷。

4. 耐高低温交变性能

汽车内外饰件的耐高低温交变性能是指承受温度变化的性能。一般通过开展高低温交变试验验证。高低温交变试验的方法较多，需根据实际应用选择。试验一般包含高温阶段和低温阶段，部分方法还包含高温高湿阶段。当完成所有阶段后，即完成一个循环。图4-7所示为一个高低温交变试验曲线。高温的选择同高温试验，低温的选择同低温试验。根据应用工况选择循环周期。高低温交变试验后也需要评价零部件的外观、力学性能、尺寸和功能等，具体方法和要求同上。

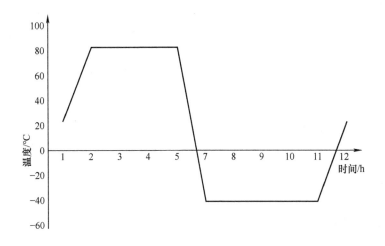

图 4-7 高低温交变试验曲线

5. 耐潮湿性能

汽车内外饰件的耐潮湿性能是指在潮湿环境中保持设计要求的性能。一般将汽车内外饰件放置在较高湿度的环境中,为了加速湿度的影响,通常配合高温条件。温湿度的高低和试验周期的长短决定了试验的严苛程度。通常根据汽车内外饰件的应用环境选择试验严苛程度。

潮湿试验后,喷涂件需要评价外观和附着力,表面不能出现起泡、裂纹等缺陷,颜色和光泽度变化不超过设计要求,附着力≤1级。包覆件需要评价外观和包覆面料的粘接强度,表面不能出现起皱、鼓包、长霉等缺陷。包覆面料的粘接强度不能低于设计要求。塑料件主要评价外观是否有析出物、变色等现象。橡胶件主要评价外观是否有析出物、变色等现象,以及硬度是否有明显变化。

6. 耐水性能

经常接触到水的汽车内外饰件需要开展耐水性试验,如保险杠、扰流板、外后视镜等外饰件,以及副仪表板、门内饰板等内饰件。内外饰件接触水的频次和时间不同,温度也不同。因此,耐水试验的试验方法和条件一般不同。

耐水试验的方法分为浸泡法和点滴法。浸泡法是将样品浸入水中一定时间,试验后评价样品的变化情况。点滴法是在样品表面点滴少量水,放置一段时间后评价样品的变化情况。外饰件接触水的频次高、时间长,一般采用浸泡法。内饰件接触水的频次低、时间短,一般采用点滴法。

外饰件的耐水试验温度一般选择 (40 ± 3)℃,内饰件的耐水试验温度一般根据其实际温度考虑,不同件选择不同温度。用于耐水试验的水必须是去离子水或蒸馏水,以免水中的杂质沉积在样品表面,影响试验结果。一般根据零部件的实际工况选择试验周期,外饰件的耐水试验周期一般是240h,内饰件的耐水试验周期一般是4~96h。

耐水试验后,喷涂件一般要求表面不能出现起泡、涂层脱落、裂纹等缺陷,颜色和光泽度不能出现可见的变化,附着力≤1级。塑料件一般要求表面不能出现析出物,颜色和光泽度不能出现可见的变化。

7. 耐臭氧性能

针对橡胶件需要开展臭氧老化试验,以验证其耐臭氧性能。臭氧老化试验方法可参考 GB/T 7762—2014、GB/T 13642—2015、ISO 1431.1-1:2004 等标准。臭氧浓度、温度和试验周期是臭氧老化试验的关键参数。臭氧体积分数值有 $(25 \pm 5) \times 10^8$、$(50 \pm 5) \times 10^8$、$(100 \pm 5) \times 10^8$ 和 $(200 \pm 5) \times 10^8$,其中,$(50 \pm 5) \times 10^8$ 是最常用的。试验温度一般选择 (40 ± 2)℃,也可根据橡胶件实际应用环境温度选择温度条件,但试验温度不宜超过60℃,否则热氧老化将逐渐起主导作用,且会加速臭氧分解,影响试验结果。试验周期一般是4~96h。臭氧老化试验后,橡胶件的外观不能出现龟裂、断裂、明显变色等缺陷，硬度应无明显变化。

8. 耐化学试剂性能

汽车内外饰件会接触到多种化学试剂，因此也需要具备耐化学试剂性能。通常根据实际使用工况，用可能接触到的化学试剂对内外饰件进行验证。由于同一种化学试剂的规格众多，建议固定一种规格，保证试验的一致性。

化学试剂对内外饰件的施加方法通常包含浸泡法、点滴法和擦拭法。根据零部件接触化学试剂的方式选择。浸泡法适用于长期接触化学试剂的零部件，例如方向盘、扶手等部位长期接触汗液。点滴法适用于化学试剂溅洒的情况。擦拭法适用于经常擦拭或摩擦的工况，如用清洁剂擦拭内饰表面。另外，还需要根据实际工况考虑试验温度、试验周期等条件。耐化学试剂试验后，主要评价样品外观变化，不能出现变色、失光、裂纹、断裂等缺陷。

4.2.3 内外饰耐老化试验设计

1. 实验室加速老化试验

（1）氙弧灯加速老化试验

氙弧灯老化试验机以氙弧灯作为辐照光源，能通过一定方式自动控制辐照度、黑板温度或黑标温度、箱体内温度和箱体内相对湿度。内外饰件老化环境如温度、湿度、辐照度等不同，氙弧灯加速老化试验方法也不同，具体见表4-5和表4-6。

表4-5 汽车外饰件氙弧灯加速老化试验方法

试验方法	滤光器	辐照度/(W/m²)	波长/nm	试验循环
方法1	日光滤光器	0.55±0.02	340	黑板温度（38±3）℃，箱体空气温度（38±3）℃，相对湿度（95±5）%的试验条件下，运行60min黑暗循环，同时正面+背面水喷淋； 黑板温度（70±3）℃，箱体空气温度（47±3）℃，相对湿度（50±5）%的试验条件下，运行40min光照循环； 黑板温度（70±3）℃，箱体空气温度（47±3）℃，相对湿度（50±5）%的试验条件下，运行20min光照循环，同时正面水喷淋； 黑板温度（70±3）℃，箱体空气温度（47±3）℃、相对湿度（50±5）%的试验条件下，运行60min光照循环
方法2	日光滤光器	0.65±0.02	340	黑标温度（90±2）℃，箱体空气温度（50±2）℃，相对湿度（20±10）%的试验条件下，运行光照循环
方法3	紫外延展滤光器	0.55±0.02	340	黑板温度（38±3）℃，箱体空气温度（38±3）℃，相对湿度（95±5）%的试验条件下，运行60min黑暗循环，同时正面+背面水喷淋； 黑板温度（70±3）℃，箱体空气温度（47±3）℃，相对湿度（50±5）%的试验条件下，运行40min光照循环； 黑板温度（70±3）℃，箱体空气温度（47±3）℃，相对湿度（50±5）%的试验条件下，运行20min光照循环，同时正面水喷淋； 黑板温度（70±3）℃，箱体空气温度（47±3）℃、相对湿度（50±5）%的试验条件下，运行60min光照循环

表 4-6　汽车内饰件氙弧灯加速老化试验方法

试验方法	滤光器	辐照度/(W/m²)	波长/nm	试验循环
方法 1	窗玻璃滤光器	1.20±0.02	420	黑板温度（89±3）℃，箱体空气温度（62±2）℃，相对湿度（50±5）%的试验条件下，运行3.8h光照循环； 黑板温度（38±3）℃，箱体空气温度（38±3）℃，相对湿度（95±5）%的试验条件下，运行1h黑暗循环
方法 2	窗玻璃滤光器	1.20±0.02	420	黑标温度（100±3）℃、箱体空气温度（65±3）℃、相对湿度（20±10）%的试验条件下，运行光照循环
方法 3	紫外延展滤光器	0.55±0.02	340	黑板温度（89±3）℃，箱体空气温度（62±2）℃，相对湿度（50±5）%的试验条件下，运行3.8h光照循环； 黑板温度（38±3）℃，箱体空气温度（38±3）℃，相对湿度（95±5）%的试验条件下，运行1h黑暗循环

试验样品应符合试样夹的尺寸，不规则试验样品的安装方式应得到试样双方的认可。如果试验样品尺寸小于试样夹，应使用白板作为背衬。对于特殊的零部件，如缝线，可将缝线在白纸卡上平行缠绕，使缝线均匀铺成一层。

为保证氙弧灯加速老化试验的准确性和可靠性，测试样品的数量一般为3个，也可双方协商确定。同颜色零部件对于光的吸收和反射不同，因此每种颜色都需要进行测试。对于国标中有氙弧灯老化强制要求的零部件，如前风窗玻璃、安全带，可按照国标中规定的试验周期开展测试。

对于其他零部件，各企业可根据自身需求选择合适的试验方法及试验周期，达到快速评价产品耐老化性的目的。团体标准 T/CSAE 133—2020《乘用车零部件实验室耐光老化技术要求》中列出了按照外饰方法1、内饰方法1开展氙弧灯试验的周期数据，见表4-7和表4-8。

表 4-7　汽车外饰件氙弧灯试验方法1测试周期

序号	零部件区域	零部件名称	技术要求 Ⅰ级	技术要求 Ⅱ级
1	腰线以上太阳直射的、较大水平表面部件	车外立柱饰板	≥1500	≥2000
2		玻璃泥槽	≥1500	≥2000
3		外角窗	≥1500	≥2000
4		车外密封条	≥1500	≥2000
5		通风盖板	≥1500	≥2000
6		外后视镜	≥1500	≥2000
7		外水切	≥1500	≥2000
8		车门外把手	≥1500	≥2000
9		刮水器刮臂（塑料件）	≥1500	≥2000
10		刮水器刮条（橡胶件）	≥500	≥500
11		散热格栅	≥1500	≥2000
12		保险杠	≥1500	≥2000
13	腰线以上太阳直射的、中等水平表面部件及垂直和水平结合部件	扰流板	≥1000	≥1500
14		鲨鱼鳍天线	≥1000	≥1500

(续)

序号	零部件区域	零部件名称	技术要求 I级	技术要求 II级
15	其他腰线以上太阳直射部件及腰线以下太阳直射部件	车灯	≥500	≥1000
16		车标	≥500	≥1000
17		侧裙饰板	≥500	≥1000
18	非太阳直射的隐藏部件	挡泥板	≥500	≥500
19		发动机密封条	≥500	≥500

注：各零部件根据产品定义自行选用 I 级或 II 级技术要求。

表4-8　汽车内饰件氙弧灯试验方法1测试周期

序号	零部件区域	零部件名称	技术要求/h I级	技术要求/h II级
1	直接暴露在阳光下、腰线以上的水平表面产品，温度最高达105℃	仪表板本体（上）	≥650	≥650
2		天窗遮阳帘	≥650	≥650
3		内后视镜	≥650	≥650
4		后窗台（两厢车）	≥650	≥650
5	直接暴露在阳光下、腰线以上的侧面产品，温度最高达95℃	方向盘	≥360	≥550
6		门内饰板（上）	≥360	≥550
7		上立柱	≥360	≥550
8		内水切	≥360	≥550
9		车内密封条	≥360	≥550
10		安全带	≥360	≥550
11		座椅面料	≥325	≥420
12	非直接暴露在阳光下，或者腰线以下的产品，温度最高达85℃	仪表板本体（下）	≥200	≥325
13		组合仪表	≥200	≥325
14		杂物箱	≥200	≥325
15		转向护罩	≥200	≥325
16		控制面板	≥200	≥325
17		副仪表板	≥200	≥325
18		门内饰板（下）	≥200	≥325
19		遮阳板	≥200	≥325
20		开关	≥200	≥325
21		下立柱	≥200	≥325
22		门槛	≥200	≥325
23		行李舱侧围（两厢）	≥200	≥325
24		行李舱地毯（两厢）	≥200	≥325
25		顶篷	≥200	≥325
26		乘客扶手	≥200	≥325
27		地毯	≥200	≥325

（2）阳光模拟加速老化试验

一台照射装置、可恒温处理的试验室和/或试验箱，以及夹紧产品的内部设备。照射装置产生的光谱分布应满足表4-9所列要求。

表4-9 阳光模拟试验光谱分布

波长范围	全照度率（%）	4mm厚的车窗玻璃透射度（%）	小于4mm厚的车窗玻璃的全照度率（%）
280~320	0.5±0.2	0.07	<0.4
320~360	2.4±0.6	0.61	1.8±0.5
360~400	$3.2^{+1.2}_{-0.8}$	0.88	$3.4^{+1.2}_{-0.8}$
400~520	17.9±1.8	0.89	19.2±1.9
520~640	16.6±1.7	0.89	17.8±1.8
640~800	$17.3^{+1.7}_{-4.5}$	0.83	$17.3^{+1.7}_{-4.5}$
800~3000	42.1±8.4	0.80	40.5±8.1

注：使用4mm厚的玻璃作为标准玻璃，如使用其他厚度的玻璃，需要在试验报告中予以说明。

阳光模拟试验由15个干热循环和10个湿热循环组成，典型外饰件及内饰件循环条件分别见表4-10、表4-11。

表4-10 外饰件循环条件

气候条件	时间/h	温度/℃	相对湿度（%）	光照强度/（W/m²）
干燥气候，白昼	8	42±3	<30	1000±100
干燥气候，夜间	3.5	10±3	>55	—
干燥气候，白昼	8	42±3	<30	1000±100
干燥气候，夜间	3.5	10±3	>55	—
维修、改装、维护的室内气候	1	—	—	—
湿热气候，白昼	5	42±3	>60	1000±100
湿热气候，夜间	12	10±3	允许有露水	—
湿热气候，白昼	6	42±3	>60	1000±100
维修、改装、维护的室内气候	1	—	—	—

注：白昼阶段光照分布按照表4-9中第2列。

表4-11 内饰件循环条件

气候条件	时间/h	温度/℃	相对湿度（%）	光照强度/（W/m²）
干燥气候，白昼	8	80±3（光照强烈位置） 65±3（其他光照位置）	<30	830±80
干燥气候，夜间	3.5	10±3	>55	—
干燥气候，白昼	8	80±3（光照强烈位置） 65±3（其他光照位置）	<30	830±80
干燥气候，夜间	3.5	10±3	>55	—
维修、改装、维护的室内气候	1	—	—	—

(续)

气候条件	时间/h	温度/℃	相对湿度（%）	光照强度/（W/m²）
湿热气候，白昼	5	80±3（光照强烈位置） 65±3（其他光照位置）	>40（光照强烈位置） >50（其他光照位置）	830±80
湿热气候，夜间	12	10±3	允许有露水	—
湿热气候，白昼	6	80±3（光照强烈位置） 65±3（其他光照位置）	>40（光照强烈位置） >50（其他光照位置）	830±80
维修、改装、维护的室内气候	1	—	—	—

注：白昼阶段光照分布按照表4-9中第2列。

2. 自然暴露老化试验

暴露场地气候条件应具有典型性或能代表汽车产品主要使用环境，通常选择典型湿热和/或干热气候地区进行户外暴露试验。在我国，湿热气候暴露试验在海南琼海开展，干热气候暴露试验在新疆吐鲁番开展。

场地应平坦，远离建筑物和树木，场地边沿与障碍物的距离至少为该障碍物高度的3倍。场地附近应无工厂烟囱、通风口或其他能散发大量腐蚀气体和杂质的设施。远离厂矿区和闹市区，或设在该地区主导风向的上风向处。场地应保持当地的自然植被状态，不积水，草高不超过20cm，干热气候应选择沙石地面。样品数量和测试周期根据试验目的确定，一般情况下为1年。

外饰件一般直接安装在敞开式暴露架上进行自然暴露试验。设计好安装支架和试验夹具，按要求将试样安装在暴露架上，保证试样正常受力。安装试样时一般使用绝缘瓷夹、塑料止动销、木支架、缆绳和经防腐处理的衬板、紧固螺钉等。试样面向赤道，暴露面与水平面的倾斜角度可通过调节暴露架的倾斜位置来实现。暴露角度可选暴露场地的纬度角、90°、45°和5°，实际执行时根据试样在车上的位置选择。暴露架之间的设置间隔应保证试样放置操作有足够空间、通风自然流畅，且不相互遮挡阳光。一般情况下，间隔距离不少于1m。暴露架应置于避免试样被其他物体遮挡阳光的地方。暴露架上的试样的最低位置应距地面0.45m，以避免与地表物体接触并防止试样在暴露期间意外损坏。试验过程中一般要求每周清洁一次试样。

内饰件需要安装在专用试验箱内开展自然暴露试验。设计好安装支架和试验夹具，按要求将试样安装在试验箱内，保证试样正常受力。试验箱盖可自由开启，箱盖选择厚3mm回火平板玻璃或5.8mm厚层压平板玻璃，也可根据试验要求选择相应的汽车玻璃。试样受试面应在玻璃下方50~100mm处，试样左右两端距箱体内部边缘至少150mm，前后两端距箱体内部边缘至少100mm。试样面向赤道，暴露角度可选暴露场地的纬度角、90°、45°和5°，实际执行时根据试样在车上的位置选择。试验过程中一般要求每月清洁一次试验箱盖外表面，每月清洁一次试样及试验箱内表面。试验箱温度控制根据表4-12推荐值确定，也可根据特殊试验目的设定。

表4-12 试验箱温度控制推荐值

序号	零部件	非吸能玻璃/℃	吸能玻璃/℃
1	衣帽架	110	102
2	顶篷	85	85
3	副仪表板水平面	102	93
4	副仪表板侧面	85	85
5	方向盘边缘	102	93

(续)

序号	零部件	非吸能玻璃/℃	吸能玻璃/℃
6	安全气囊装饰罩	85	85
7	座椅	102	93
8	B柱	85	85
9	A柱	85	85
10	门饰板	93	85
11	仪表板水平面	110	102
12	仪表板垂直面	85	85

4.3 电器件

4.3.1 电器件老化特点

电器件是整车重要组成部分，起着控制和协调的作用，按其功能可分为电源和用电设备两大部分，电源部分包括蓄电池、发电机及调节器，用电设备部分包括照明及信号系统、仪表及多媒体系统、辅助电器设备及电子控制装置等。

电器件老化受温度、湿度、光照等综合因素影响，一般表现为外观不良、功能失效或性能降低。例如车灯在经过光和热的老化后，灯壳出现发黄现象，导致其透光率下降，影响夜间的行车安全；线束经过热老化后，插接件出现开裂松动现象，影响整车信号传递及通断，甚至危及驾驶人的生命安全。

4.3.2 电器件耐老化性能要求

电器件耐老化性能要求包括两方面：一是外观要求；二是性能要求。外观要求主要体现在电器件非金属材料表面上，它在光、热、水或臭氧的作用下发生外观变化；性能要求则规定在产品全生命周期内应无功能失效，性能衰减在合理范围内。电器件使用寿命一般要求至少为10年，例如某车企要求电器件的老化寿命为15年，驾驶操作持续时间为8000h，里程数为30万km。

1. 外观要求

对于外观要求，以汽车危险报警闪光灯开关为例说明。危险报警闪光灯开关是汽车最重要的开关零部件之一，当汽车出现操纵失控或意外失灵等紧急情况时，危险报警闪光灯即时闪亮，向行人、其他车辆传达请求紧急避让或求援信号。如果危险报警闪光灯开关出现变色和发粘等严重老化现象，则会明显影响其正常观感和使用，甚至产生安全隐患。针对危险报警闪光灯开关的耐老化性能展开研究，采用整车自然暴露试验和人工加速老化试验，结果见表4-13及图4-8、图4-9。

表4-13 危险报警闪光灯开关外观耐老化性能验证

试验类型	试验时间	外观描述	备注
整车自然老化（海南自然暴露）	4个月	表面发白	危险报警闪光灯开关主要原料为聚碳酸酯，开关表面涂覆4层油漆：第1层为标识用白色油漆，第2层为遮光用灰色油漆，第3层为本体颜色用红色油漆，第4层为增加观感用透明橡胶漆
	8个月	表面发白加剧并出现发粘现象，有大量白色物质析出	
实验室加速（氙弧灯）	110h	表面出现轻微发白和发粘现象	
	220h	表面出现明显发白和发粘现象，有大量白色物质析出	

a) 试验前　　　　　　　b) 曝晒4个月　　　　　　c) 曝晒8个月

图 4-8　危险报警闪光灯开关整车自然曝晒试验结果

a) 试验前　　　　　　　b) 试验110h　　　　　　c) 试验220h

图 4-9　危险报警闪光灯开关人工加速老化试验结果

　　分析危险报警闪光灯开关出现自然曝晒老化和人工加速老化的原因：①开关表面第 3 层红色油漆中含有钛白粉，经过太阳光辐射、温度变化、湿度变化的影响，钛白粉迁移到开关表面，造成开关表面发白发粘，影响其观感和使用；②红色油漆本身的耐候性不足，造成开关表面受环境影响易变色；③红色油漆溶剂中含有偶氮类物质，使油漆耐候性降低。针对上述原因分析，对危险报警闪光灯开关表面的红色油漆配方进行整改，取消红色油漆中的钛白粉，红漆溶剂更换为酯类溶剂，添加抗紫外光耐老化剂，开关表面呈现鲜亮红色，观感舒适，易引起驾乘人员注意。

　　针对整改后的危险报警闪光灯开关采用人工加速老化试验进行验证，试验方法依据 GB/T 16422.2—2022《塑料实验室光源暴露试验方法　第 2 部分：氙弧灯》，经过 330h 人工加速老化试验后，表面没有出现白色物质析出和发粘现象，且色差 $\Delta E \leq 1.2$，颜色基本未变化，不影响观感和使用。

2. 性能要求

　　性能要求以车载多媒体系统为例说明。多媒体系统性能衰减导致的操作卡顿是一个用户痛点，理论上不可避免，但可采取措施优化改善。卡顿原因分析见表 4-14。

表 4-14　车载多媒体系统卡顿原因分析

序号	问题点	原因分析
1	死机重启	① 硬件老化：CPU/硬盘/电池等硬件老化； ② 文件系统老化：碎片化文件累积，缓存垃圾增多； ③ 系统及应用更新：车机硬件配置在车辆售出后是无法改变的，但车机系统、APP 等在不断更新，对配置要求越来越高； ④ 用户行为：后台运行多个 App，随意安装非官方 App 等
2	触控反应慢	
3	语音控制迟钝	
4	导航反应慢	
5	音乐/收音机播放卡顿	
6	开机时间长	

　　文件系统老化现象是指长时间使用终端后，由于存储文件增多、碎片化程度增大而导致系统性能逐渐下降。为评估文件系统老化程度，采用文件系统老化模型从剩余存储空间、碎片化、静态资源三个维度分析，包括 10 个月老化模型、18 个月老化模型、24 个月老化模型等三种老化模型，老化程度由低

到高。

（1）剩余存储空间分析

根据对使用时长和剩余存储空间的大量用户数据统计分析，剩余存储空间和覆盖用户比例符合3σ分布。剩余存储空间越少，终端性能下降越大，三种老化模型均选取覆盖1%用户比例且剩余存储空间少的值，从而覆盖99%用户老化测试值。剩余存储空间老化模型见表4-15。

表4-15 剩余存储空间老化模型

老化项目	10个月老化模型		18个月老化模型		24个月老化模型	
	32GB	≥64GB	32GB	≥64GB	32GB	≥64GB
剩余存储空间	2GB	5GB	1.5GB	3GB	1.5GB	2GB

（2）碎片化方法分析

老化模型通过连续写小文件然后间隔删除来构造文件系统碎片化，其中，通过调整小文件的尺寸以及间隔删除的方法可设置不同的文件系统碎片化程度。3种老化模型分别用3种不同的删除方法，严重程度由低到高。碎片化老化模型见表4-16。

表4-16 碎片化老化模型

10个月老化模型	小文件：4kB（80%）；8kB（15%）；128kB（5%）； 间隔删除方法：删除1/2/3/5/6/7/9
18个月老化模型	小文件：4kB（80%）；8kB（15%）；128kB（5%）； 间隔删除方法：删除1/3/5/7/9
24个月老化模型	小文件：4kB（100%）； 间隔删除方法：删除1/3/5/7/9

（3）静态资源分析

静态资源数量及大小应与剩余空间匹配，在满足老化后评测条件的情况下，可进行数量或大小调整。建议静态资源老化模型见表4-17。

表4-17 静态资源老化模型

老化项目	10个月老化模型		18个月老化模型		24个月老化模型	
	32GB	≥64GB	32GB	≥64GB	32GB	≥64GB
图片	1000	3000	1500	4500	2000	5400
音乐	200	300	250	450	300	540
视频	20	30	25	45	30	54
联系人	1000		2000		3000	
短信	3000		5400		7200	
通话记录	500					
第三方应用安装数量	50	60	55	80	60	100

注：媒体文件大小为图片每张3M，音乐每个6M，视频每个50M。

4.3.3 电器件耐老化试验设计

对电器件外观要求主要进行自然老化试验和实验室加速老化试验，本章4.2节已经有详细介绍，不再赘述。对于性能要求，有研究表明，电器件失效受环境应力的影响较为显著，其中，温度占40%，振动占27%，湿度占19%，冲击占2%，海拔占2%，盐雾和沙尘占10%。可见温湿度的影响超过一半，故可采用高温老化试验、热机械疲劳老化试验及稳态湿热老化试验等加速寿命试验进行考核。

1. 高温老化试验

当讨论产品寿命与温度的关系时，行业内存在"10℃规则"，即当周围环境温度上升10℃时，产品寿命会减少1/2；当周围环境温度上升20℃时，产品寿命会减少到1/4。这种规则可以说明温度对产品寿命（失效）影响。反之，也可以利用升高环境温度加速失效模式发生的机理进行各种加速寿命老化试验。Arrhenius模型广泛应用于与温度应力有关的加速寿命老化试验中。该模型在大量的化学反应数据基础上总结而成，表明了化学反应过程中反应速率与温度间的关系。

$$K = Ae^{-\frac{E_A}{kT}} \tag{4-4}$$

式中，$K = \mathrm{d}M/\mathrm{d}t$ 是在温度 T 时的反应/退化速度，A 是未知常数，每种化学反应的常数不同；k 是波尔兹曼常数，$k = 8.617 \times 10^5 \mathrm{ev/K}$；$E_A$ 为物质在温度 T 时的活化能或激活能，单位为 ev；T 是热力学温度，单位为 K。

式（4-4）两边同时取对数，可得线性化的 Arrhenius 模型。

$$\ln K = \frac{-E_A}{k_B}\left(\frac{1}{T}\right) + \ln A \tag{4-5}$$

获得化学反应的速率曲线后，就可以通过曲线的斜率和截距计算 E_A 和 A，这就是常用的通过试验获得激活能数据的方法。此外，E_A 也可取 JESD22 等标准的推荐值。

2. 热机械疲劳老化试验

热机械疲劳试验的目的是通过温度循环交互作用对材料进行寿命测试。当电器件中不同材料的热膨胀系数（CTE）存在较大差异时，热循环的过程中将伴随着机械应力，常用来评估 PCBA 焊点疲劳。Coffin-Manson 模型适用于由热疲劳引起的材料变形、开裂等失效机理，其模型公式为

$$N_f = A\left(\frac{1}{\Delta \varepsilon_p}\right)^c \tag{4-6}$$

式中，N 是循环寿命；A 是材料常数；$\Delta \varepsilon$ 是应变量范围；c 是模型常数。根据寿命模型公式，当加速试验温度为 ΔT 时，Coffin-Manson 模型加速因子为

$$AF = \frac{N_{f1}}{N_{f2}} = \left(\frac{\Delta \varepsilon_{p2}}{\Delta \varepsilon_{p1}}\right)^c = \frac{\Delta T_{\mathrm{test}}}{\Delta T_{\mathrm{field}}} \tag{4-7}$$

式中，ΔT_{test} 是试验循环中的温度变化量；$\Delta T_{\mathrm{field}}$ 是使用寿命期间的平均温度变化量；c 是模型参数，汽车行业一般推荐取 2.5。

测试周期总数按以下方式计算。

$$N_{\mathrm{test}} = \frac{N_{\mathrm{tempCyclesField}}}{AF} \tag{4-8}$$

式中，N_{test} 是要求测试循环数；$N_{\mathrm{tempCyclesField}}$ 是实际使用寿命期间的温度循环数；AF 是加速因子。

3. 稳态湿热老化试验

稳态湿热试验主要是通过高温高湿环境下样品对水气的吸附、吸收和扩散等作用，造成产品失效，用于评估材料在潮湿环境下的保存时间和性能稳定性，适用于 Lawson 模型，模型公式为

$$K = Ae^{-\frac{E_A}{kT}}e^{bH^2} \tag{4-9}$$

式中，K 是腐蚀速率；A 是未知常数，每种化学反应的常数不同；E_A 是化学反应的活化能，单位为 eV；k 是波尔兹曼常数，$k = 8.617 \times 10^5 \mathrm{ev/K}$；$T$ 是热力学温度，单位为 K；H 是相对湿度；b 是常数，$b = 5.57 \times 10^4$。

基于化学反应速率，Lawson 模型加速因子为

$$AF = \frac{K_1}{K_2} = e^{\frac{E_A}{k}\left(\frac{1}{T_1}-\frac{1}{T_2}\right)} e^{b(H_1^2-H_2^2)} \tag{4-10}$$

式中，T_1 是试验环境的热力学温度，单位 K；T_2 是工作环境的热力学温度，单位 K；H_1 是试验环境的相对湿度；H_2 是工作环境的相对湿度。

使用以下公式计算测试持续时间。

$$t_{\text{test}} = \frac{t_{\text{FieldParking}}}{AF} \tag{4-11}$$

式中，t_{test} 是试验时间；$t_{\text{FieldParking}}$ 是非工作时间。

4.4 结构件

4.4.1 结构件老化特点

结构件指用于支撑车身、底盘系统的全部结构零件，主要包括车身结构件和底盘结构件，它们是车身、底盘承载能力的基础，对保证车身、底盘所要求的结构强度和刚度非常重要。

结构件按功能分为单金属结构件和结构功能件，例如白车身等仅提供承载功能的单金属结构件，以及减振器、转向机构等具备特定功能的结构件。结构件的老化形式多表现为疲劳失效、性能降低等。

汽车在行驶中不断受到路面不平引起的路面载荷，同时还受到转向侧向力、驱动力以及制动力的作用，且汽车本身也是一个振动源，因此汽车在行驶中处于一个相当复杂的振动环境中。其各个结构件都会受到随时间变化的应力、应变作用。经过一段时间，一些结构件会发生疲劳损伤，出现裂纹或断裂。据统计，汽车90%以上的结构件老化都属于疲劳损伤。

疲劳是结构件受循环载荷作用产生的局部损伤过程。这是一个由零件裂纹萌生、扩展和最终断裂等组成的累积过程所产生的综合结果。在循环加载期间，在最高应力区域发生局部塑性变形。这种塑性变形引起零件的永久损伤和裂纹扩展。随着零件所承受的加载循环次数不断增加，裂纹长度随之增加。在达到一定循环次数后，裂纹将导致零件断裂或失效。

通常，疲劳过程可观察到以下阶段：①裂纹成核；②微观裂纹扩展；③宏观裂纹扩展；④最终断裂。图4-10所示为一种比较有代表性的疲劳失效过程。

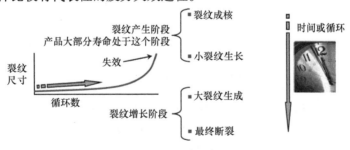

图4-10 疲劳失效过程

预测承受变载荷结构件的疲劳损伤是一个复杂的课题。目前，最简单和应用最广泛的损伤模型是线性损伤模型。此模型则通常指迈因纳（Miner）准则，即无论应力水平如何，疲劳损伤与循环比之间都有唯一的线性关系。因此，在给定损伤水平时，两个不同损伤曲线的循环比是相同的，见图4-11。

对于绘制在"损伤—循环数"图上的两条线性损伤曲线，若将其绘制在"损伤—循环比"图上就会变成一条直线，这两幅图上的曲线是彼此等效的，当各个应力水平上这个比值之和达到1.0时，疲劳就发生了。

但在许多情况下，应用线性准则经常会得出偏于冒险的寿命预测。这种方法取得的结果没有考虑载荷谱循环疲劳造成的累积损伤的影响。有鉴于此，1981年，曼森和哈尔福德提出了双线性损伤准则：根据观察，疲劳至少是一个两阶段过程，即裂纹萌生和裂纹扩展，因此可以假设损伤曲线模型是双线性的，见图4-12。

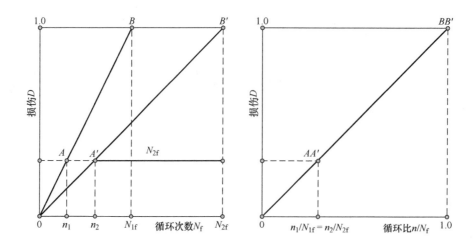

图 4-11 线性损伤累计

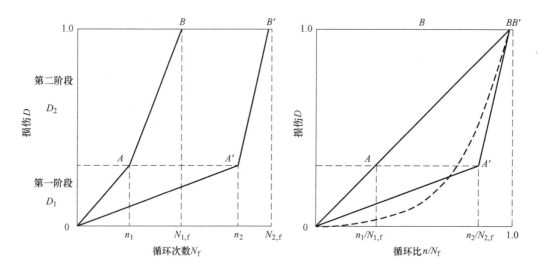

图 4-12 双线性损伤准则

值得注意的是，双线性损伤准则中的拐点坐标是与材料无关的，因此对所有材料而言拐点均相同，其位置取决于最大和最小寿命。自 19 世纪中叶以来，疲劳分析和设计的标准方法都是以应力为基础的。这种方法也称为应力—寿命或 S—N 方法，使用最普遍，与其他疲劳分析和设计方法的区别在于：①循环应力是疲劳失效的控制参数；②高周疲劳条件表现为疲劳失效循环次数高，循环加载塑性变形小。这种零件疲劳分析方法适用于只有弹性应力和应变存在的情况。

如图 4-13 所示，S—N 曲线的获取方法有两种，即查阅工程手册和开展标准试验。小样本量中值 S—N 试验法，可以用作确定具有 50% 可靠度和最小样本容量的 S—N 曲线的准则。这种方法需要 14 个试样，8 个试样用于确定有限疲劳寿命区域，6 个试样用于找出疲劳极限。

4.4.2 结构件耐老化性能要求

1. 耐老化性要求

根据结构件失效后果，将其划分为三类：第 Ⅰ 类零件，使用周期内不允许发生断裂；第 Ⅱ 类零件，使用周期内要避免发生断裂；其他类零件，使用周期内失效后可以修复。

对于结构件耐老化性目标一般是通过整车目标分解、行业水平及售后反馈确定，通常要求一些涉及

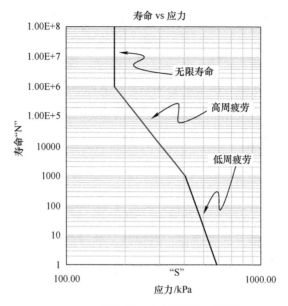

图 4-13 S—N 曲线

安全的结构件与整车同寿命,如 15 年/24 万 km。其他部件根据实际情况或用户要求制订合理的目标,见图 4-14。

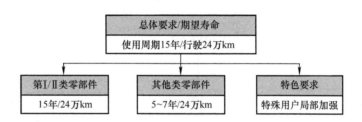

图 4-14 失效寿命

为了使结构件达到耐老化性要求,行业内采用了一套设计、分析和试验的耐老化性流程。此流程包含耐老化目标制订、CAE 载荷分解及疲劳分析、零部件、系统台架耐老化以及道路试验验证等工作。此流程与整车开发流程同步,可从项目方案到量产的全过程介入,以确保项目质量,见图 4-15。

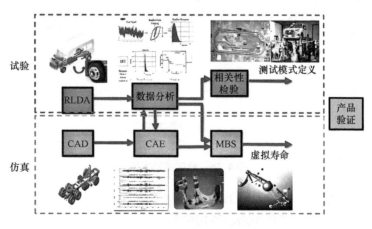

图 4-15 结构件产品验证技术路线

2. 性能衰减要求

性能衰减指汽车在使用环境中由于路面激励、温湿度变化、天气环境、使用工况、材料特性等因素的综合影响，导致性能指标下降、零部件变形、老化、异响等变化的不可逆过程。主要包括两类：一类是以路面和用户使用工况引起的耐久衰减；另一类是由温度、湿度、腐蚀等环境因素引起的耐候衰减。通过两类衰减方式，考察操稳、平顺、制动及感知质量在衰减前后的性能差异，测试衰减过程、制订衰减性能目标、分析衰减原因，对关键节点的性能衰减程度进行控制。

4.4.3 结构件耐老化试验设计

1. 道路试验方法

道路试验对结构件而言主要是试车场加速试验。试车场的强化路、山路和高速环路组成耐久考核路面。强化路又称凹凸不平坏路，一般具有石块路、比利时路、扭曲路、卵石路、鱼鳞坑路、搓板路以及模拟国内三级公路特征强化试验路（如井盖路、减速坎、铁道路、修复路、水泥破损路、坑洼路）等典型路面。强化路主要用于考核汽车各零部件结构强度耐久性。山路和高速环路主要考核汽车动力系统和制动系统的耐久性。

2. 台架试验方法

台架试验是整车验证中重要的一部分。台架试验主要优点：重复性好，不受人为因素影响；不受环境影响，可24h不间断运行，试验周期短；试验更安全，方便检查；试验运行成本低等。台架试验一般有固定幅值加载、块谱加载、峰谷值抽取加载、随机谱加载和频域加载等方法。每种方法都有相应特点及适用范围，工程师选择试验方法时要遵循一定原则，见图4-16。

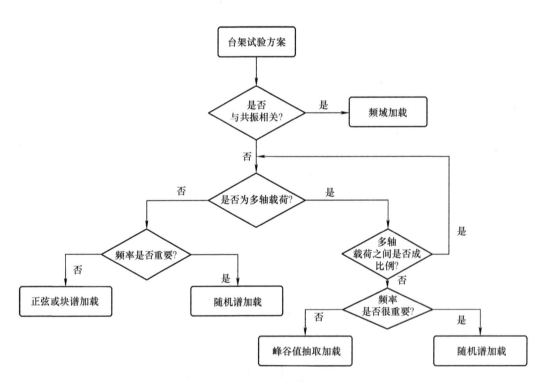

图4-16 台架试验方案

1）固定幅值加载。疲劳试验中最简单的试验形式，其载荷形式是正弦波，对试件固定次数的循环载荷。载荷一般由经验公式计算和试车场路谱转化而来。

2）块谱加载。通过雨流计数法将试车场载荷谱转换为雨流循环，再编制成多个等级正弦谱。它主要基于损伤等效原则编制保留损伤值，但会忽略频率、相位、加载次序等信息。基本思路：去除小载荷；用雨流计算方式对载荷分级；利用前几级载荷的范围和次数确定块谱每级的载荷和次数；用近似材料进行伪损伤等效；将得到的块谱按一定次数重复，以复现试车场损伤。

3）随机谱加载。直接以试车场原始载荷时间历程为对象，通过删除无损伤或小损伤载荷对应的时间历程，在不改变损伤或牺牲部分损伤的基础上实现载荷谱加速。这种方法最大限度地保留了频率、加载次序及相位关系，能准确体现原始载荷谱的损伤和频率特性，常用于系统或整车级多通道道路模拟试验载荷谱的编辑。

3. 橡胶衬套耐久测试

橡胶衬套是汽车悬置系统的重要组件之一，作为动力总成的重要连接件和支撑件，在工作时需要承受的作用力包括静力力矩、瞬态和周期性激振力力矩等。衬套既是弹性元件又是减振装置，其性能直接影响动力总成振动向车体的传递，并影响整车的振动和噪声。汽车底盘上所用橡胶衬套主要为副车架衬套和扭力梁衬套，其他还有控制臂衬套、摆臂衬套、牵引臂衬套和减振器衬套等，见图 4-17。

1）刚度测试。橡胶衬套耐久前后须做静刚度测试，以判定刚度及性能衰减是否符合设计要求。测试开始前，应先将样品压入试验工装，放置于要求室温的环境中调节，调节时间不少于 3h，并避免样品受到其他应力作用和阳光直接照射，以保证样品与环境温度达到平衡，橡胶等弹性材料完全恢复。

静刚度试验采用双方向往复加载方式。测试前，先按正式试验条件将试样预加载 3 次（负荷上下极限值由图纸或技术条件给出），随后立即开始测试，记录第四次曲线计算静刚度值，见图 4-18。

图 4-17 橡胶衬套

图 4-18 静刚度测试

2）耐久测试。橡胶衬套的耐久测试方法分为块谱加载和路谱加载，两者都要对测试样品的方向进行分析。首先要匹配测试样品和整车坐标系的关系，车用橡胶衬套一般都有一个局部坐标系，该坐标系可能与整车坐标系相同，也可能不同，多数橡胶衬套的局部坐标系与整车坐标系是不同的。不同测试台架的伸缩缸加载力方向也会有差异，因此安装样品时应考虑伸缩缸的加载力方向，以使样品的运动方向与设备方向一致。

对于块谱加载，只需将总成零件连接于试验台上，对应好样品测试方向与台架加载力方向，根据图纸或技术要求设置加载参数，编写加载程序，即可在指定方向加载载荷 F。块谱加载一般用来做单轴耐久试验，见图 4-19。

路谱加载过程大体分为硬件连接、路谱分析、建立传递函数、路谱迭代、组合路谱加载序列 5 个过程。对于采集到的路谱数据，应根据图纸要求或耐久试验验证问题的背景信息、失效模式、失效里程数等进行路谱采集工况的选择，对选择好的数据进行通道匹配、截取、滤波等，以获得目标信号。随后将工装、样品连接在试验台上，安装时注意样品测试方向与台架加载力方向的对应选择。接下来可进行传递函数的求解和路谱的迭代。台架迭代误差一般要求 RMS≤10%。台架目标载荷谱迭代完成后，可进行道路模拟耐久试验。路谱加载一般用来做多轴耐久试验，见图 4-20。

图 4-19 单轴耐久试验

图 4-20 多轴耐久试验

4.5 动力总成

4.5.1 传统能源动力总成耐老化性能要求

发动机包含缸盖、凸轮轴、缸体、曲轴、活塞连杆、油底壳、进气歧管、排气歧管、线束等零部件。缸盖材质一般为铸铁或铝合金，凸轮轴和曲轴材质一般为铸铁，缸体材质一般为铸铁、铝合金或镁铝合金，活塞材质一般为铝合金，连杆材质一般为铸铁，油底壳材质一般为铝合金，进气歧管材质一般为铝合金或复合材料，排气歧管材质一般为铸铁，发动机内的一些O形密封圈一般为橡胶材质。

乘用车发动机正常寿命在15年左右，如果按时正规维护，甚至能达到20年或60万km。发动机的寿命与驾驶人的用车习惯、工况、零件出厂时的状态、维护情况、使用环境及机油品质等有关。载货车发动机寿命一般为100万~150万km，某些车型甚至能达到300万km。

乘用车传统动力总成均布置于车身下部，几乎不受阳光照射，其耐久性与涂层的总成性能有关。表4-18~表4-20所列为国内某公司的动力总成相关涂层性能要求。

表4-18 乘用车发动机、变速器涂层性能要求

涂层性能	发动机	变速器	检验方法
外观	平整均匀，不允许有露底、针孔、缩孔等漆膜弊病		目视
厚度	粉末喷涂≥45μm；电泳≥15μm；喷涂≥40μm	粉末喷涂≥45μm；电泳≥15μm；喷涂≥40μm	GB/T 4893.5—2013
机械性能	划格试验≤1级	划格试验≤1级	GB/T 9286—2021
	铅笔硬度≥B	铅笔硬度≥B	GB/T 6739—2022
	冲击强度≥40kg/cm²	冲击强度≥40kg/cm²	GB/T 1732—2020
耐车用化学品性	耐汽油性：23℃×4h，涂层无溶胀、起泡、失光、变色等现象，浸泡后液体不变色		GB/T 9274—1988（浸泡法）
	耐机油性：80℃×48h，涂层无溶胀、起泡、失光、变色等现象，浸泡后液体不变色		GB/T 9274—1988（浸泡法）
	耐柴油性：23℃×24h，涂层无溶胀、起泡、失光、变色等现象，浸泡后液体不变色		GB/T 9274—1988（浸泡法）
	耐制动液：23℃×2h，涂层无溶胀、起泡、失光、变色等现象，浸泡后液体不变色（仅限与制动液接触的零部件）		GB/T 9274—1988（浸泡法）

(续)

涂层性能	发动机	变速器	检验方法
耐酸性	0.05mol/L H_2SO_4 溶液，(23±1)℃×24h 浸泡，经过2h 恢复期后，无异常		GB/T 9274—1988（浸泡法）
耐碱性	0.1mol/L NaOH 溶液，(23±1)℃×24h 浸泡，经过2h 恢复期后，无异常		GB/T 9274—1988（浸泡法）
耐腐蚀性	240h	240h	GB/T 1771—2007
耐湿热性	144h	144h	GB/T 13893—2008
耐热性	100℃×1h，漆膜表面无变化	100℃×1h，漆膜表面无变化	GB/T 1735—2009
耐磨性	商定（针对有耐磨要求的零部件）	商定（针对有耐磨要求的零部件）	GB/T 1786—2008

表4-19 乘用车驱动轴、缸体、差速器外壳、转向节等铸锻毛坯及半成品件涂层性能要求

涂层性能		驱动轴	缸体、差速器外壳、转向节等铸锻毛坯及半成品件	检验方法
外观		平整均匀，不允许有露底、针孔、缩孔等漆膜弊病		目视
厚度		粉末喷涂≥50μm；电泳≥22μm；喷涂≥50μm	粉末喷涂≥45μm；喷涂≥40μm	GB/T 4893.5—2013
机械性能		划格试验≤1级	划格试验≤1级	GB/T 9286—2021
		铅笔硬度≥H	铅笔硬度≥B	GB/T 6739—2006
		冲击强度≥40kg/cm²	冲击强度≥40kg/cm²	GB/T 1732—2020
		抗石击：单涂层≤2级；多涂层≤4级	—	ISO 20567.1：2017
耐车用化学品性		耐汽油性：23℃×4h，涂层无溶胀、起泡、失光、变色等现象，浸泡后液体不变色		GB/T 9274—1988（浸泡法）
		耐机油性：23℃×48h，涂层无溶胀、起泡、失光、变色等现象，浸泡后液体不变色	耐机油性：80℃×24h，涂层无溶胀、起泡、失光、变色等现象，浸泡后液体不变色	GB/T 9274—1988（浸泡法）
		—	耐柴油性：23℃×8h，1级	GB/T 9274—1988（浸泡法）
耐酸性		0.05mol/L H_2SO_4 溶液，(23±1)℃×24h 浸泡，经过2h 恢复期后，无异常		GB/T 9274—1988（浸泡法）
耐碱性		0.1mol/L NaOH 溶液，(23±1)℃×24h 浸泡，经过2h 恢复期后，无异常		GB/T 9274—1988（浸泡法）
耐腐蚀性		240h	120h	GB/T 1771—2007
耐湿热性		144h	120h	GB/T 13893—2008

表4-20 载货车发动机、变速器、车桥、驱动轴总成及铸锻毛坯件、半成品件涂层性能要求

涂层性能	发动机、变速器、车桥、驱动轴总成	铸锻毛坯及半成品件	检验方法
外观	无缺漆、露底、遮盖不良、起泡、裂纹、明显流痕、明显橘皮	无缺漆、露底、遮盖不良、起泡、生锈、脱落、气孔、明显针孔等缺陷	目视

(续)

涂层性能	发动机、变速器、车桥、驱动轴总成	铸锻毛坯及半成品件	检验方法
厚度	≥40μm	≥20μm	GB/T 4893.5—2013
机械性能	划格试验≤1级	划格试验≤1级	GB 9286—2021
	铅笔硬度≥HB	铅笔硬度≥HB	GB 6739—2006
	冲击强度≥40kg/cm²	冲击强度≥50kg/cm²	GB/T 1732—2020
	柔韧性≤3mm	柔韧性≤1mm	GB/T 1731—2020
耐介质性	耐酸性：24h，允许轻微变色，机械性能不降低	—	GB/T 9274—1988（浸泡法）
	耐碱性：4h，允许轻微变色，机械性能不降低	耐碱性：4h，不起泡，不脱落，允许变软，放置2h后恢复原状	GB/T 9274—1988（浸泡法）
	耐柴油性：24h，允许轻微变色，机械性能不降低	—	GB/T 9274—1988（浸泡法）
	耐机油性：48h，允许轻微变色，机械性能不降低	耐机油性：250h，无变化，机械性能不降低	GB/T 9274—1988（浸泡法）
耐腐蚀性	中性盐雾240h（单侧锈蚀不超过2mm）	中性盐雾240h（单侧锈蚀不超过2mm）	GB/T 1771—2007
耐水性	10个周期外观无变化，机械性能不降低	5个周期外观无变化，机械性能不降低	GB/T 9274—1988（浸泡法）
耐温变性	3个循环机械性能不降低	1个循环：80℃×6h→冷却至室温→40℃×4h→冷却至室温	

4.5.2 纯电动力总成耐老化性能要求

为了实现动力电池电芯、模组和系统的本质安全性，除了进行动力电池系统的温度实时监控、热失控的预防和监控、制订智能消防措施外，对相关构件的涂覆层性能也要提出全面要求，见表4-21~表4-25。

表4-21 某主机厂动力电池电芯及与电解液接触工件的涂层性能要求

测试项目	测试标准	某UV固化涂料测试结果
耐压性能	商定	5kV
阻燃性	GB/T 2408—2021	通过UL 94V0
导热系数	ASTM D5470—2012	0.23W/(m·K)
附着力测试	ISO 2409:2020	通过0级
硬度	GB/T 6739—2006	H
耐冲击	GB/T 1732—1993	≥5J

(续)

测试项目	测试标准	某 UV 固化涂料测试结果
绝缘阻抗	商定	$1.0 \times 10^9 \Omega$
边角覆盖率	GB/T 6554—2003	30%~50%
耐电解液	商定	无气泡、不起皱、允许轻微变色、失光；测试后满足附着力要求；测试后满足绝缘耐压性能要求
耐环境性	耐高低温性能（50℃×6h 到 120℃×6h，循环 80 次）	粘接强度≥10MPa，剪切强度≥10MPa，涂层无开裂、脱落、起泡、变色，满足绝缘要求
	耐"双85"湿热试验（1000h）	粘接强度≥10MPa，剪切强度≥10MPa，涂层无开裂、脱落、起泡、变色，满足绝缘要求
耐化学性	耐电解液（23℃×500h 浸泡）	不失去附着力，轻微褪色，耐压性能无明显变化
	耐腐蚀（ASTM B.117—2016）	1000h，耐压性能无明显变化
	耐水（60℃×720h）	不失去附着力，表面无变化，耐压性能无明显变化
	耐氟化氢（5%浓度，23℃×500h）	不失去附着力，轻微褪色，耐压性能无明显变化

表 4-22 某主机厂动力电池壳体涂层性能要求

测试项目	测试标准	某涂料供应商产品测试结果
耐压性能	商定	4000V+100μm
绝缘阻抗	商定	$9.1 \times 10^9 \Omega$
边角覆盖率	GB/T 6554—2003	35%~60%
耐高温性	商定	350℃×30min
耐电解液	商定	无气泡、不起皱、允许轻微变色、失光；测试后满足附着力要求；测试后满足绝缘耐压性能要求
耐环境性	耐高低温性能（50℃×6h 到 120℃×6h，循环 80 次）	粘接强度≥10MPa，剪切强度≥10MPa，涂层无开裂、脱落、起泡、变色，满足绝缘要求
	耐恒温恒湿性（40℃，100%相对湿度，1500h）	不失去附着力，耐压性能无明显变化
	耐腐蚀（ASTM B.117-2016、ASTM B117-2016）	1000h，耐压性能无明显变化
	耐水（60℃×720h）	不失去附着力，耐压性能无明显变化
	耐酸（GB/T 9274—1988，5% HCl，2h）	涂层无开裂、脱落、起泡现象
	耐碱（GB/T 9274—1988，5% NaOH，2h）	涂层无开裂、脱落、起泡现象

表 4-23 某主机厂动力电池冷却系统工件涂层性能要求

测试项目	测试标准	某涂料供应商产品测试结果
耐压性能		4000V+100μm
绝缘阻抗		$9.1 \times 10^9 \Omega$
边角覆盖率	GB/T 6554—2003	35%~60%

(续)

测试项目	测试标准	某涂料供应商产品测试结果
耐环境性	耐高低温性能（50℃×6h到120℃×6h，循环80次）	粘接强度≥10MPa，剪切强度≥10MPa，涂层无开裂、脱落、起泡、变色，满足绝缘要求
	耐恒温恒湿性（40℃，100%相对湿度，1500h）	不失去附着力，耐压性能无明显变化
	耐腐蚀（ASTM B.117-2016、ASTM B117-2016）	1000h，耐压性能无明显变化
	耐水（60℃×720h）	不失去附着力，耐压性能无明显变化
	耐酸（GB/T 9274—1988，5% HCl，2h）	涂层无开裂、脱落、起泡现象
	耐碱（GB/T 9274—1988，5% NaOH，2h）	涂层无开裂、脱落、起泡现象

表4-24 某主机厂电驱动系统工件涂层性能要求

测试项目	测试标准	某涂料供应商产品测试结果
耐压性能	ASTM D149-2009	>35kV
体积电阻率	ASTM D10289-1999	$5.0 \times 10^{15} \Omega \cdot cm$
边角覆盖率	GB/T 6554—2003	45%，60%
耐高温性能	E（120℃），B（130℃），F（155℃），H（180℃），C（180℃以上）	F级、H级
耐高低温性能	50℃×6h到120℃×6h，循环80次（ASTM D1002-2010）	粘接强度≥15MPa，剪切强度≥15MPa
耐恒温恒湿性	85℃，85%相对湿度，2000h（ASTM D1002-2010）	粘接强度≥15MPa，剪切强度≥15MPa
耐盐雾性	（ASTM B.117-2016、ASTM B117-2016）	1000h，耐压性能无明显变化
耐磨性	CS17，1000g，1000r（ASTM D4060-2014）	≤30mg
铅笔硬度	ASTM D3363-2005	≥3H

表4-25 某主机厂充电桩及储能柜工件涂层性能要求

测试项目	测试标准	某涂料供应商产品测试结果
耐老化性	QUVA 3000h，氙弧灯 3000h	通过
耐盐雾性	GB/T 1771—2007	1000h
铅笔硬度	GB/T 6739—1996	2H
抗冲击性能	GB/T 1732—1993	正冲50kg无开裂
附着力	GB/T 9286—1998	0级

4.6 发展趋势及展望

1. 构建零部件耐老化正向研发验证体系

基于耐老化试验数据库、售后问题等，结合目标市场区域环境条件、法规要求等设定零部件耐老化设计目标，针对耐老化目标要求进行材料、工艺、结构等设计开发，在零部件试制阶段通过氙弧灯、紫外灯、金属卤素灯等试验手段验证零部件是否达到耐老化要求。此外，在整车自然老化试验阶段也可对零部件老化的一致性进行监控。

2. 建立耐老化核心试验能力

在自然老化试验方面，在海南琼海和新疆吐鲁番展开了多年研究工作，已具备整车、零部件及材料三级自然老化试验能力；在实验室加速老化试验方面，合资及自主品牌车企已建成整车阳光模拟加速老化试验箱、零部件金属卤素灯加速老化试验箱、高辐照度氙灯试验箱等，推动了汽车零部件耐老化研究向深发展。

3. 出口市场推动耐老化全球化

近年来，越来越多的自主品牌车企实施"出海"战略，全球不同地区的典型严酷气候，对汽车零部件的耐腐蚀老化提出了更高要求。例如，欧美地区潮湿，降雪量大，车辆底盘件腐蚀严重；中东、东南亚等地区气候环境干热或湿热，汽车内外饰件老化问题突出。因此要根据不同地域气候环境制定不同耐老化要求，以满足车辆出口要求。

4. 耐老化仿真技术

耐老化仿真技术指基于整车结构和材料特性，应用有限元方法仿真模拟整车在自然曝晒下主要零部件表面温度和太阳辐照变化趋势，预测汽车主要零部件表面在全球不同气候地区的温度极值数据，为评价零部件环境适应性提供依据，目的在于解决汽车开发设计阶段内外表面服役微环境数据获取难、耐老化加速试验设计缺乏理论依据的难题。

第5章

整车耐老化试验

5.1 概述

5.1.1 整车耐老化试验的分类和特点

整车耐老化试验又称整车耐候性试验,是以整车为对象进行环境试验,因此与汽车材料耐老化试验和汽车零部件耐老化试验的环境试验方法类似,可分为整车大气暴露试验和整车人工模拟环境耐老化试验。

(1) 整车大气暴露试验

整车大气暴露试验,理论上可在任何具备典型气候特征类型的室外场地中进行,以获得车辆在此种气候特征的使用环境下整车耐老化性能相关的试验数据。

根据行业内部资料,已知全球范围内的大气暴露试验场及其分布见图5-1。

图5-1 全球范围内的大气暴露试验场及其分布

整车大气暴露试验主要用于评价某种气候环境下汽车以整车产品形态使用时的耐久性,即使用寿命,也可用于汽车非金属材料和零部件的耐老化性能验证。为了同时保证开发所要求的可靠性和加速性,在试验场地的选择上需要突出严酷性。严酷性高的整车大气暴露试验主要有以下类型:

1) 整车干热大气曝晒试验,对应沙漠、半沙漠类型极端干旱地区使用环境。
2) 整车湿热大气曝晒试验,对应热带或亚热带季风类型温暖潮湿的沿海或海岛地区使用环境。
3) 整车濒海地区自然暴露试验,对应处于沙漠和海滨之间区域、既有干热又有湿热影响的使用环境。

4）整车高原/高寒地区自然暴露试验，对应处于寒冷干燥且太阳辐照充足的高原或寒带地区使用环境。

需要说明的是，前三种类型可兼顾整车环境适应性和耐久性评价，对于乘用车和商用车均适用，这也与全球范围内整车产品主要市场所在的气候类型分布相对应。类型4）主要针对商用车，因为对于商用车的环境适应性和耐久性评价，重点是针对功能性零部件的功能可靠性评价，所以需要利用极端低温的环境工况，以保证验证的可靠性。目前，行业内的此种类型大气暴露试验案例稀少，其试验方法和评价标准也无公开资料。

参考全球主要乘用车供应商（OEM）在整车大气暴露试验上的发展历史和标准化进程，目前最广泛采用的整车大气暴露试验类型是"整车干热大气暴露试验"和"整车湿热大气暴露试验"，对应的试验场地在全球范围内的分布见图5-2。

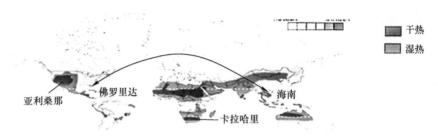

图5-2 全球范围内"干热"和"湿热"自然暴露试验场

（2）整车人工模拟环境耐老化试验

整车人工模拟环境耐老化试验又称实验室模拟环境整车耐候试验，是在试验舱内对整车试样按人工设置的舱内环境因素参数进行试验。环境因素参数一般包括温度、湿度、温度变化速度、湿度变化速度、红外灯光或卤素灯光辐照度和时间等。按不同的环境因素参数组合可形成如下试验方法：

1）整车气候温度存放试验，对应整车微环境处于设计温湿度边界工况。
2）整车气候交变试验，对应整车微环境处于设计温湿度变化边界工况。
3）整车阳光模拟试验，对应人工光源（全光谱日光）间歇辐射下的整车微环境处于设计温湿度边界和温湿度变化边界工况。
4）整车CREST（综合道路环境模拟）试验，对应人工光源（红外和可见光）间歇辐射下的整车微环境处于设计温湿度边界和温湿度变化边界工况，并叠加整车行驶过程中的路谱振动激励。

5.1.2 整车耐老化试验缺陷评价方法

整车耐老化试验作为整车静态试验中评价非金属材料零部件耐老化性能的试验方法，目标是识别整车全生命周期在静态工况下（即车辆在非行驶状态下）非金属材料和零部件因受到环境因素的老化作用而发生的潜在失效模式及其风险。

1. 整车耐老化试验缺陷

试验缺陷对应失效模式，而失效模式对应设计要求，是反映非金属材料零部件在整车老化试验中所体现出的实际耐老化能力和按设计要求所需达到的耐老化性能标准之间的偏差。

2. 整车耐老化性能

整车耐老化性能又称整车耐候性能，是整车非金属材料零部件耐大气环境老化能力的量化指标，又称静态耐久性能，以示与涉及操纵、行驶等车辆动态性能的区分。主要指整车内外饰及电子电器开关和车身附属零部件的外观及感知、零件与车身的连接或零件间的连接和外形匹配、零件的功能及操作舒适性，在车辆各种实际使用环境下的保持度和耐久性。整车耐候性能可大致分为以下三类要素。

1）外观与感知，可细分为：
a）表面色彩、纹理变化；

b）表面析出、污迹；
c）材料老化（变形、开裂、剥落、起泡、变软、变硬等）。
2）连接与匹配，可细分为：
a）匹配缝道与面差变化；
b）固定松动；
c）零件内部结构破坏（脱胶、脱焊、脱卡）。
3）操作功能/舒适性，可细分为：
a）操作力变化；
b）操作异响；
c）使用功能劣化或失效。

3. 整车耐老化性能设计要求

整车耐老化性能设计要求分为以下两个维度。

1）耐久性。整车作为终端产品，其耐老化性能与产品的质量担保期直接对应。向下分解到各种零部件，则与零件部的免费维修期直接对应。图 5-3 所示为某车企关于整车耐久性的设计要求。

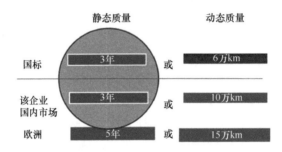

图 5-3 整车耐久性设计要求

2）保持度。整车产品在全生命周期的使用过程中会不可避免地发生耐老化性能的逐步劣化或失效，这种性能变化或性能保持度可通过用户的满意、期望或抱怨来表征，也可间接用于表征市场对整车产品的口碑，或表达车企为了保持良好品牌形象而进行主动干预的紧要性，这是整车耐老化性能设计需要重点考虑的方面。图 5-4 所示为某车企关于整车耐老化性能保持度的设计要求。

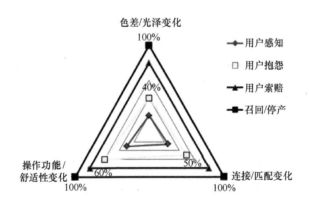

图 5-4 整车耐老化性能保持度的设计要求

4. 整车耐老化试验缺陷评价标准

整车耐老化试验评价的是整车的静态性能，广义描述整车静态性能除前文所述三类要素外，还包括整车气味，这是从用户感知功能——色、形、声、触、味的角度来定义的。但由于整车气味与整车非金属材料和零部件的老化表征无直接关联，且绝大多数车企已采用独立的整车气味试验评价流程和评价标准，本书不将整车气味包含在静态性能内。

以整车静态性能的失效模式作为试验缺陷评价的考察点，是评价标准的第一步，基于车企实操获得的各种细分失效模式，见图5-5和图5-6。

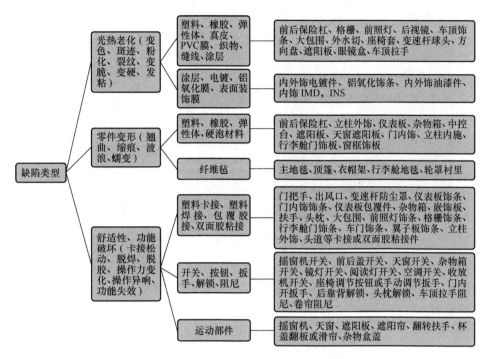

图5-5 "干热"环境下整车典型失效模式

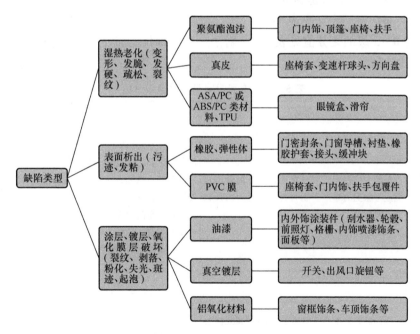

图5-6 "湿热"环境下整车典型失效模式

基于量化指标对各种试验缺陷进行严重程度（风险程度）的评价是评价标准的最后一步。对当前行业实操情况进行归纳，主要有两种量化方式，一种是以国际主流车企所采用的Audit审核机制（以用户感知进行的主观性非测量式外观和功能评价）为标尺打分，图5-7所示为这种量化方式的示例。在量化过程中，车企可采用专业量具和设备对各项静态性能进行更为精准的测量，以保证主观评价与客观数据表征的协同性，如对零件的外形尺寸、间隙、操作力和螺栓接头力矩等进行测量。这种测量在整车设计数据锁定前的人工模拟环境整车老化试验中应用较为普遍，主要用于为相关静态性能的精准改进提供数据。

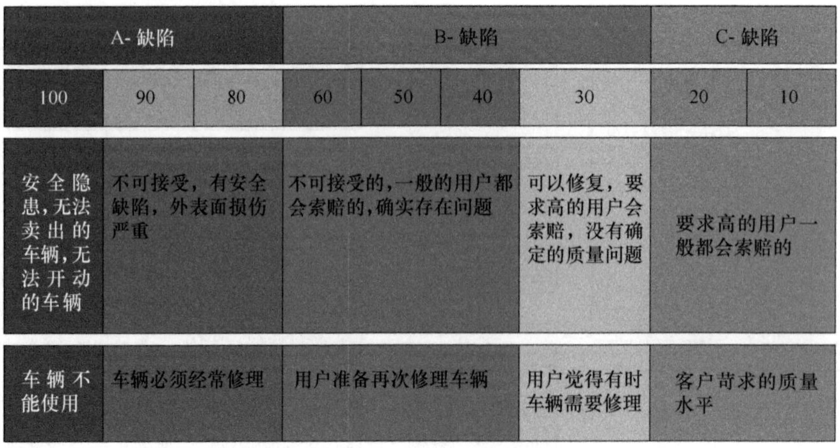

A-缺陷			B-缺陷				C-缺陷	
100	90	80	60	50	40	30	20	10
安全隐患，无法卖出的车辆，无法开动的车辆	不可接受，有安全缺陷，外表面损伤严重		不可接受的，一般的用户都会索赔的，确实存在问题			可以修复，要求高的用户会索赔，没有确定的质量问题	要求高的用户一般都会索赔的	
车辆不能使用	车辆必须经常修理		用户准备再次修理车辆			用户觉得有时车辆需要修理	客户苛求的质量水平	

图 5-7　Audit 审核机制下的打分表

另一种是我国自主乘用车企业通过长期大气暴露试验实操，经验积累所形成的以分类可比等级为标尺打分。中国汽车工程学会已发布的团标 T/CSAE 105—2019《汽车整车大气暴露试验评价方法》的主要量化评分规则如下：

1）整车的耐候性分值由感官品质、功能品质及安全品质 3 个评价维度进行综合计算而得。

2）感官品质、功能品质及安全品质 3 个维度的单项分值满分均为 100 分，在整车耐候性分值中的权重相应为 30%、30% 和 40%。

3）感官品质中高可见或高接触区域、中可见或中接触区域及低可见或低接触区域的权重相应为 70%、20% 和 10%。各区域的定义见表 5-1。

4）各单项性能 0~5 级的失分值见表 5-2。对于一个零部件的多个老化现象，以及多个对称件的同一老化现象，均单独计分。

表 5-1　汽车可见或可接触区域分区

序号	分区	定义	示例
1	高可见或高接触	车辆内外表面，用户在正常用车时就能看到或接触到的车身、闭合件、电器、内外饰件、座椅等	车门、发动机舱盖、行李舱盖、翼子板、油箱盖、外后视镜、刮水器、前后保险杠、前罩装饰件、车门密封条、夹条、亮条、内外车灯、徽标、仪表板、内后视镜、座椅、顶篷、衣帽架、中控箱、遮阳板、A/B/C 柱装饰板、安全带、杂物箱、方向盘、变速杆、车门内饰板、空调控制器、风口、显示屏、组合仪表、天窗遮阳帘、轮毂、车门外手柄、车门外挡水条、通风盖板、车门防撞条、车门下装饰板、副仪表板、前照灯、尾灯、车标等
2	中可见或中接触	用户需要采用非正常姿势才能看到或接触到的部位，或容易忽略的部位	车门线束胶套、车门开关感应器胶套、转向锁壳、地毯、行李舱内地毯、车顶、天线、行李架、扰流板、顶盖密封条、天窗密封条、座椅调节机构、门槛、轮眉、后保险杠下部、发动机装饰罩、门槛下装饰板、发动机舱盖支撑杆（气压撑杆）、行李舱盖支撑杆
3	低可见或低接触	利用特殊工具，如举升机等，可见或可接触的部位，以及高、中可见度中未提及的部位	底盘衬套、发动机舱缓冲垫、机舱隔声垫、驾驶舱隔声垫、前端塑料模块

表 5-2 单项性能失分值

单项性能变化等级	0	1	2	3	4	5
失分值代码	F0	F1	F2	F3	F4	F5
失分值	0	1	5	10	50	100

这两种量化方式各有特点,前一种是在对汽车用户感知质量关注点和关注度非常了解的基础上,面向市场产品质量风险的评价量规,根据不同合资方所引进的产品技术标准体系的差异,这种量化方式体现出很强的个性化;后一种是在国内企业开放的业内合作和竞争中逐渐统一的面向材料应用技术能力对标和旨在促进行业整体质量水平提升的评价量规。我国的汽车工业,特别是自主品牌乘用车企业,由于自主开发起步晚,要实现做大做强的目标,就迫切需要利用大数据来提高整体开发能力,而整车环境试验数据价值高但采集成本也高,通过行业引领,建立一个统一量化量规,就可以迅速而有效地增加可比数据的体量,从而形成大数据,因此这种量化方式体现出很强的共性化。

5.1.3 整车耐老化试验在整车全生命周期中的作用和意义

整车耐老化试验可贯穿整车全生命周期。一般车企根据整车产品开发流程在项目预算阶段制订整车耐老化试验策略,包括整车耐老化试验的类型组合、试验车造车计划和试验时间节点。在产品上市经历了一定的市场周期后,车企根据市场问题或需求反馈对整车静态性能进行质量优化或适应性再开发而推出迭代车型,在迭代车型上再次进行整车耐老化试验以完成其在整车全生命周期中的闭环,见图5-8。

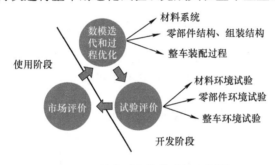

图 5-8 整车耐老化试验闭环模型

1. 新车开发流程中的作用和意义

整车耐老化试验主要用于非金属材料零部件的开发,但与非金属材料零部件本身的开发性试验所不同的是,整车耐老化试验侧重于对零部件群(零件之间有连接匹配关系)或子系统的开发,也就是说,整车耐老化试验是在零部件开发工程师将制定出的零部件材料系统、成型工艺、外形结构、安装结构和装配工艺等技术方案锁定为设计数据前,对零部件"雏形"以"使用状态",即实车形态进行最终验证,目的是识别零部件群或子系统在最接近真实使用状态下的耐老化性能风险,提供零部件设计数据优化的必要性和可行性评价依据,以保证整车设计耐老化质量评价和改进的可靠性。图5-9所示为某车企在产品开发流程中关于整车耐老化试验的工作规划。

2. 在量产汽车制造质量控制流程中的作用和意义

整车人工耐老化试验在质量优化或适应性再开发的迭代车型上兼顾了开发和批量监控两个属性。对迭代车型上大量采用的沿用件和平台件,通过与原型车相同的人工耐老化试验再次考核,起到了对量产零件本身质量和其连接匹配质量的批量监控作用。另外,车企往往在已具备量产条件且临近大批量市场投产前,以可基本表征量产质量水平的整车样本实施整车大气暴露试验。此时的整车耐老化试验将至少延续到投产后的近一年时间,在此期间可完成对已量产车型的整车耐老化质量评价和缺陷改进验证,为锁定整车量产过程中的关键质量控制点提供依据,同时为下代车型的耐老化开发系统优化提供数据。图5-10所示为整车耐老化试验自项目源头至市场投放后的规划。

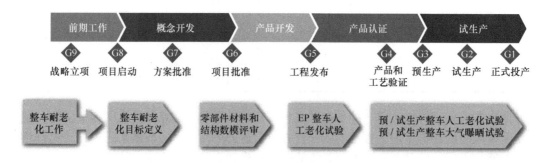

图5-9 整车耐老化试验在开发流程中的工作规划

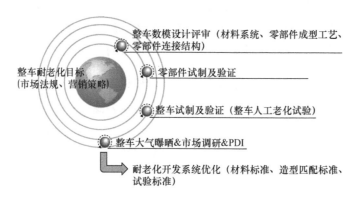

图5-10 整车耐老化试验自项目源头至市场投放后的规划

需要特别强调的是,整车大气暴露试验在整车量产后的"标杆"作用,对整车产品快速迭代的市场化运作策略至关重要,在车企的质量控制流程中具有不可取代的作用,见图5-11。

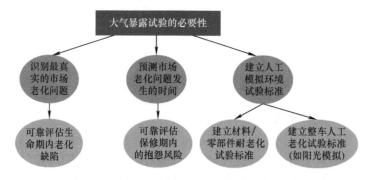

图5-11 整车大气暴露试验的"标杆"作用

5.1.4 我国开展整车耐老化试验的历史与现状

1. 我国开展整车耐老化试验的历史

我国开展整车耐老化试验的历史可以追溯到20世纪80年代。当时,我国汽车产业刚刚起步,国内汽车市场的需求不断增长,同时根据市场反馈也发现了一些与非金属材料和零部件老化相关的质量问题。为了保证汽车的安全和可靠性,并兼顾用户日益增长的感官舒适性要求,各车企开始意识到在新车投放市场之前进行整车耐老化试验的重要性,由此拉开了我国整车耐老化试验研究的序幕。

通过合资企业引进国外先进整车试验方法,结合我国乘用车市场实际情况,几代汽车人通过实践不断总结,终于在2005年颁布了由海南汽车试验研究所起草的我国第一个整车耐老化试验行业标准QC/T 728—2005《汽车整车大气暴露试验方法》,此标准经完善于2021年批准颁布为国家标准GB/T 40512—2021《汽车整车大气暴露试验方法》。

随着国内汽车研发技术的不断进步及研发投入的不断增加,我国整车耐老化试验的技术水平得到了显著发展。从早期简单试验设备的引进到现在各种先进试验系统的开发,在不断消化吸收国外先进技术的基础上进行自主创新。

自21世纪初,在中国电器科学研究院的支持和参与下,在我国广州和琼海地区陆续开发出符合国际行业标准的典型湿热大气暴露试验场;在2010年后,又在我国吐鲁番地区开发出可满足国内市场需求的典型干热大气暴露试验场,由此奠定了我国自主品牌整车耐老化试验标准化工作的硬件基础。

自2015年起,行业学会积极行动,组织各科研机构和车企开展整车耐老化试验技术的交流与合作,力图在整车耐老化试验技术,尤其是人工模拟环境耐老化技术方面获得突破。2018年1月,由浙江吉利汽车研究院牵头起草的中国汽车工程学会标准《乘用车整车太阳光模拟加速老化试验方法》正式发布。

2. 我国开展整车耐老化试验的现状

目前,我国在整车耐老化试验领域已经取得了显著进步,整车耐老化试验已经发展为大气暴露试验和人工模拟环境试验相结合的系统性工程方法,车企根据自身产品定位和技术特点建立试验工作流程和标准规范,已成为自主品牌确保汽车质量并满足用户需求的重要手段。表5-3所示为国内各车企参照的一些主要整车耐老化试验及评价标准。

表5-3 国内车企参照的整车耐老化试验及评价标准

标准号	标准名称
GB/T 40512—2021	汽车整车大气暴露试验方法
QC/T 728—2005	汽车整车大气暴露试验方法
T/CSAE 67—2018	汽车气候老化试验与评价术语和定义
T/CSAE 70—2018	乘用车整车太阳光模拟加速老化试验方法
T/CSAE 105—2019	汽车整车大气暴露试验评价方法
T/CSAE 134—2020	汽车耐老化太阳跟踪聚光户外加速老化试验方法
T/CSAE 135—2020	商用车整车大气暴露试验评价方法
T/CSAE 191—2021	全球典型地区气候环境老化严酷度分级
ISO 16750-5:2023	汽车电气、电子和关联电气设备的试验规范 第5部分:整车老化试验
ASTM B537-70 (2013)	大气暴露试验后镀层评级的标准实施规程
VDA 230-219-2011	太阳能模拟装置中汽车零部件的老化
DIN 75220-1992	汽车部件在模拟日光仪内的老化

总体而言,各车企在整车耐老化试验的具体实施中除了参照以上这些标准规范外,还根据自身的环境试验基础设施能力、研发要求和产品特色,从材料、零部件和整车三级试验方法中系统性地规划整车耐老化性能试验策略,目的是兼顾整车耐老化试验结果的可靠性与降低整车耐老化试验比重的经济性。表5-4、表5-5列举了一些国内车企的大气暴露和人工模拟环境整车耐老化试验策略。

表5-4 国内车企大气暴露试验策略

	零部件	整车	暴露地点	试验标准
车企A	√		海南 吐鲁番	GMW 3417-2011 GMW 14738-2013

(续)

	零部件	整车	暴露地点	试验标准
车企 B	√	√	海南 吐鲁番 亚利桑那 卡拉哈里	VW 50185—2000
车企 C	√	√	海南 吐鲁番 吉达	Q/JLY J7210089A（企标）
车企 D		√	海南	QC/T 728—2005
车企 E	√	√	海南 亚利桑那	SMTC 5 400 001（企标）

表 5-5 国内车企人工模拟环境整车耐老化试验策略

	气候温度存放	气候交变	不带温振动	带温振动	红外辅助带温振动（CREST）	阳光模拟
车企 A	√	√			√	√
车企 B				√		√
车企 C	√		√			
车企 D	√					√
车企 E					√	

5.2 整车大气暴露试验

5.2.1 干热气候整车大气暴露试验

1. 试验气候条件和试验场地

（1）试验气候条件

以气温高、湿度低、日温差大、太阳辐射强、风沙大为特点的气候，分布在赤道南北纬度 20°~35° 的大陆西部和内陆地区，年太阳辐照总量 6300~6700MJ/m²，年降水量 <100mm，具体分布于北非、约旦、叙利亚、伊拉克、美国西南部、墨西哥北部、澳大利亚南部、潘帕斯南部、巴塔哥尼亚和南非部分地区。我国新疆的哈密、吐鲁番在夏季也是比较典型的干热气候。

（2）试验场地要求（图 5-12）

1）场地应平坦空旷，不积水，远离建筑物和树木，周围障碍物与场地边沿的距离应不小于该障碍物高度的 3 倍。

2）场地附近应无工厂烟囱、通风口或其他能散发大量腐蚀气体和杂质的设施。

3）场地应保持当地的自然植被状态，植物高度不应超过 200mm，沙漠气候场地应选择砂石地面。为了适应特殊的测试目的，也可采用水泥地面。

图 5-12　干热气候暴露试验场概貌

（3）试验场地设备要求

暴露场内或邻近应设置气象要素观测和大气介质分析设备，以长期连续观测记录主要的气象要素和定期测定周围环境的大气成分。暴露场内除通用气象设备外，还应有不同角度（5°、45°、90°、当地纬度）的玻璃下和直接的太阳辐射能量接收装置（角度指传感器平面与地面的夹角），宜采用汽车用平板玻璃。气象站设备见图 5-13。

试验场应能按照 GB/T 3681.1—2021 确定的方法测量并记录所有气象条件因素和会影响试验结果的大气环境因素。每天测量并记录的气象因素至少包括：①气温（℃）；②相对湿度（%）；③降雨量（mm）；④湿润时间（h）；⑤太阳辐照总量（MJ/m^2）；⑥太阳紫外辐照总量（MJ/m^2）；⑦其他（如风向、风速、大气压力等）。

图 5-13　干热气候暴露试验场气象站设备

2. 试验流程和试验缺陷评价维度

试验流程见图 5-14。

（1）试验样车准备

样车应为按出厂标准装配齐全的新车，车身和内饰颜色优选黑色或深色，以在同等试验条件下使整车可达到最苛刻的温度条件。试验前及试验过程中样车不应挪作他用。标准（对比）样件宜与样车装配同一批次零部件。

对试验样车进行清洁、晾干，并检查装运损伤、装配缺陷与其他表面状态缺陷，做好原始记录，必要时应拍照或摄像记录。标准样件应储存在空气温度为（23±2）℃、相对湿度为（50±5）%、气压为 86~106kPa 的环境条件中的避光处。储存环境应保持清新、干净，无任何污染物质存在。

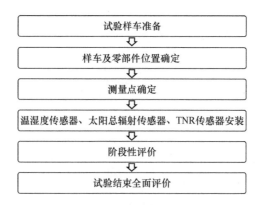

图 5-14 整车大气暴露试验流程

(2) 样车及零部件位置确定

在北半球试验场地进行试验，将车头朝向正南方；在南半球试验场地进行试验，将车头朝向正北方。对样车的位置可调零件，如方向盘、扶手等，调整到可最大限度受光的位置；将所有门、门窗、天窗、空调出风口调整到完全关闭的状态；对零件有多个安装位置的，如遮阳板、头枕，可分别调整到不同的位置状态；将天窗遮阳帘调整到半开状态。

(3) 测量点确定

测量位置的选择尽量遵循如下原则，试验方也可依据实际需求设定测量点。

1) 进行光泽度、颜色、鲜映性和涂层厚度测量的表面及部件总成，其测量位置应选择在最显眼、接收太阳总辐射能量最多的平面上。每次测量位置、方向顺序应保持一致，可用不褪色记号笔做出永久性标记，以保证每次测量位置一致。

2) 部件温度测量点为在晴天阳光最强的时间段（如北京为 12 时至 15 时之间）在部件不同部位进行多次测量的最高温度点。

3) 测量太阳辐照总量或 TNR 的部件，其测量位置应选择接收太阳辐照总量尽可能多的位置，例如仪表板上表面、副仪表板上表面、后包裹架上表面等。

4) 进行划痕腐蚀、铅笔硬度和划格试验的涂层表面，其测量位置应选择在光泽度、颜色、鲜映性和涂层厚度测量位置的下部。

5) 光泽度、颜色、鲜映性和涂层厚度的测量点位宜尽可能靠近或重叠。

6) 内外饰间隙及面差测量点对称件也需进行测量。

7) 内外饰颜色及光泽测量点对称件也需进行测量。

(4) 温湿度传感器、太阳总辐射传感器、TNR 传感器安装

按照流程（3）给出的要求确定温度测量点，并在相应位置安装温度传感器。软表面试样的温度传感器应安装在软表层/填充物叠层的分界面处，即刺穿软表层把温度传感器插入至少 13mm 深并使其平行于表面，以确保温度感应点嵌入分界面内。其他试样表面的温度传感器使用耐高温不透明黏合剂粘接，粘接面宜尽可能小，见图 5-15、图 5-16。

图 5-15 仪表板位置温度监控示意

图 5-16 外饰位置温度监控示意

进行车内空气温度和相对湿度测量时，在确定的测量点上安装温湿度传感器，对传感器应做遮光处理，不应密封，见图 5-17、图 5-18。

图 5-17　车内温湿度监控示意 1

图 5-18　车内温湿度监控示意 2

进行暴露试验后应对选定的温湿度测量点进行每天跟踪测量，采样间隔应不大于 5min。太阳总辐射传感器应安装在测量部件的测量点上，安装应牢固，见图 5-19～图 5-21。

进行暴露试验后应对选定的 TNR 测量点进行每天跟踪测量，采样间隔应不大于 5min。黑标温度传感器应安装在测量部件的测量点上，与之配套的太阳总辐射传感器应安装在对应的黑标温度传感器旁。

（5）阶段性评价

可按国标 GB/T 40512—2021 进行阶段性评价：在暴露初期三个月内，每半个月一次；三个月至一年内，每月一次；超过一年后，每三个月一次。也可按试样表面接收一定的太阳辐照总量或 TNR 作为评价周期，或按车企内控标准所规定的评价周期进行。

图 5-19　仪表板表面辐照量监测

按表 5-6 所示评价维度对出现老化现象的部位即时做相应记录：文字描述、拍照或录制视频。阶段性评价中一般不进行破坏性评价。当遭遇极端天气时，应随时检查，如有异常变化现象应做相应记录。

（6）试验结束全面评价

试验结束后按表 5-6 中评价维度进行最终评价，其中破坏性评价适用于新材料开发性验证，在需要利用仪器进行定量分析时采用。

图 5-20　副仪表板表面辐照量监测

图 5-21　衣帽架表面辐照量监测

表5-6 整车大气暴露试验缺陷评价维度

评价维度	项目
外观&感知	颜色与光泽变化
	表面析出、污迹
	零件外观（变形、开裂、起泡、剥落等）
连接&匹配（结构）	间隙&面差变化、零件内部结构及固定结构可靠性
操作功能&舒适性	零件操作舒适性和电气功能检查
破坏性评价	涂层附着力、铅笔硬度、表面剥离力等

3. 典型试验缺陷的种类和模式

典型试验缺陷的种类和模式见表5-7。

表5-7 干热暴露试验缺陷种类和模式

缺陷种类	缺陷参考图片	缺陷模式
外观缺陷		车顶饰条表面泛白
		窗玻璃内侧雾翳污迹
		水切胶条开裂
		安全带锁舌包塑开裂

（续）

缺陷种类	缺陷参考图片	缺陷模式
外观缺陷		前风窗夹层玻璃边缘起泡
		外饰板变形
结构缺陷		安全气囊盖板拱起
		行李舱地毯脱胶
		内饰板脱卡
		防尘罩脱卡

(续)

缺陷种类	缺陷参考图片	缺陷模式
功能缺陷		风窗遮阳帘操控时电动机异响
		扶手按压异响
		遮阳板镜灯开关失效

5.2.2 湿热气候整车大气暴露试验

1. 试验气候条件和试验场地

（1）试验气候条件

以气温高、湿度高、雨量大、日温差小为特点的气候，分布于北纬10°～25°之间的大陆东岸，年平均相对湿度在60%以上，年太阳辐照总量5400～5800MJ/m^2，年积温≥8000℃，年降水量＞1500mm，主要分布在我国台湾南部、雷州半岛、海南岛，以及中南半岛、印度半岛的大部分地区、菲律宾群岛。此外，在澳大利亚大陆北部沿海地带、美国佛罗里达南部也有分布。

（2）试验场地要求（图5-22）

1）场地应平坦空旷，不积水，远离建筑物和树木，周围障碍物与场地边沿的距离应不小于该障碍物高度的3倍。

2）场地附近应无工厂烟囱、通风口或其他能散发大量腐蚀气体和杂质的设施。

图5-22 湿热气候暴露试验场概貌

3）场地应保持当地的自然植被状态，植物高度不应超过200mm。但为了适应特殊的测试目的，也可采用水泥地面。

(3) 试验场地设备要求

与干热暴露试验场地要求基本相同，气象数据记录要求也与干热暴露试验一致。气象站设备见图 5-23。

图 5-23　湿热气候大气暴露试验场气象站设备

2. 试验流程和试验缺陷评价维度

湿热气候整车大气暴露试验流程总体上参照干热气候整车大气暴露试验流程。若车企将整车大气暴露试验同时作为车身漆的开发性试验，则一般只在湿热气候类型大气暴露试验场地进行，此时，试验流程中需要增加与车身漆验证相关的试验准备：样车投入试验时，应在确定的测量位置划出两条均为 100mm 长的相互垂直的 "+" 划痕，或者两条相互垂直而不交叉的划痕（X 划痕与 Y 划痕，见图 5-24）。划痕深度需到达钣金层，并测出划痕宽度。所有划痕的间距应不小于 50mm，并远离部件边缘。垂直或接近垂直的车身板面上的 X 划痕应平行于地面；水平或接近水平的车身板面上的 X 划痕应垂直于车辆行驶方向。

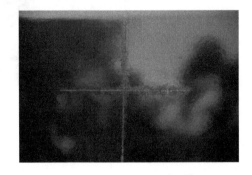

图 5-24　"+" 划痕示意

湿热气候大气暴露试验缺陷的评价维度与干热气候大气暴露试验基本一致。但需要特别关注湿热敏感性材料，如真皮、实木等天然有机材料和聚氨酯、尼龙、聚碳酸酯等合成高分子材料，以及各类有亲水性涂层的零部件，它们在湿热气候大气暴露试验的环境条件下易发生变色、变形、开裂、起泡及涂层剥落、流挂等老化现象。另外，对于某些金属材料的外饰件或车身件，易发生表面腐蚀的老化现象。

3. 典型试验缺陷的种类和模式

典型试验缺陷的种类和模式见表 5-8。

表 5-8　湿热暴露试验缺陷种类和模式

缺陷种类	缺陷参考图片	缺陷模式
外观缺陷		顶篷表面污迹（棕色斑点）

(续)

缺陷种类	缺陷参考图片	缺陷模式
外观缺陷		内饰橡胶缓冲块析出白污
		铝车轮丝状腐蚀
		高位制动灯上涂层剥落
		电镀件镀层裂纹和剥落
		真木饰条褪色

（续）

缺陷种类	缺陷参考图片	缺陷模式
外观缺陷		门框密封条涂层微裂纹
结构缺陷		方向盘皮革缝线脱裂
		门内饰表皮与发泡层脱开
		饰板与顶篷离缝
		轮眉脱胶离缝

5.3 人工模拟环境整车耐老化试验

5.3.1 整车气候温度存放试验

1. 试验设备和设备要求

整车气候温度存放试验采用步入式高低温湿热试验舱（图 5-25）或整车红外光照试验舱（图 5-26）开展，试验设备须满足整车测试的条件要求，一般包含环境试验舱体、鼓风系统、加热系统、制冷系统、红外光照模拟系统，以及加湿系统和除湿系统等。

图 5-25 步入式高低温湿热试验舱

图 5-26 整车红外光照试验舱

（1）环境试验舱体

试验舱整体呈上下层立体布局，上层为环境舱体，下层为循环风道。舱体一般采用不锈钢材质。舱体尺寸满足车身与舱壁距离不小于1m，为保持要求的温度条件和容差值，需采用空气循环来保持舱体的温度均匀性，风速根据试验舱体尺寸调整。

（2）加热系统

环境试验舱可采用电加热方式进行空气加热，加热升温速率推荐不低于1℃/min。为了限制辐射影响，试验舱内壁温度达到稳定后，内壁各部分温度与规定试验环境温度之差一般不超过规定试验环境温度的3%（按热力学温度计算）。

（3）加湿系统

加湿系统对舱体进行湿度控制，试验舱相对湿度的控制范围一般为（20~98）%RH/（20~85）℃。

（4）红外光照模拟系统

以控制温度为控制方式，一般可控制试验样车上9个以上点（区域）的表面温度，不同光照区域可独立控制。特定区域内的表面温度偏差一般控制在不超过5℃。

2. 试验流程和试验缺陷评价维度

该试验主要模拟整车在自然环境中温度对车上零部件的影响。试验对象为整车，试验前需对整车进行预处理及初始检测。然后将调节后的整车放入试验舱内开启设备，试验时间根据相关规范要求进行。以下为某车企车辆和试验条件要求。

（1）车辆状态要求

试验车辆状态推荐与量产状态一致（可视情况调整），零部件装配齐全，外观完好，使用功能完整，试验过程车门对开（或者单侧车门打开）。

（2）试验条件要求

整车测试按照表5-9所示条件开展，每个测试程序考察不同的试验对象。

表 5-9　整车气候温度存放试验条件

测试程序		试验温度/℃	试验相对湿度/%RH	试验时间/h	试验对象
程序 1	a	-40	—	48	所有零部件
	b	55	95	48	
程序 2		70	—	24	保险杠、轮眉、车门限位器等
程序 3		90	—	24	除程序 2 外的所有零部件
程序 4		100	—	16	车内腰线以上所有零部件

注：以上试验在同一辆整车开展，根据零部件耐温极限进行顺序检查，超过温度极限的零部件不作考察。

分别在每个程序结束后，对试验车辆进行检查及记录，车企也可根据自身产品开发需要选择部分程序，按试验温度从低到高的顺序开展试验，试验评价维度见表 5-10。

表 5-10　整车气候温度存放试验缺陷评价维度

评价维度	项目
外观 & 感知评价	零件外观（变形、开裂、起泡、剥落等）
连接 & 匹配（结构）评价	间隙 & 面差变化、零件内部结构及固定结构可靠性
功能评价	操作力检测、螺栓接头力矩测量和电气功能检查

整车气候温度存放试验方法的特点是考察整车零部件在极限温湿度环境下的老化情况，根据整车在自然环境暴露的情况下，以典型零部件耐受的平均极限温度为基础，车企在整车气候温度存放试验的策略上可根据所考察整车零部件区域进行试验参数的调整。

3. 典型试验缺陷的种类和模式

典型试验缺陷的种类和模式见表 5-11。

表 5-11　整车气候温度存放试验缺陷种类和模式

缺陷种类	缺陷参考图片	缺陷模式
功能缺陷		① 全景影像功能失效； ② 外温显示偏差； ③ 泊车雷达失效； ④ 方向盘音量调节开关失效
结构缺陷		门护板卡扣脱落

(续)

缺陷种类	缺陷参考图片	缺陷模式
结构缺陷		仪表板除霜格栅松动
		门内把手松动

5.3.2 整车气候交变试验

1. 试验设备和设备要求

（1）舱体

试验舱整体呈上下层立体布局，上层为环境舱体，下层为循环风道。舱体一般采用不锈钢材质。舱体尺寸满足车身与舱壁距离不小于1m，为保持要求的温度条件和容差值，需采用空气循环来保持温度均匀性，风速根据试验舱体尺寸调整。

（2）加热系统

环境试验舱可采用电加热方式进行空气加热，加热升温速率推荐不低于1℃/min。为了限制辐射影响，试验舱内壁温度达到稳定后，内壁各部分温度与规定试验环境温度之差不应超过规定试验环境温度的3%（按热力学温度计算）。

（3）加湿系统

加湿系统对舱体进行湿度控制，试验舱相对湿度的控制范围一般是（20~98）%RH/（20~85）℃。

（4）除湿系统

当设定环境试验舱内温湿度变化的试验参数是从高温高湿快速变化到低温低湿状态时，需要在加湿系统内附加除湿系统，以满足试验参数的可达成性。可应用不同的除湿方法，包括冷却表面、喷射干空气、使用干燥剂等。

2. 试验流程和试验缺陷评价维度

将待测试整车放入准备好的高低温湿热试验舱，试验前检查车辆状态及初始性能，按照要求的试验周期开展试验。试验结束后，对试验车辆的老化表现进行检查及记录，试验过程中根据需求确定检查频次和检查评价项目。以下为某车企车辆和试验条件要求。

（1）车辆状态要求

试验车辆状态推荐与量产状态一致（可视情况调整），零部件装配齐全，外观完好，使用功能完整，试验过程车门对开。

(2) 试验条件要求

整车测试周期按照1个循环周期的试验条件（表5-12和图5-27）开展50个循环，降温和升温相位按照投入使用的模拟气候室有效功率的不同进行变动。

表5-12　1个循环周期的试验条件

测试程序	阶段	试验温度/℃	试验相对湿度/%RH	试验时间/min
程序1	室温保持	23	30	40
程序2	降温	降温	不调整	150
程序3	低温保持	-30	不调整	120
程序4	升温恒湿	升温	不调整	150
程序5	恒温加湿	45	加湿	180
程序6	高温高湿保持	45	95	240
程序7	恒温减湿	45	减湿	30
程序8	高温低湿保持	45	30	450
程序9	降温	降温	不调整	60
程序10	试验结束	23	30	0

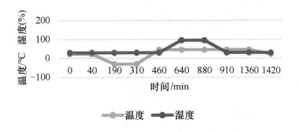

图5-27　试验条件曲线

试验过程中根据需求确定检查频次和检查评价项目，一般在某个试验周期结束后的常温阶段进舱检查，并在全部试验周期后进行总体评价。试验评价维度见表5-13。

表5-13　整车气候交变试验缺陷评价维度

评价维度	项目
外观 & 感知评价	零件外观（变形、开裂、起泡、剥落等）
	表面析出、污迹
连接 & 匹配（结构）评价	间隙 & 面差变化、零件内部结构及固定结构可靠性
功能评价	操作力检测、螺栓接头力矩测量和电气功能检查

整车气候交变试验方法的特点是综合自然环境的温度和湿度条件对整车进行考察，试验条件在极限高温上并不严苛，模拟的是整车在环境温湿度变化下产生的外观、结构及功能的物理老化现象。车企在整车气候交变试验的策略上可根据所考察整车零部件区域进行循环周期或试验参数的调整。

3. 典型试验缺陷的种类和模式

典型试验缺陷的种类和模式见表5-14。

表 5-14　整车气候交变试验缺陷种类和模式

缺陷种类	缺陷参考图片	缺陷模式
外观缺陷		顶篷表面褶皱
		电镀饰框镀层起壳
		外饰油漆起皮
结构缺陷		B柱与门槛面差
		B柱上饰板与顶篷间隙变大
		轮眉与翼子板间隙变大

(续)

缺陷种类	缺陷参考图片	缺陷模式
结构缺陷		前保险杠与翼子板间隙变大
功能缺陷		顶灯开关失效

5.3.3 整车阳光模拟试验

1. 试验设备和设备要求

目前，实验室人造光源目前有碳弧灯、荧光紫外灯、氙弧灯和金属卤素灯。碳弧灯的光源和荧光紫外灯的光源与户外日光差异很大，模拟效果有限，而氙弧灯是在紫外光和可见光范围内模拟太阳辐射最好的人造光源，但其光谱中含有过多红外辐射，只有配备特殊的滤光器，才能在全光谱范围内模拟太阳辐射，而且氙弧灯在紫外光和可见光范围内辐射效率低，不适用于大型试验舱，因此，目前最适合模拟全光谱太阳辐射的光源是金属卤素灯。

（1）整车试验舱

行业内也称整车阳光模拟试验为金属卤素灯暴露试验。其试验设备一般采用整车试验舱（图5-28和图5-29），舱体采用耐腐蚀的材料制成，一般包括光源及辐照度测控装置、温度和湿度测控装置等。为保证试验舱内光照和温度的均匀性，车身与舱壁距离不应小于1m，且至少应满足全光照情况下温度和湿度的控制。

图5-28 大型金属卤素灯太阳辐射模拟系统

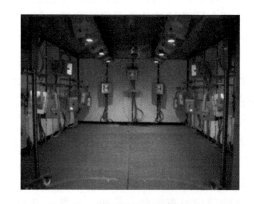

图5-29 第三代整车暴露试验舱

(2) 光源

整车阳光模拟试验中光源的光谱辐射分布是通过金属卤素灯和日光滤光器组合实现的，需要在全光谱范围内（280~3000nm）模拟太阳辐射，光谱辐射分布须满足表5-15。

表5-15 全光谱辐射分布

波长/nm	总辐射等级以地面辐射的百分数表示（%）	允许偏差（%）
280~320	0.5±0.2	0.07
320~360	2.4±0.6	0.61
360~400	$3.2^{+1.2}_{-0.8}$	0.88
400~520	17.9±1.8	0.89
520~640	16.6±1.7	0.89
640~800	$17.3^{+1.7}_{-4.5}$	0.83
800~3000	42.1±8.4	0.8

(3) 辐照度测控装置

目前，整车阳光模拟试验中，测控辐照度的设备为辐照度传感器，其精度应符合ISO 9060：2018中的第二等级或世界气象组织标准的要求。

在试验开始之前，试验舱空载的状态下，试验舱需按照网格要求使用辐照度传感器进行标定，标定基准面上的光照均匀度和垂直基准面范围内的空间均匀度。

(4) 温度测控装置

舱内空气温度是一个重要的试验参数，在试验标准中对该条件有明确要求，一般采用热电偶或铂电阻温度计来检测舱内的空气温度。该温度计通常安装在光源直射不到的位置，且试验对舱内的升温和降温速率会有最低要求，因此对试验舱的要求相对较高。

此外，受直接光照的整车关键零部件通常推荐使用黑标温度计监测其表面达到的最高温度，黑标温度计的要求应符合GB/T 16422.1—2019《塑料 实验室光源暴露试验方法 第1部分：总则》。其他需测量零部件的温度可在表面粘贴T型、K型热电偶进行测量。

(5) 湿度测控装置

整车阳光模拟试验对试验舱内的相对湿度会有要求，但是相对宽松，一般仅要求相对湿度的范围，例如≤30%、≥65%等，具体与相关方协商决定。试验舱内湿度的测控装置通常采用湿球、氯化锂湿度计、电容式湿度计等，湿度传感器通常也要安装在光源直射不到的位置。

2. 试验流程和试验缺陷评价维度

试验样车内外饰颜色推荐选择黑色或深色系，门窗、天窗和风窗玻璃为最低限度的着色及隔热，以使试验车在同等试验条件下可获取最大限度的热负荷。试验样车状态宜与量产状态一致，零部件装配齐全，外观完好，使用功能完整。试验样车状态的安全风险应由相关方共同确认，例如试验时断开蓄电池连接，汽油量控制在5L以下，对于装有动力电池包的新能源车型，若评估有风险，应拆卸动力电池包后进行试验。试验样车在试验前不能进行任何高负荷、动态耐久性测试，以保证试验结果与试验方法的相关性。试验前试验样车可动零部件的设置状态见表5-16。

行业内开展整车阳光模拟试验的方法目前主要有两种，一种是参考T/CSAE 70—2018《乘用车整车太阳光模拟加速老化试验方法》和德国国家标准DIN 75220-1992，另一种是参考VDA 230-219：2011。

(1) DIN 75220-1992标准

试验前检查车辆状态及初始性能，并在规定部位安装温度传感器、辐照度传感器。试验周期推荐

600h，需依次完成 15 个干热气候循环试验和 10 个湿热气候循环试验。干热、湿热气候循环试验周期可视情况调整。

表 5-16 试验样车可动零部件设置状态

零部件名称	试验时状态
车门、车窗和通风系统	紧密关闭
遮阳板	驾驶人侧的遮阳板在上位；前排乘员侧的遮阳板在下位；若有第 3 个遮阳板，则在下位；若车上还有其他遮阳板，则在上位
头枕	驾驶人侧的头枕在高位；前排乘员侧的头枕在低位
扶手	乘坐时放下位置
方向盘	调到最高位置
遮阳帘	置于卷起位置
玻璃车顶内盖板	若有玻璃车顶则其内盖板放在遮住玻璃一半的位置

1）干热气候循环试验条件见表 5-17 和表 5-18。

表 5-17 干热气候循环试验条件参数设置

气候参数	单位	白昼（控制值）	夜间（控制值）
实验室温度	℃	42±3	10±3
相对空气湿度	%	≤30	≥55
光照强度	W/m²	1000±100	—

表 5-18 单个干热气候循环试验条件

时间	模拟干热气候循环试验
8h	干燥气候 - 白昼
3.5h	干燥气候 - 夜间
8h	干燥气候 - 白昼
3.5h	干燥气候 - 夜间
1h	维修、改装、维护的室内气候

注：单个循环试验持续 24h，每种气候等级的开始阶段都有过渡阶段。

2）湿热气候循环试验条件见表 5-19 和表 5-20。

表 5-19 湿热气候循环试验条件参数设置

气候参数	单位	白昼（控制值）	夜间（控制值）
实验室温度	℃	42±3	-10±3
相对空气湿度	%	≥60	允许凝露
光照强度	W/m²	1000±100	—

表 5-20 单个湿热气候循环试验条件

时间	模拟干热气候循环试验
8h	湿热气候-白昼
12h	湿热气候-夜间
6h	湿热气候-白昼
1h	修理、改装、维护的室内气候

注：单个循环试验持续 24h，每种气候等级的开始阶段都有过渡阶段。

（2）VDA 230-219：2011

1）干热气候循环试验条件见表 5-21 和表 5-22。

表 5-21 干热气候循环试验条件参数设置

气候参数	单位	白昼（控制值）	夜间（控制值）
实验室温度	℃	42±3	10±3
相对空气湿度	%	25±5	≥55
光照强度	W/m²	1000±100	—

表 5-22 单个干热气候循环试验条件

时间	模拟干热气候循环试验
8h	干燥气候-白昼
4h	干燥气候-夜间
8h	干燥气候-白昼
4h	干燥气候-夜间

注：单个循环试验持续 24h，每种气候等级的开始阶段都有过渡阶段。

2）湿热气候循环试验条件见表 5-23 和表 5-24。

表 5-23 湿热气候循环试验条件参数设置

气候参数	单位	白昼（控制值）	夜间（控制值）
实验室温度	℃	42±3	-10±3
相对空气湿度	%	65±5	允许凝露
光照强度	W/m²	1000±100	—

表 5-24 单个湿热气候循环试验条件

时间	模拟湿热气候循环试验
12h	湿热气候-夜间
12h	湿热气候-白昼

注：单个循环试验持续 24h，每种气候等级的开始阶段都有过渡阶段。

试验结束后，对试验样车的老化表现进行检查及记录，试验过程中根据需求确定检查频次和检查评价项目。整车阳光模拟试验主要模拟辐照度、温度和湿度的多因素综合影响，也是与整车大气暴露试验相对接近的试验方法,因此其试验缺陷评价的维度与整车大气暴露试验基本相同,只是在评价方法上增加了仪器测量的数据化方法,例如可对零件表面布点进行白光扫描以量化尺寸变化,见表5-25。

表 5-25 整车阳光模拟试验缺陷评价维度

评价维度	项目
外观 & 感知	颜色与光泽变化
	表面析出、污迹
	零件外观(变形、开裂、起泡、剥落等)
连接 & 匹配(结构)	间隙 & 面差变化、零件内部结构及固定结构可靠性
操作功能 & 舒适性	操作力检测、螺栓接头力矩测量和电气功能检查
破坏性	涂层附着力、铅笔硬度、表面剥离力等

以上介绍的整车阳光模拟试验方法模拟的是1年的大气暴露试验,车企在整车加速模拟试验策略上可根据汽车服役周期及设计要求进行循环周期或试验参数的调整。

3. 典型试验缺陷的种类和模式

典型试验缺陷的种类和模式见表5-26。

表 5-26 整车阳光模拟试验缺陷种类和模式

缺陷种类	缺陷参考图片	缺陷模式
外观缺陷		门扶手包覆物鼓包
		中央扶手箱油脂析出
		遮阳帘波浪

（续）

缺陷种类	缺陷参考图片	缺陷模式
外观缺陷		外饰板软胶开裂
结构缺陷		副仪表板杯架按压异响
		前保险杠格栅松动
		A柱内饰板安全气囊盖板松动
		外后视镜壳体上罩松动

(续)

缺陷种类	缺陷参考图片	缺陷模式
结构缺陷		C柱上下内饰板离缝
功能缺陷		车顶拉手阻尼失效

5.3.4 整车综合道路环境模拟试验

1. 试验设备和设备要求

整车综合道路环境模拟（CREST）试验是在高低温环境舱内进行的综合工况模拟试验，其试验因素包含温度、湿度、阳光模拟及道路模拟。开展此试验的设备可参考以下要求（图5-30）。

1) 环境舱：温度范围 $-30 \sim 80$℃；温度偏差 $\leqslant \pm 2$℃；湿度范围 $10 \sim 95\%$RH；湿度偏差 $\leqslant \pm 5\%$RH。

2) 红外光照模拟系统：以控制温度为控制方式，可控制试验样车上9个以上点（区域）的表面温度，不同光照区域可独立控制；特定区域内的表面温度偏差 $\leqslant \pm 5$℃。

3) 温度传感器：K型热电偶，温度范围 $-40 \sim 150$℃，精度0.1℃。

4) 四通道轮胎耦合道路模拟试验系统：轴距2.0 ~ 3.5m；轮距1.2 ~ 1.8m；作动器位移 ± 150mm；额定动态力 $\geqslant 50$kN。

5) 配重假人（或配重沙袋）：质量65 ~ 80kg，质量偏差 ± 5kg。

图5-30 CREST试验设备

2. 试验流程和试验缺陷评价维度

试验车颜色应为深色，车身最好是黑色平光漆，内外饰最好为该车型中最深色，车窗、天窗和风窗玻璃为最低限度的着色及隔热，以使试验车在同等试验条件下可获取最大限度的热负荷。试验车在试验前不能进行任何高负荷、动态耐久性测试，以保证试验结果与试验方法的相关性。

（1）试验前

1) 红外光照模拟系统布置：试验前根据试验样车温度控制指定点/区域的位置，将红外光照系统各光照区域布置于合适的位置，便于各温度控制点的温度达到设定值。

2) 轮距/轴距调节：试验前根据试验样车的轮距和轴距，准确调节道路模拟设备的相应参数，便于试验车固定于振动设备上。

3) 配重及胎压设置：根据采集路谱信号时的配重表对试验车进行配重。根据配重情况，将胎压调整成胎压表中规定值。

4）路谱信号输入及系统设置：将路谱信号作为目标输入系统进行迭代计算后确定参数。

5）试验车零件外观、匹配（缝道和面差）和零件操作功能及舒适性检查和缺陷记录。

6）试验车辆安全保护：将燃油车油箱内燃料去除；电动车去除动力电池包或控制在安全电量内，试验前断开强电；将蓄电池正极接头断开，用绝缘胶布固定，防止试验振动工况时接通。

（2）试验中

试验循环可根据车型开发要求定义高低温极限工况及温湿度交变工况，可根据需要在每个工况下继续细分温湿度交变子工况，按工况顺序依次进行，也可在试验周期计划缩紧时根据验证风险点选择性实施某些工况，见表5-27。

表5-27 整车CREST试验条件

工况		持续时间/h	温度/℃	相对湿度/%RH	振动	光照	假人数量/个
1		19	-30	—	Y	N	1
2	2a	15	50	10	Y	Y	1
	2b	4	20	—	Y	N	1
3	3a	15	50	50	Y	Y	1
	3b	4	20	—	Y	N	1
4	4a	10	50	10	Y	Y	2
	4b	4	20	—	Y	N	2
	4c	5	50	10	Y	Y	2
5		19	-30	—	Y	N	2
6	6a	15	50	50	Y	Y	2
	6b	4	20	—	Y	N	2
7	7a	10	50	10	N	Y	—
	7b	4	20	—	Y	N	—
	7c	5	50	10	N	Y	—
8		19	-30	—	N	N	—
9	9a	15	50	50	N	Y	—
	9b	4	20	—	Y	N	—
10	10a	10	50	10	Y	Y	4
	10b	4	20	—	Y	N	4
	10c	5	50	10	Y	Y	4
11		19	-30	—	N	N	4
12	12a	15	50	50	Y	Y	4
	12b	4	20	—	Y	N	4
13	13a	15	50	10	Y	Y	1
	13b	4	20	—	Y	N	1

1）温度控制：根据车型开发要求限定整车各典型部位的极限高温值，见表5-28。

表5-28 整车典型部位极限高温值

序号	控制区域	温度/℃
1	前保险杠	85
2	仪表板	105
3	左外后视镜	85
4	右外后视镜	85
5	车顶	90
6	后衣帽架（三厢车）	105
	扰流板（两厢车）	85
7	后保险杠	85
8	左前门饰板	85
9	右后门饰板	85

2）试验中检查：试验过程中在各个工况下可对相关零部件进行外观和/或功能检查，表5-29所示为各工况下试验缺陷评价维度示例。

表5-29 整车CREST试验中缺陷评价维度示例

试验阶段	检查项目	
	零件操作功能&舒适性	外观&外形匹配
工况1	√	√（仅外观）
工况2	√	√（仅外观）
工况3	√	√（仅外观）
工况4	√	√（仅外观）
工况5	√	√（仅外观）
工况6	√	√（仅外观）
工况7	√	√
工况8	√	√（仅外观）
工况9	√	√（仅外观）
工况10	√	√（仅外观）
工况11	√	√（仅外观）
工况12	√	√（仅外观）
工况13	√	√（仅外观）

3）试验后检查：试验完成后对整车进行全面检查，试验缺陷评价维度见表5-30。

表5-30 整车CREST试验后缺陷评价维度

评价维度	项目
外观＆感知评价	零件外观（变形、开裂、起泡、剥落等）
连接＆匹配（结构）评价	间隙＆面差变化、零件内部结构及固定结构可靠性
功能评价	操作力检测、螺栓接头力矩测量和电气功能检查

整车CREST试验方法的特点是集成了除日光UV辐射外的整车动静态使用环境工况，因此可看作整车气候温度和振动试验的组合。车企在整车试验策略上可通过强化试验参数来降低试验缺陷的漏判概率。例如，可扩大温湿度范围以降低整车在极限温湿度工况下的缺陷漏判率，也可通过增加子工况的温湿度交变循环次数来弥补其与整车气候交变试验相比，在验证环境应力疲劳强度能力上的不足。因受到设备能力和试验加速性要求的限制，在通过强化试验参数降低缺陷漏判概率的同时，不可避免地会增加缺陷误判概率。例如，试验过程中因存在高温高湿及振动同时存在的工况，而发生零部件间互联结构的异常失效所导致的匹配类或功能性缺陷。因此，车企在应用此类整车环境试验方法时，可通过与前述其他整车试验方法对标来提高缺陷评价的可靠性。

3. 典型试验缺陷的种类和模式

典型试验缺陷的种类和模式见表5-31。

表5-31 整车CREST试验缺陷种类和模式

缺陷种类	缺陷参考图片	缺陷模式
结构缺陷		外饰饰条之间离缝
	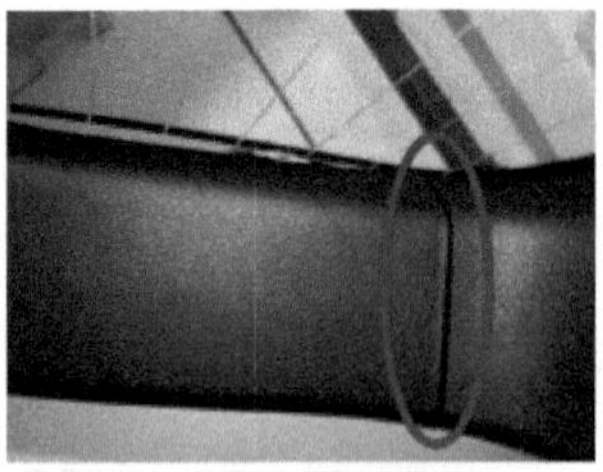	内饰板之间缝道和面差不良
		保险杠按压松动并与前照灯离缝

（续）

缺陷种类	缺陷参考图片	缺陷模式
结构缺陷		鲨鱼鳍天线松动
功能缺陷		内后视镜松动
功能缺陷		拉手操作时松动且有异响
功能缺陷		出风口叶片定位失效
结构缺陷&功能缺陷		加油口小门开关时干涉

5.4 整车大气暴露试验与人工模拟环境老化试验对比

整车大气暴露试验的试验条件是最接近产品实际使用情况的，试验过程中，汽车零部件及材料受到各种环境因素的协同作用，试验结果可真实直观地反映产品性能在多种环境因素复杂作用下的演变规律。整车大气暴露试验是最有效的整车耐老化性能验证手段，是设计人工模拟环境老化试验的基础。然而，整车大气暴露试验周期长（至少一年），在整车开发过程中不能快速验证整车耐老化性能，因此需要结合人工模拟环境老化试验来验证整车耐老化性能。根据人工模拟环境老化试验的试验周期和资源条件，可按照气候温度存放、气候交变、阳光模拟、整车道路环境综合模拟试验、整车大气暴露试验的顺序开展，也可根据开发风险评估要求同步开展或选择性开展相关人工模拟环境老化试验。

5.4.1 整车大气暴露试验与人工模拟环境老化试验的相关性

整车气候温度存放试验和整车气候交变试验主要考察零部件装配后形成的机械应力对整车耐老化性的影响。这两项试验模拟了大气暴露试验条件下温湿度极限工况和变化工况，考核零件受到温湿度物理老化作用产生的松动、变形和操作性能变化等缺陷模式。行业内开展这两项试验与整车大气暴露相关性的研究较少。但对比试验后缺陷，这两项人工模拟试验可验证大气暴露试验中出现的缺陷，示例见表 5-32、表 5-33。

表 5-32 整车气候温度存放试验典型缺陷示例

缺陷种类	缺陷参考照片	缺陷模式
结构缺陷		除霜格栅松动
结构缺陷		进气格栅变形
功能缺陷		眼镜盒卡滞无法打开

表 5-33 整车气候交变试验典型缺陷示例

缺陷种类	缺陷参考照片	缺陷模式
外观缺陷		尾灯内有雾气
结构缺陷		前保险杠与翼子板间隙变大
结构缺陷		顶灯松动

整车阳光模拟是基于影响整车耐老化性最重要的三个因素——光照、温度和湿度开展的试验，它较充分地模拟了大气暴露试验条件，解决了整车气候温度和气候交变试验条件的不足。有研究表明，整车阳光模拟试验可重现约80%的湿热自然环境整车大气暴露试验3~6个月出现的失效问题，重现问题主要是开裂、胶粘部位变形脱粘、零件在装配状态下变形等，缺陷示例见表5-34。

表 5-34 整车阳光模拟试验典型缺陷示例

缺陷种类	缺陷参考照片	缺陷模式
外观缺陷		天窗密封条开裂
外观缺陷		行李舱地毯脱胶

(续)

缺陷种类	缺陷参考照片	缺陷模式
结构缺陷		C 柱饰板变形

整车道路环境综合模拟试验（CREST 试验）是在高低温环境舱内进行的综合工况的模拟试验，其试验因素包含温湿度极限、红外灯（温度补偿）及道路模拟（振动），可看作气候温度试验耦合振动试验，它既模拟了大气暴露试验条件下，除紫外光老化的主要环境因素，又模拟了整车动态工况下的机械负载，可提高整车在极端环境工况下零部件连接结构可靠性验证能力，并识别与零部件使用有关的功能性问题，因此可作为其他静态人工模拟试验的补充。大气暴露试验重现 CREST 试验缺陷示例见表 5-35。

表 5-35　CREST 试验缺陷示例

缺陷种类	缺陷参考照片	缺陷模式
结构缺陷		鲨鱼鳍天线松动
结构缺陷		前保险杠按压松动、间隙变大
功能缺陷		内后视镜松动

5.4.2 整车大气暴露试验与人工模拟环境老化试验的差异性

整车大气暴露试验车辆所处环境是复杂的，尽管试验场地的选择突出了典型苛刻气候条件，但同一个地点自然环境的变化具备一定幅度且难以预测，图5-31列举了海南琼海2021年、2022年主要气象数据，可见整车大气暴露试验条件波动性较大。表5-36、表5-37中的数据反映出因试验环境的不同，导致零部件表面微环境的不同。而人工模拟环境老化试验在环境舱中开展试验，试验条件可控，波动性较小，试验结果的可复现性较好。

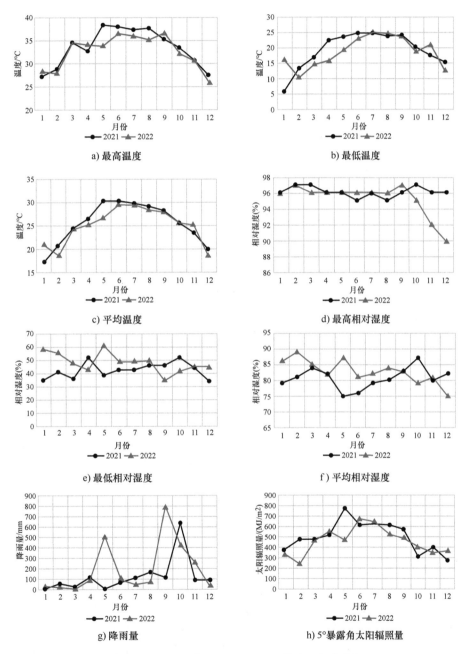

a) 最高温度　　　　　　　　　b) 最低温度
c) 平均温度　　　　　　　　　d) 最高相对湿度
e) 最低相对湿度　　　　　　　f) 平均相对湿度
g) 降雨量　　　　　　　　　　h) 5°暴露角太阳辐照量

图 5-31 海南琼海 2021 年、2022 年主要气象数据

但是，人工模拟环境仅是模拟影响整车老化的部分环境要素，不能考核大气暴露环境下所有环境因素协同作用下的物理和化学老化过程，因此其试验缺陷存在一定的漏判和误判概率。此外，由于人工模拟环境试验舱在环境因素仿真度上客观上存在差异，也造成其与大气暴露试验结果的差异。

表 5-36 汽车外饰零部件连续两年监测数据

序号	零部件名称	年份	辐照量/(MJ/m²)(300~3000nm)	表面温度/℃		
				最高	最低	平均
1	车顶中部	2010	5166.1	90.70	6.00	32.86
		2011	4442.6	94.0	8.60	30.65
2	前保险杠右侧	2010	4270.4	88.30	8.80	30.50
		2011	3593.8	85.20	10.70	29.14
3	右后视镜（镜框）	2010	4270.4	69.50	9.20	29.65
		2011	3593.8	69.40	10.50	28.48
4	右前门把手	2010	4270.4	69.40	9.90	29.45
		2011	3593.8	63.30	10.50	28.30
5	右前照灯	2010	4270.4	61.40	8.70	28.44
		2011	3593.8	67.80	10.50	26.62

表 5-37 汽车内饰零部件连续两年监测数据

序号	零部件名称	年份	辐照量/(MJ/m²)(300~3000nm)	表面温度/℃		
				最高	最低	平均
1	仪表板上表面	2010	2654	101.00	8.80	38.14
		2011	2445	100.40	11.20	36.31
2	座椅	2010	1037	88.30	8.40	32.78
		2011	889	85.20	10.50	30.89
3	右前车门内饰板	2010	810	86.80	8.30	33.38
		2011	668	83.60	10.20	31.48
4	仪表板下装饰板	2010	810	71.90	9.90	30.99
		2011	668	67.90	11.50	29.68
5	右前地毯	2010	810	79.20	9.40	28.44
		2011	668	76.00	10.70	26.62

1. 温度

开展整车气候温度存放试验和整车气候交变试验时，车门处于打开状态，且没有光辐照，整车零部件几乎不存在局部微环境，零部件温度与试验时设定的环境温度一致。整车阳光模拟试验和整车大气暴露试验由于有光辐照且车辆密闭，因此存在局部微环境，即不同位置的零部件温度不一样，车辆内外零部件所处温度环境也不一样。开展整车道路环境综合模拟试验时，为模拟车辆实际状态，通常会用红外光对整车零部件进行温度补偿，补偿温度通常为整车大气暴露试验时达到的最高温度。

整车阳光模拟试验根据不同车企的内部标准，采用的光源型号和光源布置方式有所不同，试验车上的温控点的分布及控制值也有一定差异，一般情况下会出现温控点外的零部件极限温度与大气暴露试验条件下的偏差。

DIN75220：1992 标准中的干燥循环试验模拟亚利桑那气候，湿热循环试验模拟佛罗里达白昼气候和阿尔卑斯山夜间气候，与我国海南和吐鲁番的气候有一定区别。整车阳光模拟试验与整车大气暴露试验过程中的零件表面温度对比结果，见图5-32。整车阳光模拟试验干热循环和湿热循环的最高温度高于整车大气暴露试验；整车阳光模拟干热循环试验最低温度高于整车大气暴露试验，但湿热循环最低温度低于整车大气暴露试验。

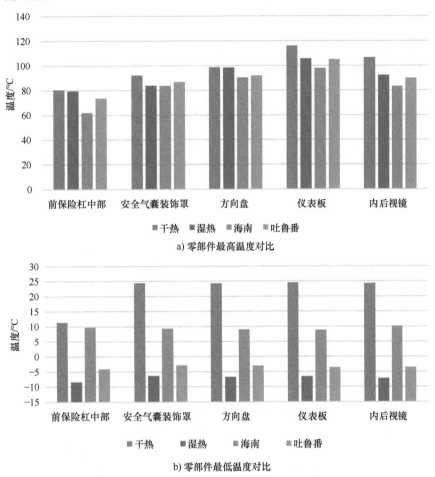

图5-32 整车阳光模拟试验与大气暴露试验过程中的零部件表面温度

2. 湿度

整车阳光模拟试验与大气暴露试验过程中的车外平均相对湿度见图5-33。另外，大气暴露试验期间有降雨，海南降雨量为1810mm，吐鲁番降雨量为3.9mm。降雨及降雨后的日晒造成车身外部零件表面短暂或连续性处于水浸润状态及日照后的快速蒸发状态，这种零件表面的微环境在人工模拟老化试验舱内很难实现。

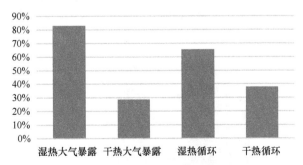

图5-33 整车阳光模拟试验与大气暴露试验车外平均相对湿度

开展整车气候温度存放试验和整车气候交变试验时，车门或车窗处于打开状态，车内外相对湿度与试验时设定的湿度一致，不存在大气暴露试验环境下的真实湿度分布状态。

3. 光照

整车气候温度存放试验和整车气候交变试验条件中没有光照，不能全面考核零件在实际装车状态下因表层材料受到光照而产生的化学老化缺陷，如变色、开裂和粉化剥落等。另外，对于因零件所处位置的辐照度、辐照量和材料本身感光或热容差异造成的零件内外部或部件间温度梯度导致的物理老化缺陷，如脱胶、脱焊和卡接松动等，识别度不及大气暴露条件。

根据一些车企的实操经验，整车阳光模拟试验所用的人工光源与太阳光的辐射谱线的差异会造成含天然材料（如真皮、木纤维和仿麂皮材料）的零件试验结果产生差异，这主要是因为这些材料对光谱中各波段射线的光热敏感度都较强，而人工光源在模拟太阳光方面还不能做到全光谱范围内的完全能量等效。

陈平方等人研究了整车阳光模拟试验与大气暴露试验过程中仪表板 TNR 对比结果，见图 5-34。从中可见，车型 A、B 中全光谱阳光模拟试验中仪表板的 TNR 数据均比大气暴露试验低。

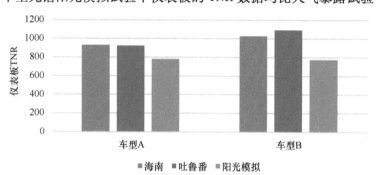

图 5-34 整车阳光模拟试验与大气暴露试验 TNR

综上所述，因人工模拟试验条件与大气暴露试验条件的各种差异，会造成两者试验缺陷模式上的差异。人工模拟环境整车老化试验主要识别由物理老化引起的松动、变形、操作功能异常等失效问题，但由于试验条件中存在的非协同强化因素可能造成虚假的试验缺陷而发生对试验缺陷的误判，车企可对此类失效问题通过整车大气暴露试验进行跟踪，由此来评价各种人工模拟环境整车老化试验方法或试验参数的合理性，并形成针对特定失效问题的最佳整车老化试验策略。整车大气暴露试验最接近整车服役静态工况，除了能更可靠地识别松动、变形等失效问题，还可精准识别变色、粉化、析出等老化问题，这也是人工模拟环境整车老化试验所不足的地方。车企可根据这些老化问题来衡量材料级或零件级环境试验标准的可靠性并加以优化。

试验缺陷模式差异案例见表 5-38 和表 5-39。

表 5-38 人工模拟环境整车老化试验无法识别的整车大气暴露试验缺陷案例

缺陷种类	缺陷参考照片	缺陷模式
外观缺陷		轮眉发白

（续）

缺陷种类	缺陷参考照片	缺陷模式
外观缺陷		橡胶块出现白色析出物
		不锈钢外饰条出现锈斑
		铝氧化饰条出现白斑
结构缺陷		方向盘真皮脱胶

表 5-39 整车大气暴露试验无法复现的人工模拟环境整车老化试验缺陷案例

缺陷种类	缺陷参考照片	缺陷模式/人工模拟试验方法
功能缺陷		杂物箱开关失效/CREST

(续)

缺陷种类	缺陷参考照片	缺陷模式/人工模拟试验方法
外观缺陷	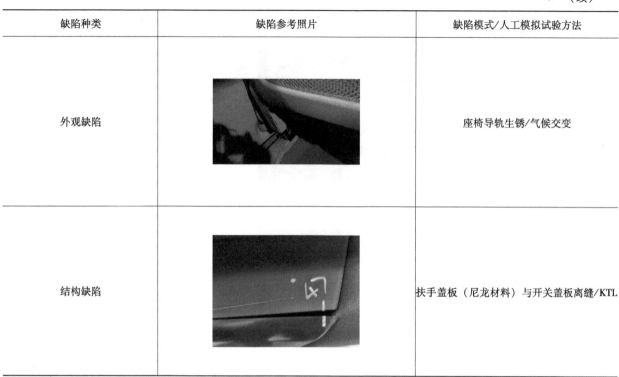	座椅导轨生锈/气候交变
结构缺陷		扶手盖板（尼龙材料）与开关盖板离缝/KTL

需要说明的是，表5-39中的案例不仅证明了人工环境老化试验方法与整车大气暴露试验方法相比，存在对试验缺陷误判的可能性，也从反向提供了整车大气暴露试验方法因在自然环境苛刻度上存在客观性波动或因试验样本量不足而导致对试验缺陷漏判的可能性。

总之，车企在以新材料、新工艺、新结构和新连接结构的创新思维进行产品开发的过程中，需要针对重点关注的老化缺陷模式进行整车耐老化性试验方案的设计，以实现充分、有效、合理并更为经济地利用试验资源提高整车耐老化性验证能力的目标。

5.5 发展趋势及展望

5.5.1 整车大气暴露试验

1. 动静结合的整车大气暴露试验

为更全面地模拟车辆使用工况，在静态整车大气暴露试验过程中增加整车路试工况。某车企推荐每月至少进行一次动态测试，对车辆的基础功能进行评价，动态测试至少包含强化坏路及高速路，见图5-35、图5-36，行驶里程比例参照表5-40。电动汽车若需要进行动力电池的耐久性能测试，可根据具体情况适当增加动态测试次数和里程。

表5-40 整车大气暴露试验中的路试工况

序号	试验道路类别	单次行驶里程/km	比例（%）	用时/h
1	强化坏路	70	28	2
2	高速路	180	72	2
	合计	250	100	4

图 5-35　可靠性道路行驶

图 5-36　高速跑道行驶

2. 太阳追踪整车大气暴露试验

为达到快速验证整车零部件耐老化性能的目的，可将整车置于转台并采用太阳追踪器，使车辆前部或后部更充分地接受太阳曝晒，若需对局部零件进行加速老化考核，可调整车辆与太阳光的夹角，以确保阳光直射。试验装置见图 5-37。

图 5-37　太阳追踪整车大气暴露试验

5.5.2　人工模拟环境试验

1. 耦合振动整车阳光模拟试验

行业内现行通用的整车阳光模拟试验方法是全静态试验，随着动静结合整车大气暴露试验的开发，某车企也尝试在整车阳光模拟试验中加入振动，图 5-38 展示了试验舱及试验装置。但是，振动试验需要开展哪些循环阶段以及在哪些阶段施加振动，还需要在与动静结合的整车大气暴露试验方法进行对标的基础上做进一步研究。

图 5-38　耦合振动整车阳光模拟试验

2. 定制整车阳光模拟试验

基于全球市场气候的多样性，车企可根据销售地区的不同，开展阳光模拟定制试验。若出口热带地区，开展阳光模拟试验时可调整最低温度及最高温的设定值并提高光照强度；若出口气候干燥地区，可取消湿热循环，增加干热循环次数等。

5.5.3 新能源汽车耐老化试验

随着新能源汽车的快速发展，车企对动力电池的安全性能和耐老化性能越发重视，将整车大气暴露试验与动力电池耐老化性能测试结合起来的测试方法正在不断探索中。

例如，T/GZBC 29—2020 要求在大气暴露试验过程中，车辆每周道路行驶里程不少于 300km，总行驶里程不少于 20000km，使用快充次数比例介于 10%～15%（快充次数按四舍五入取整），暴露试验结束后车辆工况法续驶里程保持率不小于 90%。

我国已经成为新能源乘用车和商用车生产和销售的第一大国，通过行业引领建立适应全球不同市场的定制化的新能源汽车耐老化试验方法具有重大意义，这需要所有汽车耐老化研究者的创新思维和聚力实践。

第6章

汽车耐老化试验与检测常用设备

6.1 概述

汽车产品在使用过程中可能受到高温、低温、湿热、辐射、气压、雨雪、沙尘、盐雾等气候环境因素的影响和长期作用，会导致车辆安全性能恶化及使用寿命缩短。几十年来，国内外主流车企大力开展汽车及其零部件材料老化性能研究，确保产品的环境适应性满足设计要求，现已形成了相对完善的气候老化标准体系，建立了各类汽车产品和材料的环境耐久可靠性加速试验和自然暴露试验标准。汽车气候老化试验技术涉及的检测设备非常多，通常将这些设备分为实验室加速老化试验设备、自然环境老化试验设备两大类。加速老化试验设备包括高低温试验设备、光老化试验设备、臭氧老化试验设备等，自然环境老化试验设备包括直接自然大气曝晒试验设备、户外加速老化试验设备等。测试材料老化试验后性能的关键设备有表观性能试验设备、物理及机械性能试验设备、热性能试验设备、环保性能试验设备等。

6.2 实验室人工加速老化试验设备

6.2.1 温湿度老化试验设备

1. 高低温试验箱

（1）设备应用范围

高低温试验包括耐高温试验、耐低温试验、高低温交变循环等多种温度试验，旨在模拟不同温度环境条件对汽车产品功能、性能、质量及使用寿命等的加速老化影响。通常使用的设备有高温试验箱（或烘箱）、低温试验箱、高低温试验箱（图6-1）等，使用范围的差异与设备本身能达到的温度能力有关。各类试验箱也有多种尺寸规格可选，实际可根据测试的试样尺寸、温度条件、升降温速率要求、精度要求等条件来选择。各车企会根据试验对象、零件种类、材料类型及使用工况等，来设定不同的测试条件和测试周期。

图6-1 某品牌高低温试验箱

（2）设备工作原理及核心部件

温度试验设备主要利用制冷/制热循环和温度控制来实现温度测试。通过制冷剂的循环流动，实现箱内温度的降低；通过加热装置的启动，实现箱内温度的升高。同时，设备通过精准的温度控制和数据记录功能，来确保测试结果的准确性和可靠性。

以高低温试验箱为例，它主要由箱体、控制系统、加热装置、制冷系统、传感器和安全保障系统等构成。箱体内腔一般采用不锈钢材质，外部喷涂防腐涂层，保证设备本身的防腐蚀能力和高低温承受能力。箱内配备循环风系统，包括可在高温下连续运转的风机和特殊材质的风道，保证测试过程中箱体内各处温度均匀。箱体门上一般会设玻璃观察窗，以便试验员对箱体内进行观察、监测。门与箱体之间采用双层耐高温、高张性密封条，以确保测试区域的密封性。

加热一般采用大功率电加热丝进行直接加热，通过循环风扇使箱内空气产生对流，带走加热丝产生的热量，进入工作室内，从而达到对箱内空气加热的效果。制冷循环采用逆卡诺循环，该循环由两个等温过程和两个绝热过程组成：制冷剂经压缩机绝热压缩到较高压力，消耗了功并使排气温度升高，制冷剂经冷凝器等温地与四周介质进行热交换，将热量传给四周介质；制冷剂经阀绝热膨胀做功，制冷剂温度降低；制冷剂通过蒸发器等温地从温度较高的物体吸热，使被吸热物体温度降低。

控制系统和温度传感器相互配合，保证测试过程按照设定程序进行。同时，通过过载保护、短路保护、温度过高保护等安全保障功能来保证设备安全运行。

（3）使用及维护的关键点

1）保持试验箱周围和底部清洁。
2）定期对试验箱体内外进行清洁和保养，避免箱体内存有杂质。
3）禁止将爆炸性、可燃性和高腐蚀性的试样放进试验箱。
4）开关门或从箱体内取出试样时，避免与箱门的密封条接触。
5）必须在测试停止或关机状态下取放试样。
6）试验操作过程中做好防护，避免高温烫伤或低温冻伤。
7）按照设备说明书要求，定期维护、保养设备关键部件。
8）定期检查电路断路器、超温保护器是否正常运行。
9）定期对设备关键参数进行校准。

2. 高低温湿热交变试验箱

（1）设备应用范围

高低温湿热交变试验箱（简称温湿度试验箱，图6-2）是一种可模拟不同温度、湿度环境的试验设备。该设备可兼顾高低温试验箱的功能，也可实现高低温循环、高低温湿热循环和恒温恒湿（包括高温高湿）等多种试验条件，从而评估试样的耐温、耐湿性能，以确认试样对各种环境的承受能力。该设备一般有多种尺寸规格可选，可根据实际试样尺寸、温湿度范围、升降温速率、湿度变化速率等条件来选择。各车企会根据试验对象、零件种类、材料类型及使用工况等，来设定不同的测试条件和测试周期。

（2）设备工作原理

温湿度试验箱通过循环冷却/加热系统和湿度发生器控

图6-2 某品牌温湿度试验箱

制、调节温度和湿度，模拟不同温湿环境条件，并通过测温传感器来监测实验过程中的温度变化，见图6-3。

设备升温主要依靠大功率电阻丝进行加热，由温控系统控制升温到所需温度，同时通过风循环系统来保证试验箱内达到热平衡。设备制冷通常有风冷、水冷两种形式。一般的温湿度试验箱温度升降变化都是全程平均速率，这样可提高设备的使用寿命。

设备加湿一般采用蒸汽加湿法，即将低压蒸汽直接注入试验箱内加湿。除湿有机械制冷除湿和干燥器除湿两种方式。机械制冷除湿是将空气冷却到露点温度以下，使大于饱和含湿量的水气凝聚析出，从而降低湿度。干燥器除湿是利用气泵将试验箱内的湿空气抽出，并将干燥空气注入，同时将湿空气送入可循环利用的干燥器进行干燥，干燥完后再送入试验箱内，如此反复循环除湿。

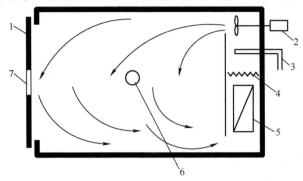

图 6-3 温湿度试验箱工作示意
1—大门　2—循环风扇　3—加湿管　4—加热管　5—蒸发器　6—测试孔　7—观察窗

（3）使用及维护的关键点
1）保持试验箱周围和底部清洁。
2）定期对试验箱体内外进行清洁和保养，避免箱体内存有杂质。
3）开关门或从箱体内取出试样时，避免与箱门的密封条接触。
4）必须在测试停止或关机状态下取放试样。
5）定期更换加湿器内的存水，保证水质清洁度。
6）按照设备说明书要求，定期清洁保养冷凝器、制冷系统等。
7）定期检查电路断路器、超温保护器是否正常运行。
8）定期对设备关键参数（温度、湿度等）进行校准。

3. 耐水试验设备

（1）设备应用范围

耐水性试验指使用恒温水浴箱进行材料或零件的浸水性试验，主要用于考察涂层耐水浸能力。耐水性试验通常分为常温浸水、浸沸水和加速耐水（40℃）试验三种，试验方法可参考 GB/T 1733—1993《漆膜耐水测定法》和 GB/T 5209—1985《色漆和清漆耐水性的测定　浸水法》。三种试验对水温的要求不同，但使用的设备在工作原理上大同小异。根据实际试验需要，市面上的恒温水浴箱（图6-4）规格从内容积不足1L到80L以上均有售卖，同时可控制的温度范围也不同，最高温度可到100℃。

图 6-4 恒温水浴箱

（2）设备工作原理

恒温水浴箱通过在内部放置电加热器来实现对箱内水的加热，通过传感器将水槽内水的温度转换为电阻值，经过集成放大器的放大、比较后，输出控制信号，有效地控制电加热管的平均加热功率，使水槽内的水保持恒温。部分设备会通过压缩空气、泵循环或搅拌棒来实现箱内水的充分搅动。

（3）使用及维护的关键点
1）箱内加水后再进行通电加热，切勿无水或低水位加热，避免加热系统烧坏。
2）箱体外壳必须安全有效接地，切勿使水流入控制系统内。
3）测试完毕注意切断电源。
4）设备使用完毕后，注意及时清洗，将箱体内的杂质、脏污清理干净，用去离子水/蒸馏水清洗内箱外表面（包括箱盖内表面）。

5）定期对设备温度参数进行校准。

6）按照设备说明书要求定期维护、保养设备。

4. 冷凝水箱

（1）设备应用范围

冷凝水箱（图6-5）是一种通过制造99%～100%湿度环境，来模拟由凝露造成的加速老化的试验设备。冷凝水测试有恒定气候状态（连续冷凝）和交替变化气候状态两种，测试方法参考GB/T 13893—2008《色漆和清漆 耐湿性的测定 连续冷凝法》和GB/T 13893.2—2019《色漆和清漆 耐湿性的测定 第2部分：冷凝（在带有加热水槽的试验箱内暴露）》等。

图6-5 冷凝水箱

（2）设备核心部件

冷凝水箱一般由箱体、加热装置、冷凝器、控制系统、观察窗口和安全保护装置等构成。

冷凝水箱箱体内腔通常由不锈钢或耐腐蚀材质制成，具有良好的防腐性和密封性。加热装置采用电加热或蒸汽加热方式。冷凝器通常采用冷却水循环或制冷剂循环的方式来实现冷却，将高温高湿的蒸汽冷凝成水滴。控制系统用于控制温度、湿度和时间等参数，包含温湿度传感器、计时器等。排水系统通常包括排水管和排水阀等。观察窗口用于协助试验员在不打开试验箱的情况下观察试样凝露情况。安全保护装置包括过温保护器、漏电保护器、过载保护器等。

（3）使用及维护的关键点

1）测试温度较高时，操作前注意确认箱体内是否仍处于高温状态，避免人员烫伤。

2）确保设备的电源线路和电气设备完好可靠，避免电气故障和触电风险。

3）测试完毕注意切断电源。

4）设备使用完毕后，注意及时清洗箱体内部，避免杂质、脏污残留。

5）定期对设备参数进行校准。

6）按照设备说明书要求定期维护、保养设备。

6.2.2 光老化试验设备

实验室光老化试验方法通过人工模拟自然环境中的光、水、温度等因素进行试验，可通过强化某一因素或几种因素的作用而获得加快试验进程的效果。根据人工光源的不同，实验室光老化试验设备可分为氙弧灯试验箱、荧光紫外灯试验箱、金属卤素灯试验箱和碳弧灯试验箱。

光老化仪器的核心是辐射源或辐射灯。仪器可完整模拟整个太阳光谱或特定光谱部分（如紫外线范围），具体取决于仪器类型。温度可通过所模拟的太阳辐射中的红外线来控制，也可通过传统的加热或冷却方式来控制。湿度的影响可通过控制仪器或试样箱内的相对湿度来模拟，也可通过液态水（浸泡或喷洒）形式来模拟。不同类型仪器在模拟各种应力因素方面存在本质区别。

1. 氙弧灯试验箱

（1）设备应用范围

氙弧灯试验箱主要用于氙弧灯老化试验，是汽车材料的耐光性和耐候性试验中最广泛采用的实验室光老化模拟试验设备。氙弧灯老化试验能提供较全面的环境条件，如氙弧光辐照度、温度、相对湿度、喷水、亮暗交替等，并可相对自由地设定条件参数。同时，通过氙弧灯和不同滤光器的组合，来模拟汽车外部日光照射或汽车内部透过车玻璃后的日光照射。

氙弧灯老化试验起源于德国，后在欧洲其他地区及美国、日本等国相继得到推广和发展。该试验最初应用于纺织行业，后来逐步在汽车行业得到普及和应用。国际、国内常用相关标准见表6-1。

表 6-1 汽车行业氙弧灯暴露试验主要标准

标准号	标准名称	主要应用范围
ISO 4892-1:2016	塑料 实验室光源暴露试验方法 第1部分:通用指南	塑料
ISO 4892-2:2013	塑料 实验室光源暴露试验方法 第2部分:氙弧灯	塑料
ISO 11341:2004	色漆和清漆 人工气候老化和人工辐射暴露 滤过的氙弧辐射	油漆、涂料
ISO 105-B06:2020	纺织品 色牢度试验 第B06部分:高温下人造光老化和色牢度 氙弧灯照射褪色测试	纺织品
ASTM G155-21	用氙弧灯设备进行非金属材料暴露试验的标准操作程序	非金属材料
SAE J2412-202310	汽车内饰件的加速暴露试验 使用可控辐照度氙弧灯设备	汽车内饰件
SAE J2527-201709	汽车外部材料的加速暴露试验 使用可控辐照度氙弧灯设备	汽车外部材料
VDA 75202-2015	内饰件材料 色牢度试验及高温光照下的老化性能 氙弧灯	汽车内饰件
JASO M346-1993	汽车内部零件的光源暴露试验方法 氙弧灯	汽车内饰件
JASO M351-1998	汽车部件 汽车外部零件的加速老化试验方法 氙弧灯	汽车外饰件

GB/T 16422.1—2019《塑料 实验室光源暴露试验方法 第1部分:总则》等同采用 ISO 4892-1:2016,GB/T 16422.2—2022《塑料 实验室光源暴露试验方法 第2部分:氙弧灯》等同采用 ISO 4892-2:2013,GB/T 1865—2009《色漆和清漆 人工气候老化和人工辐射暴露 滤过的氙弧辐射》等同采用 ISO 11341:2004。

氙弧灯试验箱的型式较多,常见的两种结构见图 6-6。氙弧灯试验箱由耐腐蚀性材料制成,一般包括光源及测控装置、温度测控装置、湿度测控装置、喷水装置、样片安装装置等。常见的氙弧灯试验箱有两种分类方式:按照氙弧灯管的冷却方式分为水冷式和风冷式两类,按照试样安放形式分为旋转架式和静态平板式两类。

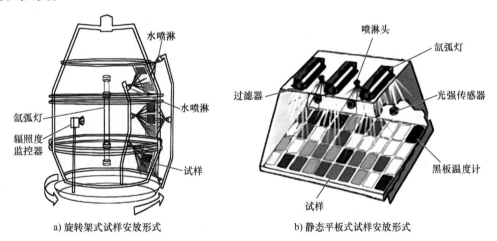

图 6-6 两类氙弧灯试验箱结构

水冷式氙弧灯试验箱冷却效果较好,运行噪声小,但冷却系统较复杂,冷却水需要用纯度高的去离子水,整体运行成本较高。风冷式氙弧灯试验箱结构简单、经济性好,但运行时冷却风机噪声较大。

对于旋转架式试样安放的试验箱,光学单元(由辐射器和光学滤光片组成)位于设备中心。试样安放在试样篮上,测试表面朝向辐射器,并在测试过程中围绕辐射源旋转,比不旋转时获得更好的辐照度和温度均匀性。根据辐射器及设备的类型和大小,可放置多层试样。为使各层试样受到更均匀的照射,在短灯(水冷)仪器中,上下两层试样都向辐射源倾斜。

对于平板式试样安放的试验箱,辐射器位于试验箱的顶板上。辐射源通过反射镜和滤光片射向试验箱底部的测试表面。由于其温度和辐照度的均匀性不如旋转架式,需要考虑通过在适当的间隔时间内手动旋转试样来获得足够的测试均匀性。平板式的优势在于更容易处理试样,也更方便测试三维试样和难以安装在试样篮上的试样。

（2）设备工作原理

氙弧灯试验箱通过对各项参数（辐照度、温度、湿度等）进行程序设定，来实现试样的光老化暴露环境（恒定或周期性重复的环境条件）。试样在经过规定测试周期的持续暴露后，通过进行相关性能检测来得到暴露前后的性能变化值，从而评价或评定其耐光老化性能。

（3）设备核心部件

1）滤光器/滤光片。氙弧灯的辐射包括紫外光、可见光、红外光。在氙弧灯老化试验中一般采用长弧氙弧灯，能有效避免电极发热对光谱能量分布的影响。通过选用不同型号的滤光器，可过滤掉不需要的紫外光或红外光，使照射到试样表面的光源符合试验标准要求。常用的滤光器有三种，其相对紫外光谱能量分布的影响见表6-2。

表6-2 配备不同滤光器的氙弧灯相对紫外光谱能量分布的影响

名称	定义	波段 λ/nm	最小百分比（%）	最大百分比（%）
日光滤光器	模拟户外阳光	λ<290	—	0.15
		290≤λ<320	2.6	7.9
		320≤λ<360	28.2	39.8
		360≤λ<400	54.2	67.5
窗玻璃滤光器	模拟透过窗玻璃的阳光	λ<300	—	0.29
		300≤λ<320	0.1	2.8
		320≤λ<360	23.8	35.5
		360≤λ<400	62.4	76.2
扩展紫外光滤光器	光谱中具有短波紫外光（250~290nm），这段紫外光在户外阳光中不存在	250≤λ<300	0.1	0.7
		300≤λ<320	5.0	11.0
		320≤λ<360	32.3	37.0
		360≤λ<400	52.0	62.0

注：以波长在250~400nm范围的辐照度为总辐照度，表中的数据为对应波段内的辐照度占总辐照度的百分比。

汽车外饰材料的试验通常使用日光滤光器，例如ISO 4892：2013中的"方法A"、ISO 11341：2004中的"方法1"；汽车内饰材料的试验通常使用窗玻璃滤光器，例如ISO 4892-2：2013中的"方法B"、ISO 11341：2004中的"方法2"；而扩展紫外光滤光器则主要应用于美系车的试验标准中，例如SAE J2412-202310、SAE J2527-201709。

目前多采用滤光片组合来代替滤光器，以达到最接近实际太阳光光谱的目的。以某品牌为例，常用氙弧灯滤光片组合见表6-3。

表6-3 常用氙弧灯滤光片组合

组合方式	滤光片组合		常见应用场景
1	内滤	外滤	
2	Right Light	石英玻璃	最精确模拟户外阳光滤光组合
3	Right Light	CIRA涂层石英玻璃	最精确模拟户外阳光但需要较低的样品表面温度的滤光组合
4	硼硅玻璃	硼硅玻璃	最常用的户外气候老化测试滤光组合
5	硼硅玻璃	钠钙玻璃	最常用的室内色牢度测试滤光组合
6	石英玻璃	硼硅玻璃	适用要求比户外日光更多短波UV的气候变化测试
7	硼硅玻璃	钠钙玻璃+浮法玻璃辅助灯笼罩	欧洲汽车内饰件常用滤光组合
8	石英玻璃	CIRA涂层石英玻璃+浮法玻璃辅助灯笼罩	GMW 3414TM汽车内饰件光照色牢度测试方法

2）温度计。温度计分为黑标温度计/黑板温度计和空气温度计两种。

① 黑标温度计/黑板温度计。氙弧灯试验箱采用黑标温度计（Black Standard Thermometer，BST）或黑板温度计（Black Panel Thermometer，BPT）监测试样表面能达到的最高温度。试验时，试样表面的温度取决于试样周围的空气温度、试样对氙弧光能的吸收和发射、试样内部的热传导率、试样和空气之间的热传导率以及试样和试样架之间的热传导率等因素。一般情况下，同时进行试验的试样可能在材料、尺寸、颜色等方面均有差异，导致不同试样的表面温度不同。对每个试样的表面温度进行监测不容易实现，因此，设备采用一种专用的黑标温度计或黑板温度计来监测试样表面温度。这种温度计一般安装在某一个试样的暴露位置上，以保证温度计与试样受到同样的辐射并处于同样的冷却状况。

黑标温度计与黑板温度计的基本区别在于前者是绝热安装的，而后者是非绝热安装的。因此，有的标准将黑标温度计称为绝热黑板温度计（Insulated black panel thermometer），将黑板温度计称为非绝热黑板温度计（Uninsulated black panel thermometer）。两种温度计显示的温度与氙弧灯的辐照度、箱内空气的温度和流速等有关。黑标温度计显示的温度一般与深色导热性差的试样暴露面温度相符，浅色或导热性好的试样暴露面温度一般低于黑标温度计显示的温度。而黑板温度计显示的温度一般与涂有深色层的金属试板的暴露面温度相符。在典型的氙弧灯暴露试验中，黑标温度计显示的温度比黑板温度计要高3~12℃，黑标温度计对温度改变的反应时间比黑板温度计要长一些。

② 试验箱内的空气温度计。试验箱内的空气温度（Test chamber air temperature）也称为干球温度（Dry bulb temperature），部分标准对空气温度值无明确要求。目前，氙弧灯老化试验设备一般采用铂电阻温度计监测箱内空气温度，通常安装在无氙弧光直射、无水喷淋的位置。箱内空气温度一般通过加热器和控制空气循环系统的新鲜空气吸入量来控制，部分设备会采用冷机进行降温。

3）湿度计。试验箱内的相对湿度也是氙弧灯老化试验的重要参数之一，在试验标准中有明确要求。目前主流的氙弧灯试验箱已很少采用干湿球的方式来监测相对湿度，而是采用专用传感器，如电容式湿度传感器进行监测，该传感器通常安装在无氙弧光直射、无水喷淋的位置。

4）喷水设备。试验箱内设置有喷嘴，将去离子水或更高纯度的水喷洒至试样暴露面，或同时向试验暴露面和背面喷洒水雾。喷水与否以及喷水的时间间隔都可通过程序自动控制。

氙弧灯试验箱厂家一般会在用户手册中规定用水要求。不同的试验标准对水质的要求稍有不同，部分标准对电导率或电阻率、pH值等指标也有明确要求。水的纯度对试验结果影响较大，水中的阳离子、阴离子、有机物，特别是硅化物，会在试样的暴露面上形成斑点、玷污等现象，因此试验中应对水质进行严格控制。

（4）主要指标参数

1）光源。氙弧灯试验箱光源部分有两个核心参数，一个是氙弧灯光的光谱能量分布，另一个是氙弧灯光的辐照度。

① 氙弧灯光的光谱能量分布，是通过氙弧灯和特定滤光器/滤光片组合来实现的。试验标准中规定的光源具有的特定光源能量分布决定了光辐射的本质特征。

② 氙弧灯光的辐照度是试样表面单位时间、单位面积内接受的辐射能量，一般以W/m^2为单位，该值与光谱波段有关。试验标准中规定的辐照度是决定辐照量的一个分量（另一分量是辐照时间）。目前，氙弧灯试验箱中采用的监测光谱波段主要包括340nm、420nm、300~400nm、300~800nm。前两种属于窄带波段，后两种属于宽带波段。一台氙弧灯试验箱中一般只具备监测其中一种或两种波段的能力。由于不同标准规定辐照度的波段可能不同，当氙弧灯试验箱的监测光谱波段和标准规定辐照度的波段不同时，不可避免地要进行不同波段辐照度值之间的转换，这种转换关系可从氙弧灯设备生产厂家获取。

目前，氙弧灯试验箱中的辐照度都是自动控制的，通过光传感器进行辐照度监测，并通过调节氙弧灯运行功率控制辐照度大小。为保证试验时量值的准确性，应定期对辐照度监控系统进行校准。

2）温度。包括试验箱内温度、黑标温度、黑板温度。

3）相对湿度。在试验标准中一般均有明确要求。

4）喷水。喷水是为了模拟自然界中的降雨或凝露对试样产生的热冲击效应，也用于调节试验箱内的相对湿度。

(5) 氙弧灯老化试验中标准物质的应用

在汽车行业的氙弧灯老化试验中经常用到标准物质，常用的标准物质有蓝色羊毛标准织物和聚苯乙烯标准塑料片。这些标准物质的某种性能改变与所受辐照量间有稳定对应关系。

1）蓝色羊毛标准织物（Blue wool references）。在氙弧灯老化试验中使用的蓝色羊毛标准织物有两种：

① ISO 蓝色羊毛标准织物 1~8。欧洲研发及生产的蓝色羊毛标准织物，用数字代号 1~8 来标识，这 8 级标准织物是分别用不同的染料染色的羊毛布。标准织物 1 的色牢度极低，标准织物 8 的色牢度极高，每一个代号较高的标准织物的色牢度比其前一代号的标准织物的色牢度高 1 倍左右，例如标准织物 4 比标准织物 3 的色牢度高约 1 倍。

② AATCC 蓝色羊毛标准织物 L2~L9。美国研发和生产的蓝色羊毛标准织物，用字母 L 加数字代号 2~9 来标识，这 8 级标准织物由两种专门染色的羊毛以不同混合比特制而成。

两套蓝色羊毛标准织物具有一定的相关性（可参阅 ISO 105 - B01：2014），但从两套标准织物中获得的试验结果不可互换，一般也不可利用其相关性进行结果间的转换。

蓝色羊毛标准织物的用途如下：

① 色牢度评级。蓝色羊毛标准织物主要用来进行纺织品色牢度评级，在汽车内饰件耐光性试验中经常用到。基本试验方法是将试样和一套（或部分）蓝色羊毛标准织物同时暴露在同一试验条件下，当试样已充分褪色时（如变化至灰色样卡 4 级或 3 级），将试样与蓝色羊毛标准织物进行比较，试样的褪色程度与哪一级蓝色羊毛标准织物的褪色程度相同，试样的色牢度就评为该级别，例如试样和蓝色羊毛标准织物 4 的褪色程度相同，则其色牢度就评为 4 级。试验时采用 ISO 还是 AATCC 蓝色羊毛标准织物按试验标准确定。

② 老化持续期的控制。在早期的氙弧灯老化试验设备中，尚不能自动控制光的辐照度，氙弧灯在使用过程中本身会老化，辐照度会下降，用时间来控制老化持续期是不准确的。因此，常用蓝色羊毛标准织物来控制老化持续期，这种方法至今仍在部分标准中采用。

一般方法是将试样和某一级蓝色羊毛标准织物同时暴露，当该蓝色羊毛标准织物褪色至灰色样卡 4 级或 3 级时、或规定其色差达到某一数值时（仪器法），结束试验或结束一个试验周期。例如，ISO 105 - B06：2020 规定的方法中，有的是通过采用蓝色羊毛标准织物 6 褪色到灰色样卡 3 级（相当于色差数值等于 4.3±0.4）时来控制试验的结束或一个试验周期的结束。

③ 验证机器运行的准确性。鉴于蓝色羊毛标准织物老化后的颜色改变与其所受光辐照量有固定关系，部分标准采用蓝色羊毛标准织物来验证机器运行的准确性或对机器进行校准。如在标准 SAE J2412 - 202310 中规定，试验时可采用蓝色羊毛标准织物 L2 进行每日监控，或采用蓝色羊毛标准织物 L4 进行每三天一次的监控。蓝色羊毛标准织物试验前后在 D65 光源、10°标准观察者、包含镜面反射成分的条件下的色差值应满足蓝色羊毛标准织物性能规格表中规定值的允许偏差，如果超出允许偏差，则应停止试验，找出原因并排除故障后再继续试验。

2）聚苯乙烯标准塑料片（Polystyrene reference plastic）。聚苯乙烯标准塑料片是美国汽车工程学会有关标准中规定使用的一种标准物质，是一种特制的透明聚苯乙烯塑料片。聚苯乙烯标准塑料片暴露后的 $\Delta b*$ 值与其所受光辐照量有确定对应关系，这种对应关系会在生产厂的性能规格表中提供，不同批次的产品对应的值会有所不同。

在标准 SAE J2527 - 201709 或 SAE J2412 - 202310 规定的试验中，用聚苯乙烯标准塑料片来监控氙弧灯老化试验设备是否运行正常。基本程序如下：

① 测量聚苯乙烯标准塑料片的初始颜色值。颜色的测量应在 D65 光源、10°标准观察者、包括镜面反射成分的条件下，采用透射或反射方式进行测量；采用反射方式时，应将颜色测量仪校准用的白板垫于聚苯乙烯标准塑料片之下进行测量。

② 将聚苯乙烯标准塑料片放置在紧邻黑板温度计的位置上进行暴露。

③ 暴露至预定的辐照量后,取出聚苯乙烯标准塑料片。

④ 测量暴露后的聚苯乙烯标准塑料片的颜色值,并计算 $\Delta b*$ 的值。

⑤ 比较 $\Delta b*$ 与聚苯乙烯标准塑料片性能规格表中对应的值,如果超出规定范围,说明试验条件可能出现偏差,应终止试验并查找原因。

2. 荧光紫外灯试验箱

(1) 设备应用范围

荧光紫外灯试验箱主要应用于荧光紫外暴露试验,该试验通过模拟自然环境中的太阳紫外光、温度、潮湿对试样的影响,使试样的性能发生改变,进而检测材料的耐老化性。荧光紫外灯的光源特性与户外日光差异很大,温度和湿度的模拟效果也有限,这在很大程度上影响了其与户外暴露试验的相关性。因此,荧光紫外灯暴露试验一般不作为材料实验室气候老化试验的仲裁方法。但由于其结构简单、经济性强等的特点,常作为一种快速、经济的材料筛选方法。

荧光紫外灯暴露试验起源于美国,后逐步在世界范围内得到推广,在汽车行业内常用于汽车用涂料和塑料件的老化试验。表6-4列出了当前汽车行业常用的相关标准。

表6-4 汽车行业常用荧光紫外灯暴露试验标准

标准号	标准名称	标准应用领域
GB/T 14522—2008	机械工业产品用塑料、涂料、橡胶材料人工气候老化试验方法 荧光紫外灯	塑料、涂料、橡胶
ISO 4892-3:2016	塑料 实验室光源暴露试验方法 第3部分:荧光紫外灯	塑料
ISO 11507:2007	色漆和清漆 涂层的人工气候老化 暴露于荧光紫外灯和水	涂料
ASTM G151-19	用实验室光源加速实验设备进行非金属材料暴露试验的标准操作程序	非金属材料
ASTM G154-23	用荧光紫外灯设备进行非金属材料暴露试验的标准操作程序	非金属材料
SAE J2020-202210	汽车外部材料的加速暴露试验 使用荧光紫外灯和冷凝设备	汽车外部材料

(2) 设备工作原理

荧光紫外灯试验箱主要是将试样暴露在由程序控制的环境条件下(紫外光、温度、湿度等),达到规定的暴露时间后,对试样进行相关性能检测,通过计算暴露前后的性能变化值来评价试样的耐光老化性能。

(3) 设备核心部件及关键参数

荧光紫外灯试验箱的箱体由耐腐蚀性材料制成,一般包括光源、温度测控装置、水槽、样品安放装置等(图6-7),新型设备还配有光源及测控装置、喷水装置等。荧光紫外灯试验箱通过程序控制来实现环境交替模拟,可设置恒定条件或周期性重复条件。

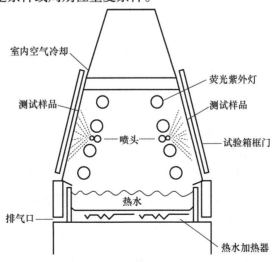

图6-7 典型荧光紫外灯试验箱结构

1) 光源。

① 灯管的种类。目前，荧光紫外灯试验箱中光源的光谱能量分布是通过选用不同种类的荧光紫外灯灯管来实现的。荧光紫外灯的辐射主要是紫外光和极少量的可见光，几乎没有红外光。常用的荧光紫外灯灯管种类见表6-5，与太阳光的光谱能量分布的比较见图6-8。

表6-5 不同荧光紫外灯相对光谱能量分布的影响

灯管种类	辐射峰值/nm	波段 λ/nm	最小百分比（%）	最大百分比（%）
UVA-340	340	$\lambda < 290$	—	0.01
		$290 \leq \lambda \leq 320$	5.9	9.3
		$320 < \lambda \leq 360$	60.9	65.5
		$360 < \lambda \leq 400$	26.5	32.8
UVA-351	351	$\lambda < 300$	—	0.2
		$290 \leq \lambda \leq 320$	1.1	3.3
		$320 < \lambda \leq 360$	60.5	66.8
		$360 < \lambda \leq 400$	30.0	38.0
UVB-313	313	$\lambda < 290$	1.3	5.4
		$290 \leq \lambda \leq 320$	47.8	65.9
		$320 < \lambda \leq 360$	26.9	43.9
		$360 < \lambda \leq 400$	1.7	7.2

注：以波长在250~400nm范围的辐照度为总辐照度，表中的数据为对应波段内的辐照度占总辐照度的百分比。

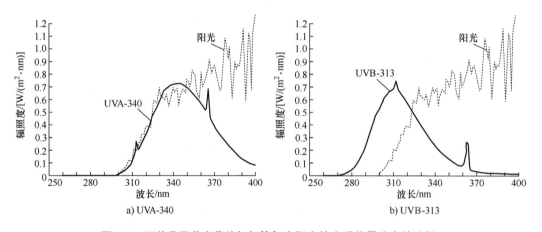

图6-8 两种常见荧光紫外灯灯管与太阳光的光谱能量分布的比较

模拟户外直射日光紫外辐射，推荐使用UVA-340灯管，它几乎没有低于300nm的紫外光，而300nm也是户外日光的起始波长。在300~350nm之间，UVA-340与日光的紫外光谱较吻合。模拟透过玻璃的日光紫外辐射，推荐使用UVA-351灯管，它与透过玻璃的日光紫外辐射的光谱起始段相近。为获得较快的光老化加速效果，推荐使用UVB-313灯管，它的辐射中有许多低于300nm的紫外光，能使高分子材料快速降解，一般用于涂料的加速老化测试。但这些降解在机理上可能不同于材料在户外日光暴露下引起的降解，可能会对材料造成不符合实际的破坏，应谨慎使用。

② 辐照度。荧光紫外灯在使用过程中自身会老化，辐照度会下降，早期的荧光紫外灯试验箱没有辐照度监控系统，通过定期更换紫外灯和对灯管位置进行轮换来实现一定时间内辐照度的相对稳定。新型设备一般都配有辐照度测控系统，以保证辐照度的稳定。目前，荧光紫外灯试验箱中监测的辐照度光

谱波段主要有两个：①340nm，用于荧光紫外灯 UVA-340 和 UVA-351 的监测；②310nm，用于荧光紫外灯 UVB-313 的监测。

辐照度监控系统通过光传感器进行辐照度监测，通过调整灯的功率来保持辐照度的稳定。对辐照度监控系统需要定期进行校准。

2）黑板温度计/黑标温度计。荧光紫外灯试验箱采用黑板温度计或黑标温度计监测试样表面可能达到的最高温度，该值也是荧光紫外灯暴露试验的主要参数之一。在荧光紫外灯暴露试验中，试样表面的温度取决于试样周围的空气温度、试样内部的热传导率、试样和空气之间的热传导率以及试样和试样架之间的热传导率等。与其他人工光源不同，由于荧光紫外灯的辐射中几乎不存在可见光和红外光，没有热效应，试样表面温度与辐射关系不大。通常情况下，黑标温度计显示的温度比黑板温度计要高，但荧光紫外灯试验中，两者相差很小，不超过2℃。荧光紫外灯试验箱普遍采用黑板温度计进行监测，该温度计一般安装在一个试样的暴露位置上，使温度计与试样受到同样试验条件的影响。

3）湿度计。常采用专用传感器，如电容式湿度传感器，对湿度进行监测，该传感器通常安装在无荧光紫外灯直射、无喷水的位置。

增加相对湿度一般是采用加湿器向空气流中喷入雾化去离子水的方式。

4）潮湿状体模拟。在荧光紫外灯试验箱内，使试样暴露于潮湿状态的方式主要有凝露和喷水两种。

① 凝露。凝露是荧光紫外灯试验中用来模拟自然环境中结露现象的一种测试方法。凝露通过以下方式形成：在程序的黑暗段，试样的测试面暴露在加热的充满饱和水蒸气的空气中，在由试样架包围的密闭空间里，相对湿度一般为100%，而试样的背面（非测试面）暴露在房间温度的冷却空气中，使试样温度降至露点以下，从而在试样的测试面产生凝露。该方式的缺陷在于凝露水的温度比自然条件下的露水高，可能在试样表面造成与实际不符的缺陷（如水渍现象）。

② 喷水。喷水是为了模拟自然界中的降雨对试样产生的热冲击效应。喷水一般应用在测试户外用材料的试验中。荧光紫外灯试验箱中采用喷嘴向试样暴露面喷洒去离子水或更高纯度的水。喷水与否以及喷水的时间间隔都可通过程序自动控制。喷洒用水的要求同氙弧灯试验箱。一般情况下，在一个试验段中只能选择光照、凝露、喷水三个条件中的一个，也就是说，这三个条件是相互排斥的。

(4) 使用及维护的关键点

1) 试验过程中，切勿将手伸入试验箱中，以防烫伤或紫外光过度照射伤害皮肤。

2) 定期清洗试验箱内部，更换滤网，保持设备的良好运行状态。

3) 根据设备操作手册进行操作，避免误操作导致设备损坏或试样测试结果不准确；长时间停止使用后，如果需要再次使用，须仔细检查水源、电源及各部件，确定无异常后再启动设备。

4) 由于紫外光辐射对人（特别是眼睛）有强烈危害，操作人员应尽量减少接触紫外光（接触时间应<1min），同时建议操作人员佩戴护目镜及护套。

5) 首次开机前，向储水箱中加满自来水。

6) 设备严禁用于易燃、易爆、有毒、强腐蚀物品的试验。

7) 应定期进行校准，并在使用过程中注意灯管的寿命，若灯管在全功率工作状态下达不到设定的辐照度，则需要更换。操作人员须在断电状态下更换灯管，拔出灯管过程中须保持其两端平衡。

3. 金属卤素灯试验箱

(1) 设备应用范围

金属卤素灯是一种利用金属卤化物通电实现发光的气体放电灯，可提供与直射和散射非常相似的光谱能量分布。作为一种实验室光老化光源，金属卤素灯的光谱分布与地球表面接收到的太阳光非常相似，尤其对红外区域的模拟性较好。金属卤素灯试验箱通过放置多个光源来进行模拟试验，主要应用于汽车整车及其零部件、电工电子产品等大型设备的人工光老化加速试验。

金属卤素灯暴露试验在欧洲汽车行业有广泛应用，相关标准见表6-6。

表 6-6 金属卤素灯暴露试验主要标准

标准号	标准名称	标准应用领域
GB/T 2423.24—2022 IEC 60068-2-5：2018	环境试验 第2部分：试验方法 试验S：模拟地面上的太阳辐射及太阳辐射试验和气候老化试验导则	电工电子产品
ISO 9022-9：2016	光学和光学仪器 环境试验方法 第9部分：太阳辐射和风化	光学器件和仪表
GB/T 19949.2—2005 ISO 12097-2：1996	道路车辆 安全气囊部件 第2部分：安全气囊模块试验	安全气囊组件
DIN 75220：1992	利用太阳模拟装置进行汽车部件的老化试验	汽车整车及零部件

（2）设备工作原理

将试样暴露在周期性重复或恒定的环境条件下，对环境条件（辐照度、温度、湿度等）进行程序控制，达到规定的暴露测试周期后，对试样进行相关性能检测，用以评价其耐老化性能。

金属卤素灯试验箱的型式较多，有多种规格，也有专门为用户设计定制的整车试验舱。试验箱由耐腐蚀性材料制成，一般包括光源及测控装置、温度测控装置、湿度测控装置等。

（3）设备核心部件及关键参数

1）光源。

① 光谱能量分布。目前，金属卤素灯试验箱中光源的光谱能量分布是通过金属卤素灯和特定滤光器的组合来实现的，选用不同的滤光器，可使照射到试样表面的光具有不同的光谱能量分布。目前主要有户外滤光器和室内滤光器两种，分别用于模拟户外日光和透过窗玻璃的日光。

② 辐照度计。金属卤素灯试验箱一般直接采用全波段监控光谱波段（280~3000nm），并对总辐射的辐照度进行监测。由于金属卤素灯和滤光器不可避免地会老化和污染，对辐照度的监测最低要求：每个试验前，对试验区域内辐照度的空间分布应进行测量；每个试验期间，应在选定的基准点上测量辐照度的时间特性。

2）温度。在金属卤素灯曝晒试验中，对箱内空气温度有明确要求。根据试验标准需要，也可采用黑标温度计监测试样表面可能达到的最高温度。

① 箱内空气温度计。金属卤素灯试验箱一般采用热电偶或铂电阻温度计作为温度传感器监测箱内的空气温度，该温度计通常安装在无光源直射的位置。部分金属卤素灯暴露试验标准对升降温速率有明确规定，部分对低温也有要求，因此对金属卤素试验在温度控制能力和升降温速率的控制方面有较高要求。

② 黑标温度计。金属卤素灯试验箱的黑标温度计和氙弧灯试验箱的黑标温度计属同类设备。

3）相对湿度控制。金属卤素灯曝晒试验对试验箱内的相对湿度规定不十分严格，通常仅规定一个范围，如<30%RH、>50%RH等。湿度的监测常采用干湿球、氯化锂湿度计、电容式湿度计等装置，湿度传感器通常安装在无光源直射的位置。增加相对湿度的方式一般是由加湿器向空气流中喷入雾化去离子水。

4. 碳弧灯试验箱

碳弧灯暴露试验方法目前主要在日本车企中广泛使用，在JIS标准中有较多使用。碳弧灯的光谱能量分布较接近太阳光，在370~390nm紫外光集中加强，加速倍率介于氙弧灯与荧光紫外灯之间。

碳弧灯试验箱有封闭式和开放式两种类型。封闭型碳弧灯试验箱通过燃烧一对碳棒作为光源，碳棒封闭于一个派热克斯（Pyrex）玻璃球罩中，球罩起到滤光器的作用，同时提供一个缺氧的环境来满足碳棒适当燃烧速率的需要。封闭式碳弧光与太阳光的光谱能量分布相似度很小。在紫外波段上封闭式碳弧灯有两个强发射波段，峰值分别在358nm和386nm处，辐照度远超自然日光，见图6-9。

开放式碳弧灯（又称阳光碳弧灯）试验箱使用三对碳棒在自由流动的空气中轮流燃烧作为光源，通常在弧光的周围安装有科莱克斯（Corex）平板玻璃作为滤光器。阳光碳弧光与自然日光相比，具有更多低于300nm的紫外光，从紫外光和可见光范围的光谱能量分布来看，阳光碳弧光比封闭型碳弧光更

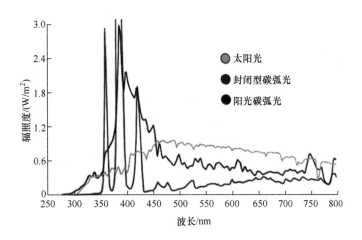

图6-9　碳弧光与太阳光的光谱能量分布的比较

接近自然日光。

上述两种类型的碳弧灯试验箱都要定期更换碳棒,早期型号需要每天更换,且每天要清洁玻璃球罩和滤光器,去除沉积的炭灰。

碳弧灯暴露试验方法与氙弧灯暴露试验方法除了在光源上有差异外,其他环境参数控制(温度、湿度、喷水等)都是一样的。由于碳弧光与自然日光的光谱能量分布差异很大,碳弧灯暴露试验方法已基本被氙弧灯暴露试验方法取代。但由于该方法曾广泛使用,各种产品和材料制造商积累了大量试验历史数据,对于车厂的新材料开发仍具有借鉴和对比意义,目前仍在部分车企中应用。

5. 整车阳光模拟试验设备

(1) 设备应用范围

整车阳光模拟试验设备通过控制和监控试验舱内温度、湿度、辐照度等参数,使试验样车内外温度达到预设值,从而模拟整车在使用过程中受到的干热及湿热环境(光照、温度、湿度)影响。

(2) 设备工作原理

整车阳光模拟试验设备(图6-10)由试验舱主体和阳光模拟系统两大部分组成。试验舱主体提供温湿度控制及调节:

图6-10　整车阳光模拟试验舱

1) 设备通过试验舱内的温度传感器监控,经温度控制系统调节,连接电加热单元来升高舱内温度,或调整压缩机工作状态来降低舱内温度,以达到所需的温度值。

2) 设备通过舱体内置的湿度传感器监控,经湿度控制系统调节,连接蒸汽加湿单元或冷加湿单元,经过加热水槽内的水或雾化水气来升高舱体内的湿度,或通过机械制冷来完成除湿效果,以达到控制所需的湿度。

阳光模拟系统由灯架、灯具及控制系统组成,一般由金属卤素灯配备滤光片作为全光谱阳光模拟光源,控制系统通过对辐照度的调节,保证试验舱内一定高度上的均匀性。

(3) 使用及维护的关键点

1) 设备在运行过程中应处于受监控状态。

2) 严禁频繁启动压缩机，压缩机停机后，必须根据提示重新启动。

3) 设备光源运行期间，操作人员须穿戴防护用具进入舱内并避免长时间曝晒。

4) 设备应定期进行表面清洁，避免灰尘及其他吸附物影响试验过程及设备试验寿命。

5) 设备应定期检查湿热供水循环系统、蒸发器、加湿器、纯水机、水冷冷凝器等，确保无漏水等异常情况。

6) 设备应定期检查制冷机械部分，确保制冷管路无异响、压缩机油油位和运行压力正常。

7) 金属卤素灯按照厂家推荐使用时间进行更换；滤镜应定期用酒精擦拭，去除表面附着物；EPS应定期清理表面灰尘。

6.2.3 臭氧老化试验设备

(1) 设备应用范围

臭氧老化试验针对橡胶及部分塑料对臭氧敏感这一特性，利用环境模拟方式加速橡胶被臭氧老化的过程，从而测试试样耐老化的能力。臭氧老化试验箱（图6-11）将试样暴露于密闭无光照、含有恒定臭氧浓度的恒温环境中，并使试样在静态拉伸或连续动态拉伸变形的状态下（或在间断的动态拉伸与静态拉伸交替的变形状态下），经过规定的测试周期后，观察试样表面发生的龟裂或其他性能变化程度。

检测标准可参考 ISO 1431-1：2022、GB/T 13642—2015 和 GB/T 7762—2014 等。

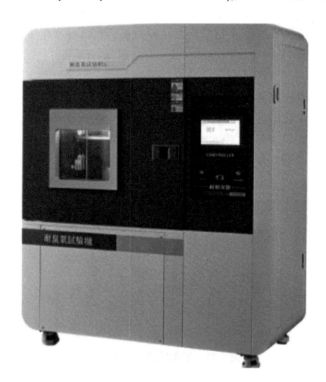

图 6-11 臭氧老化试验箱

(2) 设备工作原理

臭氧老化试验箱的主要工艺有核辐射法、电解法、紫外光法、等离子体法及电晕放电法等。应用较多的是在臭氧发生器中放电氧化空气或纯氧来生成臭氧，也就是在空气中采用高能量交互电流将氧分子电离形成臭氧。

臭氧老化试验箱可配备持续臭氧量测量、控制等功能。测量系统以朗伯比尔定律为分析基础，配合利用紫外光吸收法进行检测。在操作界面上设定臭氧浓度和空气温度后，控制系统会自动调节并控制试验箱内臭氧浓度和温度达到规定值，同时紫外光自动测量系统可在流量变数变化下连续快速地计算出臭氧浓度。

6.2.4 整车道路环境综合模拟试验设备

（1）设备应用范围

整车道路环境综合模拟试验设备用于整车在高低温环境条件下的四立柱台架耐久试验，模拟整车在高低温环境下经道路耐久试验后，车身底盘、开闭件、内外饰件、电子电器等的结构、功能所受的影响。

（2）设备工作原理及核心部件

整车道路环境综合模拟试验设备主要包含高低温环境舱、红外光照模拟系统、四立柱道路模拟试验台、冷却器以及其他辅助工具。高低温环境舱提供高温、低温的外界环境条件；红外光照模拟系统提供红外加热，使相应零件满足目标温度值要求；四立柱道路模拟试验台通过车轮和轮胎将道路载荷或虚拟载荷传递至整车。整车道路环境综合模拟试验设备通过以上系统的匹配协作模拟出更符合真实环境的实验室道路耐久试验。

整车道路环境综合模拟试验设备的核心部件是四立柱道路模拟试验台及其控制系统，除试验台硬件外还包括站台软件、迭代软件、数据采集设备、加速度传感器、应变片、位移传感器等。

（3）测试步骤

1）试验前样车准备。对样车车底及轮罩部位进行清洁，确认胎压满足设计要求，并由专业工程师对样车的软硬件状态进行检查确认，车辆状态确认无误后进行热电偶传感器布置，用于悬架、减振器和整车车身、内外饰的温度监控。

2）红外光照模拟系统参数设置。在车顶上端、前后保险杠端配置红外灯辐照系统，通过红外加热使目标零件达到预设温度值。

3）试验台架准备。按照样车的轴距和轮距，对四立柱道路模拟试验台的四角进行位置调整，保证样车车轮放置在四个托盘的中心位置上，将样车变速杆置于空档，并释放驻车制动器。

4）数据准备。根据试验需求设置载荷谱，数采系统参数设置与道路载荷采集时保持一致；对四立柱道路模拟试验台的四个动作器进行超极限保护设置。

5）整车配载。根据试验需求对整车进行假人、沙袋等配载，以满足试验要求。

6）试验后评价。试验完成后组织相关工程师对整车进行试验后的静态功能评价、NVH异响主观评价以及其他评价。

（4）使用及维护的关键点

1）日常使用应定期点检设备状态，如制冷剂压力、系统气压、循环水压力、加湿器压力等。

2）设备运行过程中对运行情况进行检查，确保运行平稳，无异常振动和噪声。

3）正确使用和佩戴有关防护用品，当试验舱内处于高温或低温状态时，人员进入舱内持续时间不得超过20min。

4）操作人员必须经过专门培训，经考试合格后方可操作设备。

5）试验开始前确认电源、样车、传感器及接头是否正常，运行程序须正确选择液压缸，设置合适的保护条件，调整合适的PID参数。

6）试验运行结束后，样车下台架前，确保所有设备程序停止且系统压力降至零。

7）更换液压油、滤芯、液位/液温开关、密封圈、输油管等部件时，要确保HPU已泄压，管内压力降至零。

6.3 户外暴露老化试验设备

户外暴露老化试验主要指通过将汽车内外饰材料或零部件长期暴露于某种自然环境中来实现其自然环境老化。目前，用于外饰材料及零部件的户外暴露老化试验设备有直接自然大气暴露设备和太阳跟踪聚光自然暴露设备，用于内饰材料及零部件的户外暴露老化试验设备有 IP/DP 箱、CTH Glass – Trac™ 试验设备等。

6.3.1 外饰件试验设备

1. 直接自然大气暴露试验设备

（1）设备应用范围

直接自然大气暴露试验设备常用于直接自然暴露试验，其核心部件是暴露架，根据暴露架背面结构的不同，可分为无背板直接暴露试验设备、带背板直接暴露试验设备、特制黑箱直接暴露试验设备等，可根据受试材料或产品最终的使用环境条件，选择不同类型的设备进行直接自然暴露试验。

无背板直接暴露试验设备主要用于汽车外部非主要暴露面上的涂层材料、非紧贴汽车表面安装的外饰零件以及车灯用光学材料等。带背板直接暴露试验设备通过在无背板暴露架基础上增加背板来模拟试样在车身上的安装状态或最终使用环境，测试过程中的试样表面温度高于无背板试验，以实现更严苛的老化条件。黑箱直接暴露试验设备主要用于汽车外部涂层样件（油漆、粉末涂料等）及部分紧贴汽车表面安装或标示牌等作为汽车外部箱体结构一部分的外饰件的自然暴露试验。

（2）设备工作原理

1）无背板直接暴露试验设备（图 6-12）。将受试样品固定在通透、无垫板的暴露架上，受试样品的受试表面和其他表面都直接暴露在太阳光辐射和其他环境因素下外。

图 6-12　无背板直接暴露试验设备

2）带背板直接暴露试验设备（图 6-13）。将受试样品固定在由约 12.5mm 厚的胶合板作背板的暴露架上，以模拟受试样品的最终使用环境条件。由于背板的存在，受太阳辐射时样品背部空气不流通，其温度相比无背板时更高，会引起更快的老化。

图 6-13　带背板（胶合板）直接暴露试验设备

3) 黑箱暴露试验设备（图6-14）。通过将受试样品固定在一个耐腐蚀的、四周涂有耐高温黑色油漆的特制长方形金属箱上，并搭配暴露架，来模拟其在车辆使用过程中所处的受太阳辐射和封闭箱体热效应影响的环境。

图 6-14 黑箱暴露试验设备

(3) 设备核心部件

1) 无背板直接暴露试验设备。核心部件是无背板暴露架，一般由框架、支承和立柱等组成。其中，支承上有用于调整暴露角度的孔，选择不同孔位可实现5°、45°等暴露角度。此外，样品的装夹方式也有多种，如滑槽式、遮蔽板式等。滑槽式指将样品放入上下两个"H"形滑槽中，正确摆放后由螺钉紧固在暴露架上；遮蔽板式指利用样品遮蔽板遮蔽样品一部分，便于比对样品老化前（遮蔽）后（暴露）的外观性能变化。

2) 带背板直接暴露试验设备。核心部件是带背板的暴露架，背板通常是12.5mm厚的胶合板。

3) 黑箱暴露试验设备。核心部件是特制黑箱和暴露架。其中，黑箱由耐腐蚀金属制成，表面涂有耐高温、耐候性好的黑色油漆，分为全密封型和开口型。常见的黑箱尺寸有两种：长×宽×高=(150×180×23) cm 或长×宽×高=(170×370×23) cm，黑箱底部距最低底边13mm处每隔150mm设有直径13mm的孔用于雨天排水，数量至少为4个。此外，黑箱内还可安装加热系统，必要时可对黑箱内的空气进行加热，从而使黑箱上的受试样品在试验时始终保持较高温度。

除上述暴露试验设备外，还可根据汽车零件的形状设计使用特殊暴露架。

2. 太阳跟踪聚光自然暴露设备

(1) 设备应用范围

太阳跟踪聚光自然暴露设备是一种利用太阳跟踪聚光系统增加受试样品暴露表面太阳辐照量的设备，主要用于汽车外饰材料及零部件（汽车玻璃、车灯用光学材料、车身外部涂料和密封材料等）的户外曝晒老化测试。

(2) 设备工作原理

太阳跟踪聚光系统的功能是跟踪对准太阳并利用平面镜反射太阳光聚焦光辐射，以达到增强光辐射能量的目的。目前使用的太阳跟踪聚光系统通常采用菲涅尔反射聚光系统：将10块矩形平面镜反射的光线聚焦到受试样品暴露区，使受试样品获得约8倍的太阳辐照度或5倍的太阳紫外辐照度。需要注意的是，在这种加速试验过程中，受试样品所处的环境是自然环境，所接受的光辐射来自太阳（反射）。

(3) 测试要点

1) 样品尺寸。样品最大长度和宽度不能大于暴露区域的长度和宽度，受冷却方式限制，样品厚度不能超过13mm。

2) 样品安装。安装时，样品暴露面应朝向平面镜，以接受平面镜反射的太阳光，包括非绝热安装和绝热安装两种形式。

① 非绝热安装（样品无背板）。样品安装位置距底板5~6mm，确保底板与样品间有足够间隙。调节空气导流板，使其边缘到样品的距离为10~14mm。

② 绝热安装（样品带背板）。样品直接安装在绝热背板上。绝热背板一般紧贴底板，调节空气导流板，使其边缘到样品的距离为10~14mm。

3）试验过程。太阳跟踪聚光自然暴露试验的循环方式取决于样品的最终用途，例如针对汽车外饰件试验时需要喷水，而汽车内饰件则不需要。

（4）设备核心部件及主要指标参数

太阳跟踪聚光自然暴露设备主要由平面反射镜组、通风冷却系统、样品超温保护系统、太阳跟踪聚光系统、喷淋装置等部分组成（图6-15）。其中，平面反射镜组共有10块平面镜，按抛物线的切线位置摆放，其位置可保证在试验时，太阳光经由平面镜反射到样品暴露区上。

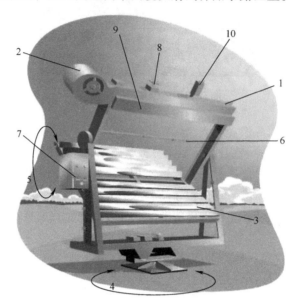

图6-15 太阳跟踪聚光自然暴露设备
1—送风管道 2—送风机 3—平面反射镜 4—水平旋转装置 5—垂直旋转装置 6—样品喷淋装置
7—控制箱 8—光传感器 9—样品超温保护板 10—超温保护板控制机构

1）平面镜。为保证反射后的太阳光质量，平面镜除要求平整外，其光学特性应满足在310nm波长处测得的太阳紫外光反射率大于65%。若平面镜的反射率难以直接测量，则每面平面镜应配一块便于拆装的、易于测量反射率的平面镜替代件。平面镜替代件材料应与平面镜一致且属于同一批次，尺寸不小于2580mm^2，并与平面镜同时安装，其安装中心位置在平面镜宽度中心线上，距两端均为150mm。

2）通风冷却系统。由送风机、送风管道等组成，可保证在暴露试验时提供一定流速的空气经过样品表面，从而避免样品表面超温（一般不高于10℃）。

3）样品超温保护系统。由样品超温保护挡板及控制机构组成，超温保护挡板在样品表面温度超过设定上限时遮挡在其暴露面上，以阻止太阳光继续照射，避免样品表面温度继续升高。

4）太阳跟踪聚光系统。由光传感器、控制系统、水平旋转装置和垂直旋转装置组成，用于保证设备正对太阳，且各平面反射镜处于聚焦状态。光传感器即感光器，位于送风管道顶部（面对太阳），用于感应太阳光的相对移动，若有相对移动则发出偏差信号，经控制系统变换后传给相应旋转装置，以调整设备，使其处于聚焦状态。

此外，太阳跟踪聚光自然暴露设备的样品试验区还装有黑板温度计，主要用于监控样品的表面温度最高值。喷淋装置主要用于在试验循环中的某个阶段需要给样品喷淋加湿的部分暴露加速试验。喷淋的效果与喷嘴有重要关系，多数标准推荐使用扇形喷嘴，以使样品获得均匀一致的细雾状加湿效果。另外，喷淋用水的纯度也非常重要，若使用的喷淋用水不符合要求，则会导致样品表面出现污迹，而这些污迹在通常的户外暴露试验里是不会出现的。喷淋用水应满足 ASTM D859－16（2021）的要求。虽然SiO_2含量与喷淋用水的纯度并非总是相关，但仍然建议对喷淋用水的电阻率进行监控，避免使用阻抗低于1MΩ·cm的喷淋用水。此外，若喷淋用水含有细菌，也会引起样品表面污染，这种情况下，应先用含氯溶液冲刷整个喷淋系统，再用清水冲洗干净。

6.3.2 内饰件试验设备

1. IP/DP 箱

（1）设备应用范围

IP/DP 全称是 Instrument Panel/Door Panel，即仪表板/门板。IP/DP 箱（图 6-16、图 6-17）专指用于仪表板、门板等汽车内饰件自然老化试验的玻璃箱，主要设计依据是美国通用汽车公司的 GM9538P 和 GMW3417 标准。

图 6-16　美国 ATLAS 气候试验服务集团的 IP/DP 箱

图 6-17　中国海南琼海自然暴露试验场的 IP/DP 箱

（2）设备结构及类型

基于汽车内饰件所处环境，通过选择不同类型的玻璃、设置不同的黑板温度以及选择不同的试验持续期，利用 IP/DP 箱模拟并强化汽车停放时内饰件所处的环境条件，可分别对不同车型、不同部位的汽车内饰件进行自然老化试验。

1）设备结构。IP/DP 箱是一个封闭箱体，箱体外表面由耐腐蚀金属板构成，内衬保温层用于保证在太阳辐射下箱内空气可达一定温度，箱内空间可满足汽车仪表板等大尺寸零部件的安放，箱体上表面是装有汽车专用玻璃的可开启箱盖。常用的汽车专用玻璃有厚度为（3.0±0.5）mm 的透明回火玻璃和厚度为（5.8±0.5）mm 的透明层压玻璃（夹层玻璃），也可以是由试验各方协商同意使用的其他形式玻璃，如 TINTED 玻璃或 ABSORBING 玻璃等。

IP/DP 箱的温度控制系统由黑板温度计、空气冷却装置及温度控制仪表组成，用于控制箱内样品表面的极限温度。根据不同部位上的汽车内饰件，可设置不同的黑板极限温度，如 GMW3417 规定的可供选择的极限温度有 77℃、85℃、93℃、102℃、110℃。用于测量控制温度的黑板温度计主要由均匀喷涂有耐高温黑色亚光漆的（100×125×0.61）mm 钢板、（110×135×13）mm 胶合板及温度传感器组成。温度传感器紧贴在钢板背面，钢板与胶合板由钢板四角上的螺钉连接在一起。安装黑板温度计时，其表面要与箱盖上的玻璃板平行，并与箱内样品受试表面基本处于同一平面。当箱内黑板温度超过设定值时，空气冷却装置会自动启动，使箱内空气自上而下流经黑板温度计表面和样品表面，带走热量并降低表面温度；当箱内黑板温度降到设定温度以下3℃时，空气冷却装置会停止工作。此外，IP/DP箱还装有卷帘机构，当箱内黑板温度超过限定值时，卷帘会自动放下盖住整个箱盖上的玻璃板，阻止阳光照射在样品上，进而避免样品出现非正常老化失效现象。

2）设备类型。IP/DP箱有固定式与太阳跟踪式、加湿式与非加湿式、自然冷却式与风机冷却式、标准型与非标准型之分。

① 固定式与太阳跟踪式。前者在试验时箱体相对地面固定，朝向赤道，暴露角为45°，后者则是在试验时箱盖上的玻璃板始终面向太阳，以接受更多太阳辐射。试验研究表明，固定式与太阳跟踪式IP/DP箱一年接受的太阳累计辐照量之比可达1∶1.5以上，而且在有太阳辐射的多数时间里，太阳跟踪式箱内的黑板温度比固定式箱高。

② 加湿式与非加湿式。两者的区别在于箱内是否有加湿水盘。加湿水盘提供的水表面积为（910±110）cm^2，能使IP/DP箱内的相对湿度保持在35%±5%~85%±5%，但加湿式箱内的相对湿度并不受控，仅是高于非加湿式箱。

③ 自然冷却式与风机冷却式。自然冷却式箱在箱内黑板温度超过设定值时靠自然通风冷却，此时外部环境气候会影响箱内气温，而风机冷却式箱靠风机驱动箱内空气循环达到冷却目的。

④ 标准型与非标准型。标准型箱按GM9538P技术要求设计制作，非标准型箱按客户要求设计制作。非标准型箱一般用于新产品开发和新项目研制。

(3) 测试要点和主要指标参数

1）试验持续期。IP/DP箱的试验持续期可由累计日期、累计太阳辐照量、SASR、TNR等决定，应根据相关标准要求选择，如GM9538P标准要求IP/DP箱的试验持续期由SASR决定，而GMW3417标准则要求由TNR决定。

① SASR，全称Seasonally Adjusted Solar Radiation，意为季节调节太阳辐照量。根据SASR原理，样品在自然暴露试验中所发生的性能上的变化，主要影响因素是一年中不同季节的太阳辐照量。太阳辐照量对样品老化性能影响的大小，既与太阳辐照量本身大小有关，也与样品试验所处季节有关。不考虑雨水潮气影响，季节与季节间的差异主要是空气温度的不同，具体到IP/DP箱试验，就是样品本身的试验温度不同。采用SASR决定样品的试验持续期，无论在一年中的哪个季节投入试验，只要累计的SASR值一致，试验结果就具有较好的可比性。SASR需用季节调节系数乘以该季节的太阳辐照量获得。SASR的单位是"兰利"（ly，一种太阳辐照量单位），$1ly = 1cal/cm^2 = 4.184J/cm^2$。季节调节系数对于不同暴露地点具有不同值，需要通过一系列试验获得。GM9538P标准给出了美国亚利桑那凤凰城暴露场和佛罗里达迈阿密暴露场的SASR季节调节系数。

② TNR，全称Temperature Normalized Radiation，意为温度调节辐照量。根据TNR原理，样品在自然暴露试验中所发生的性能上的变化，主要影响因素是不同温度下的太阳辐照量，若有两个温度A和B，且A大于B，则A温度下同样的太阳辐照量会使样品在性能上发生更大的变化。TNR的单位也是ly。由TNR决定样品的试验持续期是近几年才采用的一种方法。

2）样品安装。由于样品的安装对试验结果有影响，为减少这种影响，在同一IP/DP箱内的样品一般要求安装在一块铺有白硬纸的胶合板上，样品边沿距箱体内部左右两端至少150mm，距箱体内部前后两端至少100mm，距玻璃板面50~100mm，各样品的主要受光面位于同一平面上，且平行于玻璃板面。

2. CTH Glas–Trac™试验设备

(1) 设备应用范围

CTH Glas–Trac全称是Controlled Temperature and Humidity, Under Glass, Sun tracking，意为太阳跟踪玻璃下的控温控湿，是一种玻璃下的太阳跟踪加速自然暴露试验，主要用于检验汽车内饰材料的耐老化性，主要针对颜色、光泽等外观性能。CTH Glas–Trac™试验所使用的设备（图6-18）可模拟汽车车厢内部环境条件，包括太阳光辐射和温湿度（昼夜分别控制）。设备主要设计依据是SAE J2230–202001。

图 6-18 CTH Glas – Trac™ 试验设备

（2）设备工作原理及核心结构

CTH Glas – Trac™ 试验设备主要由太阳自动跟踪系统、试验箱、空气温控系统和空气控湿系统等组成。太阳自动跟踪系统由光传感器、控制系统、方位角转动装置和高度角转动装置组成。其中，光传感器位于通风管道上（面对太阳），与试验箱上的玻璃安装平面平行，用以跟踪太阳光线的相对移动，若有相对移动则发出偏差信号，经控制系统变换后传给相应的旋转装置，以调整装置正对太阳的状态。无论是方位角转动还是高度角转动，其转动精度要求都为 ±1°。

试验箱与 IP/DP 箱结构类似，也是由耐腐蚀金属构成的封闭箱体，内部设置有样品安装架、空气循环风机，上表面是装有汽车专用玻璃的可开启箱盖，通过铰链与箱体铰接。美国 ATLAS 公司的 CTH Glas – Trac™ 试验设备上配有 6 种不同的玻璃供用户选择。样品安装架应能使样品主要受光面与玻璃板面平行，并使样品位于玻璃平面以下 75mm 处。

空气温控系统由温度传感器、空气加热器、空气循环风机和控制器组成，可保证在试验箱样品试验区任何位置上的温度在设定值的 ±5℃ 范围内，从而保证试验区温度的均匀性。

空气控湿系统由湿度传感器、电加湿器或超声波加湿器以及控制器组成，可保证在试验循环的夜间时段里（或其他有要求的时段里），试验箱样品试验区内的相对湿度在设定值的 ±10% 范围内。

CTH Glas – Trac™ 试验要求使用紫外辐照计测量记录样品试验时所接受的太阳紫外辐照量，以控制样品的试验时间。由于试验时试验箱内温度较高，紫外辐照计长期置于其内部工作会过热，因此一般情况下可将紫外辐照计另放在一专用太阳跟踪架上或与试验箱放在同一太阳跟踪架上，并安装在与试验箱所使用的相同玻璃后面，即在玻璃后面测量太阳的紫外辐射（模拟汽车车厢内太阳紫外辐射）。CTH Glas – Trac™ 试验所用紫外辐照计有：宽波段型（波长范围 295~385nm）和窄波段型（波长 340±2nm）两种。

6.4 非金属材料检测常用设备

6.4.1 表观性能检测设备

1. 色差检测设备

（1）设备应用范围

使用测色仪（也称色差仪或色差计）测量样品老化前后的颜色并计算颜色变化（色差），是评判样品表观变化的方法之一。

汽车行业使用的色彩空间、色差公式均基于 CIELAB 理论，可参考 GB/T 15596—2009 或 GB 11186.2—1989 进行检测，参考 GB 11186.1—1989 中的公式进行色差计算。

测色仪的种类较多，从便携程度上分为台式测色仪和手持便携式测色仪（图 6-19）两种，整车厂一般选择手持便携式测色仪即可满足使用需求。从测量结构上，大致可分为单角度分光测色仪（0/45° 或 45/0°）、多角度分光测色仪和积分球式分光测色仪（d/8°）三种。

图6-19 两种典型的手持便携式测色仪

单角度分光测色仪是最早开始使用的测色设备，测量结构相对简单，可从固定角度测量样品的反射光线，并排除镜面反射的影响，尽可能接近人眼感知颜色的方式，见图6-20。目前主要应用在测量低光泽或对检测要求不高的样品上。

多角度分光测色仪主要用于测量金属漆、珠光漆等具有特殊效果的涂料，根据这类涂料在不同方向观测时颜色变化很大的特点设计。该测色仪可像人们翻转样品查看不同角度的颜色一样，查看类似样品正在往复运动时的颜色。

积分球式分光测色仪可测量所有角度反射的光线，从而计算出与人眼所见非常接近的色值。该设备内部的镜面反射孔可根据测量需求选择开合与否：关闭此孔即将镜面光包含在测量内（SCI模式），用于测量物体表面真实色；打开此孔即将镜面光排除在测量外（SCE模式），测量颜色数据与人眼观察效果一致。该设备常用于测量带纹理的表面（皮革、织物、注塑件等）和高光泽表面。

需要注意的是，不同测量结构的测色仪由于工作原理、测定方式不同，检测到的颜色数据也有所区别。为尽可能保证检测数据的一致性，一种样品应使用同类测色仪检测。

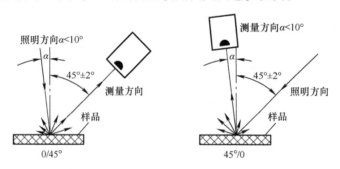

图6-20 单角度测量结构示意

(2) 设备工作原理

测色仪是一种模拟人眼成像原理、用于测量物体间色差的高精度仪器。测色仪内部使用一种标准照明发光体将标准颜色照射到物体上，在物体表面发生折射、反射、漫射等一系列物理作用，最终被测色仪内部的积分球/接收器捕捉，并以同样的角度发射给光电处理器，经处理后将分析好的电信号发射给微型处理器，最终由微型处理器将电信号转化成数字形式显示。颜色的测量有三个要素：光源、物体和人眼，它们之间的位置关系及观察者角度的变化会对颜色的测量产生影响。

1）标准光源的选择。国际照明委员会（CIE）规定了四种标准照明体（A/B/C/D）和三种标准光源（A/B/C）。目前普遍选择使用A标准光源模拟D65标准照明体。A标准光源相关色温为2856K的白炽灯光，主要模拟室内灯光。而D65标准照明体是相关色温为6504K的正常日光，用于模拟室外日光照射。

2）测量结构。测色仪的测量结构决定了光源、样品面和检测器的配置，通常有单角度（0°/45°或45°/0°）、多角度和积分球式三种结构。

0°/45°是0°角垂直于样品照明，光照射到样品后发生漫反射，在45°角处进行测量。测量时在45°角处有多个光源接收器以达到最佳测量效果。45°/0°则是照明体在0°角进行测量。

多角度分为单角度照明、多角度接收和多角度照明、单角度接收两种结构。以某品牌多角度分光测色仪为例，该设备光源位于与法线夹角45°的位置，共有5个接收器，它们分别与镜面反射线成15°、25°、45°、75°和110°角，比单角度设备多了4个接收器，用于不同角度的散射光，见图6-21。

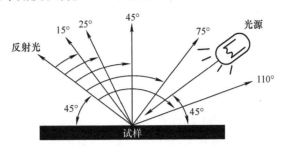

图6-21 多角度测量结构示意

积分球结构利用一个积分球，使光线从各个方向均匀地射向样品表面。积分球是一个内表面涂有硫酸钡等白色物质、能使光线均匀漫反射的球形装置。典型的积分球结构为d/8°，即利用漫反射照射样品并在固定角（8°）接收反射光，见图6-22。

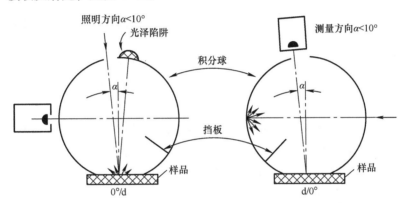

图6-22 积分球式测量结构示意

3）视场角（标准观察者）。眼睛的色灵敏度随视场角（物体大小）变化。CIE 在 1931 年规定的标准观察者是用 2°视场角，因此定名为 2°标准观察者。1964 年，CIE 规定了一个附加的标准观察者，这一次是根据 10°视场角，因此定名为 10°补充标准观察者。目前颜色测量大多采用 10°视场角。

4）颜色表达。测色仪一般支持多种颜色制式的转换，汽车行业通常采用 CIE Lab 色彩空间进行表达（注意不是 Hunter Lab 色彩空间）。

(3) **主要指标参数**

1）光源类型。不同光源类型会对测量结果产生影响，根据使用场景和检测标准的不同，测量前应选择不同的标准光源。

2）测量结构。对于不同类型的样品，应从单角度、多角度和积分球式中选择合适的一种进行检测。

3）色彩空间。测色仪可支持不同色彩空间，如 CIE Lab、CIE LCH、RGB、CMYK 等。色彩空间决定了测色仪可表示的颜色范围和精度。

4）测量范围。测色仪应具有广泛的测量范围，以适应不同亮度和饱和度的颜色。通常以测量的最小值和最大值表示，如亮度范围、色度范围等。

5）分辨率。测色仪的分辨率指它可检测和表示的颜色细节程度。高分辨率意味着更准确的颜色测量和更精细的色差分析。

6）反射/透射测量。测色仪可进行反射测量和透射测量，前者用于固体样品，后者用于透明样品。

测色仪应具备相应的功能和配件来支持这两种测量方式。

7）校准和稳定性。测色仪应定期进行校准，以确保测量结果的准确性和一致性。稳定性指测色仪在长时间使用过程中的测量结果的一致性和可靠性。

（4）使用及维护的关键点

1）测色仪属于精密测量仪器，使用时应避免检测环境的剧烈变化。环境光照的快速变化或闪烁、环境温度的剧烈变化、电磁干扰等都会影响其测量精度。

2）测量时测色仪的端口应紧贴被测样品，且用力均衡，保持测色仪本身的稳定和平衡，避免移动、晃动和外部撞击。

3）切勿在高湿环境或液体中使用测色仪。

4）保持测色仪清洁，避免灰尘、粉末或固体异物进入测量端口内。

5）切勿将测色仪的测量端口直接与未干的油漆、油墨、涂料等接触，避免污染镜头。

6）使用后应放入专门的包装中存放，若长期不使用建议卸下电池。

7）不对测色仪进行任何未经许可的拆装和更改，否则可能影响其测量精度，甚至造成不可逆的损坏。

8）按照设备说明书要求，定期维护和保养测色仪。

2. 灰度检测设备

灰度等级评价主要用于评判纺织品的色牢度，也用于评价老化测试后的样品外观变化，分为变色灰度和染色灰度两种。

目前，行业内主要使用变色灰度卡和染色灰度卡进行目视评价，AATCC、ISO、JIS和国标均有相应标准灰度卡。变色灰度卡的使用方法可参考GB/T 250—2008等标准，染色灰度卡的使用方法可参考GB/T 251—2008等标准。

除了使用灰度卡，也可使用测色仪进行颜色数据测量，按照ISO 105-A04：1989或ISO 105-A05：1996中的计算公式对检测数据进行处理，按照对应等级进行评价。根据样品种类，设备可选用色差检测设备中的积分球式分光测色仪或单角度分光测色仪（0°/45°或45°/0°），选择D65标准照明体和10°视场角，C标准光源和2°视场角可作为替代选项。

3. 光泽度检测设备

光泽度仪（图6-23）也称光泽计或光泽度测试仪，是一种专门检测物体表面光泽的光学仪器，广泛应用于陶瓷、油漆、涂料、石材、电子等行业。光泽度在工业上是一个比较常见的外观参考指标。一般会根据光泽度测量角度参考不同的标准：

① 20°光泽。DIN 67530-1982、ISO 2813：2014、ASTM D2457-21、GB/T 9754—2007、GB/T 8807—1988、ISO 8254-1：2009、ASTM D523-2014，主要用于高光泽的油墨、油漆、纸张、塑料、石材、光铸涂纸等。

图6-23 便携式光泽度仪

② 45°光泽。ISO 2767：1973、GB/T 8941.2—1988、ASTM D2457-21、ASTM C346-1987（2018）、GB/T 8807—1988，主要用于大理石、陶瓷、塑料、铝合金及铝氧化表面等。

③ 60°光泽。ISO 2813：2014、DIN 67530-1982、ASTM D2457-21、ASTM C584-1981（2011）、ASTM D523-2014、GB/T 9754—2007、GB/T 8807—1988、GB/T 9966—2020，主要用于中光泽的铜版纸、大理石、陶瓷、油漆、油墨、塑料等。

④ 85°光泽。ISO 2813：2014、DIN 67530-1982、ASTM D523-2014、GB/T 9754—2007，主要用于伪装涂层、低光泽漆等。

对于汽车行业，一般使用20°、60°和85°角度进行测量。

（1）设备工作原理

光泽度是在一组几何规定条件下，对材料表面反射光的能力进行评价的物理量，具有方向选择的反射性质。通常说的光泽度指"镜向光泽度",用于评价材料表面镜向反射能力的大小。光泽度是对镜向光泽的相对测量,通常以试样在镜面(正反射)方向、相对于标准表面的反射率乘以 100 来表示。参照标准是使用折射率 $nD = 1.567$ 的黑玻璃,假设其平面在得到理想抛光的状态下,由该平面对自然光束进行镜向反射,并定义此时的光泽度值为 100.0 光泽单位。光泽度是一个无量纲的量,单位习惯用"GU"表示(GU 是 GLOSS UNIT 的缩写)。

光泽度仪利用光反射的原理对样品的光泽度进行测量,在规定入射角和光束的条件下照射样品,得到镜向反射角方向的光束。用光泽度仪测定试样表面反射光通量与入射光通量的比值,即用反射率来评定表面光泽的强弱。对于典型平行光路光泽度仪,其测量原理是光源 G 发射一束光经过透镜 L_1 到达被测面 P,被测面 P 将光反射到透镜 L_2,透镜 L_2 将光束汇聚到位于光阑 B 处的光电池,光电池进行光电转换后,将电信号送往处理电路进行处理,最后显示测量结果,见图 6-24。

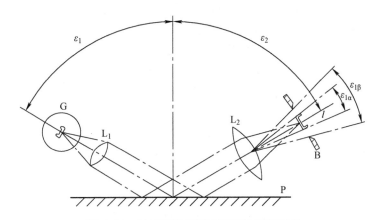

图 6-24 平行光路光泽度仪测量原理示意

(2) 主要指标参数

1) 几何条件。入射光束的轴线对受射表面的法线成 20°±0.1°、60°±0.1°或 85°±0.1°角。接收器的轴线应与入射光束轴线的镜像相重合,偏差不大于 ±0.1°。光源像、接收器孔径和有关容差详见标准 GB/T 9754—2007。

2) 接收器处的滤光。滤光器的透光度按下式给出。

$$\tau(\lambda) = K \times [V(\lambda) \times S_C(\lambda)] / [S(\lambda) \times S_S(\lambda)] \tag{6-1}$$

式中,$V(\lambda)$ 是 CIE 适合的发光效率;$S_C(\lambda)$ 是 CIE 标准光源 C 的光谱功率分布;$S(\lambda)$ 是接收器的光谱灵敏度;$S_S(\lambda)$ 是照明光源的光谱功率分布;K 是标定常数。

3) 晕映。在规定的视场角范围内应无光纤的晕映。

4) 接收器计量仪。接收器计量仪应给出与通过接收器视场光阑光通量成正比的读数,误差不超过满刻度的 1%。

5) 仪器应有一个能使光电池电流调节到标度上任何愿望值的灵敏度控制器。

(3) 使用及维护的关键点

1) 避免在潮湿、强电磁干扰、强光、灰尘大的环境下使用和储存光泽度仪。

2) 保持光泽度仪清洁,避免灰尘、粉末或固体异物进入其内部。

3) 标准板为精密光学元件,要妥善保管和使用,避免在强光下曝晒,避免用锐物磕碰其工作面,避免用污物弄脏其工作面。

4) 标准板上有脏污时,应使用专用镜头纸/布擦拭。

5) 按照设备说明书要求的频次进行定标和自校。

6) 光泽度仪电量低时应及时更换电池或充电。

4. 橘皮检测设备

(1) 设备应用范围

橘皮是汽车油漆表面呈现出的一种类似橘子皮质感的波纹外观缺陷。早期主要依靠目视评价法来进行主观对标评价。为了排除目视评价环境、评价人员经验、主观认识等因素对评价结果的影响，部分整车厂引入橘皮仪（图6-25）来对橘皮缺陷进行量化评价。橘皮仪属于便携式小型检测设备，可应用于整车涂装过程的质量控制及外观件的质量管控等。目前暂无统一标准考核橘皮质量，各整车厂可根据自身情况制定量化评价标准。

图 6-25　某品牌橘皮仪

(2) 设备工作原理

光线经漆膜反射、漫反射、散射后，使漆膜表面纹理、外界影像对人眼形成刺激，形成视觉外观。当光线在漆膜表面反射时，受到表面微观起伏状态的影响，能够反射进人眼的区域在视觉上呈现明亮效果，而无法进人眼的区域在视觉上呈现灰暗效果，见图6-26。尤其是对高光泽的漆膜表面反差更为明显。这种微观结构起伏造成的视觉宏观感受，就是漆膜橘皮现象。橘皮仪的测量数据是基于这一现象的拟合。

人眼可看到0.1~30mm之间的结构尺寸。在此范围内，人眼对波纹结构的分辨率与观察距离是息息相关的。远距离（3m）观察时，能看到90%以上的波纹波长为10~20mm，但难以察觉小于1mm波长的波纹；近距离（40cm）观察时，能看到90%以上的波纹波长为1~3mm，但难以察觉小于0.1mm波长的波纹。

某品牌橘皮仪通过将激光光源以60°入射角照射样品，用探测器在对面相同角度上测量反射光来检测橘皮缺陷。由于样品表面存在波纹，在60°反射光上测得的信号频率正好是被测样品表面机械轮廓频率的2倍。设备走过样品表面一定距离后，逐点测量反射光强度，能得到一个准确反映表面波纹的光学轮廓。该组光学轮廓数据通过一定算法（拟合目视评价效果）转换成数据输出，见图6-27。

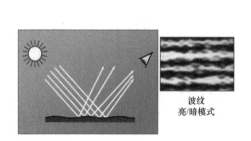

图 6-26　橘皮视觉感知示意

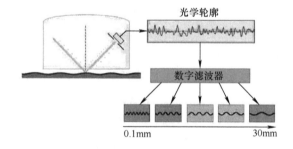

图 6-27　橘皮仪检测原理示意

为了模拟人眼在不同距离上的分辨率，测量信息划分表6-7所示范围。

表 6-7　测量信息范围

序号	符号	波长/mm	序号	符号	波长/mm
1	Wa	0.1~0.3	5	We	10~30
2	Wb	0.3~1	6	SW（短波）	0.3~1.2
3	Wc	1~3	7	LW（长波）	1.2~12
4	Wd	3~10	8	du（晦涩度）	<0.1

注：小于0.1mm波长的细微波纹虽然难以察觉，但会影响视觉感受，因此定位为晦涩度（du）。

(3) 使用及维护的关键点

1）避免在恶劣环境（高湿、凝露等）中使用橘皮仪，避免水、化学品或其他液体溅到橘皮仪上，避免接触水气或腐蚀性气体。

2）橘皮仪由敏感的光学和精密的电子部件构成，避免跌落、碰撞或震动。

3）切勿在高湿环境或液体中使用橘皮仪。

4）保持橘皮仪清洁，避免灰尘、粉末或固体异物进入其内部。

5）长期不使用时建议卸下电池。

6）按照说明书要求，定期维护和保养橘皮仪。

5. 色牢度测试仪

（1）摩擦色牢度测试仪

摩擦色牢度测试仪（图6-28）主要用于检测织物、皮革、塑料饰板等的干/湿摩擦色牢度，它由计数器、标准砝码（9N）摩擦臂、控制主机、圆柱形摩擦头等组成。其主要工作原理是用干燥标准白摩擦布或浸湿某种液体的湿态标准白摩擦布，在一定负荷下对待测样品作规定行程的往复运动，并通过在标准光源箱下对照灰度卡对标准白摩擦布的沾色和样品的褪色情况进行评估，以考察样品的耐摩擦色牢度性能。常用的湿态介质有去离子水、肥皂水、汗液等。

图6-28　某品牌摩擦色牢度测试仪

（2）耐汗渍色牢度测试仪

耐汗渍色牢度测试仪（图6-29）主要用于测试织物、皮革、塑料饰板等内饰材料或零件在与水、海水、汗液浸润的情况下的色牢度。其主要工作原理是在规定的试验条件下，将待测样品与浸透水或海水或汗液的标准白布接触，并施加一定负荷，经规定温度及时间处理后，在标准光源箱下用灰度卡对样品的褪色情况及标准白布上的沾色情况进行评估，以确定样品的耐水或海水或汗液性能。

图6-29　耐汗渍色牢度测试仪

6.4.2　物理及力学性能检测设备

1. 密度检测设备

密度是衡量物体自身性质的一种物理量，密度测量对于产品原材料和成品质量保证都至关重要。密度测量方法有密度（比重）瓶法、密度天平法、密度计法、堆积密度法、振实密度法等。老化试验中主要使用密度（比重）瓶法和密度天平法来检测。

(1) 密度（比重）瓶

密度（比重）瓶应用广泛，可用来检测液体、固体样品，有玻璃密度瓶（普通密度瓶/附温密度瓶）和金属比重杯两种。对于黏度较大的样品建议使用金属比重杯检测。测试方法可参考标准 GB/T 611—2021、GB/T 4472—2011、GB/T 6750—2007 和 GB/T 5161—2014 等。

该测试方法的原理相对简单，即用已知容积的密度瓶装满被测样品，用天平测出被测样品的质量，该质量除以密度瓶的容积即为被测产品的密度。由于样品体积会受温度影响，故对密度瓶体积的校准应选择与密度检测时相同的温度条件。

(2) 密度天平

密度天平（图 6-30）是在电子天平的基础上，通过增加相应的测量组件和计算程序来实现密度测量功能的设备。密度天平一般兼具电子天平功能（计数、称重等），使用更便捷，可广泛应用于固体、液体、颗粒、薄膜、浮体、粉末等的密度测量。测试方法可参考标准 GB/T 611—2021 和 GB/T 4472—2011 等。

密度天平利用阿基米德原理来测量样品密度。测试固体试样时，用密度天平分别测试试样在空气和介质中的质量。当试样浸没于介质中时，其质量小于在空气中

图 6-30　某品牌固液两用密度天平

的质量，减少值为试样排开同体积介质的质量，除以介质密度即可得到排开介质的体积，试样的体积等于排开介质的体积，进而求出固体试样的密度。测试液体试样时，用密度天平分别测定已知体积的砝码在空气和试样中的质量，当砝码浸没于试样中时，其质量小于在空气中的质量，减少值为砝码排开同体积试样的质量，排开液体的质量除以排开液体的体积（砝码体积）即为液体试样密度。

相较传统密度测量设备，密度天平具有与电子天平一样的测量优势，包括更高的精度、稳定性和灵敏度。它基于电磁力平衡原理对试样进行质量测量，用悬挂物质的磁场和电流感应产生的反作用力来平衡物质的质量，通过提供一个恒定电流，可测量磁场强度的变化，从而推算出物质的质量。同时，通过对测量数据进行系统处理和分析，能将计算结果直观显示在密度天平的显示屏上，省去了人工计算的烦琐且避免了人为误差，使密度测量工作更简便、高效和准确。

2. 刮擦检测设备

刮擦试验是模拟汽车部件受到外界硬物刮擦且表面留下划痕缺陷的测试项目，主要体现短期耐刮风险。长期耐磨风险主要依靠磨损、磨耗试验来检测，相关设备会在磨损检测设备中介绍。

耐刮擦试验（本节主要指"划痕法"）的基本原理：刮擦头以一定压力作用于试样表面，刮擦头和试样以一定速度做相对运动，运动轨迹一般是直线或圆形，当试样材料不足以抵抗外界刮擦时发生塑性形变，试样表面被破坏。刮擦头、负载（压力）、试样及刮擦头的相对运动状态等因素从根本上决定了耐刮擦测试的方法。首先，刮擦头的材质、形状和尺寸是决定刮擦测试方法的最关键因素，不同测试方法一般对应不同刮擦头。常见刮擦头为半球形或球形钢质材料，经热处后理满足一定硬度要求，直径为 1mm、0.75mm 或 0.5mm。其次，负载即刮擦头加载到材料表面的压力，也是非常关键的参数，它表征了试验的严酷等级。不同耐刮擦测试方法有不同加载方式，如砝码加载、杠杆加载和压缩弹簧加载等。刮擦头和材料的相对运动状态（如速度和行程等）是相对次要参数。

目前，针对汽车老化的耐刮擦试验主要有以下测试方法：铅笔硬度法、硬度笔法、十字划格（交叉刮擦/网格刮擦/百格刮擦）法、五指（多指）刮擦法。

(1) 铅笔硬度法检测设备

铅笔硬度法主要用于评估高光无皮纹表面的耐刮擦性，应用在金属、PC/ABS、PMMA/ABS、PET 等底材零件上，测试方法参考标准 GB/T 6739—2022、ASTM D3363-22 等。铅笔硬度法的测量设备目前主要分为手推铅笔硬度计（图 6-31）和电动铅笔硬度计（图 6-32）两种。

该方法是将试样固定在设备上，运用不同硬度的铅笔在试样上施加不同的刮划力，以不产生擦痕的铅笔硬度值给试样的耐刮擦性定级。按照标准要求，铅笔硬度计需要三点接触被测试样表面（两点为滚轮，一点为铅笔芯），始终保证铅笔与被测表面夹角为45°，根据杠杆原理，保证硬度计主体加在铅笔芯上的压力。手推铅笔硬度计结构简单、体积小、重量轻、价格低，实际应用广泛，但存在人工检测速度不均匀、力不固定等弊端。电动铅笔硬度计相比手推铅笔硬度计体积更大、不易携带，但能以缓慢恒定的速度进行测试，减少速度不均匀对测试结果的影响。

图 6-31 手推铅笔硬度计　　　　　　　　图 6-32 电动铅笔硬度计

（2）硬度笔法检测设备

硬度笔法主要用于测试漆膜、塑料涂层或相关产品的硬度和耐刮擦性能，测试方法可参考 ISO 1518-1：2023。该方法在试样表面用刮擦针头以恒定压力划过，通过观察划痕情况来评估试样的硬度或耐刮擦性能。

硬度笔通常由笔杆、弹簧、刮擦头、压力调节块等组成。它可通过更换弹簧或调节压力刻度来控制测试所需的压力，最大压力一般不超过30N。刮擦头为半球形尖端，材料为碳化钨，一般有直径0.5mm（Opel）、0.75mm（Bosch）和1.0mm（符合 ISO 1518 和 DEF）三种规格的刮擦头可更换。

测试前先安装符合要求的刮擦头、弹簧，将压力调节块定位到要求的压力刻度，然后手握硬度笔垂直于试样表面，将刮擦头压入到与笔杆前端口平齐或规定的深度，在试样表面划行一定距离（如100mm），用目视法对划行区域进行评价，见图6-33。

硬度笔结构简单、体积小、便于携带，可根据需要设定任意力值，可在任何时间、地点进行快速直接测试。其缺点是手动操作过程中存在人为因素影响，刮擦速度难以控制。

（3）十字划格法检测设备

十字划格法以固定载荷及间距在材料表面划十字网格，测定刮痕应力带来的颜色变化，用发白程度来表征材料的耐刮擦性能。目

图 6-33 硬度笔测试

前，汽车行业主要使用台式电动十字划格仪来开展此项测试，适用标准包括 PV 3952-2015、GMW 14688-2018 等。

如图 6-34 所示，该方法使用设备自动引导刮擦头运动，设定固定的划线速度（如1000mm/min）和划痕间距（如2mm），从一个方向至少刮擦20道划痕，保证划线长度大于40mm。再将试样旋转90°，在与之前垂直的方向上重复上述过程，最终形成纵横交错状网格刮擦痕。通过测色仪测试划伤前和划伤后的 $L*$ 值（$L*$ 反映颜色的深浅），并计算 $\triangle L*$。$\triangle L*$ 值越大说明刮擦后颜色发白越明显，材料的耐刮擦效果越差。

从上述测试过程可看出，刮擦头的选择（材质/硬度等）、划线的负载和划线速度是决定测试结果的关键因素。而划痕间距、划痕数量和长度等是否合理，对测试后的颜色测量也有影响。最终完成的网

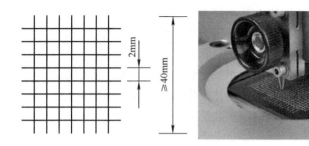

图 6-34 十字划格示意

格试验区域应大于测色仪的测量孔孔径，以保证数据检测的有效性。

(4) 五指刮擦法检测设备

五指刮擦法通过在设备上同时装 5 支或更多的刮擦头，赋予每支刮擦头不同的负载，同时在试样上平行移动形成深浅不一的平行划痕，最终通过对不同划痕的目视评价来判断材料/零件的耐刮擦性。该方法主要用于塑料件、涂装件等的耐刮擦测试。试验既可使用专用五指刮擦仪（图 6-35），也可使用多功能十字刮擦仪更换刮擦头、刮擦杆等配件实现。试验方法可参考 SN/T 4449 - 2016、GMW 14698 - 2016、FLTM BO 162 - 01 - 2009 等。

图 6-35 五指刮擦仪及其配件

五指刮擦仪主要由试验台（含可移动的试样夹持固定装置）、电驱动装置和刮擦组件构成。其中，刮擦组件包含刮擦头、刮擦头定位套、刮擦支架、加压装置（不同重量的砝码及砝码支撑杆）等。设备可自由安装、更换不同规格刮擦头，实现同一时间在不同负载下的单向直线匀速运动。设备采用嵌入式系统、可视化操作界面来实现自动控制，通过精密的电驱动系统来完成刮擦运动。刮擦头为形似五指的金属刮头，头部通常为直径 1mm 或 7mm 的半圆形，一般使用碳化钨材质。

3. 磨损检测设备

磨损指材料表面与接触物质之间的相对运动导致的材料表面损坏，通常使用耐磨试验机模拟与产品实际使用工况相近的条件，加速检验产品的耐磨性能。常见的耐磨试验机有 Taber 旋转耐磨试验机、往复式耐摩擦试验机、MIE 耐磨仪等。

(1) Taber 旋转耐磨试验机

Taber 旋转耐磨试验机是一种用来快速检验材料经一定转数磨耗后表面耐磨能力的设备，包括单磨头和双磨头两种类型，广泛应用于塑料、皮革、涂料等材料的产品开发、质量和工艺控制，见图 6-36。该设备由水平转盘平台、驱动电机、旋转臂、磨轮、砝码、真空吸尘系统和计数器等组成。将平整的样品固定在设备垂直轴上旋转的转盘平台上，使用规定型号的磨轮，并施加一定的负载。当转盘平台按设定转速及转数旋转时，会带动抵靠在样品上的两个磨轮转动从而引起磨损，形成面积约 30cm² 的交叉弧环形带式图案。同时，真空系统会吸走在试验过程中样品表面产生的碎屑或磨粒。经过规定转数的试验后，可通过观察样品的表面状况或计算样品试验前后的质量差等方式来评价材料的耐磨性。

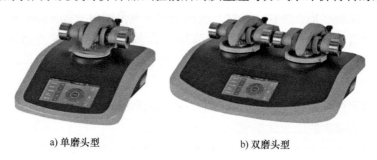

a) 单磨头型　　　　　　　　b) 双磨头型

图 6-36　Taber 旋转耐磨试验机

（2）往复式耐摩擦试验机

往复式耐摩擦试验机（图 6-37）通过选定的摩擦介质，对样品表面进行一定次数的直线往返摩擦，来检测样品的表面耐磨性。该设备可用于评估材料的耐磨、耐划等性能，广泛应用于塑料、皮革等材料的产品开发。该设备由控制主机、测试臂、砝码片、样品固定架、磨料固定器等组成，主要工作原理是将平整样品固定在水平样品台上，在测试臂的一端通过磨料固定器安装规定型号的磨料并施加一定的负载，利用杠杆原理，在测试臂的另一端配以砝码来保持测试臂的平衡，经规定冲程、速度及次数的水平移动摩擦后，通过观察样品的表面状况或计算样品试验前后的色差、光泽度变化等方式来评价材料的耐磨性。常用的摩擦介质主要有摩擦布、VELCRO 带、羊毛布等。

（3）MIE 耐磨仪

MIE 耐磨仪（图 6-38）是一种用于检测织物、皮革等包覆面料耐磨性的设备，常用于汽车座椅包覆面料的耐磨性评价。该设备主要由控制底座、弹簧片、摩擦板、毛毡带、样件固定夹、偏心轮、紧固装置、配重块等组成，其主要工作原理是通过标准磨料在待测样品表面上进行"往返式双向摩擦"，根据样品类型和测试标准要求，经过规定次数的摩擦后，在标准光源箱下对样品的表面状况进行目视评价或计算样品试验前后的光泽度变化、测量磨损长度，来评价包覆面料的耐磨性。常用的摩擦介质主要有标准羊毛布、标准摩擦针织面料等。

图 6-37　往复式耐摩擦试验机

图 6-38　MIE 耐磨仪

4. 附着力检测设备

附着力测试通常指涂层附着力，是考察涂层和被涂物间或多层涂层之间结合牢固程度的试验。附着力测试方法主要有划圈法、划×法、划格法（百格法）和拉开法四种。其中，划圈法、划×法和划格法属于对附着力的间接测定方法,测试结果反映的不只是附着力,还包括涂层的变形情况和破坏时的抵抗力。

(1) 划圈法检测设备

划圈法通过重叠滚线圆形划透漆膜至基材,按圆滚线划痕范围内漆膜完整程度来评价附着力,使用的设备是漆膜划圈试验仪。该方法适用于对硬质基材上单涂层试样的附着力测定,测试方法参考标准 GB/T 1720—2020。该方法设备操作简单、评价方法直观,缺点是仅能对单涂层试样进行测试,使用范围受限。

测试时,将试样固定在设备的可移动试验台上,在试验台移动的同时,使转针做单向圆圈运动并划透至涂层基材,最终形成重叠的圆滚线划痕。

漆膜划圈试验仪分为手动和电动两种(图6-39)。设备主要由试验台(含试样紧固及移动装置)、转针套件(含荷重盘)、支架、驱动装置等构成。手动设备使用摇臂配套驱动装置来实现转针划圈和试样移动,电动设备通过电驱动装置和行程控制装置连接电控系统实现相应动作。设备配备不同重量的砝码,通过在荷重盘上增加砝码来保证转针测试时能划透涂层至基材。

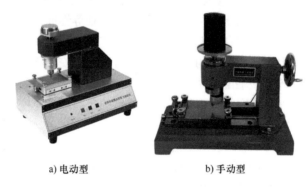

a) 电动型　　　　b) 手动型

图 6-39　漆膜划圈试验仪

(2) 划×法检测设备

划×法又称圣安德鲁十字划痕法,先使用锋利的刀具在试样上划出"×"形十字,再使用特殊胶带以牢固的力施加在测试区域,移除胶带并对涂层剥落情况进行评价。该方法对刀具无具体要求,只要刀尖锋利即可,使用美工刀、手术刀等均可,主要应用于几何形状不适合进行划格法试验的零件上。试验方法参考 ASTM D6677-18 中的方法 A、GMW 14829-2022 等。

(3) 划格法检测设备

划格法通常指百格法,采用切割刀具以直角网格图形切割涂层,通过穿透至基材来评定涂层从基材上脱离的抗性,其结果评价方法基于涂层脱离面积,切割的间距取决于涂层厚度和基材类型。划格法是汽车老化试验中最常用的附着力评价方法。该方法适用于硬质基材(钢)和软质基材(木材和塑料)上的涂料,不适于用涂膜厚度大于 $250\mu m$ 的涂层和有纹理的涂层。试验方法可参考标准 GB/T 9286—2021、ASTM D6677-18 中的方法 B。

划格法要求切割刀具必须能形成 V 形切口来划透整个涂层,刀刃角度为 15°~30°。从刀刃数上可分为单刃刀具和多刃刀具,从驱动方式上可分为手动和电动两种,见图6-40、图6-41。对厚度 >$120\mu m$ 涂层或较硬的涂层,手动多刃刀具操作时不易平稳切割,建议使用单刃刀具。手动单刃刀具使用时可配合不同尺寸间距的辅助划格板。

测试时,所有切口均应穿透涂层至基材(也不能过深)。对于划格法的刀具,在每次测量前均要检查刀片外观是否完好、有无缺口及损伤、刀片头是否松动等。需要定期对刀刃进行检查,保证其锋利程度和刃角。使用过程中刀具不能跌落在地上,刀头不能受到猛烈撞击。测试结束后清洁刀具并及时放入仪器盒内。

图 6-40　一种手动多刃划格刀

图 6-41　单刃刀具和辅助划格板

（4）拉开法检测设备

拉开法通过黏合剂将试板或试柱上的涂层面与另一个试柱上的涂层粘接，通过液压或机械方法测定涂层垂直向上的应力，并以测得的单位面积的拉力表示涂层附着力。该方法可测定单涂层体系或多涂层体系的附着力，结果以数值和涂层破坏形式相结合表示，通过分析结果数值和涂层的破坏形式，可判断涂层体系中各涂层的附着力差异，见图 6-42。该方法适用于多种基材，不同的基材使用不同的测试步骤。测试方法可参考标准 GB/T 5210—2006、ISO 4624：2023、ASTM D4514-12 等。

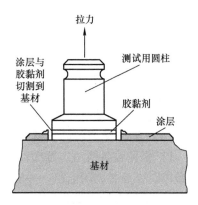

图 6-42　拉开法示意

该试验可使用拉力试验机配套特定夹具（试柱）和测量仪器进行测试。测试时，试柱直径一般为 20mm 或 14mm，拉开速度≤1MPa/s。也可使用专用便携式附着力测试仪进行检测，包括机械式、液压式、气动式等，主要差别在于设备施加拉伸载荷的方式不同。各式设备的检测结果差距较大，不同类型设备之间的检测结果不具有可比性，应根据企业技术要求选择合适的设备类型。

5. 冲击试验机

（1）设备应用范围

冲击试验机是一种用来检测材料冲击韧性的设备，可对试样施加可控且可复现的机械冲击力。

按试验材料类型可分为金属试验机和非金属试验机，金属试验机常用于各种金属材料的冲击性能测试，冲机功一般较大；非金属试验机常用于各种塑料、橡胶材料的冲击性能测试，冲击功一般较小。

按试验方式，可分为摆锤冲击试验机和落锤冲击试验机（图 6-43）。其中，摆锤冲击试验机通过更换摆锤和试样底座，可实现简支梁和悬臂梁两种形式的冲击试验，而落锤冲击试验机根据锤头的形状又可分为落镖、落球等类型。两种试验机都用来测试材料的抗冲击能力，主要区别在于施加冲击力的方式不同，落锤冲击试验机一般冲击能级较大，主要用于确定某种材料断裂或损坏所需的能量，更注重材料的整体抗冲击能力，而摆锤冲击试验机冲击能量相对较小，主要用于测定材料的冲击回弹性，更注重材料在受到较小范围冲击时的表现，可根据实际需求选择相应的冲击试验机。

（2）设备工作原理

摆锤冲击试验机用已知能量的摆锤升至固定高度，以恒定速度单次冲击支撑成水平梁或垂直悬臂梁的规定尺寸试样（有缺口或无缺口），测量试样遭撞击破坏时摆锤能量损失，以冲击强度（单位试样截面的能量）表示。

落锤冲击试验机通过将规定质量的锤体，从指定高度以一定冲击能量和速度落下冲击待测试样，然后观察试样表面受冲击后的破损情况，并通过破坏率为 50% 时的落下高度和质量来表示试样的抗冲击能力。

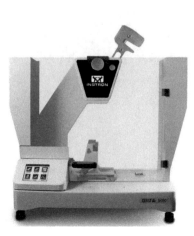

a) 摆锤型　　　　　　b) 落锤型

图 6-43　冲击试验机

(3) 主要指标参数

冲击速度、冲击能量、角度分辨率、冲击刀刃类型等是摆锤冲击试验机的核心参数。落锤质量、直径、冲击高度等是落锤冲击试验机的核心参数。

(4) 使用及维护的关键点

1) 保持设备清洁。每次设备使用后均应立即清理试验废弃物，尤其是夹具周围的样品碎屑。在清理操作时，务必关闭电源，并确保设备完全关闭后再清理。

2) 定期对冲击试验机各个部件进行检查，如试验机摆放水平、摆杆是否有弯曲变形、扬摆是否正常、挂摆插销和挂摆钩是否磨损等。

3) 对于不使用的摆锤、落锤或配重块，切勿随意堆放在一起，以免磕碰变形。对于易锈件或长期不使用的辅具，应擦拭干净后做好防锈处理（如涂抹防锈油等）。

6. 万能材料试验机

(1) 设备应用范围

万能材料试验机也称万能拉力试验机（图6-44），通过机械载荷对材料进行拉伸、弯曲、压缩、剪切、撕裂、剥离等多项力学性能检测，是材料物理机械性能检验、质量控制等不可缺少的检测设备。该设备一般由载荷传感器、载荷机架、控制系统、应变测量装置、专用夹具和工装等组成，可提供的载荷范围从 0.02N 到 2000kN 不等，通过使用不同的工装进行配置，可实现任何产品、组件或材料的力学性能测试。

图 6-44　万能材料试验机

(2) 设备工作原理

在测试过程中，将试样夹持在两个夹具之间，通过施加拉力或压力以及相应的测量传感器来测量样品的物理性能，测试可通过计算机软件进行处理和分析。

（3）设备核心部件

1）载荷传感器。万能材料试验机的核心部件，可测量试样的受力情况，并将测量结果输出到控制系统。非金属材料的力学性能测试，一般要求试验机的载荷传感器满足 GB/T 16825.1—2022 定义的 1 级或优于 1 级，并按照相关要求定期进行校准或检定。

2）应变测量装置（引伸计）。测试时，应根据试验机类型和检测变形要求，选择合适的引伸计式样和等级，如非金属材料的拉伸性能测试一般要求引伸计满足 GB/T 12160—2019 规定的 1 级要求，在测量的应变范围内可获得此精度。也可用非接触式引伸计，但要确保满足相同的精度要求。引伸计应可测量试验过程中任何时刻试样标距的变化，并自动记录这种变化，且在规定的试验速度下基本无惯性滞后。引伸计应按相关要求定期进行校准或检定。

3）驱动系统。驱动系统主要用于试验机的横梁移动和试验速度控制，分为机电系统和液压系统两种类型。

4）控制系统。控制系统负责整个试验过程的控制及数据处理，包括数据采集器、计算机等。通过连续采集试验数据，可实时在计算机软件操作界面显示试验曲线，自动计算测试结果。

5）夹具和工装。万能材料试验机通过选择不同类型的夹具和工装，可实现多种类型的试验，如机械楔形动作夹具适用于拉伸试验，压盘工装适用于压缩测试，挠曲工装适用于弯曲测试等，见图 6-45。夹具应能保证与设备的稳固、可靠连接，根据试验目的、试样材料类型和标准要求，选择合适的夹具和工装开展试验。

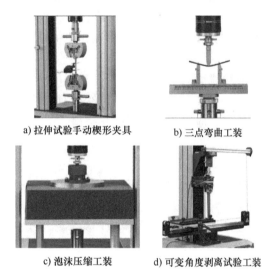

a) 拉伸试验手动楔形夹具   b) 三点弯曲工装

c) 泡沫压缩工装   d) 可变角度剥离试验工装

图 6-45 不同类型的夹具和工装

（4）主要指标参数

载荷传感器量程及精度、加载速度控制精度及引伸计测量精度是万能材料试验机的核心参数。

（5）使用及维护的关键点

1）每次使用后均应立即清理试验废弃物，并使用干燥、洁净的棉布或软布轻轻擦拭设备各个部件，尤其是夹具周围的样品碎屑，避免过多碎屑残留在夹具结合处影响设备正常运行。清理时务必关闭电源。

2）定期检查载荷传感器、驱动系统和控制系统。确保传感器与设备连接线路完好，传感器径向位移自由、无卡滞，驱动系统电机运转平稳、无异响，控制系统的按钮、开关操作无卡滞、指示灯正常。

3）妥善放置各种载荷传感器及夹具工装，避免取用过程中磕碰。对于易锈件或长期不使用的夹具工装，应擦拭干净后做好防锈处理（如涂抹防锈油等）。

4）定期对设备的滚珠丝杠和导向杆进行清洁维护，并在擦拭干净后涂抹适量润滑油，以保证传动灵敏度。

7. 起球性测试仪

(1) 设备应用范围

织物面料表面受到摩擦会引起小纤维的滑动松散甚至断裂,从而暴露在织物表面形成起毛。继续摩擦会进一步纠缠成小球导致出现起球现象。起毛和起球会严重影响内饰产品的外观及手感。常用的起球性测试仪有 Martindale 耐磨及起球性测试仪(图6-46)、圆轨迹起球仪、起球试验箱等,其中,汽车织物内饰起球性评价以 Martindale 耐磨及起球性测试仪应用最多,广泛应用于座椅、车门内护板、副仪表板扶手等零件表面包覆或粘接的织物面料耐起毛起球性评价测试。

图6-46 Martindale 耐磨及起球性测试仪

(2) 设备核心部件及工作原理

Martindale 耐磨及起球性测试仪由装有磨台和传动装置的基座、试样夹具导板、试样夹具、加载块、计数器等组成。其中,传动装置包括2个外侧同步传动装置和1个内侧传动装置,该机构能驱动试样夹具导板做平面运动,运动轨迹为利萨茹(Lissajous)曲线。试样夹具导板装配有轴承座和低摩擦轴承,可带动顶端放置一定加载块的试样夹具沿销轴运动。

该设备的主要工作原理是在规定负载下,将圆形待测试样以利萨茹曲线的平面运动轨迹与标准磨料进行摩擦,装有试样或磨料的试样夹具能绕其与水平面垂直的中心轴自由转动,试样夹具中装试样还是装磨料要根据具体采用的试验方法确定。经过规定次数的摩擦后,根据产品类型和测试标准要求,在标准光源箱下对样品表面状况进行目视观察评价。常用的摩擦介质主要有标准羊毛布、VELCRO 带等。

(3) 使用及维护的关键点

1) 定期检查磨台和试样夹具嵌块表面的平行度。

2) 定期检查设备的利萨茹曲线,尤其是检查利萨茹曲线的对称性。

3) 对于不常用的夹具、加载块等,应妥善放置,防止磕碰。

8. 疲劳试验机

(1) 设备应用范围

疲劳是材料在交变应力的反复作用下的一种失效现象,最突出的失效表现是原有力学性能衰减,常通过疲劳试验机(图6-47)来检验材料的疲劳性能。疲劳试验机可用于测试各种金属、塑料、橡胶等材料及结构件的动静态力学性能,搭配相关附件还可模拟产品实际工况进行高温环境下的动静态力学性能评估。

(2) 设备的核心部件及工作原理

疲劳试验机的基本工作原理是通过在材料的弹性范围内用循环载荷对材料施加应力,直到材料疲劳失效。疲劳试验机的结构与万能材料试验机类似,一般由试验机架、载荷传感器、控制系统、应变测量装置及专用夹具和配件等组成,根据材料类型及测试方法要求选择配件,可实现不同材料、不同类型的测试。根据试验频率,疲劳试验机可分为低频疲劳试验机(<30Hz)、中频疲劳试验机(30~100Hz)、高频疲劳试验机(100~300Hz)和超高频疲劳试验机(>300Hz);根据加载原理可分为电磁谐振式疲劳试验机和液压伺服式疲劳试验机。

载荷传感器、控制系统、位移和应变测量装置是疲劳试验机的核心部件,疲劳试验一般要求设备静载荷示值误差在 ±1% 以内,动载荷示值误差在 ±3% 以内,频率的测量精度为 ±2% 以内,应变或位移测量装置的测量精度为 ±2% 以内,设备可设定波形,且能满足标准规定的循环次数。

(3) 使用及维护的关键点

1) 每次使用设备后均应立即清理试样碎屑,并使用干燥、洁净的棉布

图6-47 动态疲劳试验机

或软布轻轻擦拭设备各个部件。清理时务必关闭电源。

2）定期检查载荷传感器、驱动系统和控制系统。

3）妥善放置各种载荷传感器及夹具工装，避免取用过程中磕碰。

4）定期更换液压油及油路滤清器。液压油在长期工作中会氧化，此外，由于液压系统工作过程中部件的磨损不可避免，会产生一些金属屑，可能造成油品降低甚至引起设备故障。油路滤清器可防止杂质进入伺服阀，定期更换可保证液压系统的清洁度。

5）定期检查主机和油源处是否漏油，若有漏油则应及时更换密封圈或组合垫。

6.4.3 其他性能检测设备

1. 热性能检测设备

热性能是材料的重要性能之一，指材料及其制品的使用均处于一定温度环境下，并且在使用过程中，将对不同温度做出反应，表现出的不同热物理性能。材料的热性能主要包括热容、热膨胀、热传导、热稳定性等。汽车行业常用的热性能检测设备有熔融指数试验机、维卡热变形试验机、差示扫描量热仪、动态热机械分析仪等。

熔融指数试验机（图6-48）主要用于测定各种高聚物在黏流状态时（流率为0.15~50g/10min）熔体流动速率的均匀性。该设备广泛应用于塑胶生产、塑胶制品的性能检测中，测试方法可参考GB/T 3682.1—2018。设备主要由高温炉、送料装置、挤出压力计、冷却水槽、温控系统等组成。

维卡热变形试验机（图6-49）是一种用于测定高分子材料热性能的设备，通过施加一定温度和负荷，使试样发生一定程度的变形，从而测定材料的热变形温度和软化点。在汽车工业领域，维卡热变形试验机主要用于检测汽车零部件材料的耐热性能，广泛应用于热塑性塑料、硬橡胶和长纤维增强复合材料（塑胶、橡胶、尼龙、电绝缘材料）等的热变形温度（HDT）和维卡温度（VST）测定。测试标准可参考 GB/T 1633—2000、GB/T 1634.1—2019、GB/T 1634.2—2019、GB/T 1634.3—2004、GB/T 8802—2001 等。设备主要由计算机、主机、可升降试样架、支撑板、温度传感器、位移传感器、热变形压头、维卡压针、砝码等构成，可同时实现热变形和维卡软化点温度两项试验。

图6-48 熔融指数试验机

差示扫描量热仪是基于差示扫描量热法（Differential Scanning Calorimetry，DSC）的测试设备，它能在程序控制温度下，测量输入到试样和参比物的功率差（如以热的形式）与温度的关系。该设备主要应用于材料的特性研究，如材料的玻璃化转变温度、冷结晶、相转变、熔融、结晶、产品稳定性、固化/交联及氧化诱导期等。常用测试标准可参考 GB/T 19466—2004、GB/T 40271—2021、GB/T 22232—2008 等。典型的差示扫描量热仪主要由主机、温度附件或PCA附件、显微附件构成。

动态热机械分析仪（DMA）可用于测定黏弹性材料在不同频率、不同温度、不同载荷下的动态力学性能。它广泛用于材料的黏弹性能研究，可通过瞬态试验或动态试验测定材料的黏弹性（包括蠕变或应变松弛），能准确测量树脂材料的玻璃化转变温度、固化、频率效应、黏弹性转变温度等。测试方法可参考 GB/T 40396—2021、ASTM D4473-08（2021）等。设备主要由主机、电控箱、控制计算机、过滤器、空压机（或其他气体压缩设备、钢瓶等）、选配的加热

图6-49 维卡热变形试验机

炉/制冷附件/湿度附件、夹具等组成。

2. 成分分析检测设备

成分分析技术主要用于对未知物、未知成分等进行分析，在汽车老化试验中也常需要对老化前后的材料进行分析，常用设备有傅里叶红外光谱仪（FTIR）、热重分析仪（TGA）、热裂解－气相色谱质谱联用仪（PY-GC-MS）等。

傅里叶红外光谱仪（图6-50）主要利用特征吸收谱带的频率推断分子中存在某一基团或键，由特征吸收谱带频率的变化推测临近的基团或键，进而确定分子的化学结构；也可由特征吸收谱带强度的改变对混合物及化合物进行定量分析。傅里叶红外光谱仪目前在汽车领域主要应用于高分子材料研究、材料生产应用、气体分析应用等。常用的测试标准有 GB/T 32199—2015、GB/T 6040—2019、ASTM E1252-98（2021）等。

图6-50　某品牌傅里叶红外光谱仪

热重分析仪主要用于非金属材料的热重分析，而热重分析法（Thermal Gravimetry Analysis）主要是在程序控温和某一气氛下测定样品重量和重量变化率随温度的变化关系。利用热重分析仪可测定材料在不同气氛下的热稳定性和氧化稳定性，可对分解、吸附、解吸附、氧化、还原等物化过程进行分析（包括利用热重分析测试结果进一步作表观反应动力学研究），可对物质进行成分的定量计算，测定水分、挥发成分及各种添加剂与填充剂的含量。

热裂解－气相色谱质谱联用仪是将热裂解技术与气相色谱质谱联用技术相结合的分析仪器，简称裂解色质谱仪，广泛应用于高分子材料、环境保护、电子电器、医药、石油化工、食品安全、纺织皮革等行业中有害物质的检测及高分子化合物的成分分析。设备主要通过一定条件下高分子材料遵循一定规律裂解，即特定样品产生特定裂解产物及产物分布，对原样品进行表征，进而进行定性定量分析，判定样品组成。测试标准可参考 GB/T 39699—2020、GB/T 29613.1—2013 等。

3. 环保性能检测设备

环保性能检测常用设备有热脱附气相色谱质谱联用仪、EDX能量色散X射线光谱仪、雾化仪等。

热脱附气相色谱质谱联用仪是有机挥发物（VOC）检测常用设备，气相色谱具有极强的分离能力，质谱对未知化合物具有独特的鉴定能力且灵敏度极高，气相色谱质谱是一种在试样中鉴别不同物质的方法，主要用于工业检测、食品安全、环境保护等领域。

EDX能量色散X射线光谱仪根据不同元素的特征X射线波长和谱线的强度，来测定试样中元素的成分和含量。测试使用的试样可为固体、粉末、液体等形态，且不需要化学前处理，是一种快速、非破坏性的分析方法。该设备广泛应用于钢铁、有色金属的元素定性半定量分析和汽车行业中的有害元素检测分析工作。

汽车内饰中的塑料件、皮革、热塑性弹性体以及防锈油等材料，在阳光照射高温作用下会挥发出大分子物质。这些物质在汽车风窗玻璃或车门玻璃上凝结的现象称为雾化。雾化仪就是模拟材料在高温条件下成雾过程的设备，目前广泛应用在汽车行业内饰材料的雾化管控中。

4. 燃烧性能检测设备

汽车内饰材料的燃烧性能指在一定试验条件下，材料或制品进行有焰燃烧的能力。主要测试方法有水平燃烧法、垂直燃烧法、极限氧指数法、烟密度法等，其中以水平燃烧法应用最多，也是国家强制要求的检测项目（GB 8410—2006），水平燃烧测试仪见图6-51。不同评价方法对材料燃烧性能考察的维度不同，需要选择相应的设备进行试验。所有燃烧性能检测都必须在通风橱内或集成抽风装置的一体化环境箱内进行，以除去可能有毒的燃烧产物。一般要求通风橱内部的容积为设备燃烧箱体积或样品固定架体积的20～110倍，而且通风橱的长、宽、高中的任一尺寸不得超过另外两尺寸任一尺寸的2.5倍。

5. 扫描电子显微镜

扫描电子显微镜（Scanning Electron Microscope，SEM，图6-52）利用聚焦的高能电子束与材料表面相互作用，来进行高分辨率微区形貌分析，放大倍率高达几十万，分辨率可达纳米级，分为台式和场发射型等。在与 X 射线能谱仪、X 射线波谱仪等分析仪器联用时，可在微观形貌观察的同时，实现材料表面微区成分分析，广泛应用于各种材料的结构形貌、界面或断口形貌、失效分析及材料性能预测等方面。

图 6-51　汽车内饰材料水平燃烧测试仪

图 6-52　扫描电子显微镜

6. 凝胶渗透色谱仪（GPC）

凝胶渗透色谱仪（GPC）主要用于有机溶剂中可溶聚合物（聚苯乙烯、聚氯乙烯、聚乙烯、聚甲基丙烯酸甲酯等）的平均分子量和相对分子质量分布的分析及分离，常用的凝胶色谱柱为交联聚苯乙烯凝胶，洗脱溶剂为四氢呋喃等有机溶剂，它是目前测定聚合物分子量分布应用最广泛的设备，对于高分子材料的研发、生产工艺管控等具有重要意义。GPC 通过聚合物在溶液中的"有效大小"差异将其分离，测得的是其相对分子量，因此相对分子质量相近而化学结构不同的聚合物，无法通过 GPC 达到完全分离纯化，相对分子质量须相差 10% 以上才能得到有效分离。

6.5　发展趋势及展望

随着汽车环境适应性设计和老化试验技术的发展，汽车老化检测设备主要呈现以下发展趋势：

1）环境模拟技术日趋成熟。随着智能驾驶技术、电动汽车技术的发展与普及，以及汽车安全技术的深入发展，未来可能向更为复杂和精确的多环境模拟系统发展，这些系统不仅可以模拟温度、湿度和紫外光等，还可以模拟霜冻、酸雨和其他更复杂的自然条件及应用场景。

2）检测设备智能化。当前，许多汽车老化检测设备已配备了高级传感器和数据处理系统，未来这一趋势在大数据和人工智能领域的快速发展背景下将得以延续，数据分析和机器学习算法有可能广泛应用于设备中，以更精确地评估零部件的老化状态，并预测其未来的性能和耐用性。

3）检测设备网络化。网络一体化是汽车检测技术与设备发展的必然趋势。随着物联网（IOT）技术的成熟，实时远程监控将越来越普遍。这意味着即使检测设备位于遥远的地方，也能通过远程接口进行实时监控和数据分析，大幅提高了设备的使用便捷性。

4）跨学科融合，相关检测法规和标准不断更新迭代。现有检测设备大多侧重于某一方面（如环境模拟或材料性能测试），随着科技的进步，未来可能会出现更多跨学科整合的设备。例如，将机械工程、材料科学、数据科学和环境科学等领域的先进技术结合在一个设备中，以实现更全面和准确的老化检测。

综上所述，汽车老化检测设备的未来发展将是多方面和多维度的。技术驱动因素（如数据科学和人工智能）、社会需求（如可持续性和个性化）以及行业标准和法规都将影响其发展路径。而随着这些复杂因素的交织和相互作用，汽车老化检测领域必将迎来更多样化的解决方案。

第7章

汽车老化失效分析

7.1 概述

随着汽车使用时间的延长,非金属零件极易受到以下因素的影响发生老化失效:①自然环境中的阳光、雨水、气温变化等;②周边环境件带来的高热、摩擦、化学介质侵蚀等;③使用过程中带来的高载荷、频繁摩擦、刮擦和汗水污染等。

老化失效分析是借助老化试验分析方法,通过各种老化失效工况的验证来分析失效原因。同时,在开发阶段,通过老化失效分析,可掌握材料的老化失效规律,进而采取适当的调控措施来预防老化现象。

7.2 失效分析程序及方法

7.2.1 失效分析程序

失效分析立足于失效背景材料和对失效样品的分析研究。大量的失效背景材料和有关的试验数据或结果是失效分析的基础。建立这个基础后,对材料、数据、结果等进行加工、整理、分析和综合,才能揭示失效性质并找出失效规律。因此,任何类型的失效分析都要先收集失效背景材料,再调查失效现场,对失效件进行检查分析并得出结论后,提出改进建议。

1. 失效背景材料收集

1) 背景调查:收集产品失效信息,例如产品失效现象、失效时间、失效比例等。

2) 确认失效条件:了解失效出现的环境和条件,例如温度、湿度等,以及失效出现的位置和范围。

3) 发掘失效历史数据:查找产品失效历史记录,了解类似失效事件是否曾经出现,在哪些环境条件下出现,以及采取了什么措施等。

2. 失效现场调查

所谓现场调查,就是根据失效分析目的,有意识、有计划地运用各种仪器和手段收集失效现场资料及失效件残骸,并由此进行分析研究,进而发现失效现象的本质及其发展规律。现场调查步骤如下:

1) 调查准备:包含查阅文献资料、初步设想和制订调查方案。

2) 现场调查:按照调查方案做好现场调查的失效残骸、对比试样和背景资料的收集工作。对收集的样品和资料进行严格的检查和初步整理工作,及时发现问题就地改正或补充。

3）调查总结：对现场调查的资料和失效件进行全面审核，区分真假，消除调查资料中的假错现象，保证调查资料的真实性、准确性和完整性。

3. 失效样品的选择

失效原因的正确分析在很大程度上依托于失效样品的正确选择，一般需要从破碎或开裂的残骸中找到最初损坏的部件，样品应取自失效的发源部位，或能反映失效性质或特点的部位。例如，对于断裂失效原因的正确分析及断口形貌的准确判别，很大程度上依靠于断口样品的选择和断口形貌清晰程度。在进行断裂失效分析时，必须从失效残骸中选择断口样品，这样不仅能缩小检查断口试样的尺寸范围，更重要的是能选择出最先开裂的部位作为断口样品。

4. 失效件初步检查

失效件的初步检查，旨在获得有关失效事件的清晰且全面的概貌。

在确定失效原因时，有时正是根据零件上找到的非金属附着物，例如泥土或碎石等，为正确分析提供了一些有用的证据。例如，在断裂表面的某个部位上发现油漆痕迹，可证明在发生完全断裂前的某个时间内，表面就存在一条裂纹，否则油漆不可能渗入并留下痕迹。

上述现象在初步检查中都应加以注释并做好详细记录，尽可能用相机拍照。失效件初步检查后要妥善保存，避免污染。

5. 失效样品分析

对所选样品进行宏观（采用目视或借助放大镜、立体显微镜）及微观（借助电子显微镜）观察，结合收集到的信息进行分析，确定失效发源点及失效方式，初步判定可能的失效机理和原因。

除了对不良部位观察分析，还必须对失效样品进行性能测试、结构分析和化学分析等，检验材料的性能指标是否合格，成分是否符合要求等。这是失效分析的重要内容。此过程根据假设的失效机理，有针对性地进行分析验证。一般原则：多个怀疑因素可并行分析，如果不能做到，可先分析重点怀疑因素，后分析次要因素。如果主要因素不容易验证，且验证过程中可能破坏原有失效样本信息，而次要因素容易验证，且不会破坏原有失效样本信息，则可先进行次要因素验证，再进行主要因素验证。

6. 结论验证

失效分析进行到一定阶段，需要对所获得的结果和试验数据进行综合分析，得出失效机理，明确失效原因，确认是物料、设计、制造还是环境导致的问题。

在某些情况下，需要进行模拟服役条件下的试验，例如温度、湿度、介质浓度、应力等因素对失效的影响的模拟等，进一步验证分析结论的准确性。

7. 改进建议

根据失效机理和失效原因提出具体的改进措施，包括设计改进、工艺改进、材料改进等。

7.2.2 失效分析方法

失效分析方法包含宏观检查、微观检查、成分分析、性能分析以及模拟试验等。

1. 宏观检查

1）通过目视、低倍放大镜（放大倍率≤10）、体式显微镜或其他工具对失效件的表面发白、变色、粉化、龟裂等外观缺陷进行观察分析，并对失效特征进行拍照记录。

2）利用游标卡尺、千分尺或光学测量仪等量具，按照相关产品标准规定的方法对失效件特征尺寸进行符合性验证，检查失效件特征尺寸是否与开发认可阶段结果数据一致。

2. 微观检查

利用超精细数码显微镜或扫描电镜等工具对失效件失效区域的微观形貌进行观察分析，包括表面缺陷、断裂源等，并根据失效类型的不同，对失效特征进行必要的尺寸测量、拍照记录。

3. 成分分析

1）X射线荧光光谱（XRF）法，通过X射线激发样品表面元素，使其发生能带跃迁，再回到基态发射出各种波长的荧光 X 射线，通过检测发出的不同波长（或能量）的荧光 X 射线强度，对样品中的部分元素进行定性及半定量分析，可用于成分分析初期元素信息的快速获得，制样方法简单，分析速度快，可对完全未知的样品进行简单快速分析。

2）能量色散 X 射线谱仪（EDS，简称能谱仪）法，常搭配扫描电镜或透射电镜作微区成分分析，主要利用不同元素发射出的特征 X 射线能量不同来进行元素成分分析。

3）红外吸收光谱分析法。红外吸收光谱又称分子振动转动吸收光谱，是由组成化学键或官能团的原子发生振动吸收跃迁引起的。通过红外吸收光谱分析法检测材料的化学键或基团，根据吸收峰和强度等数据可快速推断样品中树脂、填充物或助剂的种类。此外，通过显微红外光谱仪，可同时实现对样品的微区成分分析或小至 $10\mu m$ 的样品成分分析。

4）差式扫描量热（DSC）法，利用程序控温（升/降/恒温及其组合），测量输入到样品与参比物的热流差与温度的关系，以获得与热效应有关的物理变化和化学变化信息。通过记录样品吸热或放热的速率与温度的关系图（即 DSC 曲线），可测量多种热力学参数，如熔点、结晶温度、玻璃化转变温度等，从而实现对材料的定性分析。

5）热重分析（TGA）法，利用程序控温（升/降/恒温及其组合），测量被测样品的质量随温度或时间的变化过程，从而获得样品分解温度、分解残留量等信息。通过该方法可测定材料的热稳定性及氧化稳定性，还可对氧化、分解、吸附等物理化学过程进行分析，结合红外吸收光谱法、DSC 法等其他分析手段，可实现对样品的主体成分、水分及各种添加剂或填充剂的定性定量分析。

6）质谱法，将被测样品中的分子离子化，并按离子的质荷比（m/z）大小不同进行分离分析，从而确定样品成分。质量是物质的固有特征之一，不同的物质有不同的质量谱，且谱峰强度也与其代表的化合物含量有关，利用这一性质，可进行定性定量分析，获得样品的分子量、化学结构及成分含量等信息。

常见的质谱分析技术包括电感耦合等离子体质谱仪（ICP – MS）、气相色谱质谱联用（GC – MS）、液相色谱质谱联用（LC – MS）等。

7）核磁共振波谱（NMR）法，通过分析不同原子核在外磁场作用下吸收射频辐射引起能级跃迁所产生的特定能量的无线电波信号（波谱），来确定样品分子结构。核磁共振波谱分为氢谱和碳谱，通过氢原子或碳原子的化学位移值、耦合常数及吸收峰的面积可获得有机化合物中由氢和碳构成的官能团、结构单元和连接方式等信息，从而推断有机化合物的结构。

4. 性能分析

1）力学性能分析。力学性能包括拉伸、弯曲、压缩、冲击、硬度、剪切、附着力、疲劳和剥离等，可通过万能材料试验机、冲击试验机、硬度计等根据需要及产品标准规定的相应方法，检测材料的有关性能，具体检测项目视产品失效情况而定。

2）耐热性能分析。耐热性能包括尺寸稳定性、热变形温度、维卡软化温度、脆化温度、熔融温度等，可通过各种设备检测材料的热性能，具体检测项目视产品失效情况而定。

3）耐老化性能分析。耐老化性能包括光老化、热老化、湿热老化、盐雾腐蚀等，可通过比较样品老化前后某一性能的变化来评价，如灰度、色差、附着力等。具体检测项目视产品失效情况而定。

4）加工成型性能分析。熔体流动速率是热塑性树脂质量控制和成型加工的重要参考依据。对同一种树脂，可通过熔体流动速率检测来比较其分子量大小，作为生产质量的控制基准。

5）耐化学介质接触。根据需要及产品标准规定的相应介质和方法，检测材料的有关性能，具体检测项目视产品失效情况而定。

5. 模拟试验

根据失效背景调查、宏观及微观观察、材料符合性验证（成分分析）、性能检测和实际使用工况（使用环境和所受应力状态）分析，分析产品的失效机理和原因，并推断引起失效的条件及影响因素。根据需要和可行性，可结合产品材料设计及实际使用工况，模拟失效试验，即通过试验或其他验证方法，确认失效发生的现象，验证原因分析的准确性。

7.3 典型案例

7.3.1 外饰件老化失效案例

1. 激光雷达饰板起翘

（1）失效背景调查

在整车阳光模拟试验中，经过2个湿循环后，激光雷达饰板两侧边缘起翘变形，面差超过整车要求，失效详情见图7-1。经调查，该激光雷达饰板基材为PC/ABS，注塑成型并采用胶粘工艺。

（2）检测与分析

1）目视检查分析：通过目视检查，零件靠近两侧位置出现起翘失效形式，目视可见内外板间胶水脱开失效，初步判断内外板间胶粘性能异常。通过拆解失效零件，看到内外板间胶水明显异常，图7-2a所示胶水失效形式为单边剥离，

图7-1 激光雷达饰板失效照片

图7-2b所示为胶水正常内聚破坏。内板卡子从车身上脱落，导致内板与车身脱开，见图7-3。

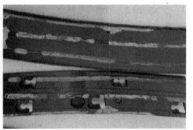

a) 胶水单边剥离　　b) 胶水正常内聚破坏

图7-2 胶水常见失效形式

图7-3 内板卡子失效状态

2）失效原因分析：通过横向对比剥离测试的试验样板，发现问题样件内板涂胶前未进行底涂工艺，导致胶水附着力异常。同时，车身尺寸制造误差导致激光雷达饰板两端受力，处于三点弯曲状态，在高温下出现应力变形，导致胶水破坏而失效。车身尺寸测量位置见图7-4。

在钣金上面选择失效零件激光雷达饰板卡子安装位置1~6，边缘匹配位置7~8，其制造标准公差为±1mm。针对同批次车身进行三坐标检测，共计检查10辆车，发现卡子安装孔位置5、6的Z向高度均低于标

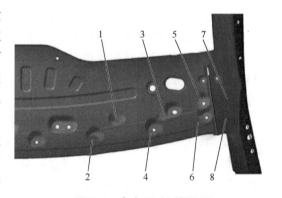

图7-4 车身尺寸测量位置

准值，导致卡子存在无法卡到匹配位置的情况。卡子受热老化后脱出，导致内板与钣金脱开，造成老化失效工况，见图7-5。

激光雷达饰板两端距离底部钣金的设计距离为0.9mm，为使位置5、6的卡子能正常卡入钣金孔，会导致卡子的相对位置向下偏移，使激光雷达饰板边缘位置7、8始终受到一个垂直向上的力，受热老化后发生起翘，见图7-6。

（3）结论

分析可知，激光雷达饰板的变形失效是工艺和设计问题共同导致的：工艺流程未涂敷底漆，到底胶水附着力失效；车身钣金尺寸制造公差过大，导致卡子虚卡，老化后失效脱开；卡子未完全卡到卡接位置，老化后产生塑性变形，因拉拔力较小而失效；激光雷达饰板边缘受垂直向上的力，老化后边缘起翘。

（4）改进措施

调整工艺，增加底涂后，测试油漆附着力；优化白车身制造工艺后，使钣金孔位置满足安装要求，确保安装过程中卡子完全卡接到位；在激光雷达饰板边缘位置增加3M胶带，协助初步固定。选择满足试验要求的白车身零件，选择优化后的零件进行阳光模拟试验，试验结果满足要求。

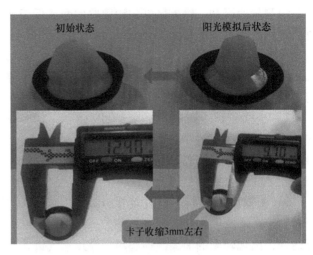

图7-5 老化前后卡子尺寸状态

2. 车门开关油漆起泡

（1）失效背景调查

某电动侧门开关（图7-7）在整车老化试验中失效：2500kJ氙弧灯试验（SAE J2527-2004/ISO 105 B02：2014）后面漆起泡，96h冷凝水（ISO 60702：2011）后，油漆附着力（ISO 2409：1992）失效，不满足整车老化要求。经调查，电动侧门开关基材为半透明PC，PC基材为注塑成型，PC正面和背面均喷涂油漆，并在背面使用镭雕工艺显示开关字符。

图7-6 激光雷达饰板两端受力情况

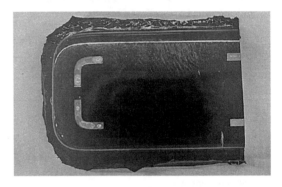

图7-7 某电动侧门开关

（2）检测与分析

通过目视检查，经2500kJ氙弧灯试验后，零件表面油漆起泡，触摸有凹凸感，疑似面漆破损。通过以下手段协助分析。

1）膜厚检查。通过零部件技术规范可知，底漆和面漆要求：底漆厚(20 ± 5) μm；面漆厚(30 ± 5) μm。

在失效零件上，分别选取带底漆的涂层区域和镭雕区域，进行漆膜厚度测量，结果见表7-1。

表7-1 失效零件漆膜厚度

测量位置	涂层区域			镭雕区域
	底漆膜厚/μm	面漆膜厚/μm	总漆膜厚/μm	漆膜厚/μm
位置1	16.79	27.28	45.75	21.83
位置2	16.79	28.12	44.49	22.25
位置3	17.21	27.70	44.91	21.83
平均值	16.90	27.70	45.10	22.00

由测量值可知，镭雕区域的漆膜厚度明显低于要求值；底漆膜厚目标要求为（20±5）μm，样件黑色底漆位置平均漆膜厚为16.9μm，略高于漆膜厚度下限；面漆膜厚目标要求为（30±5）μm，样件未镭雕区域平均漆膜厚为27.7μm，镭雕区域漆膜厚为22.0μm，镭雕区域平均漆膜厚小于其余区域约5μm。分析可能是镭雕区域涂层厚度过小，导致油漆起泡，同时镭雕区域由于未进行后处理，PC基材与面漆之间粘附效果较差，导致氙弧灯照射后面漆起泡，附着力失效。

2）金相分析。通过扫描电镜可知，面漆层和底漆层出现鼓包分层（图7-8），说明失效现象发生在面漆与底漆之间。

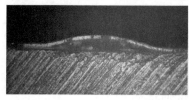

图7-8 SEM扫描电镜及金相分析图

3）失效原因分析。通过金相分析可知，在镭雕区域与底漆区域的分界线处，出现轻微的面漆破损起翘，导致水气进入底漆与面漆之间，形成鼓包。经分析确认，镭雕工艺中，为去除目标位置的黑色底漆，会导致在分界处的底漆局部应力集中，在氙弧灯试验过程中，底漆受热后应力释放，导致变形，进而破坏面漆。

（3）结论

分析可知，车门开关失效形式为塑料油漆件起泡，附着力失效。

1）底漆和面漆的漆膜厚度均小于产品要求，导致氙弧灯试验不能满足要求。

2）PC镭雕区域，面漆对镭雕后的PC基材附着力较差，引起面漆起泡失效。

3）由于镭雕工艺，需要去除PC基材上目标位置的黑色底漆，导致底漆边缘产生应力集中点，后续面漆烘烤过程中局部应力释放，底漆边缘位置的面漆被破坏，质量较差，后续水气从该位置进入问题区域。

（4）改进措施

通过调整油漆工艺的参数，如增加喷油压力参数，增加喷涂量和漆膜厚度，详细参数梯度见表7-2、表7-3。

表7-2 底漆工艺参数梯度

底漆[(20±5)μm]	梯度a	梯度b	梯度c
喷漆压力/MPa		0.38	
雾化压力/MPa		0.38	
油量压力/MPa	0.16	0.19	0.22
烘烤温度/时间		(70±5)℃/1h	
样本1/μm	16.3	16.88	18.84
样本2/μm	16.76	17.08	20.76
样本3/μm	15.5	19.91	19.18
平均值/μm	16.19	17.96	19.59
偏差Δ/μm	3.81	2.04	0.41

表7-3 面漆工艺参数梯度

面漆[(30±5)μm]	梯度1（a）	梯度2（a）	梯度3（b）	梯度4（b）	梯度5（c）
喷漆压力/MPa			0.45		
雾化压力/MPa			0.45		
油量压力/MPa	0.16	0.18	0.2	0.22	0.24
烘烤温度/时间			(80±5)℃/2h		
样本1/μm	26.34	26.04	28.22	26.30	33.72
样本2/μm	25.52	25.48	28.54	27.54	30.70
样本3/μm	25.66	25.62	25.70	28.76	34.60
平均值/μm	25.84	25.71	27.49	27.53	33.01
偏差Δ/μm	4.16	4.29	2.51	2.47	3.01

结合表 7-2 和表 7-3 的参数梯度矩阵，选择底漆梯度 c，面漆梯度 5 进行喷涂，镭雕工艺过后，使用异丙醇对镭雕区域进行清洗，清除表面污垢，提高产品质量和效率，提高后续面漆和 PC 基材的结合力。

镭雕工艺使底漆边缘位置存在应力集中，在镭雕工艺后增加底漆二次烘烤工艺，温度为 (70 ± 5)℃，时间为 1h，释放底漆局部内应力。面漆烘烤工艺温度 (80 ± 5)℃，时间为 2h。选择调整后的参数对样件进行氙弧灯试验，满足 2500kJ 试验要求。

3. 门框装饰膜老化失效

（1）失效背景调查

某车型售后发现一起门框装饰膜失效，经排查，在室外车库发现有小批量老化失效现象，见图 7-9，平行于车身运行方向的 X 向膜片与车辆 Z 向的膜片搭接处发生挤皱甚至脱开，以膜与膜之间粘接失效、膜与钣金之间粘接失效为主要表现形式。经调查，门框装饰膜为 PVC 膜片，膜片组成为 PVC 基材+背胶（压敏胶），膜片由供应商压延成型，其背面通过压敏胶与钣金粘接，窗框装饰条材料为 EPDM 橡胶。失效车辆大多为生产 2 个月内，生产时间为冬季，整车下线时未出现相关问题，在室外车库曝晒后呈现批量失效。

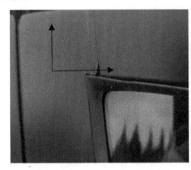

图 7-9　门框装饰膜失效图

（2）检测与分析

从失效背景来看，此问题属于典型的膜片老化失效问题。PVC 膜片为外协件，由涂装工艺粘接，后在总装工艺装配门板和窗框装饰条。

初步分析失效的可能影响因素：膜片粘接性及抗皱性不良、膜片受环境件挤压。

此膜片为某主流膜片厂产品，本轮分析选择了另一款在其他车型上装车未失效的膜片进行对比。失效款膜片简称膜片 1，未失效款膜片简称膜片 2。

1）膜片粘接性及抗皱性分析。抗皱性指膜片本身在受到低载荷挤压时的起皱程度，测试数据见表 7-4。可见，两种膜片在初始状态和老化后的粘接强度相当，判定膜片 1 的粘接性良好。膜片 1 的抗皱性明显差于膜片 2，判定在受到一般载荷的挤压下，膜片 1 更容易起皱，见图 7-10。

表 7-4　两种不同膜片性能测试结果

性能		膜片 1	膜片 2
物理性能	膜厚（PVC 膜+黏合剂）	0.125mm	0.125mm
粘接强度	23℃/20min	7.95N/cm	5.15N/cm
	80℃/168h	12.32N/cm	11N/cm
抗皱性（模拟测试）	80℃，15N 拉力	4h 起皱	15h 无异常

2）膜片受环境件挤压分析。膜片受到的环境件挤压力与其和 Z 向环境件之间的间隙强相关。

不同挤压环境下：膜片 1 与 Z 向玻璃导槽之间的间隙为零，膜片 2 与 Z 向玻璃导槽之间的间隙为 0.8mm。两种状态下的零件气候老化循环后，膜片 1 发生挤皱并脱开，膜片 2 未发生挤皱。

相同挤压环境下：将膜片 1 和膜片 2 都安装在膜片 1 所处的玻璃导槽挤压环境下，经过气候老化循

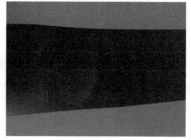

a) 膜片1　　　　　　　　　　　b) 膜片2

图7-10　膜片抗皱性试验结果

环后，膜片1和膜片2均发生挤皱并脱开。

3）失效原因分析。导槽材料为EPDM橡胶，热胀冷缩过程中尺寸变化较大，膜片受导槽热胀冷缩时垂直方向挤压力和平行方向挤脱力，夹紧的玻璃有平行方向挤压力。当膜片受到的挤压力过大，且粘接界面间的抗剪切力较小时，表现为膜片起皱；当膜片受到的挤脱力过大时，膜片被挤至开口；当背面包边粘接不良时，膜片被挤至脱出。

(3) 结论

在膜片本身粘接性能良好的前提下，膜片受到环境件强挤压，经过冷热气候老化后，膜片被挤皱，挤皱处的膜片粘接失效。

(4) 改进措施

改善了膜片2与Z向玻璃导槽之间的间隙后，新的环境件气候老化试验结果膜片无挤皱和脱开。建议后续此类零件的膜片与Z向玻璃导槽之间不能设计为零间隙。

4. 保险杠老化失效

(1) 失效背景调查

某车型经过整车曝晒试验后保险杠表面褪色发白，且出现明显虎皮纹现象（图7-11）。经调查，后保险杠为黑色塑料件，表面带纹理，注塑成型。塑料件基材为橡胶增韧聚丙烯材料，具备耐候、高韧性、高流动性等特点。

图7-11　后保险杠纹理件失效前后图

(2) 检测与分析

对自然暴露试验后保险杠样件的虎皮纹白段和黑段分别进行SEM-EDS微观形貌观察和表面元素分析，并与开展自然暴露试验前的样件进行对比。

1）SEM分析。虎皮纹表面微观形貌见图7-12，样件虎皮纹白段表面出现大量密集且较深微裂纹，黑段表面微裂纹较少且轻微。推测黑白相间虎皮纹是注塑时塑料熔体出现蛇形流动导致增韧弹性体发生不规律剪切取向所致。结合白段微裂纹多，推测其剪切取向程度大，因取向而产生的内应力在自然暴露试验时受环境外应力作用，更容易出现老化开裂，从而形成大量微裂纹。

2）EDS元素分析。EDS显示氧元素与试验前样件对比有近3倍增长，元素分析结果显示聚丙烯材

第7章 汽车老化失效分析

a) 样件试验前　　b) 样件试验后虎皮纹白段　　c) 样件试验后虎皮纹黑段

图 7-12　保险杠虎皮纹表面微观形貌

料发生了氧化。暴露试验前表面元素碳为聚丙烯自身碳链元素，氧、镁、硅是滑石粉中的元素，而暴露试验后氧含量大幅增加，则源于材料在自然环境中受光、热、水、氧等协同作用，出现了老化，与空气中的氧结合形成羰基。

3）原子力显微镜分析。采用原子力显微镜（AFM）对样件虎皮纹黑段和白段分别进行测量和观察，结果见图 7-13。

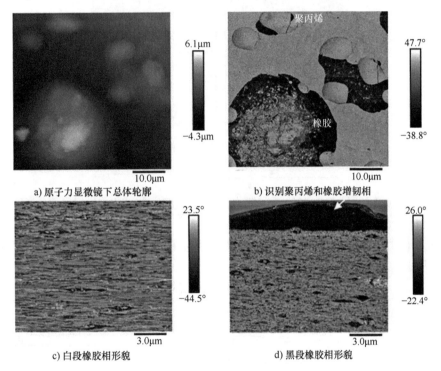

a) 原子力显微镜下总体轮廓　　b) 识别聚丙烯和橡胶增韧相

c) 白段橡胶相形貌　　d) 黑段橡胶相形貌

图 7-13　保险杠虎皮纹原子力显微镜图

图 7-13a 所示为 AFM 总体轮廓。PP 的模量范围是（2503.4±876.6）MPa，橡胶相的模量是（26.5±3.6）MPa，通过图 7-13b 区分锁定样件中的 PP 和橡胶相。图 7-13c、d 分别为白段橡胶相和黑段橡胶相形貌，可见图 7-13c 白段的橡胶相剪切取向拉伸程度远高于图 7-13d 黑段的橡胶相。AFM 结果表明，虎皮纹处白段的橡胶相剪切取向应力更大。

（3）结论

保险杠自然暴露试验出现的黑白相间虎皮纹缺陷，因材料中的橡胶增韧相发生了不平衡剪切取向，白段取向程度明显大于黑段，导致白段存在较大取向内应力，在外界环境应力作用下更容易断裂，从而更容易产生大量微裂纹。

（4）改进措施

建议在进行保险杠开发设计时综合考虑选材的流动性、浇口设计和工艺设计，尽量减少不均匀剪切取向的发生。

5. 车轮装饰罩老化失效

（1）失效背景调查

某车型开发过程中，道路耐久试验车辆出现车轮装饰罩车标字符表面脱落失效问题，见图7-14。车轮装饰罩塑料基材为PA类材料，基材上有车标字符，基材表面喷涂油漆，然后在车标字符的表面油漆上烫印金属膜。

图7-14　车轮装饰罩失效图片

（2）检测与分析

从失效背景来看，此问题属于典型的烫印膜老化失效问题。初步分析失效原因可能是烫印膜与油漆涂层间附着力不良，因此主要分析附着力。

1）试验样板附着力分析。用试验样板开展了4种条件下的附着力测试，从表7-5所示试验结果看，耐水后膜片出现明显附着力不良现象。

表7-5　样板附着力测试结果

序号	试验条件	附着力测试结果
1	初始状态	附着力合格
2	耐水老化后	膜片表面明显开裂
3	4AF老化后	附着力合格
4	60℃，95%HR老化后	附着力合格
5	耐清洗剂	附着力合格

2）零件附着力分析。因零件尺寸较小，零件附着力试验使用干摩擦方法替代。表7-6所示试验结果表明，耐水老化后膜片出现脱落。

表7-6　零件附着力测试结果

序号	试验条件	附着力测试结果
1	初始状态	干摩擦后膜片无脱落
2	耐水老化后	膜片出现脱落
3	4AF老化后	干摩擦后膜片无脱落
4	60℃，95%HR老化后	干摩擦后膜片无脱落
5	耐清洗剂	附着力合格

(3) 结论

上述试验结果说明该膜片耐水老化的附着力不良。该仿电镀烫印膜片为铝膜，铝膜在有水条件下发生膨胀，且易发生氧化反应。同时，膜片背面的化学物质与油漆之间的咬合不良，导致附着力不良。

(4) 改进措施

后续更换为外观与铝膜类似的铬膜，并更换与铬膜片咬合良好的油漆，生产的零件耐水老化未出现脱落现象。设计建议：外饰件金属烫印膜不使用铝膜；当烫印膜需要烫在油漆表面时，在开发阶段需要充分验证各种老化条件下烫印膜与油漆的咬合附着力。

7.3.2 内饰件老化失效案例

1. 仪表板搪塑 PVC 开裂

(1) 失效背景调查

市售某型轿车正常使用 5 年，仪表板上表面开始反光严重，之后发粘、开裂。仪表板表皮材料为搪塑 PVC，厚度约 1.2mm，见图 7-15。

图 7-15 仪表板搪塑 PVC 表皮开裂

(2) 检测与分析

1) 材质分析。图 7-16 所示为仪表板搪塑 PVC 表皮采用压膜法制样得到的红外图谱，零件用材与定义一致。

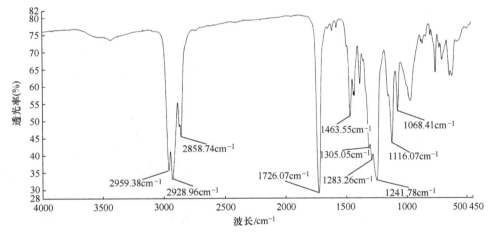

图 7-16 仪表板搪塑 PVC 表皮红外图谱

2) 增塑剂挥发量。搪塑 PVC 表皮中含有大量增塑剂，用来增加柔韧性、降低表面硬度等。增塑剂中的小分子物质在高温和长周期使用条件下会发生迁移，向外表面迁移时会析出表面挥发到空气中，向内表面迁移时会渗透到仪表板发泡层中。因此，需要验证该款搪塑 PVC 表皮的增塑剂挥发量。如图 7-17 所示，测得该搪塑 PVC 表皮增塑剂挥发量约为 $104g/m^2$。

3) 高温尺寸变化率。在新状态的搪塑 PVC 表皮上截取 (100×100) mm 尺寸样品，将样品置于 115℃高温条件下 4h 后，在室温条件调节 24h，再次测量处理后的样品尺寸。如图 7-18 所示，测得该搪塑 PVC 表皮的高温尺寸变化率约为 4%。

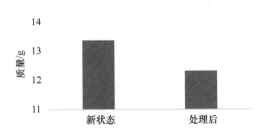

图 7-17 高温处理前后表皮质量变化

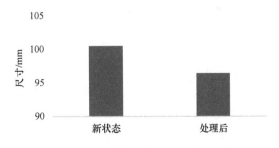

图 7-18 高温处理前后表皮尺寸变化

4）高温后力学性能变化。在新状态的搪塑 PVC 表皮上截取（300±5）mm×（50±1）mm 尺寸样品，将样品置于 115℃ 高温条件下 240h 后，在室温条件调节 24h。按照 GB/T 1040.3—2006 规定开展试验，夹具间距（200±1）mm，拉伸速度（100±10）mm/min，测试新状态和高温老化后的断裂伸长率变化率和老化后最小断裂伸长率。测得该搪塑 PVC 表皮高温后的断裂伸长率变化率约为 45%，老化后最小断裂伸长率约为 80%。

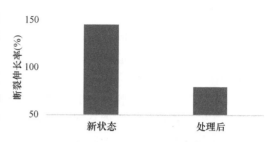

图 7-19 高温处理前后断裂伸长率变化

（3）结论

该搪塑 PVC 表皮中使用的增塑剂相对分子质量较小，在高温和长周期应用条件下，小分子物质发生迁移导致表面变亮、发粘。此外，搪塑 PVC 表皮由于增塑剂的析出和挥发而尺寸变小、断裂伸长率变化率变大、最小断裂伸长率变小，表观变化是变硬、变脆，在转角处形成裂纹缺陷。

（4）改进措施

建议使用耐高温老化更优的搪塑 PVC 原材料。

2. 副仪表板变速杆护罩人造革破损

（1）失效背景调查

市售某车型副仪表板变速杆护罩正常使用 3 年后出现老化破损（图 7-20）。经调查，副仪表板变速杆护罩材质为 PVC 革，厚度 1.0mm。

（2）检测与分析

1）材质分析。采用裂解法制样得到红外图谱，确认该变速杆护罩材质为 PVC 革。

2）耐寒性分析。按照 GB/T 38465—2020 中的方法 A，对该变速杆护罩进行耐寒性能测试，产生破裂现象，表明该护罩使用发泡型 PVC 革无法满足 -35℃ 条件下的耐寒性要求。

3）耐曲折性。采用 QB/T 2714—2018 标准，对该护罩进行测试，结果见表 7-7。可见，该护罩采用的发泡型 PVC 革在不同条件下的耐曲折性均无法满足要求，均出现破裂现象。

图 7-20 某车型副仪表板变速杆护罩老化破损

表 7-7 变速杆护罩耐曲折性测试

试验项目	测试依据	测试条件	测试结果
常温耐曲折性	QB/T 2714—2018	新状态 10 万次	涂层明显断裂
		增塑剂挥发后 10 万次	涂层严重断裂
低温耐曲折性（10℃）		新状态 3 万次	涂层严重断裂
		增塑剂挥发后 3 万次	涂层严重断裂
低温耐曲折性（-30℃）		新状态 5000 次	涂层严重断裂
		增塑剂挥发后 5000 次	涂层严重断裂

（3）结论

在车辆使用过程中，经过高温环境后，发泡型 PVC 革中的增塑剂挥发，导致其耐寒性和耐曲折性恶化。此外，发泡型 PVC 革涂层中存在大量气孔，涂层韧性降低后更容易出现破裂。

（4）改进措施

改为使用密实 PVC 革制造后，该护罩的低温耐曲折测试结果合格，且量产后无售后质量问题。对于耐褶皱要求较高的零件，建议避免使用带发泡层的PVC革。

3. 车门护板扶手包覆件泡沫粉化

（1）失效背景调查

市售某型轿车门护板扶手正常使用6年后出现包覆人造革鼓包现象（图7-21）。扶手骨架为PC+ABS基材，基材为注塑成型，表面以胶贴方式包覆人造革，人造革为1.0mm PVC革+3mm PU泡沫+无纺布。

（2）检测与分析

从鼓包位置破坏后发现，PU泡沫下的无纺布层与骨架仍为粘接状态，PU泡沫出现粉化导致转角位置分层、鼓包。按压其他平面位置后，目视发现明显凹坑且长时间无法恢复。

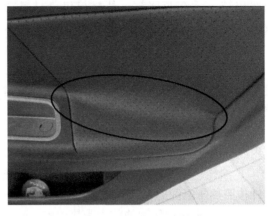

图7-21 车门护板扶手鼓包

1）材质分析。红外图谱确认门护板扶手包覆人造革为PVC革，复合泡沫为聚酯型PU。PVC革层采用压膜法制样，PU泡沫采用裂解法制样。

2）耐水解性分析。为验证包覆人造革的耐水解性，采用如下方法评估：取样尺寸（200×50）mm，平行样数量5个，将5个样件放入85℃/95%RH环境中240h，然后取出样件在室温条件调节24h。用手指在PVC革一侧按压1s，使PU泡沫完全压缩后停止按压，观察表面压痕的回弹性。180℃剥离力参照GB/T 8808—1988，剥离速度（100±10）mm/min。对比新状态和湿热老化后的样件的按压回弹性及180℃剥离力，测试结果见表7-8。

表7-8 按压回弹性及剥离力测试结果

状态	按压回弹性	180℃剥离力
新状态	立即恢复，表面无压痕	23.5N，PU泡沫层破裂
湿热老化后	极慢恢复，表面有明显压痕	3.3N，PU泡沫层粉化

3）形貌显微分析。采用光学显微镜观察耐水解试验前后的PU泡沫层截面，见图7-22。耐水解试验前，PU泡沫的网状结构清晰完整，耐水解试验后，部分区域的PU泡沫网状结构出现粉化断裂。

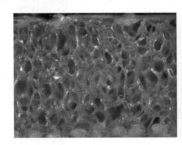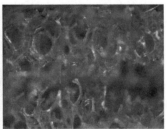

图7-22 耐水解试验前后的PU泡沫光学显微照片

（3）结论

在长期使用过程中，聚酯型PU泡沫出现水解引起PU泡沫层粉化断裂，导致车门护板扶手转角处出现PU泡沫层分层引起的鼓包现象。

（4）改进措施

与聚醚型PU泡沫相比，聚酯型PU泡沫在初始状态下按压回弹性更好，但长期高温高湿状态下极易发生水解，出现泡沫粉化现象。对于车门护板扶手包覆用PU泡沫，按压回弹性是重要的感知项目，主机厂应根据自有体系综合选材。

4. 遮阳板包覆件起泡

（1）失效背景调查

某整车在海南自然老化试验中，曝晒10个月后，遮阳板出现局部鼓包失效，按压具有明显变形

(图7-23)。遮阳板基材为EPP泡沫，包覆材料为仿麂皮绒+无纺布底衬，基材与包覆材料之间为胶粘。

（2）检测与分析

1）失效模式。通过裁切，发现遮阳板表面麂皮与EPP泡沫基材局部脱开，疑似表皮胶水附着力差导致的脱开失效。

2）工艺排查。通过确认零件生产时间，确定其生产期间的工艺参数：

图7-23 遮阳板失效状态

① 热压包覆工序生产记录显示问题零件热压温度为100℃，其工艺参数卡范围为100~120℃，问题零件按照热压温度的温度下限进行包覆。

② 遮阳板包覆使用的胶水为热熔胶，胶水激活温度为140℃，过高的激活温度会导致麂皮收缩无法包覆，因此实际热压温度低于胶水激活温度，导致粘接性能较差。

③ 开发前期未定义遮阳板剥离力要求，供应商未针对剥离力做过程检测。

（3）结论

包覆所用热熔胶未按要求激活，导致粘接力不足，造成EPP基材与仿麂皮之间脱胶。

（4）改进措施

① 热压工艺参数锁定：基于仿麂皮的特性和热熔胶的工艺窗口，选择激活温度为110℃的热熔胶。

② 确定热熔胶类型后，对热压温度进行优化选择，要求其能满足耐168h热老化后不发生鼓包等失效情况。

③ 为使热压后的零件满足附着力和粘附性能要求，要求麂皮与基材之间的剥离力必须大于400N/m。

整改后，锁定热压温度工艺参数为（120±10）℃，选择满足要求的零件，放置在海南自然老化整车上，完成一年自然曝晒试验，试验结果满足要求。

5. 无线充电胶垫鼓包

（1）失效背景

某款无线充电胶垫出现不同程度的鼓包，见图7-24。经调查，无线充电胶垫材质为热塑性苯乙烯弹性体（TPS），热压成型。车主陈述在夏天停户外曝晒时胶垫没有任何鼓包，用了网购的防滑垫后才出现鼓包。

a) 胶垫1(明显鼓包)

（2）检测与分析

1）质量对比分析。三款胶垫使用一段时间后质量均增加：胶垫1质量增加17%（从34.0000g增加到39.7939g）；胶垫2质量增加3.1%（从42.6815g增加到44.0211g）；胶垫3质量增加3.9%（从42.6122g增加到44.2882g）。质量增加越多，鼓包越明显。

b) 胶垫2(轻微鼓包)

2）红外光谱分析。采用红外光谱仪对胶垫的化学成分进行分析，见图7-25。胶垫的主体成分为TPS，含有碳酸盐矿物填料。胶垫使用一段时间后表面鼓包处均检出邻苯二甲酸酯类物质，胶垫1的红外谱图中，邻苯二甲酸酯物质的特征峰明显强于胶垫2和胶垫3。

3）热重分析。采用热重分析仪对胶垫的热稳定性进行分析，见图7-26。胶垫在400℃左右和650℃左右分别是TPS主体和碳酸盐矿物填料的分解，胶垫2和胶垫3在300℃左右基本没有热分解，胶垫1在300℃左右则出现失重台阶。根据红外分析结果推测，300℃左右的分解是邻苯二甲酸酯类物质的分解。

c) 胶垫3(轻微鼓包)

图7-24 鼓包的胶垫

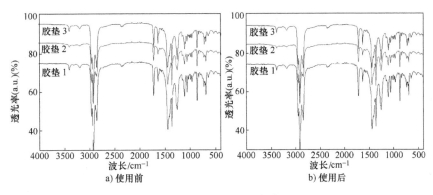

图 7-25 胶垫红外光谱

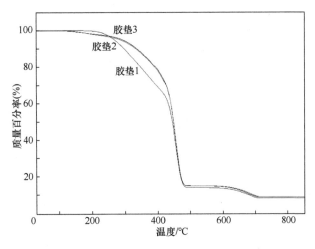

图 7-26 胶垫热重曲线

（3）结论

胶垫在使用过程中，因由外界引入邻苯二甲酸酯（俗称增塑剂）类小分子物质（本案例中增塑剂主要源于网购 PVC 防滑垫），导致胶垫质量增加。同时，邻苯类物质使胶垫变软，导致胶垫各区域硬度不一致，进而表面产生鼓包。迁移越多，鼓包越明显，低温段热分解失重越大（胶垫增重越多）。

（4）改进措施

此案例失效的根本原因是网购 PVC 防滑垫中的增塑剂迁移至无线充电胶垫。建议在产品用户指南中明确提示，尽量避免使用未经专业认证的防滑垫，以减少对无线充电胶垫的影响。

6. PP 内饰板变色

（1）失效背景

某厂家生产的两批次 PP 内饰板，在仓储一段时间后发现其中一批次的内饰板约有 10% 发生明显黄变。经了解，内饰板基材为聚丙烯（PP），注塑成型。

（2）检测与分析

1）红外光谱分析。分别对内饰板 P1、内饰板 P2 经二甲苯浸泡的提取物以及经高温灼烧后的灰分进行红外光谱分析，分析表明 P1 和 P2 两种内饰板红外谱图无明显差别，两种内饰板的材质基本相同，主体成分均为 PP。经二甲苯浸泡后的提取物的红外光谱显示，P1 中含有亚磷酸酯类抗氧剂，P2 中不含。经 500℃ 高温灼烧后残留的灰分的红外谱图显示，P1 和 P2 的灰分在 $1448cm^{-1}$ 和 $839cm^{-1}$ 波数的吸收峰明显，这两个吸收峰均来自碳酸盐的特征吸收，说明两种内饰板均含碳酸盐填料。

2）热重分析。对 P1 和 P2 两种内饰板进行热重分析，结果显示两者热重曲线呈反 "S" 形，只出现一个 "阶梯"，表明两种内饰板的 PP 无严重相分离。

3）氙弧灯老化试验。对 P1 和 P2 两种内饰板进行氙弧灯老化对比试验，试验结果见表 7-9，可见 P1 内饰板老化性能明显优于 P2 内饰板。

表 7-9　两种内饰板的氙弧灯老化试验结果

内饰板	P1	P2
抗老化体系	抗氧剂	无
老化条件	黑板温度63℃，氙弧灯加速老化	
试验结果	600h，褪色色牢度4~5级	200h，褪色色牢度3~4级

（3）结论

P1 内饰板耐氙弧灯光老化性能明显优于 P2 内饰板。

（4）改进措施

针对老化变色问题，建议从 PP 原材料改进，加入合适的抗氧体系和抗紫外剂来改善其抗老化变色性能，并通过氙弧灯老化试验进行验证。

7. 表皮老化失效

（1）失效背景调查

在海南整车自然老化试验过程中，经过两个月曝晒后，座椅扶手包覆层出现爆针现象，缝线针孔出现连续破损并横向扩展，见图 7-27。

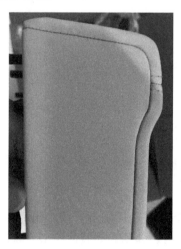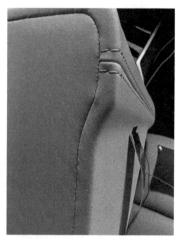

图 7-27　试验前后状态

座椅扶手基材为 PC + ABS，包覆材料为人造革 + 海绵，包覆材料通过裁片后缝纫成所需形状。

（2）检测与分析

在零件端面缝线位置（单缝线暗线部位）发现明显爆针情况，零件其余平面位置缝线针孔（法式双缝线）未发现失效，见图 7-28。

1）裁片方向分析。通过分析零件端面缝线的失效位置，结合零件表面的裁片方向，分析发现缝线失效的位置大都在纬向，见图 7-29。

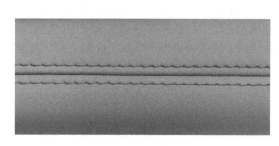

图 7-28　法式双缝线位置

图 7-29　端面裁片经向/纬向

2）表皮收缩率分析。切割破坏复合海绵，剥离复合表皮，发现失效端面的皮革收缩率比平面大，端面纬向收缩率比经向大，见表7-10。

表7-10 零件表皮收缩率

取样方向	取样位置			
	小端面	大端面	正面上	正面侧
经向	3.5%	2.6%	0%	0%
纬向	8.7%	6.7%	3.6%	0%

3）表皮受力分析。零件表皮下方由于存在海绵复合层，导致胶水无法固定，整车经光照后表皮加速收缩，增加零件缝线位置受力，加速零件爆针失效，见图7-30。

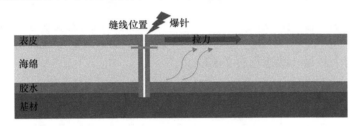

图7-30 零件表皮受力变形示意

（3）结论

座椅扶手端面表皮爆针失效问题主要是表皮裁片方向不佳和海绵层变形所致。端面包覆过程中纬向为零件主要受力变形方向，因此包覆完成后纬向会产生较大回弹变形，表皮下方的海绵随动变形较大，无法抵抗表皮变形，导致爆针问题。

（4）改进措施

1）优化零件端面的裁片方向：调整纬向的方向，验证具体裁片方向变化对爆针问题的影响，裁片方向见图7-31。

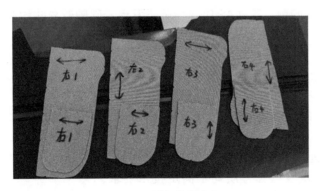

图7-31 纬向布置方向

2）更换低弹性基布：与表皮复合后，可有效抵抗表皮变形，减小表皮位移，从而优化爆针问题。设计正交试验验证，其中左1、4裁片为量产基布，右1、4裁片为低弹基布，具体情况见表7-11。

表7-11 端面纬向裁片方向

端面	左1（量产）	左2	左3	左4（量产）	右1	右2	右3	右4
大端面	↔	↕	↔	↕	↔	↕	↔	↕
小端面	↔	↔	↕	↔	↔	↔	↕	↕

3）选择对照样件放置在自然老化车辆上，进行对照试验。试验前后状态见图7-32、图7-33。

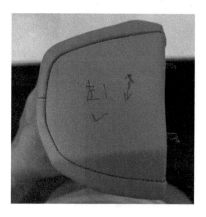
图 7-32 量产基布小端面

图 7-33 低弹基布小端面

4）零件自然老化两个月后，状态见表 7-12。

表 7-12 端面纬向裁片方向自然老化试验结果

端面	左1（量产）	左2	左3	左4（量产）	右1	右2	右3	右4
大端面	针孔扩展	无爆针	针孔扩展	无爆针	无爆针	无爆针	无爆针	无爆针
小端面	针孔扩展	针孔扩展	爆针	爆针	无爆针	无爆针	无爆针	无爆针

5）通过正交试验，确认改进措施如下：
① 小端面裁片方向维持现状。
② 调整大端面裁片方向。
③ 更换低弹基布能有效解决爆针问题。

8. 驾驶舱地毯粉化异味

（1）失效背景调查

售后反馈多起车内异味问题，通过4S店现场调研发现，驾驶舱异味均源于地毯，且对与其接触的零件有一定污染性。

（2）检测与分析

1）宏观检查。对售后失效地毯进行宏观检查发现，该失效件表面未见污染，但触感明显偏软，面毯层与无纺布层均容易剥离，经剥离检查发现面毯与无纺布之间的重涂层出现严重开裂（图7-34）。

2）气味评价分析。通过对售后失效地毯进行气味评价分析发现，失效件的气味强度及气味性质均不满足技术要求，气味性质异常，具有浓厚的油味，主要源于地毯重涂层。

3）老化验证。随机抽取同车型现生产零件按照相关标准要求进行关键性能验证，并以不同重涂层供应商生产的地毯作为对比件，试验条件及结果见表7-13。

图 7-34 地毯失效照片

表 7-13 地毯关键性能验证

试验项目及条件	试验结果	
	现生产件	对比件
平角剥离 （新状态及老化后） （1个循环老化后）	新状态：合格 4个循环老化后：合格	新状态：合格 4个循环老化后：合格

(续)

试验项目及条件	试验结果	
	现生产件	对比件
耐热尺寸变化	L：合格 T：不合格	L：合格 T：合格
抗生物性能霉变 （7天和30天）	7天：无不良气味，无霉变 30天：刺鼻性气味，明显霉变	7天：无不良气味，无霉变 30天：无不良气味，无霉变
热老化 （100℃/300h）	样件变软、有油味，面毯层与无纺布层均容易剥离，重涂层发粘且弯折后有裂纹	无明显异常

可见，同车型现生产地毯受热老化影响较大，并出现了与售后反馈类似的失效现象，为进一步考察热老化对地毯的影响，对同车型现生产地毯加严试验条件继续验证。

由表7-14可见，经300h热老化后，同车型现生产地毯重涂层已逐步降解，出现了与售后失效地毯类似的失效现象，经504h热老化后重涂层进一步降解并粉化。该失效件重涂层的配方主要为树脂、矿物填料、矿物油、偶联剂等，初步推测供应商在地毯重涂层制造过程中可能没添加抗氧化剂或抗氧化剂含量很少。

表7-14 地毯零件热老化验证

试验项目及条件	试验结果
热老化（100℃/300h）	样件变软、有油味，面毯层与无纺布层均容易剥离，重涂层发粘且弯折后有裂纹
热老化（100℃/504h）	样件变软、有油味，面毯层与无纺布层均能轻易剥离，重涂层可轻易掰断

4）工艺分析。通过走访供应商生产工艺现场，对原材料、工艺过程、生产成品等进行核查，发现在储存矿物油容器上的氧化残留物与失效件有类似气味，且供应商对重涂层是否添加抗氧化剂无固化要求。

5）模拟试验。为进一步验证推测，对于含抗氧化剂及不含抗氧化剂的地毯进行热老化（100℃/504h）试验，并评价试验后的零件气味情况，结果表明含抗氧化剂的地毯无明显异味，而不含抗氧化剂的地毯出现与售后反馈类似的气味。

（3）结论

地毯重涂层制造过程中未添加抗氧化剂或抗氧化剂含量很少，导致重涂层发生热氧老化分解，进而产生异味。

（4）改进措施

1）要求地毯重涂层添加抗氧化剂，并增加相关检查。

2）在产品开发认可阶段，增加对地毯重涂层的热老化试验验证。

7.3.3 结构件老化失效案例

1. 车身备件油漆起泡生锈

（1）失效背景调查

售后反馈用户更换发动机舱盖备件后出现油漆起泡、钣金生锈问题（图7-35）。

（2）检测与分析

从备件供应商处随机抽取电泳备件按照油漆认可相关标准要求进行制板，并对其油漆性能进行符合性验证，试验条件及结果见表7-15。

图7-35 零件失效照片

表7-15 电泳备件油漆性能验证

试验项目及条件	试验结果
电泳外观	局部颜色异常发黄,约占5%面积
电泳膜厚	合格
电泳划格附着力	合格
面漆后耐水(40℃/240h)	外观正常部位:外观无明显变化,划格附着力合格 电泳发黄部位:外观部分起泡(M6),划格附着力不合格
面漆后耐潮(60℃/96h)	外观正常部位:外观无明显变化,划格附着力合格 电泳发黄部位:外观无明显变化,划格附着力合格
面漆后耐高压老化	外观正常部位:划格附着力合格 电泳发黄部位:划格附着力不合格

可见,零件电泳颜色正常部位,面漆后油漆性能满足技术要求,而电泳颜色发黄部位,面漆后耐水考察表面起泡,附着力差,面漆与电泳漆之间剥离。

(3) 结论

由于电泳漆防紫外光要求较低,推测可能是电泳备件存储时间过长,或在存储过程或物流运输过程中受到日光照射,导致其出现局部发黄现象,与面漆兼容性差,造成零件面漆脱落,引起钣金锈蚀。

(4) 改进措施

1)检查电泳备件外观,排除颜色异常的备件。

2)核查备件供应商生产线现场的实际情况,对存储环境、存储时间及物流运输包装等作相关要求。

2. 曲轴减振带轮开裂

(1) 失效背景

曲轴减振带轮经耐久试验后,带轮内外两侧出现开裂,且开裂处均集中在两侧的内圈(图7-36、图7-37)。曲轴减振带轮主体基材为铸铁,带轮内外侧的内圈和外圈材料为橡胶。

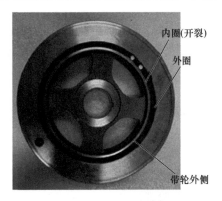

图7-36 曲轴减振带轮外侧

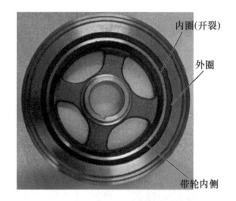

图7-37 曲轴减振带轮内侧

(2) 检测与分析

1)热重分析。分别取新带轮和开裂带轮的外侧、内侧及中部共6处材料(记为新件外侧、新件内侧、新件中部、开裂件外侧、开裂件内侧、开裂件中部)进行热重分析,结果如下:

①新件外侧、内侧、中部和开裂件中部共4处材料的热重曲线一致,开裂件外侧和内侧2处材料的热重曲线一致。

②相比新件外侧材料,开裂件外侧材料初始热分解温度明显降低(新件外侧材料的初始热分解温度为301.88℃,开裂件外侧材料的初始热分解温度降为224.97℃),表明开裂件外侧材料热稳定性下降。

2)形貌观察和能谱分析。分别取新带轮侧面(外侧面或内侧面)和开裂带轮外侧面、内侧面共3

处侧面样品,置于扫描电镜/能谱仪进行形貌观察和能谱分析。新带轮侧面平整,无明显缺陷,沿线扫方向(从外圈到内圈)氧元素浓度基本一致。开裂带轮不论外侧面还是内侧面均出现开裂,且开裂处集中在内圈,沿线扫方向(从外圈到内圈)氧元素浓度呈增加趋势,内圈开裂处氧元素浓度明显增加。

(3) 结论

1) 开裂带轮内外侧材料初始热分解温度降低,热稳定性下降。

2) 开裂带轮内外侧均出现开裂,开裂主要集中在内圈,从外圈到内圈氧元素浓度呈增加趋势,内圈开裂处氧元素浓度明显增加。判定内圈材料发生了热氧老化。

3) 开裂带轮中部与新带轮材料状态一致,没有发生热氧老化。

带轮在耐久试验过程中经受热氧老化导致带轮橡胶材料分子结构发生断裂,致使带轮开裂。

(4) 改进措施

建议使用耐热氧老化性能更好的橡胶材料进行替换。

3. 天窗举升臂老化失效

(1) 失效背景调查

某车型开发过程中天窗举升臂出现开裂失效(图7-38)。台架验证试验中,天窗左右举升臂滑槽下端包塑顶针孔处开裂。天窗举升臂为金属骨架外包聚甲醛塑胶,使用一体嵌件注塑成型。

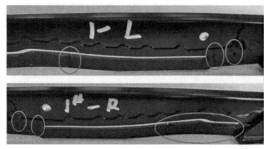

图7-38 天窗举升臂失效照片

(2) 检测与分析

此处零件在天窗开关过程中与金属件多次摩擦,需采用耐磨性优异的聚甲醛材料。从失效实物来看,初步怀疑为聚甲醛材料在耐久试验中受异常应力作用或耐疲劳性较差导致失效。

1) 零件受异常应力破坏排查。对失效件相关环境件进行尺寸检查,数据表明轴销与滑槽配合的过盈量正常,钢件尺寸合格。

2) 材料性能分析。该零件为功能件,须满足耐疲劳性要求。低黏度聚甲醛材料用于耐疲劳性要求较低的外观件;中黏度聚甲醛材料用于耐疲劳性要求一般的零件;高黏度聚甲醛材料用于耐疲劳性要求较高的零件。

黏度主要以材料熔体流动速率(MFR)评价,数值越小,黏度越高,一般MFR小于5g/10min为高黏度。失效样件所使用聚甲醛为中黏度POM,是否满足耐久要求需要验证确认。

3) 耐久试验。在实施高低温循环试验的同时运行15000次耐久试验。以1℃/min速度升温到80℃,再以1℃/min速度降低至-30℃为4h,以1℃/min速度升温到80℃,如此循环。经高低温循环125h、耐久15000次后,左侧举升臂塑胶有一处开裂,故障再现,见图7-39。

图7-39 耐久试验失效照片

（3）结论

此失效为聚甲醛材料在高低温循环耐久过程中发生老化开裂。

（4）改进措施

为提高聚甲醛材料的耐高低温疲劳性，由中黏度聚甲醛材料更换为高黏度聚甲醛材料，更换原材料后的零件耐久试验合格，未出现开裂。

7.3.4 电器件老化失效案例

1. 内饰氛围灯罩开裂

（1）失效背景调查

某 SUV 开发项目，夏季整车曝晒后门护板氛围灯罩出现开裂、发白现象。软质中护板采用 PVC 革 + PU 海绵包覆，氛围灯罩与中护板零贴装配，见图 7-40。氛围灯罩材质为 PC，注塑成型。

（2）检测与分析

根据 PC 材料的特性分析，初步怀疑失效为 PC 材料在某些特殊情况下发生了应力开裂。

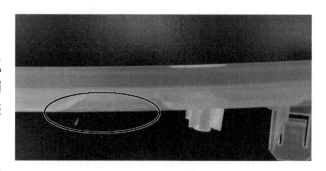

图 7-40 氛围灯罩开裂外观照片

1）材质分析。采用压膜法制样得到红外图谱，确认零件用材与定义一致，为 PC 材料。

2）应力检测。为检测氛围灯罩是否存在内应力，采用乙酸乙酯与正丁醇（体积比 2∶1）的混合溶液，在 23℃条件下浸没氛围灯氛围灯罩 5min 后，取出氛围灯罩用清水冲洗、晾干，目视发现氛围灯罩出现明显裂纹，说明氛围灯罩中存在内应力。

3）耐热性。为验证是高温条件下应力释放导致的氛围灯罩开裂，还是其他因素所致，将氛围灯罩单独放置在高温试验箱中 90℃处理 24h；氛围灯罩包裹 PVC 革，使 PVC 革层紧贴氛围灯罩，放置在高温试验箱中 90℃处理 24h。

高温处理后，目视检查氛围灯罩外观，单独放置的氛围灯罩无开裂，包裹 PVC 革的氛围灯罩开裂。

（3）结论

氛围灯罩为 PC 材料，注塑成型后存在内应力。在高温条件下，PVC 革中的增塑剂小分子发生迁移、析出，PC 材料与增塑剂接触发生溶胀，导致氛围灯罩在与 PVC 革接触部位出现应力释放而开裂。

（4）改进措施

建议在结构设计阶段，尽量避免 PC 材料与 PVC 革表面直接接触。若因设计原因无法避免接触，建议对 PC 基材表面进行涂层保护，以降低增塑剂侵蚀带来的应力开裂风险。

2. 水阀失效

（1）失效背景调查

整车自然老化路试试验过程中，突然发现动力受限，加速踏板开度 100%时，车辆最高速度 3km/h，加速无力，无法正常行驶。断电后问题依然存在，稳定复现。经过现场 ABA 和信号排查，发现是动力电池水泵信号线电平偶发异常降低。检查问题零件发现，偶发 PT LIN5 最高电压突然降低至 6V 以下，然后恢复正常，更换新动力电池水泵发现异常消失。同时进行外观检查，动力电池水泵表面出现腐蚀迹象，水泵插头内部无腐蚀痕迹，有少许异物，见图 7-41。动力电池水泵为功能件，结构较复杂，尾盖密封件为塑料材料注塑成型。

（2）检测与分析

1）失效数据读取。通过 LIN 总线读取水泵运转过程中的失效数据：在水泵失去信号后，CAN 信号置 0，当 LIN 总线总计获得 5 个 0 位信号时报错；当转速恢复正常时，CAN 信号置 1，当 LIN 总线总计获得 5 个 1 位信号时恢复正常，见图 7-42。

图 7-41 动力电池水泵问题零件

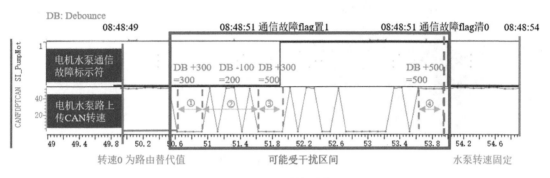

图 7-42 问题数据分析

2)焊点分析。通过 CT 扫描判断问题零件中是否存在焊点虚焊问题（图 7-43）：
① 零件 U/V/W 焊点均未发现异常，上锡良好。
② 插头与 PCBA 连接点上锡良好，针脚位置未见异常。
③ PCBA 检查未发现明显异常。

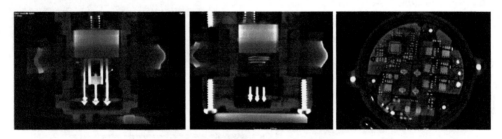

图 7-43 问题零件 CT 扫描检测

3)电性能测试。将问题车上的零件拆卸下来进行性能复测（图 7-44）：
① PIN1（电源负极）与 PIN3（LIN 信号）之间电阻异常，测量值 43.39Ω，正常值 3.6Ω。
② 零件尾盖气密性测试要求压降不高于 100Pa，实测值 425Pa，不满足要求。
③ 拆开尾盖发现，铝盖与泵壳之间未完全贴合，水气进入 PCBA 侧内部，密封圈上有明显异物。

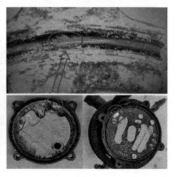

图 7-44 失效零件性能复测

4）电路分析。拆解问题零件后，打开 PCBA 板，背面接口附件存在明显短路痕迹，通过电路分析可能是 R11 和 C14 出现异常。拆掉 C14，PIN1 和 PIN3 短路依然存在，拆掉 R11 测试电阻值与失效现象相符，见图 7-45。初步推测由于问题零件尾盖密封失效，导致水气进入零件内部，PCBA 板被腐蚀后失效。

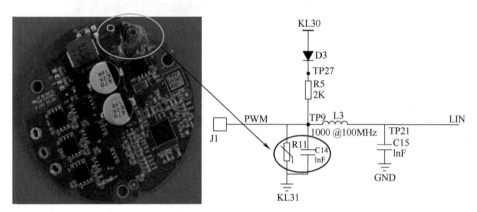

图 7-45　PCBA 板失效元件

（3）结论

因零件尾盖密封不足，水气进入零件内部，导致 PCBA 板腐蚀，从而发生失效。

（4）改进措施

1）尾盖密封失效原因是尾盖紧固螺栓的拧紧方式为分批次拧紧，导致局部应力集中起翘。可改善压装夹具增加压入力，保证压装到位，通过伺服电机控制压装夹具将水泵尾盖压紧，4 个螺栓同时拧紧，见图 7-46。

2）针对调整过拧紧方式的零件，参考 ISO 20653：2023，进行 IPX7 水密试验，浸入深度 1m，时间 30min，间歇性增加 13V，3min 通电负载运行，见图 7-47。

图 7-46　拧紧工序优化

 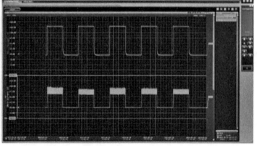

图 7-47　IPX7 水密试验

3）更换优化后的零件，进行整车搭载试验，未出现问题。

3. 压缩机失效

（1）失效背景调查

整车自然老化路试试验过程中，空调系统突然发出警告，整车不制冷，显示故障。空调系统操作界面见图 7-48。

（2）检测与分析

1）故障分析。通过读取整车 OBD 信号，检测发现动力系统 LIN3 信号丢失。由整车功能系统可知，

PT LIN3 信号控制冷却器、压缩机、空气质量传感器、冷却液（高压）加热器等零件。最终确定为空调压缩机故障，见图 7-49。

2）性能复测。将问题车上的零件拆卸下来，进行性能复测，具体情况如下（图 7-50）：

① 复测零件气密性，发现性能衰减，不满足要求，泄漏点为插接件位置。

② 测量 PIN 端子之间的电阻值异常，正常为开路，实测值为千欧姆级。

③ 目视检查故障零件，端子和注塑件结合位置表面有白色物质。

④ CT 扫描 PIN 端子间有絮状物。

图 7-48　空调系统操作界面

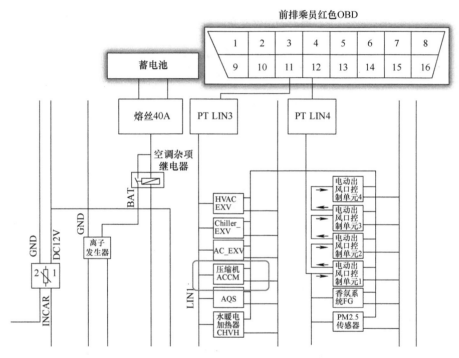

图 7-49　车辆控制图（部分）

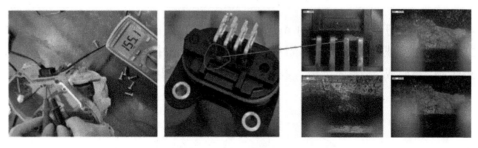

图 7-50　失效零件性能复测

3）微观分析。通过宏观检查发现可能是白色絮状物导致电阻异常，使用扫描电镜（SEM）和能谱（EDS）分析进行微观检查和成分分析，结果如下：

① 扫描电镜检测发现 PIN 端子之间白色物质呈枝晶状生长，见图 7-51。

② 能谱分析显示白色物质中银（Ag）元素异常，结果见表 7-16。

③ 以上分析显示疑似 Ag 元素导致 PIN 端子之间短路，检测失效零件 PIN 端子表面的镀层厚度，要求 Ag 镀层厚度为 4mm，见表 7-17。可见，故障件 Ag 镀层偏薄，PIN 端子上的 Ag 镀层转移到 PIN 端子之间。

 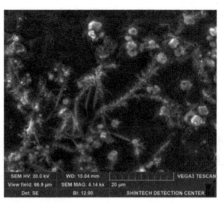

图 7-51　失效零件 SEM 照片

表 7-16　能谱元素分布

元素	线类型	质量分数（%）	质量分数标准差	原子百分数（%）
C	K 线系	60.39	0.57	76.41
Ag	L 线系	15.28	0.34	2.15
…	…	…	…	…
总量		100.00		100.00

表 7-17　零件镀层厚度检测

测量位置		故障件/μm	正常件/μm
PIN 1	1	2.93	4.00
	2	2.49	5.33
	3	2.79	4.64
	平均值	2.74	4.66
PIN 2	1	1.71	4.52
	2	2.61	4.39
	3	3.07	5.16
	平均值	2.46	4.69

④ 通过检查可知，由于 PIN 端子上的 Ag^+ 迁移到平面，加上电解液的存在，会形成电化学腐蚀，阳极 Ag^+ 失去电子，先变成 AgOH，再变成 Ag_2O 沉积。电解液中的 Ag^+ 游离到阴极附近，得到电子，处于阴极区域的 Ag^+ 还原成 Ag 单质沉积。最终阳极的 Ag_2O 与阴极的 Ag 接触，造成短路，见图 7-52。

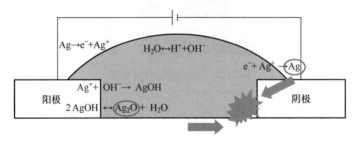

图 7-52　电化学反应原理

(3) 结论

插接件周边的减振泡棉吸水导致水气在周围存积生成腐蚀产物，造成零件密封不良。在密封不良状态下，PIN 端子之间产生电化学腐蚀，导致短路，产生失效。

(4) 改进措施

1) 在不影响压缩机 NVH 性能的情况下，适当减少插接件密封圈附近的声学海绵，降低 PIN 端子位置的水气聚集，见图 7-53。

2) 调整 PIN 端子 Ag 镀层的范围，Ag 镀层隐藏在注塑件下方，避免 Ag^+ 迁移导致短路，见图 7-54。

图 7-53 减少声学海绵

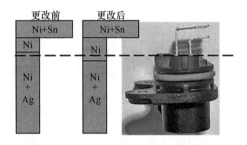

图 7-54 调整 PIN 端子 Ag 镀层范围

4. 方向盘开关起皮

(1) 失效背景调查

售后反馈某车型多起方向盘开关表面油漆起皮脱落问题，见图 7-55。该多功能开关卡接组装在方向盘两侧，按键为 PC 注塑，底座为 PC 及 PC/ABS 双色注塑，均使用相同的喷漆工艺和油漆材料进行喷涂。

(2) 检测与分析

该多功能开关及方向盘在项目开发认可阶段未发现起皮问题，且两者所涉材料沿用自其他车型，仅组装结构稍有差异。

图 7-55 零件失效照片

1) 内应力测试分析。走访供应商生产工艺现场，对材料、注塑及喷涂各工艺参数等进行排查，均符合要求。同时，对毛坯件进行内应力测试，试验结果合格，且毛坯件和喷漆件的目视外观也符合设计定义，无可视缺陷。

2) 零件油漆性能分析。随机抽取现生产的开关按照油漆认可相关标准要求进行符合性验证，油漆性能均符合设计要求。

3) 湿热老化分析。对开关单件及开关与方向盘组装件分别进行耐湿热老化验证。由表 7-18 可见，发现开关与方向盘组装件在高湿热条件处理后油漆表面出现了鼓包或起皮现象。结合失效背景调查及零件油漆性能验证试验分析，初步推断在特殊的高湿热环境条件下，与开关紧密贴合的方向盘发泡材料可能对开关表面油漆性能产生一定影响。

表 7-18 耐湿热老化验证试验

试验项目及条件	试验结果	
	开关单件	开关与方向盘组装件
耐水解（80℃/80% RH/96h）	外观合格	外观合格
耐湿热（85℃/90% RH/48h）	外观合格	表面鼓包或起皮

对比耐湿热老化试验 72h 后开关 PC 外观面及非外观面、PC/ABS 外观面及非外观面的外观变化，发现失效多发生于 PC 面，且与方向盘紧密贴合的非外观面相比外观面漆膜起皮更严重，这表明非外观面局部受到的侵蚀更严重。

4）显微形貌观察分析。用体式显微镜对售后失效件及湿热老化后零件的鼓包或起皮位置进行显微形貌观察分析。由图 7-56 可见，漆膜起皮后漏底的 PC 面粗糙甚至出现裂纹，而加速湿热老化后起皮漏底的 PC 面被侵蚀得更严重。

a) 售后失效件PC外观面　　　　b) 湿热老化后PC外观面

图 7-56　售后失效件及湿热老化后零件显微形貌观察照片（放大倍率 50）

5）GSMS 分析。结合上述分析，除了受到湿热因素的影响，怀疑方向盘发泡材料可能在高湿热环境下释放出某种物质，也对开关壳体 PC 材质产生一定影响。通过 GCMS 热脱附法对比有同类组装结构的其他方向盘发泡材料，发现本例发泡材料的胺含量远高于其他发泡材料，见表 7-19。

表 7-19　方向盘发泡材料 GCMS 分析　　　　（单位：μg/g）

样品	TVOC（≤nC16）	TVOC（≤nC16）	苯	甲苯	乙苯	二甲苯	苯乙烯	胺
失效件	71	81	ND	ND	ND	ND	ND	512
类似结构参比件	61	84	ND	ND	ND	ND	ND	4

（3）结论

推测本例方向盘多功能开关漆膜鼓泡、起皮的原因是 PC 分子链上含有大量酯基，耐水解性差，在高温高湿环境下，湿热及方向盘发泡材料释放大量碱性胺类物质，引起开关壳体 PC 降解，从而影响了表面油漆的附着。

（4）改进措施

1）调整方向盘发泡材料，选用低胺聚氨酯发泡材料。
2）调整结构设计，在方向盘及多功能开关之间增加阻隔，减少直接接触。
3）开发其他更耐水解及耐湿热老化的材料应用于开关壳体。

5. 尾部贯穿灯老化失效

（1）失效背景调查

某车型尾部贯穿灯出现多起失效，失效现象为灯壳开裂，失效区域无明显地域性，开裂部位集中在玻璃清洗液流过的区域（图 7-57）。该贯穿灯的外壳材料为透明 PMMA，注塑成型。

图 7-57　尾部贯穿灯失效

(2) 检测与分析

该贯穿灯与后风窗刮水器喷出的玻璃清洗液接触较频繁。玻璃清洗液的成分为乙二醇和水。主要对灯罩的耐玻璃清洗液性能进行检测，采用模拟试验方式。

1) 灯罩模拟试验。在还未组装的全新灯罩表面喷洒玻璃清洗液，24h 后灯罩未出现开裂。

2) 灯罩总成模拟试验。在组装好的贯穿灯总成表面喷洒玻璃清洗液，3~4h 后灯罩出现开裂。

(3) 结论

初步怀疑该制品的初始应力较大，在受到玻璃清洗液侵蚀后出现应力开裂。

(4) 改进措施

由于玻璃清洗液为通用材料，其成分和性能已固化，不建议更改玻璃清洗液性能。减少制品的内应力，使用在应力下耐化学介质性能更优的 PMMA，是解决此类问题的关键措施。

1) 减少制品的内应力。对 PMMA 制品而言，退火处理是比较经典的减少内应力的方法。对单品而言，PMMA 材料若使用 80℃ 以上温度退火，变形量会过大，因此建议退火温度在 80℃ 以下。焊接后的零件内部会产生装配应力，对总成退火可减少装配应力，减少对 PMMA 材料的应力影响。

表 7-20 所示为样件在不同退火工艺下的耐玻璃清洗液验证结果。可见，在此原材料配方下，需要同时使用单品退火和总成退火，且总成退火时长需在 2h 或以上，退火温度最好能达到 90℃。

表 7-20 退火工艺验证

样件状态退火工艺	验证结果
60℃/30min 单品退火 + (80℃/50min + 85℃/1h) 总成退火	开裂
60℃/30min 单品退火 + (80℃/50min + 90℃/2.5h) 总成退火	无开裂
60℃/30min 单品退火 + (80℃/50min + 85℃/2h) 总成退火	无开裂
70℃/30min 单品退火 + (80℃/50min + 90℃/1.5h) 总成退火	无开裂
70℃/30min 单品退火 + (80℃/50min + 85℃/0.5h) 总成退火	开裂
80℃/30min 单品退火 + (80℃/50min + 90℃/3h) 总成退火	无开裂
不退火 + (80℃/50min + 85℃/1h) 总成退火	开裂

2) PMMA 原材料优化。不同厂家的 PMMA 原材料耐应力开裂特性差异较大，以德固赛 HW55 为代表的 PMMA 材料，价格高但耐化学介质下的应力开裂性能优异。表 7-21 所示为不同 PMMA 原材料制品在不同退火工艺下的耐玻璃清洗液验证结果。

表 7-21 不同原材料及不同退火工艺验证

材料	单品退火工艺	焊接状态	总成退火工艺	玻璃清洗液验证
现材料	不退火	良好	无	NG
		良好	85℃/1h	NG
		良好	90℃/2h	NG
	60℃/30min	良好	无	NG
		良好	90℃/2h	OK
		良好	85℃/2h	OK
	70℃/30min	良好	无	NG
		良好	90℃/1.5h	OK
		良好	85℃/0.5h	NG
	80℃/30min	焊接深度不均匀	无	NG
		焊接深度不均匀	90℃/3h	OK

(续)

材料	单品退火工艺	焊接状态	总成退火工艺	玻璃清洗液验证
德固赛 HW55	不退火	良好	无	NG
		良好	无	NG
		良好	无	NG
		良好	无	NG
	60℃/30min	良好	无	NG
		良好	85℃/1h	OK
	70℃/30min	良好	无	NG
	80℃/30min	良好	无	NG

试验结果表明，使用任何 PMMA 原材料均需要做总成退火，才能满足玻璃清洗液下无应力开裂要求，相较而言，德固赛 HW55 所需的退火温度略低，退火时长略少，有较大的生产周期优势。当内部子零件出现焊接不均匀情况时，需要更高温度和更长时间的退火工艺，才能降低玻璃清洗液侵蚀下的开裂概率。综上，针对贯穿灯 PMMA 开裂问题，需要从原材料选择、焊接工艺良品率、单品退火工艺和总成退火工艺上，结合实际生产节拍选择综合平衡方案。

7.3.5 动力总成老化失效案例

1. 电子油泵感应磁铁开裂

（1）失效背景

某电子油泵感应磁铁使用的聚合物粘接锶铁氧体复合材料，旋转时发生轴向开裂，裂口分离尺寸较大，见图 7-58。粘接磁体通常以塑料或橡胶作为黏合剂，通过聚合物的加工成型方法，实现制品的精加工及小型化应用，同时使制品具有更好的物理性能和加工性能。此外，粘接磁体的相对密度小，符合未来磁性器件轻量化的要求。

（2）检测与分析

材料和工艺是影响磁铁质量的重要因素，因此从磁铁所用材料和加工工艺两方面进行分析。在此基础上，剖析磁铁开裂原因。

1）材料检验。取锶铁氧体复合材料置于红外光谱仪进行分析，可见其聚合物主体成分为尼龙。对锶铁氧体复合材料进行差示扫描量热分析和热重分析，结果表明其聚合物熔点为 213℃，由此推断聚合物主体成分为尼龙6，热重曲线出现两个"阶梯"，具体各部分的含量见表 7-22。从表 7-22 可见，尼龙黏合剂的含量比规定值低；最后残留的质量分数与磁粉在复合材料中的质量分数近似相等，说明在 30℃升温至 850℃的过程中，磁粉材料并未发生分解，磁粉材料具有优异的耐热性。

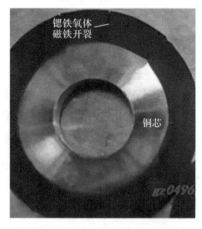

图 7-58 某电子油泵感应磁铁开裂

表 7-22 复合材料的热重分析数据

样品	成分	实测值（%）	质保书要求值（%）
复合材料	黏合剂	8.98	10~12
	磁粉	86.45	88~90
	其他	4.57	—

2）形貌观察。对复合材料断口进行宏观检测，断口中间表面相对光滑，边缘相对粗糙，裂纹源位于边缘，见图 7-59。

对所得复合材料断面进行喷金处理，使用扫描电子显微镜对断面进行观察，磁粉在复合材料中分散

图 7-59 复合材料断口宏观照片

不均匀，局部出现磁粉富相区见图 7-60。这源于磁粉作为无机材料，在与尼龙 6 等有机物混合时，由于表面性质差异，导致尼龙 6 不能很好地对磁粉进行浸润，即对磁粉颗粒包覆不完全，两相界面结合较差，部分区域出现了界面分离，甚至形成孔洞。另外，由于尼龙 6 基体不能有效黏合磁粉，磁粉粒径较小，颗粒之间存在较强的相互作用，容易发生团聚，在材料中形成了较多的应力集中点。

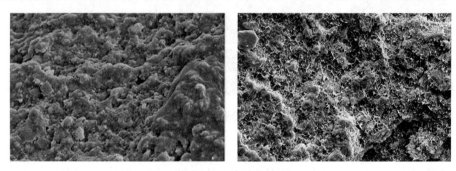

图 7-60 磁铁中材料分布

3）工艺分析。如图 7-61 所示，锶铁氧体高温熔融粒料射入模腔中与铜芯接触，此时进料口处的铜材受热产生热膨胀；随着注塑时间增加，熔融粒料包裹住铜芯，铜芯整体开始热膨胀，而粒料开始冷却收缩，产生内胀外缩反向张力。此外，由于铜芯温度低，熔接线效果差，两股料流凝结效果差，容易产生应力集中。

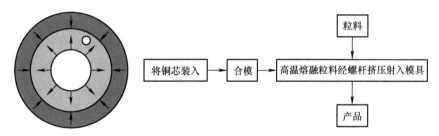

图 7-61 成型工艺图

（3）结论

基于上述分析可知：锶铁氧体复合材料聚合物主体成分为尼龙 6，由于尼龙类有机物与磁粉类无机物表面性质不同，且尼龙 6 含量偏低，尼龙 6 不能很好地对磁粉进行浸润，磁粉在复合材料中团聚造成应力集中，导致复合材料的力学性能下降；铜芯嵌件在常温下放入模具，注塑时锶铁氧体粒料温度为 270℃，产生内胀外缩反向张力；成型后产品脱模取出时，由于铜芯与锶铁氧体的热膨胀系数不一样，锶铁氧体的收缩大于铜芯，产生铜芯对锶铁氧体向外的应力。在注塑成型过程中，由于内胀外缩反向张力和铜芯的应力作用，复合材料应力集中处和薄弱处容易出现裂纹。

(4) 改进措施

可适当提高尼龙6含量,并采用合适偶联剂对磁粉进行改性,提高磁粉与尼龙6之间的相容性和亲和性,使磁粉在与尼龙6共混时容易被浸润,最终能被尼龙6完全包覆,避免因磁粉团聚应力集中导致的力学性能下降。可在注塑时预热铜芯至150℃后放入模具,并加大保压压力,提升熔接线质量,避免产生反向张力和应力集中现象。

2. 中冷进气管老化失效

(1) 失效背景调查

某车型开发过程中,道路试验中高速公路行驶时加速踏板踩到底,速度无法达到100km/h,反复松开和踩下加速踏板后恢复正常,检查发现中冷器进气管破损(图7-62)。经排查,发现耐久试验车辆出现了3例中冷器进气管破损。

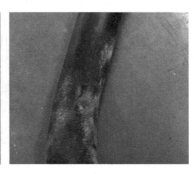

图7-62 中冷器进气管破损

中冷器进气管一般为多层编织增强的橡胶软管,橡胶材料以性价比较高的乙烯丙烯酸酯橡胶(AEM)或丙烯酸酯橡胶(ACM)居多。AEM的耐高温性和可加工性优于ACM,但耐油性弱于ACM。胶管的增强层主要承受管体的脉冲压力,在高温下,必须使用耐高温性能优异的芳纶纤维。芳纶纤维在300℃左右甚至更高的温度下可长期使用,强力保持率可达70%以上。

(2) 检测与分析

根据失效背景,需要确认中冷器进气管所用材料,以及材料性能优劣。

1)断面分析。从断面观察,整个进气管的橡胶层和编织层均发生断裂,且橡胶层与编织层之间脱层。

2)材质分析。结合失效件的红外特征峰和裂解温度判定,失效件的橡胶材料为ACM。

3)性能对比分析。对失效件、新成型的ACM管、新成型的AEM管进行了抗拉伸性能、抗撕裂性能对比测试,同时对橡胶层与编织层之间的粘接强度进行了对比,详细数据见表7-23。

表7-23 AEM和ACM性能对比分析

样件		AEM		ACM	
		新件	耐久件	新件	耐久件
拉伸强度/MPa	1#	14.1	16.41	12.59	12.77
	2#	14.06	16.42	12.9	12.71
	3#	14.23	15.66	12.65	12.7
	平均值	14.1	16.2	12.7	12.7
断裂伸长率(%)	1#	537	480	263	227
	2#	475	462	268	215
	3#	490	450	259	225
	平均值	500.7	464.0	263.3	222.3

(续)

样件		AEM		ACM	
		新件	耐久件	新件	耐久件
撕裂强度/(N/mm)	1#	30.22	30.45	19.68	19.52
	2#	30.45	29.43	19.91	19.64
	3#	30.91	30.64	20.82	19.73
	平均值	30.5	30.2	20.1	19.6
内外层橡胶与编织层粘接强度/(N/mm)	平均值	5.287	4.914	3.527	2.603

（3）结论

从上述分析数据可得出以下结论：此失效零件使用了 ACM 材料；AEM 材料无论在新件还是耐久件上，各项力学性能均优于 ACM 材料，特别是抗撕裂性能更优；ACM 管层间剥离强度低于 AEM 管。

（4）改进措施

中冷器进气管材料由 ACM 更改为 AEM 后，重新开展了耐久道路测试，结果无异常。由此可见，对于此类中冷进气管，以高温和低温工况为主，使用 AEM 材料更可靠，同时，应加强对外购零件的原材料抽查，避免出现量产质量问题。

7.4 老化失效售后调查指导

7.4.1 售后车老化失效趋势分析

对车质网 2020 年汽车耐老化性投诉案例进行统计分析，发现车辆最容易出现耐老化性问题的部件，集中在外饰件和内饰件上。

（1）内饰件老化失效结果统计

1）内饰总成件老化失效。由图 7-63 可见，门护板总成的整体老化数量最多，主要是在车型使用过程中，车门的使用频次较高，与驾乘人员接触机会最多。主副仪表板总成和座椅总成是部分功能区域经常接触，但整体老化情况较门护板好。

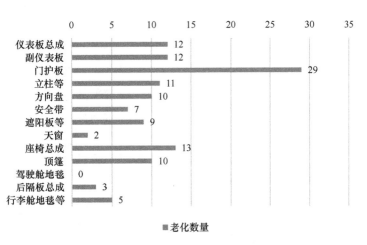

图 7-63 各内饰总成系统老化数量

2）内饰不同材料老化失效。由图 7-64 可见，内饰件中塑料件老化数量最多，油漆和人造革（含真皮）老化数量其次。对硬质塑料而言，门槛护板、立柱护板、门护板地图袋等部位塑料极易出现变形、发白、刮伤等现象。内饰油漆以划伤失效居多，主要在钢琴黑漆上出现，可出现在任何使用钢琴黑漆的装饰件上，同时，油漆涂层也会出现少量气泡和脱落现象。内饰镀层状态良好，极少出现镀层氧化或脱落现象。织物材料和毛毡材料以磨损和起毛起球为主要失效表现。

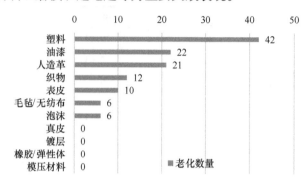

图 7-64 内饰不同材料老化数量

表皮材料以黄变、褪色、褶皱、破损等失效居多，主要用于座椅、门护板中体、扶手区域。相较而言，部分未使用后装座椅面套的座椅上的老化状态整体严重，出现破损、掉皮、发黄、变亮等现象。门护板中体和扶手区域的表皮主要变现为褶皱、变亮、脏污等。遮阳板上使用的 PVC 皮主要表现为脏污和黄变。泡沫材料以塌陷、粉化为主要失效表现。

（2）外饰件老化失效结果统计

外饰件在使用过程中会出现不同程度的碰撞、刮擦、修补、更换等，无法准确判断出厂零件实际的老化状态。从售后投诉来看，外饰件的投诉量排名和主要投诉内容见表 7-24。

表 7-24 外饰件投诉量排名和主要投诉内容

投诉量排名	部位	投诉内容
1	车身外观	漆面色差、车标龟裂等
2	车轮	轮胎裂纹、鼓包、起皮
3	车门	门把手断裂，油漆脱落、起泡、漏水
4	车灯	灯罩开裂、黄变、掉皮，透镜发白、有黑点
5	天窗	漏水、开裂、变形、起翘等
6	行李舱	色差、油漆脱落
7	风窗玻璃	密封条严重老化、玻璃开裂
8	保险杠	黄变、掉漆、变形
9	装饰条	起泡脱皮、开裂
10	风窗刮水器	开胶、橡胶老化

油漆件的投诉量居首，从投诉数据来看，车门油漆、保险杠油漆、装饰件油漆均有大量老化失效，以变色、起泡、脱落为主。车门因频繁开闭，其门把手易出现失效，且因密封条老化易出现漏水等现象。车灯失效主要涉及车灯内部起雾、进水和进异物，灯罩发黄、发白、有斑点和透明度下降等。密封条/橡胶件极易老化变形，包括天窗密封条、风窗刮水器刮片、车门密封条等，属于售后更换比较频繁的零件。车门植绒密封条更容易出现植绒脱落等失效现象。与内饰蚀纹的塑料件相比，外饰蚀纹的塑料件更容易出现失光、黄变、发白和粉化等失效现象，这与外饰件的耐候性工况更恶劣强相关。同理，与内饰电镀层相比，外饰电镀层也更易出现氧化和龟裂等现象。

(3) 机舱件老化失效结果统计

相较而言，机舱内零件老化失效更不容易被直接发现，往往在发生功能故障时经拆解维修查出。机舱内非金属件以塑料件和橡胶件为主，在高冷高热和化学介质侵蚀下，塑料材料极易发生降解和开裂，橡胶材料极易发生热氧老化和降解，使零件失去应用功能。对机舱件而言，结合零件工况严格选材非常重要。

从售后数据来看，整车使用三年左右开始陆续出现老化失效，使用三到五年老化失效维持在相对稳定的水平，使用六年后老化现象加剧。受环境老化影响，使用年限比使用里程对整车老化的影响更大。

随着各种个性化装饰方案和智能化装备的发展，新材料/新技术在开发阶段往往无法满足整车老化性能要求，是优先满足设计理念需求，还是优先满足整车老化工况要求？将是留给造型、产品、材料设计师的难题。

7.4.2 售后调查指导

为更好积累国内市售车型的老化表现，各主机厂或科研机构可针对市售车型进行老化调查，在无破坏的前提下收集调查车型内外饰、电器件在颜色、纹理、功能等方面的情况，积累老化数据，更好地支撑新车型开发时的材料工艺方案选择。对需要调查的零件及老化种类，各主机厂可根据自身需要设计调查方案。

1. 地区选择

针对我国不同地区的气候条件差异，可选取部分气候有代表性的区域开展售后调查。

1）热带季风气候：全年高温，降水分旱雨两季，主要分布在云南省西双版纳、广东省雷州半岛、台湾省南部和海南省。

2）温带季风气候：夏季高温多雨，冬季寒冷干燥，主要分布在秦岭－淮河以北的地区，主要地形区是华北平原、东北平原、黄土高原的东部。

3）亚热带季风气候：夏季高温多雨，冬季温和湿润，主要分布在秦岭－淮河以南地区，主要地形区是四川盆地、长江中下游平原、云贵高原、东南丘陵。

4）高山高原气候：夏季凉爽（低温），主要分布在青藏高原和柴达木盆地。

5）温带大陆性气候：冬冷夏热，全年降水少，主要分布在西北内陆地区，主要地形区是内蒙古高原、塔里木盆地、准噶尔盆地、黄土高原的西部。

2. 车辆状态选择

为更真实反映整车在实际使用过程中的老化状态，需要对调查车辆进行筛选。

1）内饰颜色。尽量选择浅色内饰，因为浅色内饰在老化过程中会出现更明显的脏污、变色等外观变化，深色或黑色内饰老化后外观变化通常不明显。

2）车辆选择。尽量选择未加装仪表板遮蔽垫、方向盘护套、座椅护套、地毯保护垫等保护零件的车辆，优先选择按出厂状态正常使用的车辆，无大事故维修历史。户外无遮阳的正常停放，一年正常行驶里程大于1万km、小于10万km的车辆。

3）车辆年限选择。在条件允许的前提下，每年定期开展老化调查。若条件不满足，可按照1年、3年、5年、8年、10年的年限选择车辆。

4）调查设备选择。售后调查中以目视观察为主，可使用便携式光泽度计、色差仪等设备检测内外饰件的光泽度及颜色值。

7.5 发展趋势及展望

失效分析是一门高速发展中的新学科。失效分析为材料性能的优化和产品性能的提高提供了强有力的支持。

随着汽车"新四化"的发展，有更多的电子元件、高压线束在车辆上使用，同时，也有更多从其他领域引进的新材料、新技术正逐渐向车规级发展。

这些材料和技术在车辆上的应用会引发很多前所未有的失效模式，对失效分析提出了更大的挑战。

新的失效模式将不会局限于零件宏观的污渍、斑点、银纹、裂缝、喷霜、粉化、发粘等现象，会因材料物理性能、化学性能的变化，导致表面电阻、体积电阻、介电常数、电击穿强度等电学性能的变化，从而出现电子电器功能失效，导致整车故障。

有鉴于此，失效分析人员需要结合新技术发展，从材料分子结构等上理解材料的耐老化性能和潜在失效形式，并通过老化失效分析，掌握材料失效规律，在开发阶段实施方案优化，减少售后市场老化失效情况的发生。

第8章

汽车高加速老化测试的研究进展

8.1 概述

近几十年来，汽车工业对材料和零部件的性能、外观及耐老化性要求显著提高，开发和生产过程中的每一步都要进行耐老化试验。新材料开发，比如用于汽车的塑料件和改性涂料系统，需要进行大量耐老化测试；组件、零部件以及整车也要进行耐老化测试，以了解在太阳辐照、热量和水分的影响下，所有组件之间的相互作用。同时，日益激烈的竞争又迫使生产商持续降低成本。为满足这些具有挑战性的要求，测试技术正在不断发展，尤其是实验室加速老化能更好地模拟终端应用。尽管户外暴露试验在耐老化性试验项目中起着关键作用，但其漫长的试验周期和较高的成本，迫使汽车主机厂和供应商不得不求助于加速试验结果，以更快做出产品决策。

很多因素都可能影响材料的耐老化性，其中三个主要环境应力因素是光、热和水分。阳光和某些人造光源中的紫外光部分非常关键，而其他波长的光也会导致光降解，红外光则会影响材料表面温度，而温度升高可能会加快降解速率，同时会影响湿度。

当今，汽车行业在实验室和户外暴露试验中采用了很多先进方法。一种测试方法是否适合于特定应用，即实验室结果是否能与户外大气暴露试验结果或实际使用过程中发生的失效相关，取决于多种因素，如材料本身、评估性能指标，以及在户外或真实大气暴露试验中的实际条件等。只有获得测试数据才可能确定特定的测试方法是否合适。

8.2 温度在加速老化测试中的重要性研究

暴露于太阳辐射或人造氙弧灯辐射下的材料的表面温度对其降解行为至关重要。不但适用于汽车外部材料，如涂层系统和聚合物汽车外饰件，而且适用于汽车内饰材料。这通常由两大原因引起：首先，有机材料的降解可由暴露的环境因素，如紫外辐射所导致的化学变化引起，也可由物理变化引起，比如因热机械应力所产生的变化，或因温度升高导致迁移性增加产生增塑剂渗出；其次，关于光化学降解，大多数聚合物材料都会经历统称为"自催化光氧化机制"的过程。该过程中，紫外光会被吸收，当能量足够时，某些化学键断裂，产生活性自由基。这些自由基参与次级反应，如氧化、氢提取和自由基重组。这些次级反应的速率主要受热影响，遵循阿伦尼乌斯公式（Arrhenius Equation）。

此外，还可能发生其他影响，如相互接触材料之间化学物质的迁移等。实际上，聚合物降解通常是同时发生的几种降解机制的组合，并随时间变化。一个典型例子是汽车底色漆/清漆（BC/CC）涂层系统，其降解往往是紫外光导致的化学键断裂与水分水解相结合的结果，其吸水/排水主要受热控制。在实际使用中，样品表面温度受若干因素的影响，主要是长波太阳辐射，特别是近红外区辐射以及环境空气温度的影响。样品的近红外吸收率取决于材料的化学特性，但通过材料颜色可做出大致判断，比如白色表面温度最低，黑色表面温度最高。

在人工实验室暴露试验中，比如过滤的氙弧灯或碳弧灯辐射源下，样品表面温度往往只能依据标准温度计进行估算，比如绝缘的黑标温度计（BST）或非绝缘的黑板温度计（BPT），通常用它们代表样品表面在一个特定环境下能达到的最高温度。然而，估算值的微小偏差可能导致人工试验对性能或寿命评估的显著偏离，这主要源于某些人造光源与地面太阳辐射相比，在近红外区存在较大光谱差异。

8.2.1 温度测量

1. 背景

户外大气暴露试验或实验室暴露试验中，对单个样品表面温度的测量，一般采用热元件或铂电阻元件，通过数据记录仪进行。而 ATLAS 公司新开发的特定样品表面温度（Specific Sample Surface Temperature，S^3T）测量技术，则允许在氙弧灯老化试验中使用红外高温计对多个特定样品的表面温度进行准确测定。

了解样品表面的确切温度，有助于比较不同的耐老化试验，比如实验室加速老化试验和户外暴露试验，或比较不同颜色的样品。这些数据还有助于试验人员根据样品特性（如玻璃化转变温度等）对人工加速试验周期的测试参数进行改进。

以下将介绍采用不同技术测量各种样品（聚合物、涂层、纺织品等）表面温度的例子。此外，还将介绍如何利用人工暴露试验过程中的表面温度测量值来确定光化学降解（如光致黄变或光致褪色）过程中的活化能。从中可看出温度的影响程度，以及如何利用其来改善材料的寿命和相关性研究。对于温度的掌握有助于了解和预测耐老化试验中的降解过程，也可用于提高加速老化试验的可靠性和再现性。

2. 聚合物材料的太阳辐射

聚合物材料吸收自然太阳辐射导致表面温度高于环境温度。即使所有条件（样品的绝热性能、厚度、几何形状和方位以及风速等气候条件）都相同，样品的表面温度也可能不同。这主要取决于所吸收的辐射比例。

$$S_{ABS} = \int E_{e\lambda}(\lambda) \cdot \alpha_{ABS}(\lambda) \cdot d\lambda \tag{8-1}$$

式中，S_{ABS} 是总吸收辐射；$E_{e\lambda}$ 是光谱辐照度；α_{ABS} 是取决于波长的光谱吸收。

光化学降解过程的启动取决于材料对紫外光或可见光辐射的光谱灵敏度。化学反应速率通常取决于温度。对于由太阳辐射引起的光化学降解过程，相关的温度就是试验的表面温度。

3. 模拟聚合物材料的太阳辐射

式 8-1 适用于自然太阳辐射和模拟太阳辐射。表面温度是基于对所用辐射源的吸收辐射 S_{ABS}。过滤后的氙弧灯和金属卤素灯辐射源可产生与太阳辐射影响下相似的表面温度（热力学温度、温度差）。其他人工辐射源（如荧光紫外灯或碳弧灯）对表面造成的温度效果则无法与太阳辐射相比较（温度过低或过高、不同样品之间的温差很小或没有）。这是由不同人工辐射源的光谱能量分布决定的（图 8-1、图 8-2）。

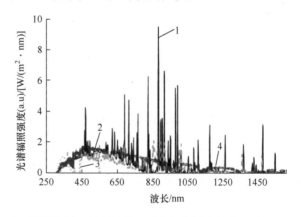

图 8-1 模拟自然太阳辐射的实验室辐射源与标准日光（CIE85，表 4-ISO/TR 17801：2017）对比（在 300~400nm 的波长范围内，根据 ISO/TR 18486：2019 按比例进行了调整）
1—过滤的氙弧灯　2—过滤的金属卤素灯　3—紫外灯（UVA340）
4—标准日光（CIE85 表 4-ISO/TR 17801：2017）

4. 表面温度的测量

每个样品的温度可能略有不同。由于必须排除辐射对温度传感器本身的影响，在自然和人工暴露试验过程中，很难用附在表面

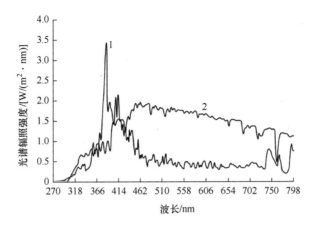

图 8-2 模拟太阳辐射的 Corex 滤光片过滤后的阳光碳弧灯辐射源与迈阿密夏季峰值日光的对比
1—Corex 滤光片的阳光碳弧灯　2—迈阿密夏季峰值日光

的传感器来直接测量样品的表面温度。因此，目前暴露试验通常的做法是根据试验箱内空气温度，或通过使用替代物的温度来估算样品的表面温度。前者仅在达到平衡时的黑暗循环周期有效，后者通常使用白板温度作为最低参考温度，黑板温度作为最高参考温度。在暴露试验中，这些参考温度值比较容易测得。然后，假设实际样品温度值在这两个极限值之间或接近它们。而实践中往往只使用黑板温度，并假设透明样品或白色样品的表面温度接近试验箱内空气温度。

这些参考温度的测量装置有不同版本，如图 8-3 所示的 BST 和 BPT，以及白标温度计（WST）和白板温度计（WPT）。各种测试标准（如 ISO 4892-1：2016、ISO 16474-1：2013 和 ASTM G151-00）中都有对这些传感器的说明。但是，不同传感器类型之间的系统差异可能会导致结果不准确。

近几年，ATLAS 开发了一种可直接测量样品表面温度的非接触式测温技术。在该系统中，测温计安装在 Ci 系列氙弧灯试验箱中，直接测量样品发出的热辐射。当样品旋转经过测温计时，其温度被记录下来，见图 8-4。

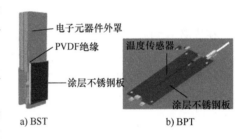

图 8-3 BST（涂层背面绝缘）和 BPT（涂层背面非绝缘）

该测温计具有以下特点：

① 温度范围：-20~150℃（可溯源校准的黑体辐射方法）。
② 光谱范围：8~14μm。

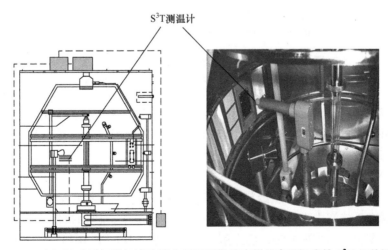

图 8-4 ATLAS Ci 系列氙弧灯试验箱中用于测量特定样品表面温度的 S^3T 红外测温计

③ 传感器类型：硅热电堆红外探测器。
④ 精度（在暴露试验温度范围内）：0.6%。
⑤ 测量点（直径）：30mm。

只有在波长范围 8~14μm 的发射率（ε）已知，并对测温计进行了相应调整时，才能准确测量给定物体的温度。发射率（ε）是特定样品的发射辐射与同样温度下理想黑体的发射辐射之间的商。理想黑体的发射率 $\varepsilon=1$，而一个完美热反射镜的发射率 $\varepsilon=0$。真实物体的发射率（ε）总是小于1。对于大多数有机材料，$0.85<\varepsilon<0.95$，一些典型材料的发射率见表8-1。

表8-1 一些典型材料的发射率

材料名称	ε
聚丙烯	0.97
刨木	0.86~0.90
黑色聚合物	0.85~0.95
聚氯乙烯（PVC）	0.90~0.93
橡胶	0.95~0.97
胶合板	0.83~0.98
涂料	0.86~0.95

在安装有测温计的 ATLAS Ci 系列氙弧灯试验箱中，测量彩色PVC涂覆、厚度为1mm的铝板的表面温度。铝是一种非常好的导热体，PVC涂层厚度仅为5μm。同时采用安装在薄铝板背面的辐射屏蔽热电偶测量铝板表面的温度。使用这两种不同的温度测量方法，对测温计进行有效验证（图8-5）。对于测温计测量，发射率（ε）假定为0.93。

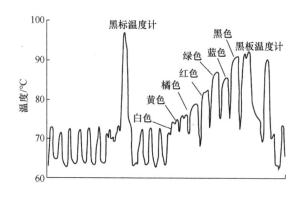

图8-5 S^3T 红外测温计测得的彩色 PVC 涂覆铝板的表面温度（共7块样板，总测量时间<30s）

在图8-5中可清楚看出不同颜色铝板之间的温度差异。图8-6显示了按照不同测试标准，采用两种技术（热电偶和红外测温计）测得的彩色PVC涂覆铝板的表面温度，可见，从45℃至接近100℃范围内，所有测试方法都有良好的一致性。

5. 表面温度传感器的校准

图8-3所示的表面温度传感器必须经权威国家标准机构进行可溯源校准。对于接触式温度测量过程，表面温度传感器在液体浴中进行热平衡校准。在这种情况下，使用接触式温度计作为可溯源标准。近年有人开发了使用测温计的校准方法，已出版的欧洲标准（DS/EN 16465：2015）对这两种校准方法都进行了说明。

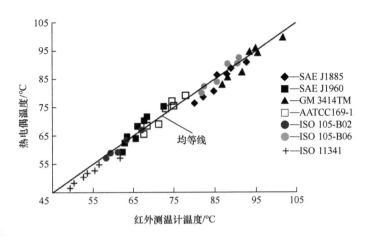

图 8-6　采用不同标准测试方法对氙弧灯试验箱中样品表面的测量温度进行验证

8.2.2　应用举例

下面举例说明各种扁平材料样品的表面温度测量。这些应用实例的表面温度测量原理和意义也可直接用于涂层。

1. 纺织品的表面温度

一些纺织品的表面温度分布见图 8-7。不同颜色纺织品在暴露试验开始和结束时的温度差异见图 8-8，L2 和 L4 样本的温度明显低于 B1、G2 和 G4 样本。原因可能是使用了特殊颜料或不同涂层。

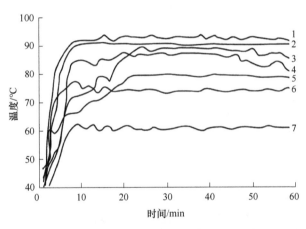

图 8-7　彩色纺织品在运行 SAE J2412—2004（汽车内饰材料测试标准）的 ATLAS 氙弧灯试验箱中采用 S^3T 测温计在光照周期测得的表面温度曲线
1—红外-BPT　2—BPT　3—混色纺织品　4—浅灰色纺织品　5—蓝色纺织品　6—紫色纺织品　7—箱内温度

2. 聚碳酸酯（PC）、聚丙烯（PP）和聚甲基丙烯酸甲酯（PMMA）样品的表面温度

在安装有测温计的氙弧灯试验箱中测量含红外反射颜料的透明、半透明和不透明 PC 样品（61mm×36mm×4mm）的表面温度。表 8-2 展示了吸收辐射与表面温度测量值之间的明显对应关系。在两个对流冷却条件（第 4 列和第 5 列）中，测定皮尔森系数接近 1。黑标温度远高于近黑色不透明样品。

在人工暴露试验过程中，采用特制表面温度传感器测量固体聚丙烯样品（70mm×40mm×4mm）的表面温度，见表 8-3。方法是将电阻测温装置（RTD，Pt-1000）嵌入聚合物中，避免测温元件受到辐射源的直接照射。然后在实际条件下，采用校准测温计，按相关方法对该装置进行表面温度校准。可见，黑色聚丙烯材料的表面温度（第 4 列）明显高于黑标温度（第 1 列）。天然本色聚丙烯（第 3 列）的温度接近白标温度（如黑标温度 $T_{BST}=65℃$ 时，白标温度 $T_{WST}=48℃$）。

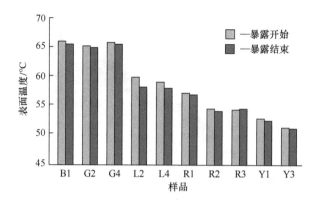

图8-8 彩色纺织品在运行 AATCC TM 16E 的 ATLAS 氙弧灯试验箱中采用 S^3T 测温计测得的表面温度

表8-2 透明、半透明和不透明的红外反射 PC 样品的表面温度（$\varepsilon = 0.94$）

样品编号	样品类型	吸收率（%）	表面温度/℃	
			高风速	低风速
1	透明	20	41	48
2	浅色	30	43	52
3	半透明	64	48	60
4	半透明	63	49	55
5	不透明	92	50	65
6	不透明	96	51	65
7	不透明	95	51	66
8	不透明	97	50	64
		皮尔森系数	0.98	0.97

注：吸收辐射的计算方式采用经过滤的氙弧灯辐射光谱能量分布、光谱透射率（300~800nm）、反射率（300~2500nm）。$E_{total} \approx 1200 W \cdot m^{-2}$，环境温度 = 38℃，$T_{BST}$ 为 68℃（<低风速）和 54℃（>高风速）。

表8-3 暴露试验（环境温度 = 38℃）中不同紫外辐照度（E_{uv}）和黑标温度（T_{BST}）条件下本色及黑色聚丙烯样品的实测表面温度

T_{BST}/℃	$E_{uv}/W \cdot m^{-2}$	$T_{本色}$/℃	$T_{黑色}$/℃
65	60	53	69
85	72	73	92
85	48	75	93
45	60	39	49
65	60	53	69
45	48	41	52
45	72	34	47
85	60	74	92
65	72	54	68
65	60	53	69

透明材料（如 PC、PET、PMMA）代表一种特殊情况，其实测表面温度往往低于白标温度，更接近箱内空气温度。已发表的研究表明，被辐射的透明样品的最高温度可能不会出现在其表面。然而，受其他一些因素，如氧浓度、光活性辐射吸收等影响，会在其表面达到最大值。

图 8-9 是在 ATLAS Ci4000 氙弧灯试验箱中运行 ISO 4892-2: 2013 方法 A 循环 1 的部分曲线。该曲线是采用 S^3T 测温计和白标温度计（灰色方块），测量尺寸为 $(60 \times 60 \times 2)\,\mathrm{mm}$ 的 PC、PET、PMMA 聚合物样品的温度值（Y 轴）对应测试时间（X 轴）的函数曲线。温度下降是由于喷淋周期开始。

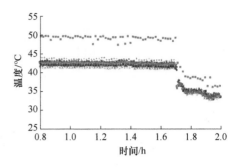

图 8-9　聚合物样品的温度-时间曲线

8.2.3　服务寿命评估模型

1. 理论加速因子的计算

光化学反应速率的温度依赖性可使用改进的阿伦尼乌斯公式进行计算：

$$k = A I_{\mathrm{eff}}^{\alpha} e^{-\frac{E_{\mathrm{a}}}{RT}} \qquad (8-2)$$

式中，k 是反应速率；A 是阿伦尼乌斯因子；R 是通用气体常数（$8.314\,\mathrm{J \cdot mol^{-1} \cdot K^{-1}}$）；$T$ 是热力学温度（单位为 K）；E_{a} 是激活所考察属性变化的活化能（单位为 $\mathrm{J \cdot mol^{-1}}$）；$I_{\mathrm{eff}}$ 是有效辐照度；α 是特定材料系数。由于在暴露试验期间缺乏特定的可溯源化学参数或反应，通常将特定的宏观特性变化（如光泽损失或颜色变化）代入阿伦尼乌斯公式。对基于加速试验的寿命评估，可使用加速条件（a）和使用条件（u）下的反应速率常数的比例等式：

$$\frac{k_{\mathrm{a}}}{k_{\mathrm{u}}} = \left(\frac{I_{\mathrm{a}}}{I_{\mathrm{u}}}\right)^{\alpha} \cdot e^{\frac{E_{\mathrm{a}}}{R}\left(\frac{1}{T_{\mathrm{u}}} - \frac{1}{T_{\mathrm{a}}}\right)} = AF_{\mathrm{R}} \cdot AF_{\mathrm{T}} = AF \qquad (8-3)$$

式中，AF 是普遍性的；AF_{T} 是与温度相关的；AF_{R} 是辐射诱导的理论加速因子。影响光降解的其他因素包括有效辐照度和氧浓度，它们通常在样品表面具有最大值，并随着到表面距离的增加而减小。因此，对于寿命评估，应使用表面温度。

2. 活化能的测定

一般认为，在较小温度范围内，活化能与温度无关，因此活化能的测定要求实验在其他条件完全一样的不同温度下进行。

需要以至少两种不同温度（例如标准条件下的 BST 温度和相差 ±5K 的温度）进行单独的暴露试验，直到出现某种特性变化，或持续一段固定时间。所有其他参数（辐照度、相对湿度、循环参数）必须保持恒定，且需要测量样品的温度（注意：在不同条件下，比如户外条件下，为测定活化能必须计算所谓的有效温度）。

活化能可在两次暴露试验的基础上依照对数阿伦尼乌斯公式来计算，或基于两次或多次暴露试验的图形进行测定。当绘制 k 的自然对数对应温度倒数（$1/T$）的曲线（图 8-10）时，斜率是等于 E_{a}/R 的直线：

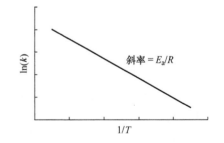

图 8-10　依据式 8-5 的活化能图形测定

$$\ln\left(\frac{k_1}{k_2}\right) = \frac{E_{\mathrm{a}}}{R}\left(\frac{1}{T_1} - \frac{1}{T_2}\right) \qquad (8-4)$$

$$\ln(k) = \ln(AI^{\alpha}) - \frac{E_{\mathrm{a}}}{R}\frac{1}{T} \qquad (8-5)$$

聚合物材料的光降解活化能通常在 10~100kJ/mol 之间，它取决于聚合物的类型及其特定的降解机制。

如果耐老化试验人员愿意投入精力对活化能进行正确测定,那么准确掌握样品表面的真实温度,而非依赖基于参考温度的粗略估计,将是非常有价值的。此外,使用测温计测量样品表面的真实温度,比在每个样品上放置温度传感器更有效且便捷。

3. 表面温度和活化能对服役寿命评估的影响

为证明表面温度对加速性的影响,计算了 ISO 4892-2:2013 周期 1 加速测试相对于亚利桑那凤凰城自然老化的理论加速因子。用 WST 代表浅色涂层,BST 代表深色涂层。对于理论光降解途径,选用了 21kJ/mol、30kJ/mol、60kJ/mol 和 100kJ/mol 的活化能,计算结果见表 8-4。

表 8-4 加速因子的计算值

T_{REF}	E_a/(kJ/mol)	亚利桑那凤凰城		ISO 4892-2:2013 循环 1		理论 AF		
		E_{uv}/(W/m²)	T_{eff}/℃	E_{uv}/(W/m²)	T_{eff}/℃	AF_R	AF_T	AF
T_{WST}	21	13.8	34.0	60	45.9	4.3	1.4	5.9
	30		34.5		46.1		1.5	6.6
	60		36.1		46.4		2.1	9.2
	100		37.9		46.7		2.9	12.7
T_{BST}	21		43.2		66.6		1.7	7.5
	30		43.9		67.2		2.2	9.5
	60		46.0		58.0		4.3	18.6
	100		48.3		68.8		9.5	41.3

可见,浅色涂层和较低活化能得到较低的理论加速因子,而深色涂层和较高活化能可获得高达 7 倍以上的加速因子。这表明,对于耐老化试验的可靠规划和评估,表面温度和活化能是非常重要的,如果估算错误,则很可能对试验产生误读。

8.2.4 结论

对于自然或人工暴露试验,材料表面温度取决于入射辐射的吸收。因直接测量温度很困难或不常见,通常使用参考传感器来估算材料实际温度的近似值。但实际样品的表面温度可能与这些参考温度相差甚远。

不准确的真实样品温度估算会显著影响暴露试验对样品老化行为的评估效果。准确掌握样品表面的真实温度,有助于对不同的暴露试验条件(比如自然和人工老化、不同颜色样品、不同测试周期)进行比较,并且还可根据不同材料的特性,比如玻璃化转变温度及相应降解过程,对人工暴露周期的测试参数进行调整。此外,还要考虑其他影响光化学表面降解的因素,比如氧气或水分扩散,以及遵循朗伯比尔定律的光化学活性波长的吸收。

综上所述,与现行的基于 BST、WST 和箱内空气温度的近似评估方法相比,以上讨论的每种测试方法,无论是非接触式表面测量,还是恰当安装的热电偶,均能更好地评估引起降解过程的实际相关表面温度,有助于更好理解气候老化降解过程。

8.3 高辐照度的老化测试研究

影响汽车产品的三个主要环境应力因素是光、热和水分。其中,热和水分在不改变正常的老化降解机理和试验结果的前提下对测试速度的提高有限。提高自然或人工暴露的辐照度为提升测试速度提供了更大的机会。

传统老化测试标准涉及的辐照度，通常指在阳光充足的地方（如南佛罗里达或亚利桑那）正午太阳的辐照度水平。当超过"1个太阳"水平以实现更高的测试速度时，验证测试变得十分重要。

目前有许多利用或允许使用高辐照度的行业标准测试方法。高辐照度测试方法对于许多材料，通常可以将当前的测试速度提高3~6倍，而不会降低与真实结果的相关性。甚至某些试验方法在高得多的辐照度下也是可行的，最高可达约60倍。此外，还应注意到一些老化降解化学反应可能受到与辐照度无关因素的影响。在这些情况下，增加辐照度可能不会使测试速度提高。

8.3.1 主要天气因素

光、热和水分等主要外部环境应力因素并不是独立的，光照和环境空气温度会影响试样温度，这会同时影响试样的水分含量。这些综合因素可能会使应力发生协同作用，比仅由单项应力引起的降解更大或不同。例如，某些塑料在紫外光和湿度的暴露试验中会产生轻微裂纹，但这种裂纹不会在其中任何一种单独应力下产生。关键的天气应力因素示例见图8-11。

加速测试越是改变户外的光、热和水分的自然平衡，结果就越有可能不同。测试设计如果没有充分考虑这种自然平衡作为加速测试的基础，就会导致与户外大气暴露试验的相关性较差。

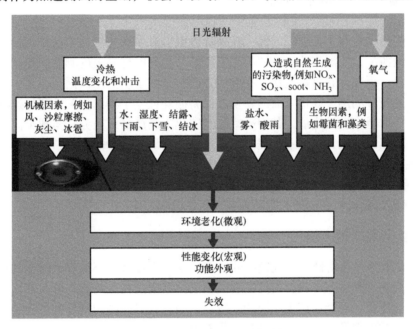

图8-11 影响产品耐老化性的天气因素

在三个主要老化应力因素中，温度可能是测试中最容易调控的，但用于加速测试的实际范围通常非常有限。样品材料的特性，如活化能（E_a）、玻璃化转变温度（T_g）、软化点和熔点以及其他固有的材料特性，都限制了施加温度应力的范围。例如，过高的温度会将样品烤焦，这种情况有时会发生在PVC或汽车织物的测试中。

同样，加速测试中的水分含量受限于给定试验温度下试验箱中可达到的相对湿度范围，也可调整喷淋或冷凝时间，但只能将其有效地提高到试样水分含量饱和点。例如尼龙6是一种聚酰胺聚合物，其中水分含量会改变其玻璃化转变温度T_g，由于光化学降解速率通常高于T_g变化速率（图8-12），表观老化速率可能会随着测试的相对湿度而变化。

8.3.2 加速测试

许多耐老化测试研究都集中在两个关键目标上：

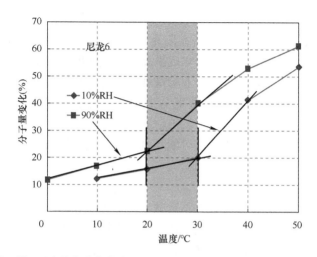

图 8-12 尼龙 6 的 T_g 随着水分含量的增加而降低，由于老化速率经常高于 T_g 变化速率，
根据测试相对湿度和温度参数，可能会取得不同的测试结果

① 提高加速试验与真实环境性能的相关性。
② 提高测试速度。

相关性工作主要集中在两个独立的方面：在硬件方面，光学和控制技术取得了很大进展，其中包括改进与太阳光的光谱匹配，监测实验室光源的光谱特性，更好的样品温度测量和控制，改进测试参数的均匀性，提高准确性、再现性和可重复性；在应用方面，开发了新的测试循环，其中一些循环是对旧方法的实质性突破，并充分利用了硬件方面的新发展，新循环证实了测试相关性和加速性方面的改进。这两个方面的进步已经取得实质性进展，其中一些已经转化为新产品或服务，实现了商业化。

高辐照度是一种测试手段，可进一步提高测试速度，为研发人员需要的"加速测试"提供了可能。高辐照度测试包括两个关键优势：

① 与自然和传统的加速耐老化测试相比，缩短测试时间。
② 与传统老化测试相比，在相同的时间内实现更高的辐照量。

8.3.3 加速耐老化测试的方法

自然耐老化测试会涉及多种降解和失效模式，可能由一个或多个环境应力因素的作用，导致重要的产品特性发生不良变化。大多数有机材料的主要气候老化因素是光、热和水分及其周期循环，这些应力因素单独作用或相互作用，可能会产生不同的效应。例如，自然光照的紫外光可能会使涂层变黄并失去光泽，而水分可能同时引起开裂并失去对基材的附着力。

目前的耐老化测试基于三种基本方法：

1）自然耐老化测试基于当地气候的户外大气暴露试验。由于光照、热和水分这三种主要的老化应力水平的不同，例如炎热/潮湿的美国南佛罗里达或中国海南和炎热/干燥的美国亚利桑那或南非卡拉哈里沙漠，常用作户外耐老化测试的基准曝晒场。对于特定材料，在这些地方进行的大气暴露试验通常要比其他大多数地方严苛，而且往往在一定程度上比在更加温和的气候下有更高的测试速度。

2）当主要由环境循环应力导致降解和失效时，可通过更快的测试循环提高测试速度。

3）在其他情况下，可加强应力，例如在更高温度或辐照度下进行暴露，可利用过应力下发生的降解预测正常水平下的降解。

实践中，这些方法组合通常用于耐老化测试，但在应用这些概念确保取得有意义的结果时，必须遵守许多基本限值和预防措施。

8.3.4 自然直接老化测试

直接老化指将产品或试样直接暴露在自然气候中，是一种简单常见的老化试验类型，可在任何地方进行。近几十年来,业界已经确定了一些能代表典型严酷气候类型的基准暴露点,包括国际标准化组织(ISO)、美国材料试验学会(ASTM)等标准制定组织也已根据经验对样品的安装方式和方向等暴露参数作出了规定。在现有的各种老化技术中,可以说只有户外自然直接老化试验能真实反映试样在实际使用中发生的变化,因为其他技术不可避免地会改变环境应力因素的自然平衡。自然直接老化的缺点是实时发生,可能需要数年或数十年才能完成,但这是所有其他测试的比较基准(相关性)。因此必须进行自然直接老化试验,才能验证其他测试技术(如实验室人工加速老化)的结果。

1. 直接老化

直接老化也称户外老化或自然老化,指直接暴露在阳光照射和其他气候因素下,通常的做法是将材料安装在某种固定暴露架上。图 8-13 所示的标准暴露架由阳极氧化铝制成,以一个固定角度朝向赤道(即北半球的正南方),典型的样品尺寸为 150mm × 305mm,常见的暴露角度为近水平 5°、45°(最常见)、垂直 90°和纬度角(佛罗里达州南部和亚利桑那中部分别为 26°和 34°)。以 90°进行的暴露试验并不能提供最苛刻的条件,但往往比其他暴露角更接近被测材料的终端使用条件。直接老化试验遵循 ISO 877 – 1:2009、ISO 2810:2020、ISO 105 – B03:2017、ASTM G7/G7M – 2021 等标准。许多特定材料的标准也规定了老化参数。

图 8-13 ATLAS 南佛罗里达暴露场的标准样架

2. 无背板暴露

无背板暴露是一种自然老化试验,通过固定或夹紧试样,使其大部分材料暴露在环境空气中(图 8-14)。暴露在无背板样架上的典型材料有玻璃、软薄膜、塑料、涂层、塑料透镜(如尾灯组件)等。通常,用作基材的材料不适合这种暴露方式,因为风和自然对流造成的材料背面冷却不会使试样达到与终端使用时相同的热环境。许多乙烯基产品和油漆涂层在实际使用中提前失效就是采用无背板暴露试验造成的。

图 8-14 ATLAS 亚利桑那暴露场的 45°标准无背板样架(带有固定装置和遮光片)

3. 有背板暴露

有背板暴露（图8-15）是将试样安装在底板（通常为12mm厚纸面胶合板）上进行的户外老化试验，以模拟材料的终端使用热环境。一些汽车部件通常会在有背板暴露架上暴露。由于老化过程是所有因素（太阳辐射、温度、水分等）的协同作用，合适的做法是在模拟终端使用条件时使材料处于适当的热环境中。

图8-15　ATLAS亚利桑那暴露场的45°有背板样架

4. 有背板和无背板暴露的差异

由于有背板暴露的热环境可能比无背板暴露高15℃，材料可能发生不切实际的降解。为解决这个问题，可能会付出不必要的时间和资金成本，或使用昂贵的添加剂或稳定剂，或不再生产这种材料。老化试验人员往往会忽略"有背板与无背板"的问题。

5. 黑箱暴露

测试汽车涂料的黑箱暴露试验的试验装置（图8-16）由一个涂黑的无盖金属箱组成，长宽约为150cm×200cm，深约为25cm，暴露样板覆盖在箱子顶部。因为黑箱上的样板在白天会达到更高的温度，且保持湿润的时间更长，所以许多涂料和汽车漆在黑箱暴露的降解速度要高于标准5°无背板暴露的降解速度。黑箱样板的温度与在阳光直射下停放的汽车发动机舱盖、车顶和行李舱盖的温度相当。ASTM D4141-2022中描述了使用黑箱的方法。

图8-16　ATLAS在南佛罗里达暴露场进行的汽车涂料黑箱暴露测试

6. 特殊暴露试验装置

三维产品或其他特殊试样需要特殊的安装或测试装置，图8-17所示为一个大型太阳跟踪转盘。

7. 测试时长

测试时长取决于被测物品以及材料在其典型使用环境中的预期寿命。高尔夫球涂层、饮料、印刷油墨或光降解塑料等的测试时间可能只需要几天甚至几小时。相比之下，汽车材料、油漆、密封剂、电绝缘体和建材（如屋顶防水材料）等可能需要5年、10年、15年、甚至30年或更长的测试时间，才能对材料的耐久性获得完整的认识。常用测试方法通常没有对测试时长或评估老化影响提供指导，通常选择的做法是一直测试到失效为此，这样就能很好地了解产品是如何随时间延长降解的。

客户往往没有这么多时间来等待材料在这些自然条件下发生降解，而会选择以某种方式加快测试速

图 8-17　ATLAS 用于汽车和其他大型物体的太阳跟踪转盘

度。当前的两种技术是利用太阳跟踪和聚光进行户外加速老化试验，以及利用太阳模拟进行实验室人工老化试验。

8. 因气候引起的差异

试验场地的气候会极大影响材料的失效速率和失效模式，不同气候条件下的辐射能、温度、湿度和污染物会导致不同的测试结果。此外，自然灾害也可能导致气候的长期变化。火山会向空气中喷射大量火山灰和污染物，进而降低最高气温和辐射水平。东太平洋的变暖和变冷引发的厄尔尼诺（EI Nino）和拉尼娜（La Nina）现象导致世界上许多地区的气温、湿度和气流在接下来的数月内都会出现异常。如果不采取预防措施保护试样，飓风会对暴露在南佛罗里达亚热带气候暴露场中的试样造成严重破坏。大气中臭氧浓度的变化也会导致到达地球表面的紫外光辐射能增加或减少。

9. 因季节引起的差异

太阳辐射能、温度和湿度因季节不同而有很大差异。这些季节性变化会导致许多材料的降解速度出现显著差异，在对短期（1 年或 2 年以内）暴露结果进行比较时必须考虑季节性变化。在测试时间和试样相同的情况下，特别是当测试时间短于 1 年或 2 年时，在冬季开始的测试与在夏季开始的测试会得到不同的结果。

10. 逐年气候变化导致的差异

由于任何特定地点的年平均温度、日照时间和湿度在不同的年份是不完全一样的，因此即使是一整年的暴露，它们的测试结果也没有绝对的可比性。因此，单次暴露试验的结果不能用来预测材料降解的绝对速度。要得到任何特定地点的"平均"试验结果，就需要数年的重复试验。在与历史数据进行比较时，建议使用 10 年或更长时间的平均值来补偿每年之间的差异。

11. 测试设计导致的差异

每项暴露试验的设计都可能存在一些差异。试样在样架上的放置、在试验场地的位置以及安装方式都会导致测试差异。ASTM G141-09-2021 探究了老化试验方法中常见的差异问题。

12. 气候区

柯本气候分类系统可以帮助确定气候条件。历史上大多数材料，特别是聚合材料的降解老化试验都使用了几种基准气候中的一种。

南佛罗里达的亚热带地区一直是老化的基准暴露点，特点是全年气候温暖，湿度（湿气、冷凝水和降雨）高，湿润时间长，对聚合物的破坏特别大。许多涂料公司都在这里设立了试验基地。图 8-18 是 ATLAS 位于迈阿密（Miami）的南佛罗里达测试服务中心。

第二个主要基准暴露点是亚利桑那索诺兰沙漠的高地沙漠地区。该地区夏季气温非常高，冬季夜间气温非常低，相对湿度和降雨量非常低。由于高温和太阳辐射对汽车内饰的破坏尤为严重，一些汽车主机厂在这一地区设立了暴露场。这里还经常测试其他可能因高温和强烈太阳直射而损坏的产品。

ATLAS 在亚利桑那凤凰城设立了沙漠干热暴露场（图 8-19），这里也是 ATLAS 太阳测试中心所在地，用于太阳能等可再生能源产品的测试。该暴露场大量使用 ATLAS 菲涅尔（Fresnel）太阳跟踪聚光

a) 主暴露场

b) 特别项目暴露场

图 8-18　ATLAS 南佛罗里达测试服务中心

图 8-19　ATLAS 亚利桑那凤凰城沙漠干热暴露场

装置来加速自然老化。

气象数据由世界气象组织（WMO）级的气象站和各种太阳辐射测量装置收集，这些装置以几个常见的暴露角度安置，记录直接辐射和玻璃下的辐射。黑板、白板温度计和湿润时间传感器等传感器同时记录其他关键老化参数（图 8-20）。世界其他地方也有类似气候，如中国海南岛、日本冲绳、印度金奈的湿热气候，非洲卡拉哈里沙漠和中国吐鲁番的干热气候。

图 8-20　太阳辐射和气象监测站

13. ATLAS 全球暴露网络

ATLAS 建立了一个全球暴露试验网络，由 20 多个遍布全球的典型气候暴露场和人工老化加速实验室组成，为全球客户提供暴露试验服务。

14. 结论

直接户外老化会使样品受到太阳辐射、温度和湿度等主要应力因素，以及大气污染物等次要应力因素的影响。大气暴露试验通常在面向赤道的测试样架上进行,并与水平面成一定倾角,以最大限度利用太阳辐射。使用定制测试装置也能以任何方向对任何产品进行测试。不同的暴露角会接收不同比例的太阳直射和漫射辐射,通用测试标准或特定材料测试规范(如 ASTM、ISO 或其他标准)对此作了明确规定。常规暴露一般在典型气候暴露点进行,并同步监测天气数据和太阳辐射数据。因为任何实验室技术都无法完全再现温度、湿度和太阳辐射等主要应力因素,以及生物和大气污染物等次要应力因素的复杂变化,因此应将户外暴露作为基准对加速老化试验进行验证。

8.3.5 户外加速测试

自然耐老化测试是对终端使用条件的真实模拟,应用作确定加速试验相关性和加速性的基准。但由于其试验时间可能超过产品开发周期,出于实际和商业原因,需要采用加速的方法更快地获得结果。

事实上,在南佛罗里达和亚利桑那基准点以及类似的气候条件下进行的材料测试,降解速度比其他大多数地方快,可以认为是在许多终端使用地点进行的"加速"测试。考虑到许多材料并不总是直接朝向太阳,可以认为在某种程度上得到了进一步的"加速"。如果材料的终端用途是在垂直方向上(如建筑物的侧面),那么以 45°测试就是"加速"测试,因为在一定时间内会接收到更多的太阳辐射,处于 45°的试样比垂直方向上的试样至少多接收 30% 的阳光。

1. EMMA® 和 EMMAQUA®

可以利用自然阳光来进一步加速暴露测试,得到广泛认可和使用的户外加速老化测试设备有菲涅尔太阳聚光器,如 EMMA® 和 EMMAQUA® 设备(图 8-21)。

图 8-21 EMMA®/EMMAQUA® 太阳跟踪聚光加速暴露试验

在过去 60 年里,利用聚光太阳辐射的户外暴露已成为加速老化试验的一种重要方法。这在国际标准和测试方法中有迹可循(如 ISO 877-3:2018、ASTM G90-2017 或 SAE J1961-2021)。利用自然太阳辐射通常会产生与户外静态暴露非常相似的降解过程。

传统的太阳聚光器大多使用 10 面排列成菲涅尔结构的平面镜,它们跟踪太阳,将太阳辐射集中到测试区域(EMMA®)。使用高质量反射镜可将测试区域的辐照总量提高 8 倍,紫外光辐照量提高 5 倍。由于无法聚集漫射辐射,这些系统仅适用于直接辐射比例较高的地理区域。为模拟雨水和露水,可使用喷嘴向试样喷洒去离子水(EMMAQUA®)。根据测试程序的不同,可在白天或夜间进行。由于可见光和红外辐射也被聚集在一起,试样会大幅升温。鼓风机将气流导向样板正面和背面来冷却试样。这种冷却方式通常对导热材料(如金属涂层)非常有效,但对导热性差和对温度敏感的材料效果有限。温度升高不仅会改变预期的老化过程,还会对材料造成其他影响,例如试样变色、炭化或变形。

这种暴露试验主要用于汽车外饰件及材料,比如汽车外部涂料。当用于汽车内饰及材料时,需要按照玻璃下暴露试验的要求进行。

2. 低温高辐照度的"冷镜技术"

除了不断开发能反射整个太阳光谱的反射镜太阳聚光器（如通过控制鼓风机转速进行静态或动态温度控制）外，ATLAS 近年来还开发了主要反射紫外光和短波可见太阳辐射并允许红外光穿过的反射镜技术。

传统太阳聚光技术的缺点是不需要的近红外辐射也被聚集起来，从而大幅增加了试样上的太阳热负荷。在聚光量大的情况下，这种多余的热量无法通过外部冷却有效去除，因此需要一种去除太阳热负荷的解决方案。

新一代菲涅尔反射镜使用"冷镜"（Cool Mirror，CM）来代替传统的反射镜，其反射面由硼硅酸盐玻璃上的多层反射涂层组成。"冷镜"对太阳光谱中造成测试材料光降解的紫外光部分有极高的反射率，同时能去除太阳光谱中造成测试材料热负荷而非光降解的近红外和长波可见光（图 8-22），从而大幅降低试样的热负荷。这项技术不仅扩大了温度敏感材料户外加速暴露试验的应用范围，还允许增加反射镜的数量，从而提高太阳辐照度。

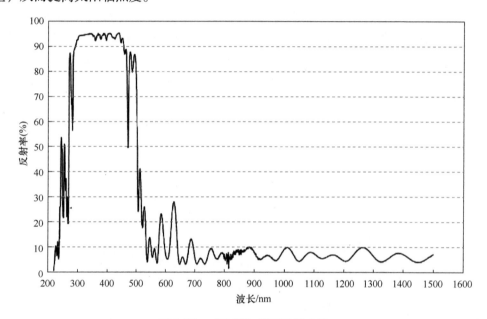

图 8-22 "冷镜"镜面反射光谱

UA-EMMAQUA 上的镜面数量最多可增加到 20 面（两排，每排 10 面镜子，聚焦在一个较小的目标板上，图 8-23）。通过将反射镜数量增加一倍，可实现更高的加速效果（紫外光辐照量增大 10~12 倍）。由于只聚焦了少量红外辐射，样品温度仍然低于传统的反射镜系统，该技术完全符合 ASTM G90-2017 等标准。

"冷镜"能有效减少太阳辐射中的红外部分，在进行简单的静态暴露时，可实现较低的表面温度。为调节试样表面温度，"冷镜"可与传统镜面结合使用。根据镜面的组合，在紫外光辐照总量大致相同的情况下，可实现不同的红外比例。这样，表面温度就可调整到与户外静态老化大致相同的水平。温度效应通常会导致相关性降低，但在很大程度上是可避免的。图 8-24 展示了一个包含 16 面"冷镜"和 4 面传统反射镜的混合系统。尽管户外加速暴露时辐射水平很高，但传统反射镜和"冷镜"相结合可精确控制和设定表面温度。

根据试样的光谱吸收量（颜色）、反射镜的光谱反射以及天气数据，可为所有反射镜组合预测不同颜色试样的表面温度。这不仅有助于制订暴露和研究计划，还简化了评估工作，因为试样通常不带热电偶。这项技术通过适当的反射镜组合来控制辐射和温度，有助于进行互易研究和控温研究。在平行进行的试验中，在辐射条件几乎相同的情况下，老化可在不同温度下发生。由此可确定降解反应的温度依赖性和活化能。这些知识提高了加速老化试验的信息价值，特别是在相关性和使用寿命预测方面。

图 8-23　20 面"冷镜"的跟踪聚光装置 UA – EMMAQUA（超级加速 EMMAQUA）

图 8-24　UA – EMMAQUA 混合跟踪聚光装置

3. 更高的辐照度 = 更快的测试

ATLAS 与一些研究院所合作开发了超加速老化系统 UAWS（图 8-25），该系统是一个类似于 EMMA® 的太阳跟踪聚光装置，使用排列在一个凹面中的 29 个反射面，凹面的曲率与一个 10m 球体的曲率相当，测试目标位于焦点处，从而实现约 100∶1 的直射聚光。"冷镜"会反射直射太阳光束中的紫外光和近可见光（<550nm），并透过较长波长的光。利用这种技术，1 年内可在目标区域累积大约 63 年的迈阿密太阳紫外光辐照量。即使去除波长较长的可见光和近红外光，仍然有较高的能量，因此需要对试样进行外部冷却。UAWS 主要作为一种研究工具，也可用于商业活动。

4. IP/DP Box®

ATLAS 提供 IP/DP（仪表板/门板）Box® 测试，这是一种透过玻璃的户外暴露方法，用于确定汽车内饰材料的耐久性和/或色牢度（图 8-26）。

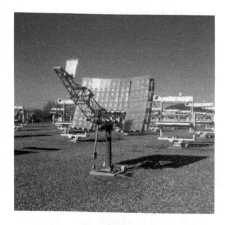

图 8-25　亚利桑那超加速老化系统

图 8-26　IP/DP Box®

ATLAS 位于亚利桑那凤凰城的沙漠实验室和位于佛罗里达迈阿密的测试服务中心提供 IP/DP Box®，用于测试非标准尺寸试样，如整块门板、仪表板、座垫和杂物箱，以及标准的 10cm×15cm 试样。可根据标准或客户要求安装透明夹层玻璃、透明钢化玻璃、有色钢化玻璃和其他类型的玻璃，以评估不同类型的玻璃对内饰材料耐久性的影响。根据适用标准的要求，试样可与玻璃平行或放置在"终端使用"位置（如门板）。ATLAS 可为汽车主机厂及其供应商提供他们所需的所有目视评估和仪器评估服务。

IP/DP Box® 具有动态太阳跟踪功能，其玻璃表面与水平面成 45° 或 51° 角，使试样受到的太阳总辐照度是 45° 角静态箱的 1.3 倍。对于某些测试方法，ATLAS 可供 45° 角静态测试。

由微处理器控制的鼓风机可将均匀的气流导向箱内的试样，以确保温度均匀性。温度由黑板温度计测量。当控制温度达到设定值时，风扇启动，当温度与设定值相差 3℃ 时，风扇关闭。如果温度超过上限 6℃，遮光帘会自动关闭，防止进一步暴露，在温度恢复前遮光帘不会打开。

IP/DP Box® 可安装不同类型的风窗玻璃或侧窗玻璃，以评估不同类型玻璃对汽车内饰件的影响。玻璃类型和需要的最高温度可提供定制设置。

数据记录系统可持续监测黑板温度，也可监测固定在试样上的热电偶，以评估内饰材料或组件的温度。ATLAS 全方位服务评估实验室可根据适用的测试标准，按计划的间隔进行颜色和光泽度测量以及目视检查。

8.3.6　实验室加速老化装置

实验室加速老化装置通常按所使用的光源类型分类，常见类型是氙弧和荧光紫外光源。两种光源各有优点和局限性。由于暴露的材料接收到的辐照量至关重要，光源质量，即光源在光谱匹配方面与自然阳光的相似程度非常关键。

1. 经滤光的氙弧灯技术

氙弧灯试验箱有风冷和水冷两种形式，冷却的类型对整体设计和光学过滤系统有影响。ATLAS Fade-Ometer® 和 Weather-Ometer® 试验箱使用水冷氙弧灯（图 8-27），而 SUNTEST（图 8-28）和 XENOTEST（图 8-29）试验箱则使用风冷氙弧灯。

在没有滤光器的情况下，氙弧灯发出的光谱范围通常在 250~2000nm 之间，含有相当多的短波长紫外光辐射，与自然界的阳光几乎没有相似之处。为了将光谱调整为自然阳光的光谱，可使用各种光学滤光器来微调氙弧灯的输出，使其达到目标光谱辐照度（图 8-30）。由于模拟了自然太阳辐射的整个波长范围，经滤光的氙弧灯技术通常称为"全光谱"光源，其优点是光谱的长期稳定性，特别是在调光过程中紫外波长区域表现出很高的稳定性。总之，经滤光的氙弧灯易于控制，能在很宽的辐照度范围（通常在 30~120W/m²，300~400nm）内提供稳定的光谱。就老化试验而言，紫外波段的稳定性以及与自然阳光紫外部分的匹配度，是能否复制阳光紫外光引起的自然降解反应的关键。

2. 氙弧灯滤光系统

目前，氙弧灯试验箱使用的灯管滤光系统分为四类：

图 8-27　Weather-Ometer® 系列水冷氙弧灯试验箱

图 8-28　SUNTEST 系列风冷氙弧灯试验箱

图 8-29　XENOTEST 系列风冷氙弧灯试验箱

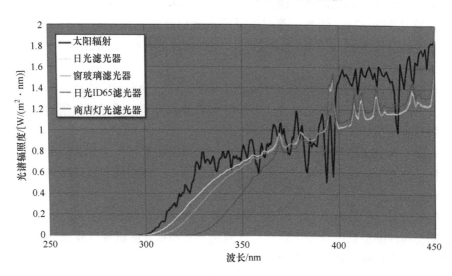

图 8-30　ATLAS 风冷氙弧灯和滤光器在 280~450nm 之间的光谱辐照度

1）日光，模拟户外的总太阳辐射，包括Ⅰ型日光滤光器 Right Light™ 和Ⅱ型日光滤光器 Boro – S/Boro – S。Ⅰ型日光滤光器具有与太阳光更匹配的紫外光起始波长，能在 295~2000nm 的波长范围内逼真地模拟自然太阳总辐射，已用于开发新的汽车和航空航天涂料测试方法。这两种日光滤光器组合均符合 ISO 4892 – 2：2013、ISO 16474 – 2：2013 和 ASTM G155 – 2013 等通用标准的要求。建议在测试报告中写明使用了哪种日光滤光器，了解日光滤光器类型可增加耐老化性测试的可比性和可重复性。

2）窗玻璃后的日光，窗玻璃滤光器与窗玻璃后的阳光非常接近，适用于室内应用。

3）具有较长波长的紫外光起始点。

4）扩展紫外光，增强紫外光。

不同类型的氙弧灯试验箱有不同的滤光器组合。例如，图8-31 展示了水冷氙弧灯试验箱常用的滤光系统。其中，"Boro S/Soda Lime"属于B类，"Quartz/Quartz"和"Quartz/Boro S"属于D类，"Quartz/Boro S/SF 5"属于C类，而其他三种属于A类。风冷仪器中还使用了其他滤光器，用于提供其他光谱分布。

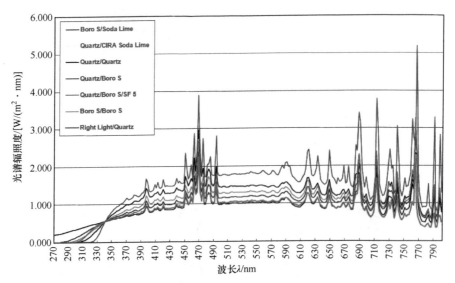

图8-31　采用不同滤光器组合的水冷氙弧灯光谱能量分布，辐照度均为 0.55W/m² （340nm）

在某些情况下，通过增加辅助滤光器支架（如滤光器灯笼罩）来容纳其他类型的滤光器，可实现过滤其他波长，例如用来模拟透过特定玻璃的阳光。

一些汽车主机厂开发了更新的测试方法，其中要求使用额外的滤光系统，以更好地匹配车内门板上测得的紫外起始波长（图8-32）。例如，美国福特汽车公司修改了SAE标准，使用允许 335nm 及以上波长的紫外光通过的特殊滤光器 SF – 5，这样就可以使用更多的有色汽车玻璃。

3. 氙弧灯试验箱的几何结构

氙弧灯试验箱的试样架有两种基本结构：转鼓式和平板式，分别对应围绕光源旋转的转鼓式样架设备，以及光源在上方的静态水平平板式设备。多层倾斜转鼓式样架有助于样品层面的辐照度均匀性，样品沿氙弧灯的等辐照度轮廓线均匀放置（图8-33）。

这种方法可在整个暴露区提供最高的辐照均匀性，尽可能实现试样老化参数的一致性。通过围绕氙弧灯自动旋转试样，所有试样都能接收到相同的光谱能量分布、辐照度和辐射曝晒量，并将试样更均匀地暴露在气流、水气和水流中。

尽管大多数仪器的设计在技术上符合标准，但这并不意味着它们在性能和测试结果上没有差异。标准在制定时一般不会将性能最低的设备排除在外。因此，一些企业测试规范要求使用特定的品牌和型号或特定的硬件配置，以确保测试结果的质量和有效性。

对于平板式设备，通常建议手动定期轮换试样位置，以补偿不均匀的暴露条件。与转鼓式设备相

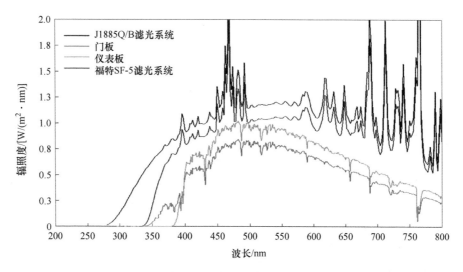

图 8-32　SAE J1885Q/B、福特 SF-5 滤光系统、仪表板和门板的光谱测量结果比较

比，平板式设备可容纳更厚的三维试样，但同时需要考虑三维试样到灯管的距离导致的试样表面辐照度不均匀问题。

4. 荧光紫外灯技术

荧光紫外灯试验箱一般会使用三种类型的紫外灯管，这三种灯管都不需要额外的光学滤光器，它们的名称基本表示了其光谱辐照度的峰值波长（图 8-34）：

① UVA-340，与自然紫外光部分非常匹配，无长波 UV-A，无可见光/红外辐射。

② UVA-351，与车窗玻璃后的紫外光部分非常匹配，无可见光/红外辐射。

③ UVB-313，大部分光谱由波长短于自然紫外光波长的短波 UV-C/-B 组成。

图 8-33　多层转鼓式样架的等辐照度轮廓线相对于灯的位置

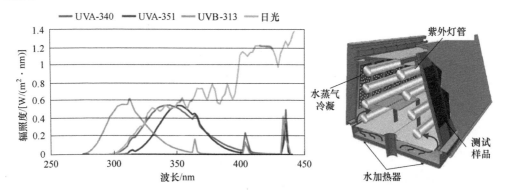

图 8-34　荧光紫外灯类型和荧光紫外灯试验箱的结构示意

UVA-340 灯管的光谱与太阳光的短波紫外光（包括约在 295nm 的自然紫外光起始点）非常匹配。不过，在 350nm 以上，其输出量会迅速减少，而日光则会进一步增加到可见光区域（图 8-35）。UVA-351 灯管看起来很像 UVA-340，但紫外光的起始点稍高些，接近典型窗户玻璃过滤的阳光。UVB-313 灯管含有大量紫外波长短于自然阳光波长的能量。尽管这些紫外光的破坏性较强，但这种方法仍在使用，只是由于与自然阳光的匹配度较低，往往导致数据与自然暴露的相关性不高。

典型的辐照度范围为 0.35~1.85W/m²（340nm），最大辐照度可达约 3 个太阳水平。

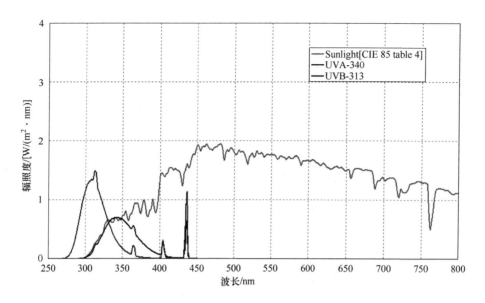

图 8-35 日光、UVA-340 和 UVB-313 的比较

8.3.7 氙弧灯试验箱与荧光紫外灯试验箱的主要区别

在进行老化试验时，一个常见问题是如何选用荧光紫外灯试验箱和氙弧灯试验箱。

1. 光谱辐照度分布

如前文所述，经滤光的氙弧灯与荧光紫外灯的主要区别在于所提供的光谱。光谱会影响聚合物的光降解质量，同时也会严重影响试样表面温度。当暴露在自然阳光或全光谱氙弧灯下时，不同颜色的产品会达到不同的表面温度，白色和黑色样品的表面温度可分别代表温度可能达到的下限和上限。然而，在荧光紫外灯试验中，由于缺少引起自然热负载的可见光和近红外光，样品表面温度与前述的情况完全不同。在使用荧光紫外灯技术时，试样表面温度取决于位于试验箱底板下的空气加热器，它产生的是热量，而不是全光谱太阳光加热，因此所有试样都将达到基本相同的温度（图 8-36）。

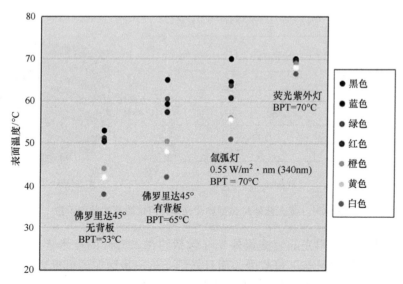

图 8-36 不同颜色试样在自然光、经滤光的氙弧灯和 UVA-340 下的不同加热效果

综上，荧光紫外灯装置无法真实再现与温度有关的影响，这些影响可能包括：水和氧气扩散；稳定剂扩散；光化学反应的反应速度；二次反应；玻璃化转变温度。

如果试样相似，且温度差异可忽略，那么荧光紫外灯试验箱中现有的温度控制功能可能就足够了。但不同颜色试样的降解行为差异只能通过全光谱试验箱（如经滤光的氙弧灯）来再现。

2. 水

进一步的差异在于试样润湿和供水方式（图8-37）。只有氙弧灯试验箱才能控制相对湿度，其箱体集成了振动或超声波加湿系统，并配有空气加热器。荧光紫外灯试验箱和氙弧灯试验箱中都集成了对试样喷洒去离子水的喷嘴。有些氙弧灯试验箱除了前喷喷嘴外，还配有背喷喷嘴，以符合SAE J2527-2017等标准要求。值得注意的是，对汽车涂料而言，转鼓式和平板式样架氙弧灯试验箱内的样品水分吸收量非常相似。

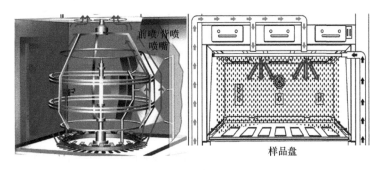

图8-37 转鼓式和平板式氙弧灯试验箱的供水

模拟夜间露水形成的冷凝水是荧光紫外灯试验箱内的润湿方式。如图8-38所示，荧光紫外灯试验箱内16h的冷凝水可导致远高于SAE J2527-2017喷水周期的吸水量，SAE J2527-2017的喷水周期在为涂料系统样品提供水吸收方面的效果，比露水久而不散的自然环境中所看到的情况要差。而具有超长喷水阶段的ASTM D7869-17氙弧灯老化试验方法解决了交通工具涂料老化试验所需的适当水量问题。

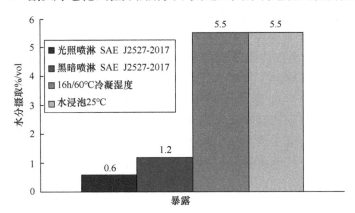

图8-38 吸水量取决于氙弧灯试验箱（SAE J2527-2017）、荧光紫外灯试验箱（冷凝周期）和自然长时间水浸泡的供水量

3. 老化试验箱均匀性

试验箱的均匀性也存在差异。转鼓式氙弧灯试验箱能提供高度均匀的测试条件，如辐照度、温度和湿度。ATLAS转鼓式氙弧灯试验箱的均匀性通常在4%~5%，而ATLAS平板式氙弧灯试验箱的均匀性通常在7%~10%。由于平板式氙弧灯试验箱很难在整个试样架上实现均匀的暴露条件，因此最佳做法是在整个暴露持续时间内定期手动轮换试样位置。例如，试样可顺时针或从左到右轮换。对于持续时间较长的测试（>500h），建议将试样顺时针轮换至少3次，使每个试样处于4个不同的测试位置。

ATLAS UVTest的均匀性约为4%。对荧光紫外灯装置而言，由于可能存在物理和几何限制，辐照度均匀性在试验箱边缘处可能会下降。因此，与平板式氙弧灯试验箱一样，建议手动调整试样位置。

4. 仪器的选择

表 8-5 列举了测试聚合物材料的建议。

表 8-5 聚合物材料测试建议

氙弧灯（需要全光谱）	UVA-340 荧光紫外灯（紫外光范围已足够）
聚合物本身含有发色基团（可在可见光范围内发生光降解）	聚合物不含发色基团
聚合物有不同的光降解途径，改变光谱能量分布会改变这些途径之间的关系	有充分证据表明 UVA 对聚合物有效（相关性）
聚合物随后会经历光降解步骤（光泛黄/光漂白）	降解行为一致的聚合物
根据环境数据预测使用寿命	根据标准或规格
聚合物或涂料含有染料或颜料	—
聚合物含有由不同光谱敏感性/吸收率的添加剂组成的混合物	在同一种聚合物中对简单的紫外光稳定剂组合进行比较
敏感性大于 350nm 的聚合物稳定剂只能用全光谱进行测试	仅限敏感性小于 350nm 的聚合物稳定剂
聚合物的纯度未知（回收过程中产生的杂质、残留单体、加工助剂、催化剂、加工过程中的热降解产物、生物聚合物……）	使用寿命短、稳定剂含量低、聚合物简单纯净、配方简单

5. 结论

经滤光的氙弧灯和荧光紫外灯试验箱采用两种完全不同的技术，在设计上有很大不同，这主要体现在光谱辐照度、波长范围和供水方式上。荧光紫外灯试验箱的主要特点是紫外光主要在 295~350nm 范围内，且能产生冷凝水。因此，荧光紫外灯测试主要用于快速筛选涂料和树脂配方的基本耐老化稳定性，出于同样的原因，也常用于测试木器涂料和清漆。由于荧光紫外光缺乏长波 UV-A 和可见光，因此不建议用于测试有颜色的涂层系统或研究光/紫外光稳定剂。

氙弧灯试验箱可在较宽的范围内很好地控制 4 个主要参数——光谱、辐照度、温度和湿度。试验箱滤光器可再现全光谱太阳辐射，且具备喷淋以及较宽的温度和相对湿度控制范围，可真实模拟各种不同的户内外环境。对于光/紫外光稳定剂的有效性研究以及产品颜色和外观变化的测试，氙弧灯老化试验更为可靠。对于关键和高级应用，例如交通工具涂层的耐老化性测试，汽车主机厂通常使用全光谱氙弧灯，希望在预测车辆所使用的各种有色材料、聚合物和树脂技术的使用寿命时，能做到万无一失。对于其他希望对材料进行使用寿命预测的试验人员来说，全光谱氙弧灯试验箱是更好的选择。

8.3.8 高辐照度测试

1. 太阳辐照度

太阳地面辐照度是到达地表的单位面积辐射功率，在整个白天随着太阳自然起落而变化，并在任何时间点都受诸多因素的影响。在加速测试中，辐照度的提高通常比其他大多数应力（如热或水）更灵活。高辐照度是提高测试速度的一种可行方法。

ATLAS 干热户外曝晒场所在地亚利桑那索诺兰沙漠的太阳辐照度比其他大多数地点更高。该曝晒场装备的 ATLAS EMMA® 和 EMMAQUA® 等太阳聚光加速老化装置可将辐照度进一步提高 4~8 倍。ATLAS 氙弧灯 Weather-Ometer® 和 Xenotest® 仪器等人造光源实验室设备，可在很宽的范围内任意设定辐照度值，而不会改变光谱能量分布。其制约因素是主要应力因素之间的自然平衡或试样参数，例如温度限值。

2. 高辐照度测试概念

术语"高辐照度"指高于自然日光水平的辐照度，自然日光基准是标准参考太阳。CIE 第 20 号和

85 号出版物给出了国际公认的标准参考太阳的定义。CIE 20 号规定的标准参考太阳光谱辐照度值：在 300~400nm 之间为 60W/m²；在 300~3000nm 之间为 1000W/m²。国际标准对 3mm 窗玻璃后日光辐照度的规定是在 300~400nm 之间为 50W/m²。

图 8-39 显示了紫外波段两种光谱的比较。

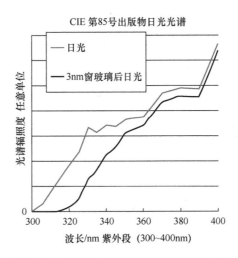

图 8-39　CIE 日光和窗玻璃紫外光谱比较

注：CIE 85：1989 表 4 中描述的太阳一直被老化领域视作参考标准，是比较和鉴定人工光源的依据。CIE 241：2020 已取代 CIE85：1989。不过目前很多标准尚未更新，仍然使用 CIE 85：1989。

当氙弧灯试验箱使用日光滤光器时，光谱辐照度为 0.51W/m²（340nm），约相当于在南佛罗里达朝南倾斜试验架（中午平均水平）达到的辐照度水平，这也是 ISO 4892-2：2013 和其他广泛使用的老化标准的常用值。

3. 定义问题

ATLAS 采用 CIE 值作为"1 个太阳"基准，1.5 个太阳、3 个太阳等是该值的简单算术倍数。但"1 个太阳"不是一个标准术语，例如辐照度 0.35W/m²（340nm）是某些标准的设置值，如 ASTM G155-13 的循环 1，该值受早期测试设备能力的制约，但仍被部分人当作"1 个太阳"等级。这会使一些荧光紫外冷凝标准和氙弧灯标准所用的辐照度[0.7W/m²·nm（340nm）]成为"2 个太阳"等级，而按 ATLAS 基准只相当于"1.4 个太阳"等级。许多标准（如 ISO 4892-2：2013、ISO 11341：2004）目前允许进行"3 个太阳"等级测试（窗玻璃后紫外波段辐照度为 180W/m² 和 162W/m²）。

ATLAS 根据 CIE 和 ISO 参考文献将术语"高辐照度"定义为 ≥2 个太阳。应注意"太阳"这一术语基于 ATLAS 采用的 CIE 值，用于表达日光辐照度的相对高低，而非测试加速系数。

4. 实现高辐照度

三种常见方法可实现较高辐照度：

① 反射镜或透镜等聚光元件。

② 增加输出或光源数量。

③ 减小光源与试样之间的距离。

5. 光谱能量分布

光源的光谱能量分布与户外阳光的光谱能量分布的微小差异也会影响耐老化测试结果，这就要求户外和实验室加速测试不断努力获得"正确的光"，以提高相关性。一个典型案例是 ATLAS 为 Ci 系列氙弧灯试验箱开发的 Right Light™ 滤光器，实现了迄今最接近阳光的光谱能量匹配（图 8-40）。为避免在参考多个"太阳"等级时出现偏差，光源应尽可能匹配全光谱阳光的光谱能量，即使是很小的偏差也可能在高辐照度下对特定测试材料产生显著影响。

但提高全光谱辐照度同样可能带来不良影响，因为红外波段会导致不需要的热量。与传统 EMMA

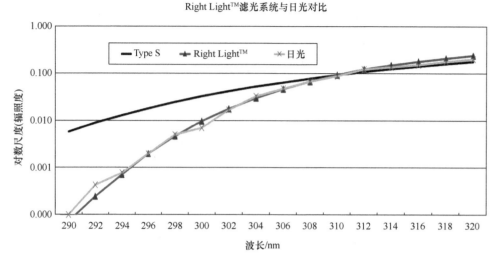

图 8-40 正确的光是在关键的紫外波段与阳光实现最接近的光谱匹配

相比，ATLAS UA‑EMMA®将紫外辐照度翻倍，同时滤除了大部分可见光和红外光。ATLAS 超加速老化测试系统 UAWS 仅将紫外和短波可见光聚集在试样上，实现了高辐照度紫外加速老化。

8.3.9 加速性和相关性

1. 加速性

加速机制有增强应力和压缩时间两种，其目的不是在极端条件下强迫发生失效，而是在不改变实际使用条件降解机制的前提下实现加速。

增强应力指施加一种或多种应力，这些应力可以是使用中可能遇到的最大应力，也可以是稍高但远未达到可靠性测试中"破坏极限"水平的应力。降解机制可能是化学变化（如涂层或塑料的光降解），也可能是物理变化（如热机械膨胀/收缩）。压缩时间指尽量减少测试中的停滞时间。例如，可使用连续光照，而不是像在实际测试中那样使用间歇光照。

实践中通常会将增强应力与压缩时间结合起来，以实现合理加速。

2. 加速系数

加速系数（AF）通常用于描述测试的相对加速程度。AF 是一个简单的方程，表示自然户外暴露（测试站点或实际服役条件）与加速测试相比（实验室加速或户外加速），产生等效性能变化的速率。

$$AF_{(\text{light, heat, moisture, etc.})} = \frac{t_{\text{outdoor}}}{t_{\text{accelerated}}} \tag{8-6}$$

需要注意的要点：

① 仅适用自然暴露与加速测试相比。

② 必须保持相关性，即降解机制和由此产生的变化必须真实再现。

③ 适用于达到特定和等量性能变化的时间（或随时间变化的辐照量等），例如化学、物理、外观等变化。

④ 可能不恒定或不随暴露时间发生线性变化。

通常，理论 AF 通过关联两项暴露试验来计算。例如在 ISO 4892‑2：2013 的方法 A 中，达到与户外暴露试验辐照量相同的实验室加速暴露试验所需的测试小时数。此处不涉及性能测量，甚至与试样无关。但这不是 AF 概念的有效使用，AF 必须基于产生等效性能变化所需的时间（或与时间相关的参数，例如辐照量）。需要注意的是，随着产品的老化，性能可能越来越易受施加应力的影响，例如添加不同稳定剂聚合物的性能变化曲线（图 8-41）。

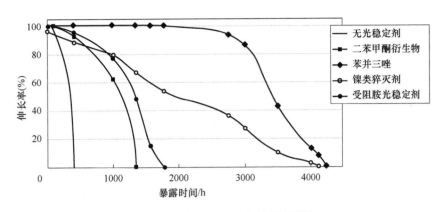

图 8-41 添加不同稳定剂的聚丙烯

注：拉伸伸长率不随暴露时间（加速老化测试）发生线性变化

如果在自然或加速暴露期间降解速率发生变化，则 AF 也会发生变化。因此 AF 通常不是常数，可能需要多组数据才能建立相关性。注意，施加应力的增加（例如更高的辐照度）并不会同等比例增大 AF。3 个太阳等级的测试可能不会发生 3 倍的性能变化或在 1/3 的时间内发生等量的性能变化。

3. 相关性

一个常见的问题是实验室运行"X"测试方法多长时间才能达到与地点"Z"的"Y"年户外暴露相同的效果？暴露试验相关性和具体材料降解的问题非常复杂，因此回答这个问题并不简单。此外，如果测试条件和材料组合不同，答案也不同。只有通过比较特定材料配方在户外和实验室测试中的特定性能变化结果，才能确定实际的相关性。然而，这就产生了一个"先有鸡还是先有蛋"的问题，选择进行实验室测试往往源于还没有材料的户外测试数据，而且获得这些数据需要相当长的时间。

首先是根据被测材料的组合、具体使用环境和测试目标，选择合适的测试方法和测试条件，可参照相关测试标准、规范或特定的方法。

其次是确定测试的持续时间。由于缺乏相关性或其他性能数据，也不了解降解机制，最常用的方法是用实验室老化试验箱（或其他加速老化装置，如 EMMA® 或 EMMAQUA® 太阳聚光户外暴露试验装置）进行"等效"暴露试验。这里的"等效"指：在技术可行范围内；知道所有加速和/或人工试验都会改变自然应力平衡，不能完全模拟实际暴露。ATLAS 在美国佛罗里达、亚利桑那等多个户外曝晒场测量太阳总辐射和紫外总辐射，测量包括直射和玻璃后，试样架以不同的角度放置，以获得准确的太阳辐射数据，并对多年的数据求平均值，以减少年与年之间的差异。可通过 ATLAS 官网获得暴露点的天气和太阳辐射数据。最常见方法是在技术可行的范围内，提供"相同"的年平均太阳辐照总量或紫外辐照总量，为加速暴露试验"等效于"有可靠太阳辐射数据的地点（如 ATLAS 佛罗里达曝晒场）提供初步预估。

但这还不是相关性，因为未考虑温湿度及其周期性变化等其他应力因素的影响，也未考虑特定材料对应力的敏感性。虽然这只是接近于真实户外暴露，但在缺乏可靠相关性数据的情况下，通常是确定试验大致结束时间点的一种合理且必要的首选方法。以上方法假定所选择的测试适用于材料及其使用环境，因此只是一般性指导，可能并不适用于所有情况。这些人工加速老化的估计值应通过接近终端使用环境气候条件的户外暴露试验进行确认。

4. 常见误解

进行加速测试时，表 8-6 所示的"捷径"会降低测试的相关性。

表 8-6 测试"捷径"和错误暴露

相关性差的原因	误解	真实情况
短波光源（超出日光光谱范围）	短波光源具有的超高能量可加速材料老化	短波辐射的高能量使材料产生非自然的光化学变化
连续暴露试验	光照时间越长，试验时间越短	某些材料的化学反应需要"间歇期"，自然户外暴露试验有"明暗周期"，人工加速老化试验也应模拟这一现象
高辐照水平（尤其使用人造光源时）	提高辐照度是加速老化的唯一途径	暴露试验期间，在高辐照水平下发生的一些光化学变化在正常辐照水平下不会发生
异常高温	高温可加速老化	暴露试验时不真实的高温会引发不同的降解机制，缺乏与实际户外暴露的可比性
深色和浅色试样间不真实的温差	紫外辐射是老化的最重要因素，因此只需有紫外即可	仅有紫外辐射的光源使具有不同颜色和结构的试样之间没有温差，会导致不真实的老化
无温度循环	试样始终保持高温可加速老化	自然界的温度循环会导致材料产生热胀冷缩的物理变化
非自然的湿度水平	浸泡试样会加速降解	水的吸收/释放循环所产生的物理应力相比单一水饱和环境会引发更多降解

8.3.10 互易性

在胶片摄影中，互易性（Reciprocity）是光强与曝光时间之间的反比关系，决定了感光材料的反应。基本原理是，如果观察到互易性，无论时间和光强如何组合，相同辐照量（辐照量=辐照度×时间）将产生等量的光化学变化。这两个曝光变量指相机的光圈范围和快门速度。

如果互易性成立，较高辐照度下进行的短时间暴露将与在低辐照度下进行较长时间暴露完全相同，前提是两者达到相同辐照量并产生相同的结果。暴露试验互易性见图 8-42。

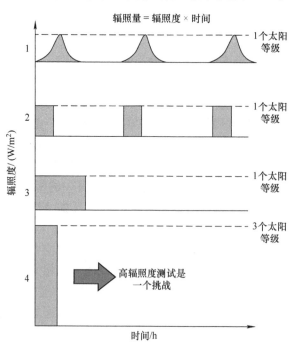

图 8-42 自然和实验室等效辐照量暴露示意

图 8-42 中，第 1 行表示 3 天内的自然昼夜辐照度；第 2 行是与第 1 行相等的有效稳态辐照度；第 3 行是缩短时间（去除夜间黑暗时间）使用连续光照以实现 3 天等效辐照；第 4 行将辐照度增加 3 倍并将测试时间减少到 1/3 以实现等效辐照。为遵循互易性原则，在所有四种情况下，性能变化的类型和程度必须相等。

人们发现摄影胶片曝光过短、过长或同时发生时，互易性"失效"。这种失效可重现，因此可找出原因，从而加以纠正。这个概念是对互易性的升级和扩展。该"史瓦西效应"（Schwartzschild Effect）可用现代幂律方程来描述。

$$k = AI^p \tag{8-7}$$

式中，k 是反应速率；A 是比例常数；I 是强度；p 是试验推导的史瓦西系数 $\log(k)$ 与 $\log(I)$ 相比的直线斜率。式 8-7 可改写为

$$\Delta P = E^p \tag{8-8}$$

式中，ΔP 是材料某些性能的变化；E 是辐照度水平；p 是上述史瓦西系数，有时称为互易系数。

当 $p=1$ 时，互易性是线性的，即严格遵守；当 $p<1$，光强增加带来性能变化的增加小于预期。如果实际数据可拟合方程，则 p 值大的材料仍可采用高辐照度测试。随着 p 值的减小，相关性降低，测试加速系数减小，从而限制了其使用性。

如果光子过程不是影响降解速率的主要因素，则会导致非互易性以及无法将数据拟合方程。非光子降解机制（图 8-43）可能是互易性失效的根源。例如，水解、氧气扩散以及受温度影响的自由基和氧化反应经常涉及聚合物材料的老化测试。

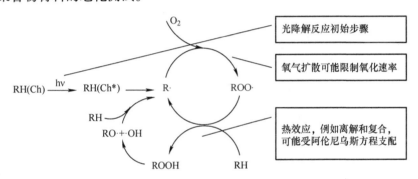

图 8-43 非光子降解机制

图 8-43 中的光降解是聚合物自氧化降解的起始步骤，但后续反应可能受到与辐照度无关的其他因素的影响。最后，自然暴露中可能出现其他协同应力因素（图 8-44）影响互易性和相关性。

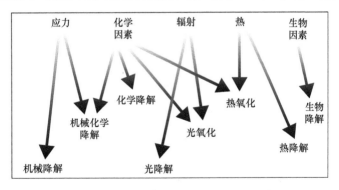

图 8-44 老化应力因素及可能产生的降解机制

在这种情况下，无法建立较高辐照度下性能变化与辐照量的数学关系。如果要用加速测试数据来评估正常暴露下的性能变化，则互易性的确定必须与较高辐照度下的结果具有相关性。

加速老化测试中忽略互易性，特别是低 p 值会导致低估材料降解，高估使用寿命。在无法建立数学

关系的情况下，高辐照度测试不具有预测性，应通过研究相关性来验证其互易性。

高辐照度测试和其他所有老化测试一样，都要通过研究相关性来进行适当验证。这同样适用于在≤1个太阳等级下进行的加速老化测试。

8.3.11 选择合适的高辐照度测试

1. 高辐照度技术的应用

近几十年来，在辐照度＞1个太阳等级的条件下进行测试日益普遍。在许多应用中，使用ATLAS氙弧灯试验箱和户外加速老化装置进行高辐照度测试的有效性已经得到验证。随着老化测试技术的发展，测试标准已趋向更高的辐照度水平。汽车行业相关标准和测试方法已规定或允许高辐照度（表8-7和表8-8）。

表8-7　常用的高辐照度氙弧灯老化测试标准

氙弧灯老化标准	应用领域	允许辐照度最高到3个太阳等级	国际或国家标准
ISO 4892-2：2013	塑料	日光和窗玻璃滤光器	国际
ISO 11341：2004	涂料	日光和窗玻璃滤光器	国际
ISO 105-B06：2020	汽车	窗玻璃滤光器	国际
ISO 105-B10：2014	纺织品	日光和窗玻璃滤光器	国际
ASTM G155-2013	非金属材料	日光（循环9）和窗玻璃滤光器（循环10）	美国
ASTM D6695-2016	涂料	日光（循环1）	美国
VDA 75202-2001	汽车内饰件	窗玻璃滤光器（选项A）	德国
JASO M346-1993	汽车内饰件	窗玻璃滤光器	日本
JASO M351-1998	汽车外饰件	日光和窗玻璃滤光器	日本

表8-8　菲涅尔太阳聚光户外加速老化测试标准

标准号	应用领域	国际或国家标准
ISO 877-3：2018	塑料	国际
ASTM D3841-2021	玻璃纤维增强材料	美国
ASTM D4141-2022	涂料	美国
ASTM D4364-2022	塑料	美国
ASTM D5722-2020	涂层硬板	美国
ASTM E1596-1994	光伏组件	美国
ASTM G90-2017	非金属材料	美国
SAE J576-1991	汽车塑料光学材料	美国
SAE J1961-1994	汽车外饰件	美国
SAE-AMS-T-22085	保护密封胶带	美国
JIS Z2381-2017	通用标准	日本

2. 高辐照度的适宜性

汽车相关行业主要依靠加速老化测试来提供比真实户外暴露更快的数据。在测试长寿命耐用产品且开发周期非常短的情况下，按一些常见标准规定的正常太阳辐照度进行加速老化测试，已无法满足行业对测试速度的要求。高辐照度测试可显著减少测试时间或提升加速老化效果。在已证明相关性的情况下，高辐照度可显著减少材料的例行重复质量，保证测试时间。

户外和实验室高辐照度测试技术可作为对传统加速老化试验方法的补充，而且有助于降低测试成本并缩短测试时间，并在开发周期内尽早做出关键的产品决策。

加速可能带来偏差，因此建议通过户外暴露进行验证。验证互易性可提高辐照度测试的信心。高辐照度技术已在汽车行业普遍应用，ATLAS 氙弧灯试验箱和户外加速老化装置进行高辐照度测试的有效性已得到行业验证。

8.4 汽车整车及零部件的阳光模拟测试研究

阳光模拟测试可用于衔接和补充氙弧灯老化测试。氙弧灯老化测试适用于评估新材料和新产品，金属卤素灯阳光模拟的特点在于高效模拟真实的太阳热负载。

8.4.1 经滤光的氙弧灯技术

经滤光的氙弧灯提供了老化测试所需的接近自然日光的紫外光，精确的紫外光起始波长和完整的紫外光波段在 290~380nm 之间保持连续，可在较宽范围内稳定控制光谱辐照度，产生不同的辐照度，满足不同的应用需求。合理使用光学滤光器，可模拟真实户内外日光光谱。氙弧灯技术与严格的温度控制相结合，是评估新材料的理想选择，可帮助确定适当的光稳定剂类型和用量，预防阳光和紫外光对材料的破坏。使用氙弧灯试验箱进行材料测试效率很高，金属卤素灯试验箱并不适用。现有的大型氙弧灯测试设备可同时测试 100 多个试样。

8.4.2 经滤光的金属卤素灯技术

金属卤素灯属于等离子灯。灯管内为汞和各种稀土元素的混合物，能产生类似总太阳辐射的连续光谱。

在材料加速老化试验中，经滤光的氙弧灯比金属卤素灯更受青睐有几个原因：
① 金属卤素灯的紫外光波长不像经滤光的氙弧灯那样精确。
② 金属卤素灯的短波紫外光辐照量随灯管使用时间的增加而减少。
③ 金属卤素灯功率的变化会改变光谱中紫外光+可见光与红外光之间的比例。因此金属卤素灯的"调光"无法通过调节灯管功率来实现，而需使用滤光器或调整光源与样品之间的距离。

在使用氙弧灯试验箱确定材料后，可开始评估组件和最终产品。由于材料已通过氙弧灯老化测试，组件和最终产品测试的重点是在终端真实阳光应力（尤其是阳光热负载）下测试性能和功能。金属卤素灯技术可高效真实地模拟阳光热负载，是大型试样（比氙弧灯试验箱更大）的理想选择，用于对大型组件和整车进行阳光热负载测试。配备日光滤光器（ODF）的金属卤素灯，光谱能量分布与 CIE 241/CIE 85 一致，特别是红外区域。对于户内测试，应使用户内滤光器（IDF）。

阳光环境模拟测试与氙弧灯老化测试有很大不同，表 8-9 概述了主要差异。

表 8-9 氙弧灯老化测试与阳光环境模拟测试的比较

	氙弧灯耐候和色牢度测试	阳光环境模拟应力测试
应用领域	材料测试	零部件和产品测试
基理	材料老化主要由可控表面温度下的时间压缩光化学降解导致	产品和零部件的老化主要由日光热负载和气候循环应力导致

(续)

	氙弧灯耐候和色牢度测试	阳光环境模拟应力测试
优势	节约时间的材料服役寿命开发工具/材料性能变化评估（粉化、强度损失、失光、黄变、褪色、开裂和起皮等）	节约时间的开发工具，用于测试不同材料或组件在极端气候下的相互作用。老化结果表现为产品性能或功能性损失（开关、安全气囊、导航、电器部件、噪声、清晰度、拉伸开裂和排放等）
方法	在模拟自然或更恶劣的环境中（辐照度、温度、湿度和干湿循环）进行长期稳态测试； 着眼于与实际相匹配的紫外光，较窄的温度范围，暗周期较短或忽略； 较小的平板标准尺寸样品； 支持自然曝晒与实验室测试的相关性研究	较短的（240h）气候应力循环测试（干热-湿冷）结合拟真的日光热负载； 较短的（25天）稳态日光气候测试； 重点关注拟真的可见光和红外光，而非紫外光； 较大尺寸的三维样品； 支持自然曝晒与实验室测试的相关性研究

8.4.3 全球太阳辐射通用标准/太阳总辐射通用标准

国际照明委员会（CIE）出版的第241号出版物提供了一个基准光谱，取代了之前的第85号出版物中的表4。ISO 4892-1：2016 和 ISO 4892-3：2016 等常用老化标准的修订版将参考 CIE 241（图8-45），而不是 CIE 85。

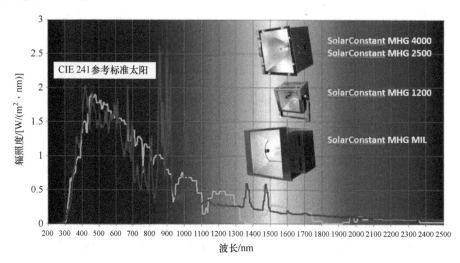

图 8-45 ATLAS 金属卤素灯系列的日光光谱（绿色）与 CIE 241 参考标准太阳之间的比较

8.4.4 金属卤素灯阳光模拟试验方法

表8-10列出了常用的标准，其中，DIN 75220、IEC 60068-2-5 已经存在了几十年，常被用作新标准的参考标准。

表 8-10 常用的阳光模拟测试标准

汽车/火车	电子
DIN 75220：1992	IEC 60068-2-5
VDA 230-219-2011	GB/T 2423.2—2008
ISO 12097-2：1996	

(续)

汽车/火车	电子
GB/T 19233—2020	
GB/T 40711.3—2021	
GB/T 18286.1—2017	
TCSAE 70-2018	
EPA 40CFR/SC03	
MBN 55555-5	
VW PV 1211	
Renault 32-00-022	
EN 13129-2016	
EN 14750-2-2017	

1. 汽车/火车测试

DIN 75220：1992 标准共包括 12 种测试方法：2 种户外气候循环测试、4 种户内气候循环测试以及 6 种户内外气候稳态测试。循环测试均以 24h 为一个周期，通常重复 10~15 次（240~360h）。稳态测试时间为 240h。阳光环境应力测试关注的重点是在模拟真实环境应力（从沙漠干热到北极霜冻条件）下对组件或整车进行测试，而非另一项光老化测试。表 8-11 列出了 6 种稳态测试，表 8-12 列出了 6 种循环测试。

表 8-11 DIN 75220：1992 标准中的稳态测试

	测试项目	测试周期/h	标准中的表格序号	箱体温度/℃	相对湿度/(%RH)	辐照度/(W/m²)
长期测试	D-OUT-T 户外日间干态长期测试	240	表2	42±3	<30	1000±100
	D-OUT-F 户外日间湿态长期测试	240	表2	42±3	>60	1000±100
	D-IN1-T 户内日间干态长期测试1	240	表3	80±3	<30	830±80
	D-IN2-T 户内日间干态长期测试2	240	表3	80±3	>40	830±80
	D-IN1-F 户内日间湿态长期测试1	240	表4	65±3	<30	830±80
	D-IN2-F 户内日间湿态长期测试2	240	表4	65±3	>50	830±80

表 8-12 DIN 75220：1992 标准中的循环测试

循环	条件	测试项目	测试周期/h	标准中的表格序号	箱体温度/℃	相对湿度/(%RH)	辐照度/(W/m²)
循环1	户外干态 15个循环 360h	Z-OUT-T	8.0	表2	42±3	<30	1000±100
			3.5	表5	10±3	>55	—
			8.0	表2	42±3	<30	1000±100
			3.5	表5	10±3	>55	—
			1.0	样品整备（户内环境条件23℃，50% RH）			

(续)

循环	条件	测试项目	测试周期/h	标准中的表格序号	箱体温度/℃	相对湿度/(%RH)	辐照度/(W/m²)
循环2	户外湿态 10个循环 240小时	Z-OUT-F	5.0	表5	-10±3	允许结露	
			12.0	表2	42±3	>60	1000±100
			6.0	表8	-10±3	允许结露	
			1.0	样品整备（户内环境条件23℃，50%RH）			
循环3	户内干态1 15个循环 360h	Z-IN1-T	8.0	表3	80±3	<30	830±80
			3.5	表5	10±3	>55	—
			8.0	表3	80±3	<30	830±80
			3.5	表5	10±3	>55	—
			1.0	样品整备（户内环境条件23℃，50%RH）			
循环4	户内湿态1 10个循环 240h	Z-IN1-F	5.0	表5	-10±3	允许结露	
			12.0	表3	80±3	>40	830±80
			6.0	表5	-10±3	允许结露	
			1.0	样品整备（户内环境条件23℃，50%RH）			
循环5	户内干态2 15个循环 360h	Z-IN2-T	8.0	表4	65±3	<30	830±80
			3.5	表5	10±3	>55	—
			8.0	表4	65±3	<30	830±80
			3.5	表5	10±3	>55	—
			1.0	样品整备（户内环境条件23℃，50%RH）			
循环6	户内湿态2 10个循环 240h	Z-IN2-F	5.0	表5	-10±3	允许结露	
			12.0	表4	65±3	>40%	830±80
			6.0	表5	-10±3	允许结露	
			1.0	样品整备（户内环境条件23℃，50%RH）			

若干主机厂标准引用了 DIN 75220：1992，例如宝马 PR 306.5 和雷诺 32-00-022。此外，VDA 230-219 也引用了 DIN 75220：1992。

2. 电子测试

IEC 60068-2-5 包括针对电子产品的三种阳光模拟测试方法（Sa1、Sa2、Sa3）和两种老化测试方法（Sb1、Sb2；氙弧灯）。阳光模拟测试即太阳热负载测试，对较小的产品，测试通常在中小型金属卤素灯试验箱内进行，而对较大或多个产品，则在步入式金属卤素灯试验箱内进行。

8.4.5 结论

金属卤素灯光谱辐照度非常接近自然阳光，尤其是可见光和红外光部分，这对于在模拟真实阳光热负载下进行阳光环境模拟测试至关重要。金属卤素灯阳光模拟测试在耐久性和性能测试方面发挥着重要作用，尤其是在汽车、国防、光伏和电子等行业。

8.5 两个汽车外饰重要标准的比较解读

ASTM D7869-2017 在十多年前发布并成为交通工具特别是汽车涂料的耐老化标准。该标准在制定时仔细考虑了与光化学和水有关的涂层降解以及高温高湿的最终使用环境。由福特汽车公司牵头，ATLAS、巴斯夫（BASF）、拜耳（Bayer）和波音（Boeing）等国际公司参与了这一标准的制定。新方法的目标是尽可能真实地模拟交通工具涂层的降解，并提供比传统的 SAE J2527-2017 更好的涂料耐老化方案。

ASTM D7869-2017 较全面考虑到了各种测试因素。制定该标准的目的是研究对湿度变化敏感的交通工具涂层的老化，而不是研究其他产品的失效模式。如果考虑将这种方法用于其他材料或应用，则应事先进行相关性研究。该标准的附录中详尽记录了测试程序的制定过程，方便用户进行相关性研究，为在其他应用中采用这种方法提供了指导。

汽车涂料测试还可参照 ISO 16474-2：2013（测试程序 A1），但该测试过程较干燥，或无法引发涂层光泽度下降、分层或开裂等特征失效模式，故不在本书讨论之列。

目前使用 ASTM D7869-2017 的公开数据仍然有限，没有明确的证据表明到底是 ASTM D7869-2017 还是 SAE J2527-2017 适合更多的材料。两者都是针对汽车涂料制定的，可能也适用于其他应用和材料，如聚酯和聚酰胺等对水分敏感的聚合物。

8.5.1 机械应力循环频率

涂层的失效通常由周期性暴露在水分中引起。在加速试验中，有两种方法可加强这种循环应力：增加干湿循环频率，或增加持续时间。SAE J2527-2017 规定每天进行 16 次干湿循环，ASTM D7869-2017 规定每天进行 5 次干湿循环（图 8-46、图 8-47）。如果材料对这种机械应力敏感，则 SAE J2527-2017 或许是更好的选择。

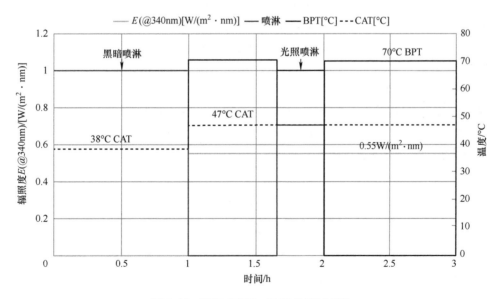

图 8-46　SAE J2527-2017 的测试参数

8.5.2 阶段持续时间

ASTM D7869-2017 中的湿润阶段和干燥阶段的持续时间都比 SAE J2527-2017 长很多。较长的湿润阶段提供了较高的水饱和环境，而较长的干燥阶段则为样品干燥提供了更多时间。持续时间越长，循环应力越显著。但这样做可能不产生增益效果，ASTM D7869-2017 中最长的干燥阶段超过 4h，随着温

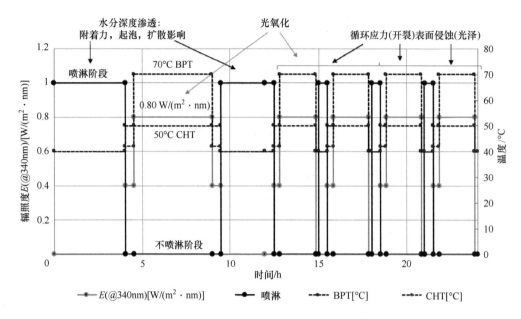

图 8-47 ASTM D7869－2017 的测试参数

度的升高和辐照度的增加，材料可能会完全干燥，在亚热带或温和潮湿环境中的材料有时不会出现这种情况，因此可能与实际情况不完全匹配，SAE J2527－2017 的循环并非针对特定环境开发，尚不清楚哪种循环适合更多的材料。两种方法都有使用价值，具体取决于材料在最终使用环境中对哪些因素更敏感。

8.5.3 标准参考物质

SAE J2527－2017 建议使用标准参考物质（SRM）。这也是 ASTM G151－2019 和 ASTM G155－2013 等标准以及 ISO 16474－1：2013 和 ISO 16474－2：2013 所推荐的。SAE J2527－2017 还建议使用 SAE J2413－2003 验收规程规定的聚苯乙烯参比板（PS 板）对仪器进行验证。PS 是一种塑料，其黄变速度是已知的。如果 PS 板的黄变不符合规范，则须采取相应措施，直到符合要求为止。这确保了测试结果具有更好的可重复性和再现性。

ASTM D7869－2017 最初并没有指定使用标准参考物质。不过由于该标准引用了 ASTM G151－2019 和 G155－2013 这两个标准，也可使用标准参考物质来确保结果的可重复性。但该标准没有公布对标准参考物质的具体要求，用户需要自行确定公差。

8.5.4 温度

两种方法的温度设置非常相似，均采用 70℃ 黑板温度。SAE J2527－2017 光照干燥阶段的试验箱空气温度设置为 47℃，低于 ASTM D7869－2017 的 50℃。试验箱温度会影响浅色样品的表面温度，过高的箱内温度有可能导致非自然降解。两种方法的温度设置差别很小，SAE J2527－2017 略微温和，更适合玻璃化转变温度较低的浅色材料或对温度敏感的材料。

8.5.5 湿润时间

有人提出反对 SAE J2527－2017 和 ISO 16474－2：2013 的一个理由是"阳光明媚时通常不会下雨"。SAE J2527－2017 在黑暗阶段有喷淋，在光照阶段也有喷淋。ASTM D7869－2017 循环周期省去了光照阶段的喷淋，理由是涂层系统在水蒸发完成前不会吸收水。这种推断不完全切合实际。在阳光明媚时涂层表面仍可能是湿润的，由于辐照时温度较高，扩散过程可能更快，氧气可在试样表面消耗，不会像黑暗阶段那样深入材料内部。

SAE J2527-2017 中 44% 的时间都在对试样进行喷水（11% 光照，33% 黑暗）。在 ASTM D7869-2017 标准中，在黑暗中对试样进行喷水的时间占总时间的 35%。两者黑暗中的湿润时间实际上非常相似，但 SAE J2527-2017 中的总喷水时间更长。建议对新应用进行相关性研究，以确定是 SAE J2527-2017 更长的喷淋时间，还是 ASTM D7869-2017 光照时不喷淋更合适，见表 8-13。

表 8-13　SAE J2527-2017、ASTM D7869-2017 和佛罗里达的比较

比较	佛罗里达 1 天	SAE J2527-2017	ASTM D7869-2017
循环周期	24h	3h	24h
最高辐照度(340nm)/[W/(m²·nm)]	0.65	0.55	0.80
24h 辐照量/[kJ/(m²·nm)]	约 8.4*	31.7	39.3
时间系数	1	3.8	4.7

* 注：佛罗里达 340nm 处每日平均辐照度。

8.5.6　辐照度

ASTM D7869-2017 比 SAE J2527-2017 快 40%，但不能一概而论。在 340nm 处，ASTM D7869-2017 辐照量约为 39.3kJ/m²，比 SAE J2527-2017 的 31.7kJ/m² 大约 1.24 倍。为实现高辐照量，ASTM D7869-2017 设置了较高的辐照度 0.80W/(m²·nm)，而 SAE J2527-2017 的辐照度为 0.55W/(m²·nm)。比自然太阳辐照度 0.35～0.60W/(m²·nm) 更高的辐照度应遵循互易性原理，或不影响降解路径。ASTM D7869-2017 的确可较快达到设定辐照量，但这两种标准采用不同的滤光器，仅用单一波长的辐照度进行直接比较是不充分的。测试速度的比较应以被测材料的特性变化为依据，而不是简单地以辐照度等测试参数为依据。

8.5.7　光谱比较

ASTM D7869-2017 采用了一种新型日光滤光器（Ⅰ型），与自然日光中的紫外光部分非常匹配（图 8-48）。SAE J1960-1989（SAE J2527-2017 的前身）最初指定的滤光系统是扩展紫外滤光器。与

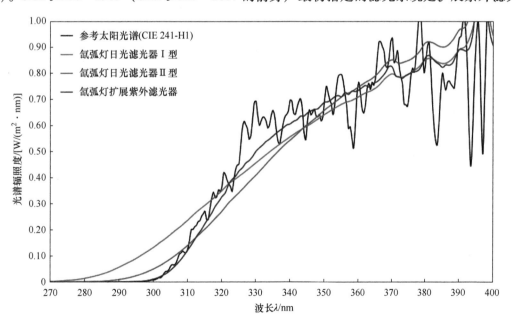

图 8-48　扩展紫外、Ⅰ型日光、Ⅱ型日光和参考太阳（CIE 241-H1）的光谱辐照度

自然太阳辐射相比，该滤光器输出的紫外波长较短，会导致材料快速降解，不完全符合实际。SAE J2527-2017 取代 SAE J1960-1989 后允许使用 II 型日光滤光器，但和 ASTM D7869-2017 的 I 型日光滤光器相比，后者更接近自然太阳辐射。在实际操作中，SAE J2527-2017 的许多用户仍然指定使用扩展紫外滤光器。

ASTM D7869-2017 采用的 I 型滤光器提供更匹配自然太阳辐射的短波光谱，可引发更真实的光化学反应，是较先进的滤光器。除非标准要求或需与现有数据进行比较，否则建议采用适当措施降低非自然降解带来的风险。

8.5.8 测试方法的选择

选择哪个测试方法取决于测试材料及其在终端使用环境中的具体失效模式。塑料、粉末涂料、窗户型材和其他材料的失效模式各不相同，需要采用不同的测试方法。SAE J2527-2017 和 ASTM D7869-2017 均与湿热环境相关。其他终端使用环境可能导致不同的材料失效模式，选择测试方法时应加以考虑。

两个测试方法均有改进余地：SAE J2527-2017 的背喷目前还未发现有何额外用途，或可被省去。另外，若其扩展紫外或 II 型滤光器替换为 ASTM D7869-2017 的 I 型日光滤光器会更符合真实情况。ASTM D7869-2017 可在不改变测试程序的前提下，引入标准参考物质，比如 SAE J2527-2017 中使用的聚苯乙烯参比板，另外，还可考虑缩短测试周期中长达 4h 的干燥周。

第9章

耐老化试验的要点和进展

9.1 户外耐老化试验的要点和进展

9.1.1 佛罗里达和亚利桑那的气候特点

耐候性和腐蚀数据对于选择新材料和改进现有材料是非常关键的。导致材料老化的主要环境因素是阳光、高温和潮湿，户外暴露用于测试材料的耐老化性。导致产品老化的户外环境要素在世界各地差异很大。

佛罗里达有高辐照的阳光，较高的全年气温、年降雨量和湿度。这些因素结合在一起，造就了严酷的气候，使佛罗里达成为户外材料耐老化性测试的理想地点。由于佛罗里达提供了"最坏的情况"，材料在这里的老化速度通常比美国北部地区更快。

亚利桑那的环境炎热、干燥且紫外线辐射高，特别适合易受这些严酷条件影响的材料的老化测试。亚利桑那的暴露测试得到广泛使用，源于其每年的太阳辐照总量和紫外光辐照总量比佛罗里达多20%以上。此外，亚利桑那的最高气温通常比佛罗里达高15℃，黑板温度可能高20℃。亚利桑那还有极端的温度波动，可能使材料因热胀冷缩而发生物理形变。亚利桑那独特的气候对测试某些类型的材料特别有用，比如涂料的颜色和光泽，塑料的热老化和物理性能，纺织品的耐光色牢度和抗拉强度等，见图9-1。

图9-1　暴露架上的涂层板

基于上述因素，佛罗里达和亚利桑那已成为自然暴露试验的国际基准点。

9.1.2 佛罗里达和亚利桑那户外暴露试验

各种安装和暴露技术可用于进行自然户外暴露测试。根据材料或产品的最终用途，每种方法都有优点和局限性。必须注意选择适当的暴露方法，以确保测试结果尽可能有用。以下将概述一些重要问题，包括安装技术、暴露角度的影响、安装对温度和湿度的影响和季节变化。

1. 选择暴露角度和安装方法

并非所有暴露都是一样的。样品安装技术和暴露角度对以下关键参数有显著影响：

① 不同角度接收到的太阳辐射照总量。
② 试样温度。

③ 湿度和湿润时间。

2. 暴露角度

为了最大限度地增加阳光辐照总量，试样通常朝向赤道安装。

任何暴露在户外的物体在阳光直接照射时，都会比从某个角度照射时获得更多的太阳辐射。因此，试样暴露的角度会影响其接收的太阳辐照量。在佛罗里达和亚利桑那，太阳在夏季达到非常高的天顶角（即地平线以上的高度）。仲夏时节，佛罗里达的太阳几乎就在头顶上。因此在夏季，与水平面成5°的位置将比成45°的位置获得更多的太阳辐照总量。在冬天，当太阳在空中没那么高时，在45°位置的暴露会获得更多的总太阳辐照。

因此，暴露角度有时也称"倾斜角度"，它在很大程度上影响了暴露样品对环境的反应。倾斜角度决定了样品的太阳辐射量以及热量积累和冷却的速率。倾斜角度也会影响样品因露水形成、降雨或干燥而所处的潮湿时间的长短。

一般来说，暴露角度应代表材料的预期使用环境。以正确的角度暴露可确保测试的真实性，并增加对结果的信心。以下是常用的暴露角度，所有角度都是与水平方向的夹角。

（1）朝南45°暴露角

这被视为典型户外暴露角度，许多行业会选择此角度开展暴露测试，广泛用于没有特定最终使用角度的材料，见图9-2。

（2）朝南5°暴露角

常用于汽车产品和其他材料，这些产品和材料通常在实际工况中以水平角或接近水平角使用。轻微的倾斜可让水从样品上滑走。与45°暴露角相比，这种暴露角更为恶劣，因为它每年接收更多的太阳辐射，尤其是在夏季，高温会增强这种影响。5°暴露角度还能积累更多露水，相比45°暴露角更长时间地保持潮湿状态，见图9-3。

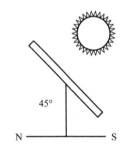

图9-2　朝南45°暴露角

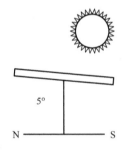

图9-3　朝南5°暴露角

（3）0°暴露角（水平）

水平暴露很少用于平面试样，为了让水能滑走，最好采用5°的轻微倾斜角。然而，这个角度对于许多三维零件和试样是有用的。它也用于会有积水浸泡的应用，如屋顶材料，见图9-4。

（4）纬度角

北纬25°是佛罗里达暴露场的纬度，北纬34°是亚利桑那暴露场的纬度。安装在朝南25°或34°的样品通常会接收到比任何固定角度更多的太阳辐射。这个暴露角被称为纬度角，用于接收全年最大太阳辐照量。"纬度角"也广泛用于太阳能电池和太阳能加热器等行业，见图9-5。

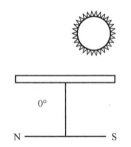

图9-4　0°暴露角（水平）

（5）朝南90°暴露角

这种固定的垂直角常用于建筑涂料。垂直暴露角会大幅减少太阳辐照量，降低暴露的温度，减少潮湿时间。试样通常悬挂在偏置暴露架上，这样水就不会从上面样品滴落到下面样品上，见图9-6。尽管大多数建筑涂料都是朝南暴露的，但佛罗里达的霉菌测试通常是朝北暴露的。

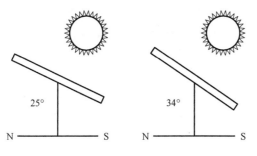
图 9-5　纬度角，朝南

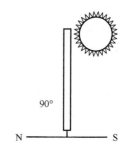
图 9-6　朝南 90°暴露角

(6) 可变角度暴露

可变角度暴露是根据季节从一个倾斜角度调整到另一个倾斜角度。调整暴露角旨在在一年中的某些时候尽量使样品接收太阳光的垂直入射，最大限度地提高太阳辐照量。与固定角度暴露相比，可变角度暴露可使辐照总量增加 10%。可变角度暴露时间见表 9-1。

表 9-1　可变角度暴露时间

月份	倾斜角度
4月—8月	5°
9月	25°（佛罗里达）/34°（亚利桑那）
10月—2月	45°
3月	25°（佛罗里达）/34°（亚利桑那）

3. 常用试样安装方法

自然暴露通常在标准暴露架上进行。暴露架设计用于将试样牢固地固定在适当位置，而不会造成损坏，也不会干扰测试进度。用于自然暴露的试样夹具可由木材、铝或不锈钢制成。目前使用的大多数暴露架都是由铝制成的，并且可以很容易地调整到任何暴露角度。

基本暴露架尺寸通常为 150cm×360cm，由支撑框架和顶部的试样安装硬件组成。有两种基本的安装系统：一种用于平面的、刚性的、可自支撑的产品，另一种用于三维产品、零件或组件。像纺织品这样的柔性材料通常需要额外的支撑系统。

(1) 直接暴露法

大多数材料广泛使用的安装方法是直接暴露。将试样安装在暴露架上，使试样的前表面面向太阳，且没有任何遮挡。直接暴露试样受大气中所有环境因素的影响。

直接暴露架可安装各种试样。最常见的试样是扁平的可自支撑的平面试样。这种试样通常由铝、钢、木材或塑料制成。标准试样一般是一块 30cm 长的面板，支架也可以很容易地容纳小到 15cm，大到 60cm 的面板。试样通常通过覆盖顶部 6cm 的铝制夹具固定到位，见图 9-7。

1) 无背衬安装。直接安装在暴露架上的试样背面可使用或不使用背衬。无背衬安装是刚性面板、玻璃、塑料和金属材料、卷材涂料和塑料透镜（尾灯组件等）最常用的方法。在这些暴露中，试样放置在开放的暴露架上，通常面朝南，正面和背面在环境中都是开放的。

2) 有背衬安装。非刚性试样、三维零件和需要更高暴露温度的试样通常安装在胶合板上。这通常称为背衬或胶合板背衬安装。这种固体背衬通常会导致比无背衬安装更长的总潮湿时间和更高的暴露温度。

图 9-7　工业漆通常 45°朝南暴露

有背衬安装通常适用于屋顶膜、乙烯基墙板、弹性体、汽车涂料、工业涂料和卷材涂料。当试样需要支撑但不需要额外的热负荷时，可使用网状金属背衬。一些常用户外暴露标准涵盖了直接暴露方法：ASTM G7/G7M - 2021、ASTM D1435 - 20 和 SAE J1976 - 2012。

（2）黑箱暴露

黑箱暴露的目的是模仿汽车行李舱和发动机舱盖上的状况。典型的暴露架是一个 150cm × 360cm × 22cm 的铝制盒子。当测试面板就位时，它们就形成了盒子的顶部表面。顶部表面必须始终完全封闭，因此需要使用"假"面板来填充任何空白区域，见图 9-8。

图 9-8　黑箱主要是模拟汽车环境

黑箱能以任何角度使用，但它通常以 5°倾斜（从水平方向）定位，这代表了汽车发动机舱盖的表面状态。黑箱暴露通常会导致比无背衬暴露更高的温度和更长的总潮湿时间。黑箱暴露法适用于 ASTM D4141 - 2022。

（3）霉菌测试

霉菌测试使用直接的标准暴露架进行，该支架垂直放置（与水平面成 90°）在已知有利于真菌生长的测试场地。有时试样是朝北暴露，以减少阳光照射。有时，暴露架位于自然树冠下，那里的温度和湿度非常适合真菌生长。阳光通常可以起到防霉剂的作用，但由于暴露在阴影中，阳光会减少。天然植被是霉菌孢子的来源，使试样表面很快出现霉菌。

（4）户外盐加速测试

这种暴露方法结合使用直接暴露法（在 5°或 45°暴露角下）和每周两次用 5% 盐溶液喷洒。对试样喷盐水，直到其表面完全浸湿。喷盐水是在试样干燥时进行的，以最大限度吸收水分。这种类型的盐水喷洒称为"Scab 腐蚀"测试，是预测涂附金属长期外观耐腐蚀性能的可靠方法，见图 9-9。

（5）玻璃下暴露

任何类型的玻璃都能过滤掉部分阳光光谱。波长更短、更具破坏性的紫外光被过滤得最多。图 9-10 显示了夏季直射阳光的紫外光

图 9-9　每周两次盐水喷洒

区域，与通过普通窗玻璃过滤后的阳光相比（单层，无涂层，0.3cm 厚）。普通玻璃对波长大约 370nm 以上的光谱基本是可以透过的。然而，随着波长的减小，滤波效果变得更加明显。波长小于约 310nm 的最具破坏性的光被完全过滤掉。

玻璃下暴露用于测试室内使用的材料，见图 9-11。试样暴露在通风框架内距离玻璃罩 7.5cm 的地方。玻璃通常是单层强度或双层强度的窗玻璃。玻璃过滤掉阳光中最具破坏性的短波紫外光，还可使试样免受降雨和大部分冷凝的影响。然而，这种材料会受到正常湿度变化的影响。一个典型的框架包含 6 个暴露区域，曝光面积为 60cm × 105cm。

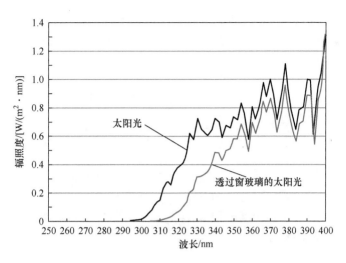

图 9-10　太阳光透过窗玻璃

图 9-11　窗玻璃下暴露用于测试纺织品和印刷材料等室内材料

玻璃必须定期清洁，以防止污垢和霉菌堆积，这可能会影响玻璃的透光率。大多数玻璃下暴露都是将试样安装在木质背衬上进行的。在佛罗里达，玻璃框架通常以45°角放置，有时会使用5°角（与水平面成5°角）来增加试样接收的太阳辐照量。

（6）玻璃黑箱暴露

这种暴露是黑箱和玻璃下暴露的结合，用于测试汽车内部材料。玻璃盖保护试样不受直接降雨的影响，并改变试样接收的太阳辐照量。黑箱会导致比传统的玻璃下测试更高的试样温度。在佛罗里达或亚利桑那晴朗的夏日，玻璃下黑箱的温度可能超过100℃。该框架通常以5°角暴露，有时也会按可变角度计划操作，以最大限度地接收太阳辐射，见图9-12。

图 9-12　玻璃下黑箱测试用于车内材料

（7）玻璃密封暴露

这种暴露用于测试大型汽车内饰部件，如仪表板，并使用一种称为汽车内饰材料测试箱（AIM

Box)的特殊暴露设备。一些 AIM Box 能跟踪太阳，以最大限度地增加太阳辐照量。它们类似于玻璃下的黑箱，只是箱子的深度增加了，以容纳更大尺寸的试样。安装试样的区域位于玻璃盖下方约 7.5cm 处，见图 9-13。GM 9538P 中涵盖了玻璃下密封暴露。

图 9-13　AIM Box 比玻璃下黑箱拥有更大的深度

4. 安装类型对温度的影响

热老化本身会导致材料老化。此外，当温度升高时，阳光照射的破坏作用会加速。尽管温度不影响初级光化学反应，但它确实影响到涉及初级光子/电子碰撞产生副产物的次级反应。图 9-14 展示了实验室紫外测试不同温度对聚乙烯降解的影响。

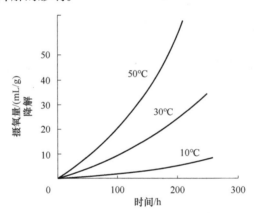

图 9-14　温度对聚乙烯紫外光降解的影响

亚利桑那全年气温高，气温波动剧烈，阳光辐射强，是户外耐久性测试的理想地点。其最高气温通常比佛罗里达迈阿密高 15℃。高温是确定亚利桑那有无背衬暴露测试的主要因素。此外，亚利桑那的黑板温度可能比佛罗里达高 20℃。表 9-2 给出了不同暴露条件下的温差。

表 9-2　不同暴露条件下的温差（典型的佛罗里达夏季，晴天）

安装方式	黑板温度/℃	白板温度/℃
无背衬	50	40
有背衬	70	50
黑箱	80	60

试样的背衬方式可用于提高其暴露温度。用于背衬的胶合板材料使试样绝缘。背衬暴露可能比同等的无背衬暴露的温度高 20℃。黑箱暴露可使温度更高。在白天，黑箱聚集的热量可提高暴露试样的温度。黑箱可能被太阳加热到比无背衬直接暴露高 30℃ 的温度。

5. 安装类型对湿度的影响

在使用黑箱和胶合板背衬暴露时，试样通常会比无背衬暴露经历更长的潮湿时间。这是因为大多数户外潮湿来自露水的形成。为了解其机理，必须先了解是什么原因导致试样上形成露水。

只有在比周围空气更冷的材料表面上才会形成露水。露点可在不同温度下实现，这取决于相对湿度。相对湿度越高（如佛罗里达），形成露水所需的温差就越小。

每天晚上，当试样暴露在寒冷户外时，它们都会受到辐射冷却效应。试样的热损失非常快，表面将变得比环境空气温度更低，同时与其底部的空气进行对流换热。试样温度最终在上表面的辐射冷却和底部热对流之间达到平衡。绝缘试样（即胶合板背衬或黑箱）的散热速度比获得热量的速度更快。无背衬试样受环境空气温度的影响更大。因此，与无背衬暴露相比，绝缘暴露的试样会更快地潮湿，且潮湿时间更长。

6. 暴露条件的季节变化

暴露条件存在重要的季节差异。这些差异对于使用寿命较短的产品尤为重要，见图9-15。最重要的区别在于阳光辐射的时间和强度、湿度和湿润时间（Time of Wetness，TOW）和平均和最高试样温度。

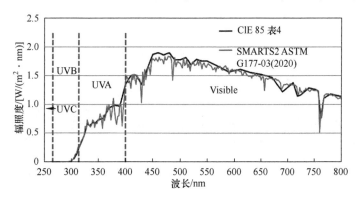

图9-15 太阳光光谱

（1）阳光的季节变化

在冬季的几个月里，太阳在天空中的位置较低，阳光以倾斜的角度照射在暴露的试样上。这在试样安装方法中具有重要意义（前文已经讨论过）。同时，太阳光会穿过更长的大气层路径，在光的强度和光谱分布上产生季节性差异。云层、大气湿度和温度都会对太阳光光谱产生影响，见图9-16。

（2）温度的季节变化

暴露试样的温度由两个因素决定：环境空气温度和太阳辐射。夏季的环境空气温度通常更高，再加上晴天太阳的辐射效应，可产生高达80℃的黑板温度。

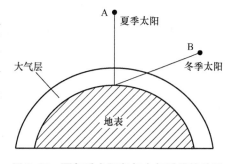

图9-16 夏冬季太阳角与大气质量的关系

（3）湿度的季节变化

在佛罗里达的夏天，强降雨和强露水（凝结）的结合会导致试样表面50%以上的时间都有液态水。迈阿密的旱季从12月一直持续到来年4月。在此期间，降雨量可能下降到导致暂时干旱的程度。然而，即使在这些干旱时期，佛罗里达的高相对湿度也保证了露水形成后的显著湿润时间。典型的冬季潮湿时间超过25%。亚利桑那的气候特点是很低的降雨量和较低的环境湿度。潮湿通常不受关注，但可以在试样上人工施加水，以增强整体老化效果。

（4）短期测试

季节性差异往往在长期暴露测试周期（即两年以上）中趋于平均。然而，这些差异可能对耐老化性较低的产品和使用寿命较短的材料（例如保险杠贴片、印刷油墨、纺织品）的测试结果产生重大影响。暴露时间越短，季节变化的影响越显著。相对于一系列类似材料，季节差异会影响试样的失效时间和模式，甚至影响试样的等级评定。

测试耐候性不高的材料的理想方法是在一年中的每个季节暴露一个重复的测试阵列。如果急需测试结果，无论季节如何，都应立即进行测试，但应记住存在季节差异的可能性。当时间不是主要问题，但经济是压倒一切的因素时，应在夏季进行测试，而夏季通常是最严重的季节。

7. 加速户外测试

使材料处于比正常使用环境更恶劣的条件下，这样的暴露技术可加速自然老化。例如，胶合板背衬会使测试板比无背衬的测试板经历更高的温度和更长的潮湿时间。以类似的方式，以可变角度安装的试样将比安装在固定支架上的试样暴露在更高的太阳辐照度下。根据材料正常的最终用途，这类暴露方法可被视为户外加速暴露。

采用太阳光聚能跟踪系统的加速户外测试通常在亚利桑那进行。Q-TRAC®太阳光聚能跟踪系统可从早上到晚上自动跟踪太阳。同时，它使用10面镜子反射全光谱的自然阳光，并将其集中在试样上。这种跟随太阳的系统最大限度地提高了试样接收的阳光辐照量，相关暴露方法在 ASTM G90 – 2017 中有描述，见图 9-17、图 9-18。

图 9-17　Q-TRAC®最大限度地提高了试样接收的太阳辐照量

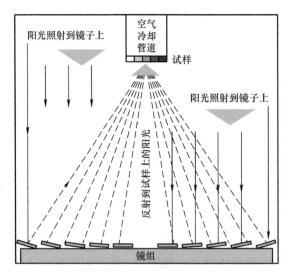

图 9-18　10 面镜子将阳光反射到试样上

8. 结论

耐老化性数据对于选择新材料和改进现有材料是非常重要的。导致产品老化的环境要素在世界各地差异很大。佛罗里达和亚利桑那都已被国际公认为户外暴露测试的基准地点。它们的独特气候可让试样在不同的条件下进行快速老化。佛罗里达的特点是高太阳辐照量、高降雨量、高温和高湿度。亚利桑那的特点是极高的阳光辐照度水平和极高的温度。

各种安装和暴露技术可用于佛罗里达的自然暴露测试。根据材料或产品的最终用途,每种暴露方法都有优点和局限性。必须注意选择适当的暴露方法,以确保测试结果尽可能有用。

9.2 实验室加速耐老化试验要点及进展

9.2.1 荧光紫外灯和氙弧灯测试的比较

1. 概述

实验室加速耐老化测试设备广泛用于研发、质量控制和材料认证,它们提供了快速且可重复的结果。最常用的加速老化测试设备是荧光紫外灯试验箱(图9-19)和氙弧灯试验箱(图9-20)。

以下重点评估这两种特定类型的加速测试设备,包括它们的发射光谱、潮湿模拟、特殊测试方法、均匀性和设备使用过程中的实际注意事项,同时给出对于某些特定材料或应用应该推荐哪种测试设备。此外,将简要比较平板式氙弧灯试验箱与转鼓式氙弧灯试验箱的区别。

图9-19 荧光紫外灯试验箱

图9-20 氙弧灯试验箱

2. 荧光紫外灯试验箱

(1)阳光模拟

荧光紫外灯试验箱旨在利用荧光紫外灯再现阳光对耐老化材料的破坏作用。这些紫外灯在电气上与普通照明中使用的冷白荧光灯相似,但它们产生的光谱与普通荧光灯截然不同。灯管玻璃壁上的涂层经过精心设计,主要产生紫外光,而不是可见光或红外光。

对于各种暴露应用,存在不同光谱的灯管。UVA-340灯管在关键的短波紫外光区域提供了最佳的阳光模拟,其光谱功率分布(SPD)与从太阳截止点到约360nm的阳光非常匹配(图9-21)。UVB-

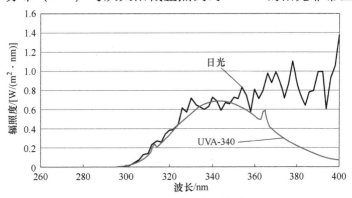
图9-21 UVA-340灯管的光谱功率分布

313EL 灯管（图 9-22）也常用于 QUV 中，它们通常比 UVA 灯管引起更快的降解，但其低于太阳截止波长的短波输出可能会对许多材料造成不切实际的老化结果。

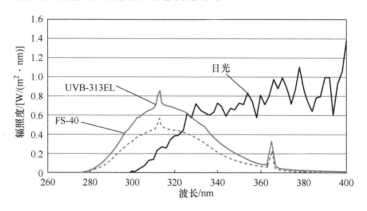

图 9-22　UVB-313EL 灯管的光谱功率分布

（2）辐照度控制

为获得准确和可重复的测试结果，必须控制辐照度。Q-Lab 公司于 1992 年推出了 Solar Eye 辐照度控制系统。这种精确的辐照度控制系统允许用户选择不同的辐照度水平。使用 Solar Eye 辐照反馈回路系统，可连续自动监测和精确控制辐照度。监控传感器由操作员定期单独校准。校准可追溯到美国国家标准与技术研究所（NIST），以符合 ISO 9000 标准。

Solar Eye 系统通过调整灯管的功率，自动补偿灯管的老化或任何其他变化。图 9-23 显示了辐照度控制系统的工作原理。过去，建议 QUV 中的灯管每 400h 轮换一次。有了辐照度控制，灯管通常可使用 8000h 以上。Solar Eye 系统在很大程度上消除了紫外光强度的变化，因此大幅减少了测试结果的不稳定性。

在荧光紫外灯试验箱中，荧光紫外灯的固有光谱稳定性简化了辐照度的控制。所有光源的输出都会随着灯管的老化而下降。然而，与大多数其他类型的灯管不同，荧光灯的光谱功率分布不会随时间推移而变化。这提高了测试结果的再现性，是荧光紫外灯试验箱测试的主要优势之一。

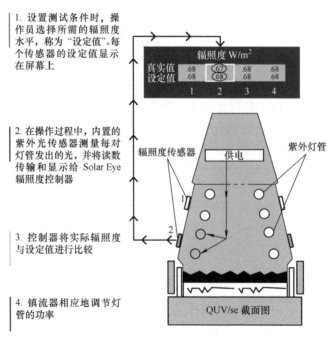

图 9-23　带 Solar Eye 的 QUV™ 辐照度控制系统

可编程的自动辐照度控制系统允许操作员为紫外光暴露测试选择高于标准水平的辐照度。对于许多材料，这会导致更快的降解，从而缩短测试时间。

（3）温度控制

荧光紫外灯管会产生一些辐射热能。这主要是因为在其结构中使用的玻璃管不是100%透明的。它们吸收的能量会转化为热量。然而，为达到高于约45℃的测试温度，空气加热器和鼓风机系统会产生对流热，并对其进行控制以达到编程设定的温度。温度控制是一个黑色面板温度计，它由一块涂有黑色涂层的金属制成，上面机械连接着一个电阻温度计。由于相对缺乏荧光紫外灯管产生的可见光和红外辐射，设备内试样颜色对其表面温度的影响很小。

（4）潮湿模拟

使用荧光紫外灯试验箱的一个主要好处是，它可以最真实地模拟户外潮湿侵袭。在户外，材料经受的潮湿环境每天长达12h。由于大部分水分是露水造成的，荧光紫外灯试验箱使用独特的冷凝机制来重现户外潮湿。

在荧光紫外灯试验箱冷凝循环中，设备底部的水盘被加热以产生热蒸汽。热蒸汽将设备内环境保持在100%的相对湿度，并且保持较高的温度。试验箱的设计使试样本身充当了测试箱的侧壁。因此，试样的反面暴露在室内环境空气中。室内空气的冷却作用导致试样表面下降到蒸汽温度以下几度。这种温差导致液态水在整个冷凝循环中不断冷凝在试样表面上（图9-24）。

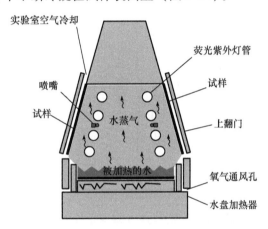

图9-24　试验箱的冷凝系统模拟户外潮湿

除了标准的冷凝机制外，荧光紫外灯试验箱还可安装喷水系统，以模拟其他破坏性的终端使用条件，如热冲击或物理侵蚀。用户可对设备进行编程，加入紫外光的照射，以产生与紫外光交替的光照和潮湿循环，这种情况与自然老化相同。

3. 氙弧灯试验箱

（1）氙弧灯阳光模拟

氙弧灯试验箱被认为是全光谱阳光的最佳模拟，因为它能在紫外光、可见光和红外光区域产生能量。为了模拟自然阳光，必须对氙弧灯光谱进行过滤。滤光器减少了不需要的辐射和/或热量。几种类型的光学滤光器可用于实现各种光谱。使用的滤光器取决于测试的材料和最终用途。不同的滤光器类型产生不同的短波紫外光，这会显著影响材料降解的速度和类型。有三种常用类型的滤光器：日光滤光器、窗玻璃滤光器和紫外延展滤光器。图9-25~图9-27显示了这些滤光器产生的光谱。还包括在295~400nm的关键短波紫外区域中对这些光谱的特别关注。

（2）氙弧灯辐照控制

辐照度的控制在氙弧灯设备中尤其重要，因为氙弧灯的光谱稳定性本质上不如荧光紫外灯。氙弧灯设备通常配备有辐照度控制系统。Q-SUN氙弧灯设备的控制系统如图9-28所示。

光谱的变化是由于灯管老化，这是氙弧灯的固有特性。图9-29显示了一个新灯管和一个运行了

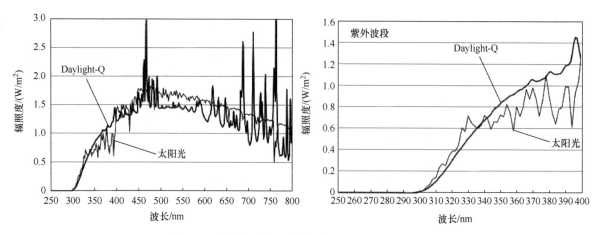

图 9-25　自然阳光与日光滤光器 Daylight-Q 相比较

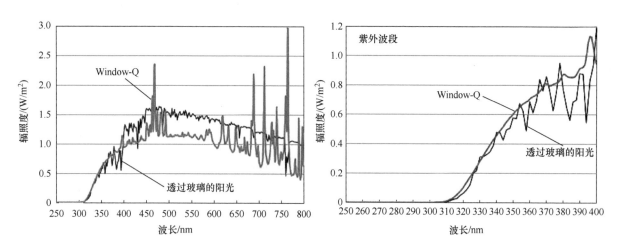

图 9-26　透过玻璃的阳光与窗玻璃滤光器 Window-Q 相比较

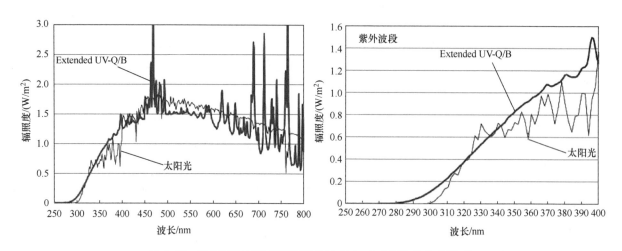

图 9-27　自然阳光与紫外延展滤光器 Extended UV-Q/B 相比较

1000h 的灯管之间的光谱差异。很明显，随着时间的推移，光谱在更长的波段上会发生显著变化。然而，当将相同的数据绘制为随时间变化的百分比时（图 9-30），光谱的短波紫外光部分也有类似的变化。有一些方法可补偿光谱偏移。例如，可以更频繁地更换灯管，以最大限度地减少灯管老化的影响。

此外，通过使用将辐照度控制在 340nm 或 420nm 的传感器，特定区域中的光谱变化量被最小化。尽管灯管老化会产生光谱偏移，但氙弧灯已被证明是一种可靠且真实的光源，可用于耐候性和光稳定性测试。

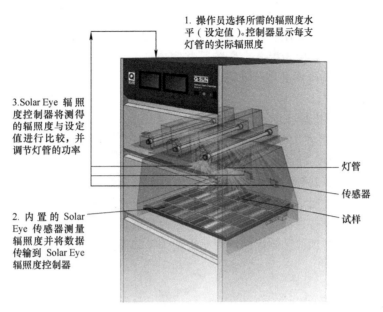

图 9-28　Q-SUN 的 Solar Eye 辐照度控制系统自动监控并保持所选的辐照度

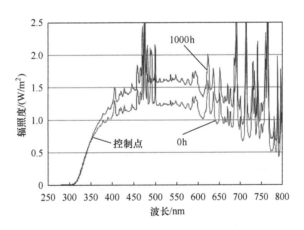

图 9-29　使用 1000h 后氙弧灯的光谱输出会发生变化

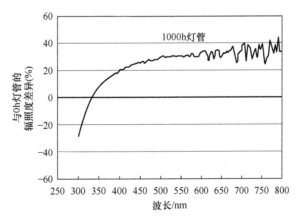

图 9-30　光谱输出在短波和长波波段的光谱中都会发生变化

(3) 氙弧灯试验箱的潮湿模拟

大多数氙弧灯试验箱通过喷水和/或湿度控制系统模拟潮湿的影响。喷水的局限性在于，当将相对较冷的水喷到相对较热的试样上时，试样会冷却。这可能会减缓降解速度。但喷水对模拟热冲击和侵蚀非常有用。在氙弧灯设备中，需要高纯度的水来防止水渍产生。由于湿度会影响某些室内产品（如许多纺织品和油墨）的降解类型和速率，因此在许多测试规范中建议控制相对湿度。

(4) 平板式氙弧灯试验箱与转鼓式氙弧灯试验箱的比较

第一台转鼓式光老化箱是在1918年左右开发的，使用碳弧灯作为光源。该设备具有一个垂直放置的中央光源，周围有过滤系统，试样面向光源安装。这种老化箱最受欢迎的氙弧灯版本使用水冷系统，在某些应用和设备版本中也使用风冷灯管。这通常称为转鼓式氙弧灯试验箱（图9-31）。

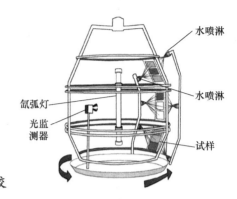

图9-31 转鼓式氙弧灯试验箱

平板式氙弧灯试验箱在设备顶部安装一个或多个风冷氙弧灯管。在这个系统中，光学滤光器是扁平的，安装在灯管的下面。设备顶部和侧面的反射系统增强了辐照度的均匀性。试样安装在灯管下方的托盘上（图9-32）。

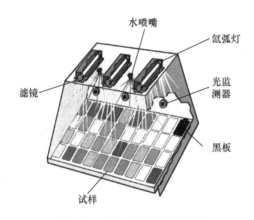

图9-32 平板式氙弧灯试验箱

1) 潮湿。平板式氙弧灯试验箱和转鼓式氙弧灯试验箱都通过向试样喷水来模拟户外潮湿的影响。这种方法特别适用于模拟热冲击或物理侵蚀的影响。在平板式氙弧灯试验箱中，试样安装在平面试样托盘上，该托盘相对水平面倾斜10°，在喷水时，水能均匀覆盖试样。由于试样的位置接近水平，水不会迅速流失。在平板式氙弧灯试验箱中，确保试样在整个潮湿循环中保持湿润通常并不困难。转鼓式氙弧灯试验箱有喷淋杆和多个喷嘴，当试样旋转经过喷嘴时，会接触到喷出的水。

2) 试样安装。平板式氙弧灯试验箱的托盘可容纳不同尺寸的平整试样或三维试样，如零件、组件、瓶子和试管。转鼓式氙弧灯试验箱主要用于大批量测试平整试样，经过一些定制，也可对三维试样进行测试。

3) 氙弧灯冷却。氙弧灯管会产生大量热量，必须散热。平板式氙弧灯试验箱通过大量空气穿过灯罩来带走多余热量。有些转鼓式氙弧灯试验箱使用空气冷却，而另一些则使用水冷却。

4) 辐照度校准。校准氙弧灯试验箱的方法包括使用辐照度计进行校准，以及使用标准灯管进行校准。

4. 技术总结

表9-3所示为选择合适的老化测试设备的通用指南。

表 9-3　荧光紫外灯和氙弧灯试验箱的比较

荧光紫外灯试验箱	氙弧灯试验箱
在短波紫外光波段表现较好	在长波紫外光和可见光波段中与阳光更匹配
带 UVA-340 灯管的荧光紫外灯试验箱在关键短波紫外光波段提供了最佳的阳光模拟。短波紫外光通常会导致聚合物降解，如光泽下降、强度损失、发黄、开裂、龟裂、脆化	长波紫外光甚至可见光都会导致颜料和染料褪色和变色。如果存在颜色变化问题，建议使用氙弧灯试验箱
灯管光谱非常稳定	灯管光谱稳定性不如荧光紫外灯
更善于模拟户外潮湿的影响。荧光紫外灯试验箱的冷凝系统（100%RH）更好地模拟了潮湿的侵袭，可重现油漆起泡等老化现象	氙弧灯试验箱可实现控制湿度。对于对湿度敏感的材料，高湿度会导致颜色偏移和染料浓度不均匀
通过对流热控制温度，这导致试样温度基本上与颜色无关	提供显著的辐射热，这导致试样温度在很大程度上取决于颜色。这更能代表与阳光相关的材料表面温度影响

(1) 讨论

耐老化性测试是一种手段，可降低很多风险，比如将新产品引入市场，选择合格的新供应商，实施成本降低或成本控制计划等。使用实验室加速测试是因为市场需要快速决策，但使用加速方法会带来一系列新的风险。加速测试可能会产生不准确的结果。事实上，加速老化试验从未提供与户外暴露测试之间完美的相关性。正因为如此，户外暴露仍然是验证实验室测试所需的基础科学。因此，必须将实际加速测试与佛罗里达和/或亚利桑那的自然户外暴露计划相结合，以获得最完整的结果。户外测试可考虑很多因素，例如季节变化是实验室加速设备根本无法复制的外部变量。

(2) 完整的老化测试程序

荧光紫外灯测试设备的经济性允许生成足够数量的数据用于具有统计意义的评估。依赖统计上微不足道的结果会产生巨大的风险。对于有些材料在长波紫外光和可见光能量中可能导致降解，或在较短的测试小时数内看不到光降解的情况，全光谱氙弧灯试验箱是必要的。此外，全光谱光源可以更好地代表颜色对降解的影响，因为在氙弧灯试验箱中可以更准确地实现颜色引起的试样温度差异。如果材料对较长紫外光波长和可见光的光谱响应未知，在氙弧灯和荧光紫外灯中进行测试可能有助于确定材料的光谱响应。

在老化实验室中经常被忽视的是测试本身的重要性。测试可以降低风险，比如温度和潮湿循环的试验设计可以得到更快的测试速度，也可以更好地匹配户外老化产生的结果。由于预算限制，做测试很困难。这就是为什么测试成本是一个技术问题，而不仅是会计问题。荧光紫外设备的购买和使用成本较低，因此可在实验室进行更多的试验。

户外暴露使实验室耐老化测试更加完整，因为它提供了可评估实验室测试方法的数据。为了得到最佳老化测试程序，通常会从公司内部收集试样进行测试，并定期对其进行户外暴露测试和收集数据。从短期来看，可能很难看出其价值，但随着时间的推移，这些户外暴露测试的数据会变得非常有价值。当在实验室中测试相同的材料时，可以建立户外和实验室结果之间的关系，不断改善实验室测试方法，随着时间的推移，基于加速测试的决策风险越来越小。

9.2.2　几种典型汽车实验室试验方法的开发

1. 概述

汽车整车厂、涂料供应商和耐老化测试专家，联合开展了一系列旨在改进耐老化性测试方法的研究。经过十年的研究，得出了新发布的 ASTM D7869-2017 测试标准，该标准已被证明与佛罗里达户外测试结果具有很好的相关性，再现了多种汽车和航空航天涂料的几种失效模式。这一新方法证实了加速测试可以准确再现户外暴露影响的想法，但取得这一成果的漫长历程表明，提高与自然环境的相关性从来不是一个简单的任务。

2. 打破创新僵局：克莱斯勒汽车的研究

氙弧灯耐老化测试技术，因其精确再现太阳光的潜力而显示出巨大的应用前景，以克莱斯勒汽车为首的一些汽车厂和涂料供应商，制定了"基于性能"的标准，发布了 SAE J2412-2004 和 SAE J2527-2004 标准。基于性能的标准依赖对测试环境条件的全面技术性描述，而不是指定特定的设备并列出所需的硬件配置。对环境条件的技术性描述（任何基于性能的标准的核心），要比指定硬件配置困难得多。

这些 SAE 标准的争论主要集中在平板样品架、风冷氙弧灯试验箱的使用上。旧的标准要求使用以旋转样品架、水冷氙弧灯为特征的试验箱。一些业内人士担心，平板样品架试验箱会产生与旋转样品架试验箱不同的结果。其他业内人士想知道，与之前的产品相比，平板样品架试验箱是否提供了相同的结果。为了提供一种客观、科学、有效的方法，来确认市场上使用的不同型号试验箱，以及运行这些标准是否产生相似的结果，制定了 SAE J2413-2003 标准。该标准用于确认试验箱必须符合规定的试验条件、重复性、再现性和标样老化值的限定范围，以及试验箱内可接受的均匀性。重复性指在一个试验箱内多次试验获得的相似结果，而再现性指在多个试验箱内获得的相似结果。

针对箱体内一致性的问题，Q-Lab 邀请 BASF 和 ACT 组织开展了由通过 ISO 17025：2017 认证的实验室参与并公开发表的研究。目的是比较多种标准参考材料和一些常见汽车材料的降解均匀性。研究中使用了三种不同的旋转式和一种平板式氙弧灯试验箱。

旋转样品架设计的主要优点是样品围绕光源自动旋转，有效地消除了样品架两侧的环境差异。然而，这种设计并没有消除样品架从上到下的环境差异。根据 ASTM D7869-2017，建议在旋转样品架的垂直方向上轮换样品位置。在平板样品架试验箱中，试样须手动轮换位置，以减少整个暴露区域的不均匀性影响。在已发表的研究中，平板样品架试验箱进行了有和没有样品位置轮换的测试。研究结果表明，正如预期的那样，在平板样品架试验箱中，手动轮换样品位置提高了均匀性。

随着 SAE J2412-2004 和 J2527-2004 的发布，克莱斯勒尝试使用 SAE J2413-2003 方法来比较平板样品架试验箱（Q-Lab 公司的 Q-SUN Xe-3-HS）和某型号旋转式试验箱（SAE 旧标准中规定的两种旋转式试验箱之一）的测试结果，为这项研究选择了 37 种汽车外饰材料和参考材料，并选择了 BASF 位于密歇根的南菲尔德实验室进行测试。

第一轮测试发现，平板和旋转试验设备的老化结果存在一些差异，主要体现在一些塑料试样上。对原因的调查揭示了在基于性能的标准中没有捕捉到的一些细微的设计差异。首先，平板样品架试验箱使用阳极氧化铝黑板温度计，而旋转样品架试验箱使用的黑板温度计用油漆不锈钢制成。虽然最终温度读数非常相近，但传感器间的响应速率有显著差异。与油漆不锈钢板相比，使用铝黑板时，塑料材料在测试周期的过渡期间达到更高的温度。此外，在标准中并没有定义箱体空气温度传感器相对于气流的位置，但这被证明是影响试样温度和降解结果的一个非常重要的因素。

在对平板进行了一些设计调整后，包括将喷淋时间减少到每分钟 5s，进行了第二轮测试。第一轮测试的试样，包括所有在两种测试设备中表现出差异的试样，以及已知对热或潮湿敏感的新试样，在两种试验设备中获得了相似的结果。这一轮结果显示了使用基于性能的标准不损害测试结果的再现性。

3. 光学滤光器的重要性：福特汽车的早期研究

这些基于性能的汽车标准测试周期保持不变，预期得到与旧标准相似的测试结果。克莱斯勒的论文作者指出，该项目的目标是使平板样品架试验箱实现与旋转样品架试验箱相同的老化结果，但不一定符合户外老化结果。新的基于性能标准的意义在于，耐老化测试的用户可以自由选择最适合他们具体需求的设计，行业可以使用新的方法。然而，这些标准并没有解决与户外暴露相关性的挑战。

同时，克莱斯勒和其他 SAE 参与者开始制定新的基于性能的标准，福特汽车也在考虑改善氙弧灯老化和户外老化之间的相关性。他们研究了各种氙弧灯滤光系统的光谱截止波长对光氧化率的影响，并与南佛罗里达暴露测试进行了比较。研究表明，即使在截止波长处很小的光谱差异也会产生明显的光氧化差异，从而导致错误的测试结果。

福特和其他公司的研究人员使用了傅里叶变换红外光谱（PAS-FTIR）指纹技术。他们首先确定了红外光谱中-OH和-NH区域的四个特征峰，这些峰由于老化的影响而发生了变化。这些峰分别被称为 a、b、c 和 d。计算了 a 与 b 的峰高之比，以及 c 与 d 的峰高之比。用这些比值来制图，得到一条具有一定斜率的趋势线，代表老化降解反应特征。可以将任何给定的加速测试得到的斜率与户外暴露得到的斜率进行比较，该斜率可称为老化的"光氧化指纹"。这两个"指纹"越接近，加速试验中光氧化再现越好。

汽车工业中常用的氙弧灯滤光系统有 Quartz/Boro、Extended UV-Q/B、Boro/Boro 或 Daylight-B/B 等。前两种光源的截止波长比自然光短得多，后两种光源的截止波长也比自然光短，但匹配的情况稍好些。福特的一些早期工作证明，比自然太阳光截止波长更短的紫外光的存在，会导致不切实际的光氧化，从而产生误导性的测试结果。

图 9-33 显示了一些早期工作的结果。菲涅尔日光聚能装置利用自然太阳光和反射镜来产生高辐照度暴露。因为它使用的是自然太阳光，所以与真实户外条件的光谱不匹配问题可以忽略。这种特殊的光源产生的指纹与南佛罗里达自然暴露的差别很小。图中也包括了 SAE 氙弧灯标准中使用的光源在内的其他常见光源的特征"指纹"。

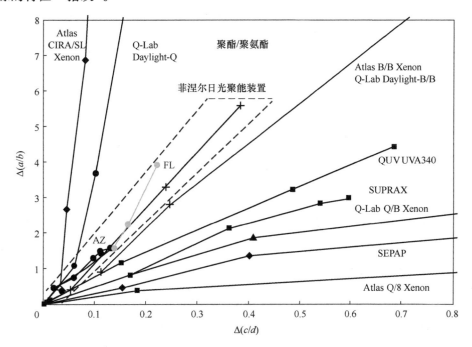

图 9-33　太阳光和人工光源的 PAS-FTIR "光氧化指纹"比较

由于这些滤光器的"光氧化指纹"不能提供足够的匹配度，福特开始寻求一种改进的光学滤光器。他们研究了市场上其他常见的"日光"滤光器，其中一些滤光器比 Boro/Boro 或 Daylight-B/B 能更好地匹配自然太阳光。

3M 公司推荐了一种新的光学滤光器。虽然对老化领域来说是新的，但这种滤光器已经在生物医学领域用于测试治疗日晒引起的红斑的医药化合物。福特使用这种滤光器进行了测试，发现它的"光氧化指纹"与南佛罗里达的结果更加吻合，见图 9-34 和图 9-35。

4. 光氧化研究只完成工作的一半：BASF、Bayer、Q-Lab 酸腐和潮湿研究

汽车行业基于性能氙弧灯测试方法新时代的早期成果是 ASTM D7356-2013 标准，它使用氙弧灯暴露装置，用于汽车清漆的加速酸蚀老化测试。基于 BASF 和 Q-Lab 的研究，该测试利用新型平板试验箱再现了佛罗里达 Jacksonville 的夏季酸雨环境中发生的汽车清漆酸蚀现象。对 Q-SUN Xe-3HS 进行了改进，增加了双喷淋系统，以向试样施加稀酸溶液。平板样品架设计对这项研究很重要，因为它允许稀酸溶液缓慢干燥成浓缩液滴，从而侵蚀清漆。BASF 观察到，实际酸蚀几乎全部发生在汽车的水平表面，如发动机舱盖和行李舱盖，而很少发生在垂直表面，如车门和挡泥板。因此，对平板样品架试验设备稍加修改，使其具备水平试样表面，是在实验室中再现酸蚀的合理选择。这种新方法可以在几百小时内模

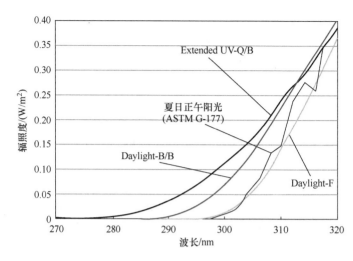

图 9-34 夏日正午阳光和 Extended UV-Q/B、Daylight-B/B 及 Daylight-F（新型）滤光器过滤的氙弧灯光源截止波长的比较

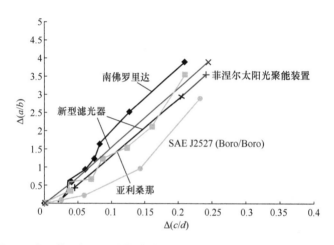

图 9-35 南佛罗里达、菲涅尔太阳光聚能装置、使用 Boro/Boro 滤光器的 SAE J2527-2004 标准及使用新型滤光器氙弧灯老化装置的 PAS-FTIR "光氧化指纹"的比较

拟 Jacksonville 一个季节的酸蚀效果，对于那些需要通过实验室方法来加快产品开发、减少现场失效和客户投诉风险的供应商来说，这是一个不错的选择。

从组织角度看，该项目延续了克莱斯勒研究期间开始的一些工作团队关系，并将其带入后来的研究。该项目还吸引了更多的研究伙伴。从技术角度看，测试周期的开发需要仔细分析发生老化的潮湿环境，见表 9-4。将户外潮湿环境转化为氙弧灯试验箱条件的方法，在未来的研究中得到了再次应用，之前开发的试验循环的元素被纳入现行老化循环的改进，见表 9-5。尤为特别的是，这个循环开始于酸溶液初次施加后的一段较长时间的黑暗阶段。

表 9-4 在佛罗里达 Jacksonville 观察到的户外条件及氙弧灯试验箱模拟汇总

性能指标	户外现场数据	BASF/Q–SUN 设备
温度	70~80℃	80℃
降雨	10~15 次，最低 pH3.5	13 次酸雨喷淋，pH3.4
结露	晚间结露	黑暗阶段喷水
相对湿度	通常 80% 或更高	80%

(续)

性能指标	户外现场数据	BASF/Q-SUN 设备
朝向	0°~5°	0°
UV 光谱	全天变化	正午阳光
UV 光强	全天变化；0~0.68W/(m²·nm)@340nm	维持 0.55W/(m²·nm)@340nm

表 9-5　BASF 加速酸蚀测试方法（BAAT）

步骤1	1min	黑暗条件下酸雨喷淋
步骤2	3h50min	黑暗条件；40℃黑板温度；40℃箱体空气温度；80% RH
步骤3	12h	光照条件；0.55W/(m²·nm)@340nm；日光滤光器；65℃黑板温度；50℃箱体空气温度；80% RH
步骤4	27min	黑暗条件；40℃黑板温度；40℃箱体空气温度；80% RH
步骤5	1min	黑暗条件下纯水喷淋
步骤6	3h50min	黑暗条件；40℃黑板温度；40℃箱体空气温度；80% RH
步骤7	1min	黑暗条件下纯水喷淋
步骤8	3h50min	黑暗条件；40℃黑板温度；40℃箱体空气温度；80% RH
步骤9		返回步骤1

在酸蚀项目即将结束时，在户外潮湿研究的基础上，BASF 与 Bayer 合作进行了进一步的研究。Bayer 在佛罗里达 Jacksonville 的布朗特岛拥有一个暴露场。汽车涂料行业的两家供应商想要确定在佛罗里达的环境中涂层水分吸收量、导致水分吸收的条件以及 SAE 标准（旧的 SAE J1960-1989 和新的 SAE J2527-2004）是否再现了户外的潮湿机制，见表 9-6。从理论上讲，SAE 标准不能准确地模拟户外潮湿，这就是在佛罗里达测试结果和实际报告中有时会出现水泡、分层和开裂现象，但在氙弧灯测试中却无法再现的原因。

表 9-6　Bayer Jacksonville 试验场 3 个月和 SAE J1960-1989/J2527-2004 300h 环境数据的比较

	Bayer 气象站数据	SAE J1960-1989/J2527-2004
光照时的水量	约 30g/in²	约 6g/in²
雨天	45%	100%
露水量/黑暗喷淋	400~500g/in²	150~200g/in²
结露天/黑暗喷淋时间占比	85/97=88%	100%
试板表面的水量	约 8g/in²	约 3.2g/in²
涂层吸水量/清漆的体积比	3%~10%	1%~3%
潮湿时间/总时间	(12.5/24) h，约 52%	约 50%
水温变化范围	20~25℃	10~25℃
水的平均 pH 值，最小 pH 值	平均 pH6.4，最小 pH3.7	去离子水 pH6~pH8

（续）

	Bayer 气象站数据	SAE J1960-1989/J2527-2004
露水离子成分	Na^+、K^+、Ca^{2+}、Mg^{2+}、Cl^-、NO_3^-、SO_4^{2-}	不确定
样板最高温度	77℃ +	65~80℃
样板温度高于60℃时长/总时长	97h/97 天（4%）	约50%
样板最低温度	19℃	约38℃
样板温度低于80℉时长	12.4h/天	0
光照降水温度	最高49℃	65~80℃
光照降水时间/总时长	1 天/97 天（约1%）	11%
光照/黑暗时长	55%	67%
加速倍率	1	8

Q-Lab 在 20 世纪 70 年代进行了类似的潮湿时间（TOW）研究。这些研究建立在 Q-Lab 和克利夫兰涂料协会在 20 世纪 60 年代开发的克利夫兰冷凝试验箱（QCT）的基础上。这些研究表明，佛罗里达环境中，油漆试板表面在超过 50% 的时间里有液态水。此外，造成潮湿的主要原因是露水，而不是雨水。最初的紫外加速老化试验箱设计，是在 QCT 基础上扩展而来的。荧光紫外老化试验箱的冷凝功能是该技术在 20 世纪 70—80 年代被涂料行业广泛采用的主要原因。在 21 世纪的前十年，氙弧灯测试的大部分进展来自实现类似于荧光紫外试验箱的潮湿性能。

BASF 和 Bayer 以"汽车原厂漆加速老化的缺陷"为主题的研究，通过开发测量涂层吸水量的技术，进一步推动了总潮湿时间（TOW）的研究。此外，研究人员将水的吸收和释放与环境温度、相对湿度和降雨量联系起来。通过使用称重传感器来记录试板质量随时间的变化。他们确认了 SAE 加速循环中水分吸收明显低于佛罗里达环境。研究人员还指出了加速循环的其他缺陷，如表 9-6 中显示的吸水量数据。平均而言，SAE 加速循环产生的吸水量仅为佛罗里达潮湿天气的 1/5。汽车涂料中可能的最大吸水性可以通过浸泡测试（长时间浸泡）或标准冷凝暴露（QCT）来确定。值得注意的是，这种冷凝暴露是荧光紫外老化设备和相关测试方法的标准特征。图 9-36 显示了典型汽车涂料体系中可能的最大吸水率与 SAE J2527-2004/J1960-1989 中实现的最大吸水率。接下来的一系列测试旨在展示如何在试验箱中实现与佛罗里达环境相似的水的吸收，见图 9-37。

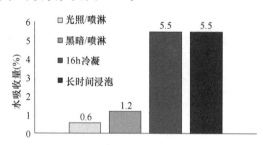

图 9-36　涂层的水吸收量对比：SAE J2527-2004、长时间浸泡、16h QCT 暴露

5. 修复缺陷：福特汽车引领的改进

BASF、Bayer 和 Q-Lab 的联合研究需要汽车整车厂的支持和领导，以推动用于汽车涂料老化测试，以及有缺陷的 SAE 标准改进。克莱斯勒汽车在推动行业转向基于性能的标准方面发挥了关键领导作用，但人事变动阻碍了对下一阶段研究的积极参与。福特汽车曾致力于氙弧灯试验设备滤光器的开发改进，适时介入并发挥了领导作用。

第一项议程是进一步开展潮湿研究，创建一个关联涂层吸水率与环境条件的模型，并将其应用于氙

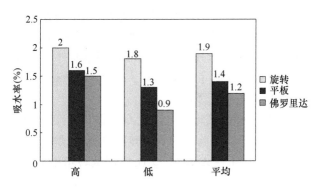

图9-37 佛罗里达环境中涂层的吸水率与平板试验箱、旋转样品架试验箱的吸水率的比较,平板样品架试验箱的喷淋设置为克莱斯勒汽车研究中确定的最小喷水量设置

弧灯试验设备中。该模型将确定该计划的后续测试条件。这一阶段研究的目标是确定试验箱的喷水量,然后开发测试周期,以实现与佛罗里达环境相当的试板吸水量。

这些研究的主要结论如下:

1)在平板试验箱中,需要增加每分钟的喷淋时间,以实现与佛罗里达测试结果相似的涂层吸水量。以前喷淋时间的大幅减少,是为了匹配运行旧SAE标准的旋转式试验箱。

2)旋转式试验箱可实现佛罗里达涂层的吸水量。

3)由于吸水量的重要性,未来的涂料氙弧灯老化标准中,应包含喷水系统的校准方法。

4)使用标准海绵校准喷水系统,是当时氙弧灯试验设备中校准喷水系统比较有效的方法。

5)由于喷水量的不均匀性和其他因素,未来测试标准中,需要要求试样位置轮换。

6)包含有辐照度的水喷淋步骤,会在涂层中造成不切实际的降解,应避免。

为创建一个有效的测试方法,福特组织了多轮比对测试。随后加入研究团队的有本田汽车(之前他们独立做过类似工作)、Atlas和波音。这些公司的加入,对于该研究得到的测试标准获得行业广泛支持非常重要。波音还为该计划带来了不同的涂料体系,将应用范围扩大到汽车行业之外。

样品组包括106种涂料组合:

① 多种颜色:黑色、白色、蓝色、红色。

② 水性和溶剂型色漆。

③ 溶剂型清漆。

④ 不同的多层体系。

⑤ 带和不带光稳定剂的体系。

许多涂层体系都是专门为揭示某些失效模式而制备的。其他的则添加了稳定剂,因此不会产生失效。设计的目的是为了评估加速老化测试方法的假阳性和假阴性结果。表9-7列出了典型样品以说明这一点。

表9-7 比对测试中的样品示例

体系编号	清漆/色漆化学成分	多层体系	佛罗里达失效模式	颜色
13	丙烯酸三聚氰胺/SBBC	清漆/色漆/电泳	电泳层剥离	白色
25	氨基甲酸酯/SBBC	清漆/色漆/电泳	起泡、电泳层剥离	蓝色
97	2K 聚氨酯/WBBC	清漆/色漆/中涂/电泳	失光、起泡、清漆/色漆层间剥离	蓝色
86	2K 聚氨酯/WBBC	清漆/色漆/中涂/电泳	控制样无失效	白色
103	2K 聚氨酯/WBBC	清漆/色漆/中涂/电泳	失光、起泡、清漆/色漆层间剥离	红色
150	氨基甲酸酯/SBBC	清漆/色漆/中涂/电泳	控制样无失效	黑色

注:SBBC = 溶剂型色漆,WBBC = 水性色漆。

研究人员综合采用了目视和仪器分析技术来评估这些涂层样品。用仪器测量颜色和光泽值，目视评估表面缺陷。从试板上冲出 1cm 直径的圆片，执行复杂的程序来剥离涂层进行测量。与早期的福特研究一样，用 PAS-FTIR 测量光氧化。使用了紫外显微光谱法，测量紫外线吸收剂在某些涂层中的迁移。

所有样品都在南佛罗里达的试验场暴露了至少两年。汽车试板每 6 个月返回同一实验室进行评估。每 3 个月对航空航天涂料进行一次颜色和光泽评估。

在 Atlas Ci4000 和 Ci5000 转鼓氙弧灯试验箱，以及 Q-Lab 的 Q-SUN Xe-3-HS 平板氙弧灯试验箱中进行加速测试。研究总共使用了来自不同实验室的 6 个转鼓氙弧灯试验箱和 4 个平板氙弧灯试验箱。此外，根据 SAE J1960-1989/J2527-2004 在 Atlas Ci35 氙弧灯试验箱中对一些试样进行了测试。辐照总量达到至少 3000kJ/m² @340nm。

最初的 SAE 方法在预测许多涂料的颜色和光泽变化方面准确性尚可接受。该方法的缺陷是无法再现光氧化、开裂、起泡和分层等失效模式。因此，这项研究主要集中在这些方面。如前所述，福特早期的工作已经揭示了氙弧灯试验设备中常用的滤光器与太阳光之间的光谱不匹配问题，这是老化测试中不能准确再现光氧化的主要原因。前文讨论过的为老化应用开发改进的光学滤光器，也用于该研究。

图 9-38、图 9-39 和图 9-40 显示了佛罗里达典型一天的潮湿和辐照度周期、旧的 SAE 循环和 ASTM D7869-2017 中公布的新循环。这个新循环测试方法综合了实验室老化循环中使用的两种常见方法：长时间交替的潮湿和辐照度在荧光紫外灯试验箱（如 QUV 老化试验箱）中很常见，因为该技术起源于用于涂层起泡测试的冷凝试验箱；快速循环旨在将典型的每日暴露压缩到试验箱的几个小时，是许多氙弧灯

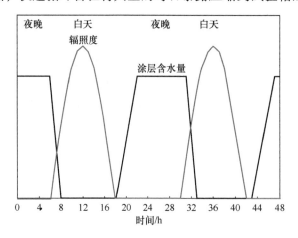

图 9-38 户外典型的昼夜光照和潮湿循环

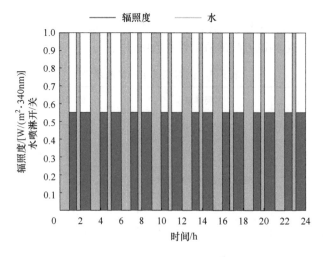

图 9-39 SAE J2527-2004 中的每天喷淋和光照循环

测试周期的共同特征，包括早期的 SAE 循环。

在这项研究中，用水喷淋进行 12h 的黑暗阶段，然后在没有喷水的条件下进行 12h 的辐照，能再现佛罗里达暴露后的起泡和分层失效。这一结果证明了在实验室中再现吸水的重要性。该循环无法再现户外测试中的涂层开裂失效模式。后期研究中，福特的研究人员使用全面的迭代方法，调整了长喷淋和辐照循环，以及快速明/暗/喷淋/温度循环的周期，以优化所有涂层类型、所有失效模式的相关性。这些试验持续了几年。ASTM D7869-2017 中公布的最终循环见表 9-8。

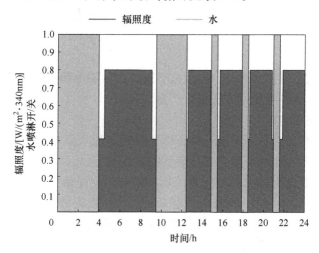

图 9-40　ASTM D7869-2017 中的每天喷淋和光照循环

表 9-8　ASTM D7869-2017 中发布的新氙弧灯测试周期

步骤	条件	%RH	辐照度/(W/m²)	黑板温度/℃	空气温度/℃	时间
1	黑暗 + 喷淋	95	—	40	40	4h
2	光照	50	0.40	50	42	30min
3	光照	50	0.80	70	50	4h30min
4	光照	50	0.40	50	42	30min
5	黑暗 + 喷淋	95	—	40	40	2h30min
6	子循环重复步骤 7~10，4 次					
7	黑暗 + 喷淋	95	—	40	40	30min
8	光照	50	0.40	50	42	20min
9	光照	50	0.80	70	50	2h
10	黑暗	50	—	40	40	10min
11	最后一步 - 返回第 1 步					

对于检测的所有涂层体系的所有降解模式，新循环与南佛罗里达户外结果都显示出极好的相关性。首次暴露测试正确再现了户外的褪色、失光、起泡、开裂、附着力降低和光氧化等老化现象。另一种降解模式，即紫外吸收剂的消耗，在新循环中也得到了相当好的再现，但降解速率不同。

一个非常有趣的发现是，温度和干/湿周期的频率也与佛罗里达条件相当。典型的佛罗里达一天会有 8.4kJ/m²(340nm) 的辐照量。原始 SAE 循环（J1960-1989/J2527-2004）每次循环的辐照量为 3.9kJ/m²。新方法每次循环的辐照量为 9.9kJ/m²，比 SAE 循环更接近自然条件。换言之，与 SAE J2527-2004 相比，新周期对涂层降解的自然老化因子的整体模拟更好。

新方法不仅更好地模拟了自然老化，而且速度更快。如果测试基于辐照总量，则两个测试方法大致相同。但在时间上，新方法比 SAE J2527-2004 快 40%。这是因为新周期使用的辐照度比旧周期高，并且辐照的总持续时间也略长。

然而，新的测试并没有提供一个通用的加速倍率，老化专家通常称之为"神奇数字"。该研究计算了加速倍率。对于汽车涂料，加速倍率为 8~16。换言之，使用新方法进行一个月的测试，相当于南佛罗里达 8~16 个月的户外测试。对于通常没有清漆的航空航天涂料，加速倍率要小得多，约为 3~4。对于任何使用此方法而不了解其材料的户外性能的人来说，假设加速因子的误差很大，仍需进行户外测试。

6. 结论

最新实验室加速老化技术得到了提升。实验室暴露首次能够准确再现南佛罗里达户外暴露各种涂层体系及所有关键失效模式。新方法比旧方法更好、更快。

实现提升所需的技术突破包括：

1) 开发用于氙弧灯试验设备的新型滤光器，以更好地匹配太阳光。
2) 准确测量涂料户外吸水量和氙弧灯老化装置喷水量的方法。
3) 传统荧光紫外灯和氙弧灯测试循环优势的新颖组合。荧光紫外测试通常在长时间的黑暗湿循环和紫外光照循环之间交替进行，与最大太阳光光强相比，辐照度略高。氙弧灯测试通常在潮湿和干燥条件之间快速循环，并在略低于最大太阳光的辐照度下运行。新的氙弧灯方法包括在高辐照度下交替进行湿循环和光循环，并快速转换以产生热应力。

9.3 系统考虑高效且经济的耐老化试验

9.3.1 不同目的试验方法的特点

1. 概述

老化测试指将产品暴露于自然或模拟的阳光、热和潮湿环境中，并评估产品相关性能劣化的测试过程。大多数情况下，测试的目的是为了材料选择和配方改进，以降低产品过早失效的风险。除了纯科学研究进行的测试外，本节会讨论到以合格/不合格为结果的 QC 或材料验证测试、模拟基准环境的相关性测试以及服役寿命预测测试。本节主要介绍影响老化测试效率的因素，如何设计优化测试程序。老化测试程序包括试验技术的应用、运行的方法和周期、样品选择和评估以及老化数据分析。

评估某一老化测试程序的效率，需知道试验的相对成本、与实际应用性能相关的测试的准确度，以及所得试验数据的统计意义。本节将涵盖这三点。应该注意的是，对一个机构来说最有效的老化程序对另一个机构来说不一定有效，这取决于被测试材料的种类和测试所要得出的结论。

本节不直接讨论试验技术的相对加速倍率。人工暴露更快的老化速率同时降低了老化的真实性，这里的分析必然要平衡这两个因素。开发足够真实的方法，并提高老化速率本身就是一个课题，两者的平衡是寻找最经济有效的老化试验程序的前提。

本节也不包括通常的商业分析，例如购买一个试验箱还是租用一个测试实验室，或者是否进行测试。这里假设读者都已经了解到老化测试对于降低业务风险的重要性，投资老化测试的合理性，以及适时求助第三方测试实验室的必要性。本节关注会对测试经济产出有重大影响但决策者容易忽略的技术问题。

2. 测试类型

设计一个有效的老化测试程序的首要任务是理解数据所要传达的测试类型。表 9-9 展示了四种常见的测试类型，包括测试目的、测试结果表示、测试时间以及结果评估方法。在大多数老化项目中，要进行不止一种类型的测试。

表 9-9 加速老化测试类型

加速测试类型	结果表示	测试时间	结果比较
质量控制	合格/失效	• 确定的 • 较短	材料规格
鉴定/验证	合格/失效	• 确定的 • 中长	参考材料或规范
相关性	排序	• 不确定 • 中长	自然暴露 （基准暴露场）
寿命预测	使用寿命 加速因子	• 不确定 • 较长	自然暴露 （使用环境）

质量控制和材料验证测试是最常见的类型。在这两种情况下，材料规格中都定义了合格/不合格标准。在产品或材料销售之前，通常需要进行验证测试。买方向卖方提供老化测试协议和随后进行的评估测试所需的结果。没有合格的结果就不能进行销售，或者测试的结果可能会影响支付的价格。老化测试协议和评估标准通常旨在模拟被测材料的真实使用情况，因此持续时间相对较长。这些协议和要求很少更新，并且经常随着材料技术的变化而落伍，但供应商仍然必须通过它们。通常对来料进行质量控制测试，以确保其配方符合预期，或者在生产过程完成后进行质量控制测试，以确保其不会超出公差范围。在这些情况下，模拟暴露的准确性并不重要。它只需要广泛地代表所关注的降解机制，例如暴露时聚合物的黄变。重要的是暴露时间短，因为生产线的一批材料的验收等待结果。同样重要的是，测试结果在实验室内是可重复的，在供应商和客户实验室之间也是可重复的，以避免数据冲突。

为研究和开发相关性测试，并将结果与基准暴露场（如南佛罗里达）结果进行比较。在这种情况下，可能没有任何通过/失效的标准，但给定应用的候选材料可以相互比较。测试时间通常是不确定的，因为其目的是进行暴露，直到观察到或可以测量到显著的老化。有时，这些测试用于制定合格/不合格标准，并确定材料验证的测试时间。

使用寿命测试具有相关性测试的大部分特征，但测试的目标是开发一个使用寿命预测模型，该模型允许在实验室测试和真实环境应用之间确定一个加速因子。通常，刚接触老化测试的人会从询问加速系数开始，但他们面临的现实是通用加速系数并不存在。可以开发特定材料的使用寿命模型，以生成加速系数，但这项任务非常复杂，一种聚合物类型的模型可能不适用于另一种类型。相关性测试通常为风险管理提供了足够的数据，在某些情况下，潜在客户已经进行了验证测试，这是销售产品的唯一障碍。

到目前为止，讨论中未提及的是，要求自然老化暴露为任何相关性或寿命预测测试提供基础，因为验证测试最好从相关性测试数据中开发，所以验证测试开发需要自然老化。然而，质量控制的合格/失效测试不需要自然老化测试。

9.3.2 利用不同方法建立经济且高效的系统试验方案

1. 比较老化测试技术的成本

表 9-10 给出了不同老化测试技术的相对成本。该分析基于购买和运行实验室老化试验箱的预期成本以及自然和加速户外测试的典型商业费率。对于老化试验箱，其预期使用寿命为 15 年。氙弧灯试验箱在购买和运行成本方面差异很大，此处确定的成本系数处于范围的下限（实际成本系数可能是所示值的两倍）。

表 9-10　老化测试技术的相对成本

	成本系数
自然户外暴露	1
自然太阳光跟踪聚能装置	20
氙弧灯实验室测试	15
荧光紫外灯实验室测试	4

自然户外测试是最便宜的，原因很简单，阳光是免费的。商业户外老化暴露场会产生土地、劳动力和试样评估仪器的成本，但环境因素本身是由大自然提供的。尽管自然老化产生材料降解的速度最慢，但根据定义，它每次都会产生正确的结果。相反，自然太阳光跟踪聚能装置是最昂贵的，因为太阳光跟踪装置的运行和维护成本及反射镜的采购成本很高，但它可以在一年内提供比任何一种实验室设备都更多的紫外辐照量。

在两种实验室光源中，荧光紫外试验机的购买和运行成本要低得多。这些灯管相对便宜，在典型的辐照度水平下具有几千小时的使用寿命，并且是节能的，因为它们的输出几乎全部在紫外波段。它们缺少光谱中的长波紫外光和短波可见光波段，这会降低某些材料与自然太阳光暴露的相关性。配备有最先进的滤光器的氙弧灯试验箱提供了与太阳光的光谱匹配，其在短波紫外光波段可与最好的荧光紫外灯相媲美，同时还匹配太阳光光谱的其他关键波段。但这种真实性的提升是有代价的，因为氙弧灯的使用寿命相对较短，并且需要大量的电能来工作。大多数可见光和所有的红外辐射只加热样品，而不产生任何光化学效应。通常这种热量是不需要的，必须在试验箱内设计除热方法。由于这些因素，氙弧灯试验箱的设计、制造和购买更加昂贵，并且它们的运行成本也更高，因为与荧光紫外灯相比，其灯管的成本和功率需求增加了。

2. 提供最准确结果技术

自然的户外老化总能提供准确的答案，当然前提是正确选择和进行了评估。自然太阳光跟踪聚能装置、氙弧灯试验箱和荧光紫外试验机在精确模拟自然气候方面各有优缺点。它们的准确性取决于被测试的材料和被评估的性能，因此对于本节开始时提出的问题没有唯一的答案。此外，这些技术中的任何一种所采用的特定循环，对它们与自然老化的相关性具有显著影响。例如，在汽车底漆清漆系统中观察到的几种降解模式方面，ASTM D7869-2017 与南佛罗里达的相关性非常好，而其他氙弧灯方法的相关性相对较差。

为了确定某种特定方法的准确性，必须通过真实环境暴露的数据进行验证。这个数据可以通过两种方法获得：一种方法是从使用中的成品中获取实地数据，但一个挑战是暴露条件很少能非常确定地知道，因此实地数据的用途往往非常有限；第二种方法是进行受控的自然户外测试，可以在商业暴露场或公司自己的设施中进行，使用商业暴露场的优势在于可以利用全球公认的基准位置，并拥有强大的数据收集系统。

测试准确性可通过一些分析工具来确定。斯皮尔曼（Spearman）等级排序和皮尔逊（Pearson）相关系数提供了实验室老化方法相对于自然户外暴露的准确性的数值评估。当评估是针对通过/失效测试时，分析实验室方法和户外老化之间的通过/失效结果的一致性是另一个有用的工具。使用统计学进行测试验证超出了本节的讨论范围，但在文献和 ASTM G169-2021 中可以找到有用的信息。

尽管运行成本最低，但自然老化暴露经常被老化项目忽略，因为其重要性被误解了。通过自然老化测试来进行质量控制是不切实际的，等待 5 年或 10 年的自然老化来决定新产品的上市也是不切实际的。由于这些限制，许多公司未能认识到自然老化暴露的真正价值，即验证实验室测试方法和开发参照材料。已经进行了 10 年的老化测试提供了非常有价值的数据——类似于随时间推移的投资账户的复利值——即使营销测试产品的决定是在许多年前做出的。收集了 10 年数据的材料可以在各种实验室方法下进行测试,以观察每种方法模拟自然老化的精确度。这些已暴露材料中的一些可以用作未来产品开发工作的参照。当测试备选产品配方和相似成分的对照材料时,它们之间的比较提供了强有力的相关数据,从而降低了劣质产品进入市场的风险。

自然户外老化的价值可概括为"将其纳入全面的老化测试项目可最大限度提高其效率"。这种效率来自于获得关于真实环境性能和加速方法之间相关性的知识,并使用它来改进正在使用的测试方法。

哪种技术最准确?答案因应用而异,因此需要验证每种技术和方法。一个普遍的看法是氙弧灯和太阳光跟踪聚能装置是最精确的,因为它们各自的光谱与太阳光光谱相匹配,而荧光紫外灯的光谱则不匹配。这种观点是合理的,但也过于简单,因为它没有说明水分对许多老化过程的重要性。然而,即使这种观点总是正确的,也不意味着更精确的技术总是最高效。下文会介绍优化老化测试程序时要考虑的另一个方面。

3. 数据重要性和重叠误差带问题

科学实践表明,来自单次测试的数据应以怀疑的态度接受。结论越大胆,就需要越多的数据来让任何领域的专家达成共识。然而,决策往往是由单次老化试验的结果决定的。加速老化试验方法在不同的试验中可能会产生很大的差异。随着时间的推移,在不同的试验箱之间以及在同一试验箱中可以看到差异,老化比对试验通常突出了这一事实。

图 9-41 展示了由 SAE 进行的比对试验的结果,以确定参比材料聚苯乙烯的黄变范围。实验室在运行 SAE J2527-2004 和 SAE J2412-2004 时使用该材料来验证试验箱的性能。在大约两周的测试期间,测量的 Δb^* 应保持在上限和下限之间,否则可以说一个试验箱超出了容差。虽然不再需要使用这种材料,但许多实验室认为它是一种有用的工具,可用于对试验箱性能进行内部验证。Δb^* 黄变的目标值是在比对试验中获得的平均值。通过加上和减去标准偏差的两倍来确定上限和下限。在这项研究中,利用了 ISO 17025 认证的实验室,这些实验室在运行 SAE J2527-2004 方法方面具有丰富的经验,但并非所有结果都在两倍标准偏差范围内,这强化了实验室和试验箱之间存在较大偏差的观点。

现在假设一个实验室正在进行一个通过/失效测试,它正在测量一些性能随时间变化的保持率,例如光泽或拉伸强度。依赖单次试验会有错误结果或两个实验室之间不一致的风险。在图 9-42 中,一种备选材料的两种配方测试了一段时间,并绘制了材料性能的保持率情况。在这种情况下,材料鉴定规范规定材料必须保留其初始值的 50%。配方 1 通过了测试,而配方 2 没有通过。通过添加代表单次试验的典型测试可变性的误差带,可以看出 50% 保持率在两种配方的误差范围内。这意味着结果是不确定的,配方 1 失效的风险比起初看起来高。此外,配方 2 可能会通过另一轮测试。很少有测试方法认识到这个问题,但它在供应商和他们的客户之间或第三方实验室和他们的客户之间经常引起争论。依赖同一测试中的重复样可能会提高单个数据点的可靠性,但它不能解决测试间可变性的问题。理解这种可变性需要一些努力,比如参与实验室间的一致性测试。ASTM G141-09(2013)提供了评估和解决老化试验可变性的有用信息。

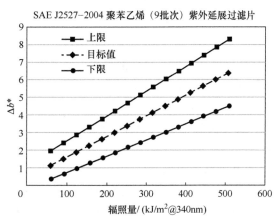

图 9-41 SAE 聚苯乙烯参比材料(lot 9)的黄变范围

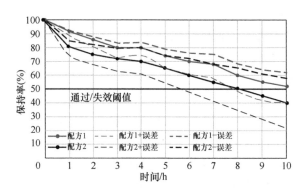

图 9-42　两种相似材料配方关键性能的保持率与测试时间之间的关系

解决这个问题有两种方法，且两种方法可以结合。首先，可以调整通过/失效性能标准，使误差带下限高于通过/失效阈值。在这种情况下，测试结果必须显示配方 1 的性能保持率约为 63% 或更高，以确保误差下限大于所要求的 50% 保持率。这种方法的缺点是材料可能必须被过度设计以满足更高的性能保持要求。如果有人试图证明配方 2 不符合资格标准，则保持率必须约为 35% 或更低，以确保误差上限低于验收标准。解决这个问题的第二种方法是进行多次测试，最好在不同的试验箱中进行，以减少误差带。由于额外测试会产生相关成本，很少这样做。

图 9-43 展示了这个问题的一个例外。在这种情况下，进行测试是为了在两种备选材料之间进行选择。它们之间的巨大性能差异超过了误差带的范围，使研究人员能够满怀信心地做出决定。

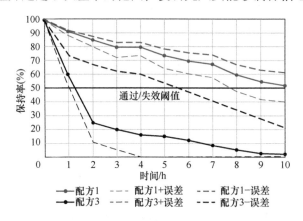

图 9-43　两种不同性能材料配方关键性能的保持率与测试时间之间的关系

4. 优化老化试验程序

本节开始时介绍了影响老化试验程序的经济因素。既然已经对它们进行了讨论，那么就有可能探索它们是如何结合起来确定一个测试程序的经济效率。

任何老化测试程序都应包括测试技术和特定测试方法的准确性评估。同一测试技术应使用更精确的方法，因为运行与户外暴露相关性好的循环和运行与户外暴露相关性差的循环的成本差不多。自然户外老化通过为最佳测试循环的选择提供数据，提高了任何老化程序的效率。它还允许在更严格的测试条件下进行试验，例如更高的辐照度和温度，以缩短测试时间，同时降低未被检测到的互易效应误差的风险。当在较短时间内提供的相同辐照量不能产生与较长时间测试相同的老化结果时，存在互易效应误差——大多数高辐照度测试易受此类误差的影响。

使用自然老化来验证测试技术和方法，可以评估测试的准确性和成本，从而优化效率。根据前文讨论的统计工具之一，如果荧光紫外灯测试产生的结果仅比氙弧灯测试稍差，则选择荧光紫外灯方法可能更有效。相反，户外老化测试方法的验证可以识别荧光紫外灯测试方法未能产生相同降解的材料。这使老化试验项目经理可以为这些特定材料保留氙弧灯试验箱空间。太阳光跟踪聚能装置不太常用，因为它们仅在亚利桑那的商业暴露场作为测试服务提供。然而，对于验证显示准确结果的材料，这种技术的高加速性可以显著提高测试程序的效率。

测试可变性突出了在多个试验箱中进行测试的需求，尤其是当材料性能差异不是很大时。反过来，与完成这项工作所需的额外资源相关的成本因素的增加，突出了使用验证作为明智选择技术的工具的需要。使用的一种方法是在产品研发的早期阶段在荧光紫外试验机内进行测试，以筛选出不可行的材料。当荧光紫外灯测试方法提供了足够的准确度，可以以很高的置信度区分性能非常好和非常差的材料时，这种方法非常有效。在荧光紫外灯测试中表现非常好的备选材料被进一步开发成成品，然后可以在更昂贵的氙弧灯设备中进行验证测试。如果材料通过了验证测试，并具有足够的性能来克服测试的可变性，则可能没有必要进行额外的测试。在许多情况下，第二次甚至第三次氙弧灯测试可能是必要的，但至少这种测试通过在早期开发阶段筛选出材料的荧光紫外灯测试被最小化。

最后一个优化策略是在任何质量控制测试中使用荧光紫外灯试验机。这些设备可以在比大多数氙弧灯设备高2~3倍的辐照度下运行。此外，UVB-313灯管提供高辐照度的破坏力极强的UVB能量，这通常会导致大多数聚合物的快速降解。对于质量控制应用，测试方案通常如下：

1）识别符合给定应用的现有质量标准的材料，最有可能来自当前生产批次。

2）开发一种对紫外能量抵抗力降低的产品。

3）使用更精确的UVA-340灯管和"不切实际的"UVB-313灯管，在荧光紫外试验箱中，在多种测试条件下对它们进行测试。

4）对于每次方法运行，确定测试持续时间，在该时间内，合格材料表现出可接受的性能，而质量较低的材料表现出不可接受的性能。

5）选择能在最短时间内清楚区分两种材料的方法。

6）对于每批新材料，进行相同的测试，并将结果与之前测试的两种材料的数据进行比较。

通过一些重复，有可能为所选择的方法开发出通过/失效标准，这成为该应用的质量控制测试。这种测试不应用于选择新材料，但它可以在成品由现有合格材料生产出来之前识别出对这些材料的不必要的改变。

5. 结论

对老化测试的经济性的审查包括分析测试的相对成本，验证老化技术和特定测试方法的准确性，以及了解实验室老化测试中固有的可变性。自然户外老化是所有技术中成本最低的，它可以提供价值并提高测试程序的效率，因为它可以验证加速方法和开发测试参照材料。了解加速方法的准确性后，老化试验项目经理可以选择成本最低的方法，为决策提供有用的数据，将成本较高的方法留给需要其优势的情况。

加速老化试验结果的可变性需要在多个试验箱中重复试验。重复样的数量取决于所需的分辨率——区分降解速度相似的材料比区分性能差异很大的材料需要更多的重复样。对可变性进行补偿的需求放大了测试成本的重要性。最有效的测试程序利用成本最低的技术，以所需的精确度产生足够的数据。在实践中，这意味着当验证证明其有效性时，应使用荧光紫外灯试验机。这允许项目经理保留氙弧灯试验箱的使用，以备需要它们的特性或鉴定试验需要它们时使用。太阳光跟踪聚能装置测试服务不如实验室测试方便，有时会提供如此好的数据，以至于测试的速度和准确性超过了成本和不便。同样需要使用户外自然老化进行验证，以确定这些情况。

第10章

金属卤化物灯试验箱加速老化试验案例研究

10.1 研究背景

10.1.1 开展加速老化试验的意义

1）加速老化试验可以加速研发进程、缩短研发周期、降低研发成本。
2）满足客户指定的耐老化性基准。

10.1.2 加速老化试验与金属卤化物灯试验箱

在市场竞争加剧的情况下，以产品的长期可靠性作为差异化竞争要素是有效的，而这势必要以加速老化试验作为支撑。近年来，金属卤化物灯试验箱的"超加速"效果再次受到业界关注。这种试验箱目前多被日本厂商采用，也称为超加速紫外光试验箱，在质量检查和产品研发方面发挥了重要作用。以下案例对比研究了碳弧灯试验箱、氙弧灯试验箱、荧光紫外灯试验箱和金属卤化物灯试验箱，力求客观呈现金属卤化物灯试验箱应用于加速老化试验的价值。

10.2 试验与评价

试验时，不同老化试验箱采用的光源不同，加速倍率也不同。各试验箱特点对比见表10-1。

表10-1 不同试验箱特点对比

试验箱类型	特点	加速性（与户外暴露相比）
开放式框架碳弧灯试验箱	有多年数据积累，目前仍有很多日本标准测试	10~12倍
氙弧灯试验箱	光谱分布接近太阳光（特别是紫外光区域），是符合国际标准的加速试验	约10倍
荧光紫外灯试验箱	符合国际标准的加速试验	约20倍
金属卤化物灯试验箱	辐照度高，加速性好；试验条件自由度高，但公共标准较少	约100倍

试验时，根据试样的评价项目选择合适的试验箱，并设定试验条件进行评价。

10.2.1 辐照度分布对比

不同光源的试验箱的辐照度是不同的，试验效果也不同。图10-1所示为不同波长下不同光源照射比能量的曲线分布情况。

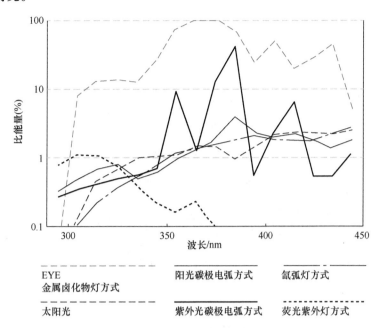

图 10-1　不同光源照射比能量的曲线分布

由图 10-2 可见，金属卤化物灯试验箱的辐照度在整个波长范围内都是最大的，碳弧灯试验箱次之。另外，氙弧灯试验箱的辐照度与太阳光最接近。

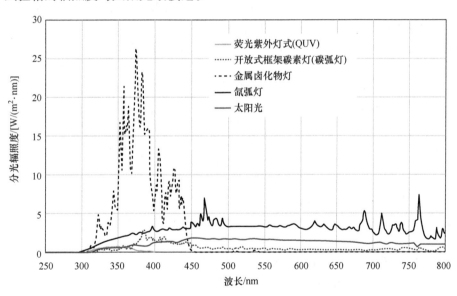

图 10-2　不同光源在不同波长下的辐照度曲线

10.2.2　车用合成树脂涂层试验

1. 耐老化特性：自然暴露

（1）目标

确定油漆表面对环境条件的耐受性。

（2）测试方法

1）方法 A：检查油漆表面涂层的一般过程。

2）方法 B：检查油漆表层与紧贴表层的中间层或底层之间的附着力的特殊过程，为此使用了透明表层涂料。

(3) 所需设备

1) 黑箱暴露台，见图10-3。

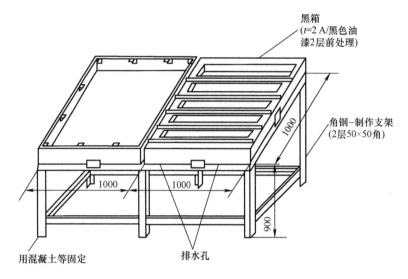

图10-3 黑箱暴露台

2) 镜面光泽度计以 JIS K 5600 - 4 - 7 - 1999 为标准，使用能测量 20°～60°镜面光泽度的产品。

3) 标准光源。使用 JIS Z 8720 - 2012 规定的人工太阳灯或标准光 D_{65}。

4) 色差计采用 JIS Z 8722 - 2000 中 5.2 和 5.3 部分规定的 45°照明 0°受光产品或 0°照明 45°受光产品，测定用光采用 JIS Z 8720 - 2012 规定的标准光 D_{65}。

5) 切割机采用 JIS K 5400 7 - 1990 规定的产品或多工位刀具，见图10-4。

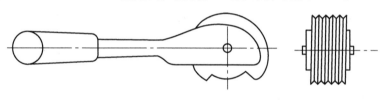

图10-4 多工位刀具

6) 玻璃纸胶带采用 JIS Z 1522 - 2009 规定的产品。

7) 蜡采用 Toyo Yushi Kogyo 制造的日产原装蜡或内酯汽车抛光剂。

8) 仪器保护壳。

9) 自记温度传感器采用 JIS B7305 - 1989 规定的产品。

10) 自记水文图采用 JIS B7306 - 1999 规定的产品。

11) 自记雨量传感器采用 JIS B7308 - 1976 规定的产品。

12) 日照仪。

13) 太阳辐照度计或累积照度计。

(4) 试样准备

1) 方法A。试验片的形状和尺寸按表10-2和图10-5确定。只在试验片大小与要求不符时，可协商更改。对于各向异性的试验片，原则上按与纹理平行或垂直的方向进行试验。这里选用试验片A或B。

按以下步骤涂刷试验材料，制备试样。

① 试验片的涂装

a. 喷涂法。用喷枪在试验片上均匀喷涂，喷涂厚度协商确定。喷枪口径 $\phi1.0\sim\phi1.5\mathrm{mm}$，带杯子的涂料先倒入杯中，喷涂用的空气压力为 $0.3\sim0.5\mathrm{MPa}$（$3.0\sim5.0\mathrm{kgf/cm^2}$），喷涂时要保持压力恒定。喷

表 10-2 试验片尺寸 （单位：mm）

种类	尺寸区分		
	宽	长	适用
A	70	150	一般用，自然暴露用
B	70	300	自然暴露用
C	210	300	成品检查用
D	70	110	加速暴露试验（氙弧灯温度计法）用
E	90	190	梯度计B法

注：a. 试验片厚度原则上要与涂装部分相匹配。
　　b. 试验片分型面及浇口部的涂装外观见图10-5。

枪的喷嘴对准试验片，喷嘴的口与试验片之间的距离应为20~35cm范围内的一个恒定值。喷枪在水平方向上以40~50cm范围内的一个恒定值匀速移动。涂料的雾的主方向垂直于试验片，从试验片的各周边向外均匀地涂到宽度超过10cm的部分，使喷枪移动，使图案的重叠成为涂层宽度的约1/3。

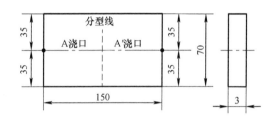

图 10-5 试验片尺寸（单位：mm）
注：成形时从 A 及 A'处浇口同时射出树脂，
在试验片的中间处形成分型线。

b. 静电涂装法。涂装室的设定温度为 (20 ± 5)℃，相对湿度78%以下，风速 (0.5 ± 0.2)m/s。在试验片上用静电喷枪均匀喷涂。涂膜厚度协商确定。将涂料压入喷枪的压力为0.05~0.15MPa（0.5~1.5kgf/cm²）范围内的一个恒定值。喷枪的喷嘴对准试验片，喷嘴的口与试验片之间的距离保持在20~35cm范围内的一个恒定值。另外，将通过高压发生器得到的负高压作为协商条件之一，喷枪在水平方向上以40~50cm/s范围内的一个恒定值匀速运动。涂料的雾的主方向垂直于试验片，从试验片的各周边向外均匀地涂到宽度超过10cm的部分，使喷枪移动，使图案的重叠成为涂层宽度的约1/3。另外，静电喷枪的种类、雾化方式等须协商确定。最后记录下这些条件。

c. 其他涂装法。选用浸渍、流动涂层等涂装方法时，要根据协商结果对试验片进行涂装并记录条件。

② 涂层的硬化。要根据约定进行硬化或干燥。另外，要记录下放置时的温度、湿度、时间以及硬化时试验片表面的温度和时间。

③ 试验片的养生。涂层硬化后，要在下述条件的试验室内放置24h以上。

a. 标准状态。原则上试验室温度 (20 ± 1)℃、相对湿度 (73 ± 5)%。无日光直射，无影响试验的气体、蒸气，室内不通风。

b. 室温设定为5~35℃、相对湿度45%~85%。如果在此规定范围外进行试验，一定要记录试验时的温度和湿度。

④ 原则上以表10-3为准。其他涂料须协商确定。

⑤ 涂层厚度测定。在试验片的旁边放置磨光钢板或无光钢板（SP120，$t=0.8$mm，150mm×70mm），用相同的方法在钢板上涂膜，使涂膜厚度与试验片相同。膜厚的测量采用电磁微厚度计。在磨光钢板或无光钢板上找3个以上位置进行测量，取平均值。测量时，原则上每测一个点就进行一次零点调整及规定厚度调整。

⑥ 涂装工艺。根据商定的涂装工艺进行喷涂，参考表10-4。

表 10-3 涂膜种类及膜厚　　　　　　　　　　　　　　　　　　（单位：μm）

涂膜种类			膜厚（MIN~MAX）
防锈涂膜			4~10
中间涂膜			10~20
中间涂膜系黑色涂膜			15~20
面漆涂膜（钢板用·新树脂用·树脂用）	1C1B 系涂膜	防锈涂膜	4~7
		彩色底涂层	30~40
	2C1B 系涂膜	防锈涂膜	4~7
		彩色底涂层	10~40
		透明涂层	20~35
	3C2B 系涂膜	防锈涂膜	4~7
		彩色底涂层	15~40
		珍珠底涂层	10~20
		透明涂层	20~35
	3C1B 系涂膜	防锈涂膜	5~9
		彩色底涂层	15~30
		珍珠底涂层	10~20
		透明涂层	20~35

表 10-4 涂装工艺

序号	零件生产线				车体生产线			
	前处理（脱脂）	底漆	中间漆	面漆	前处理（脱脂·化学合成）	底漆（电镀）	中间漆	面漆
1	●	●		●				
2	●	●	●	●				
3	●	●	●					●
4	●	●					●	●
5	●							
6					●	●	○	●

注：含烧结工艺，●代表实施作业，○代表仅限行通过。

试验片要准备 3 片，第一片空白（样品），第二片进行 1 年暴露，第三片进行 2 年暴露。

2）方法 B。使用表 10-2 中的试验片 A（70mm×150mm）。先按前文所述方法给试验片涂底层漆或中间层漆，再涂两层改性金属漆（透明底漆），见表 10-5。此外，也可按指定用途涂一层改性金属漆（透明底漆）并烘烤。注意，透明底涂层不含铝或颜料。

（5）测试条件

1）测试地点为冲绳；测试时间为日出后 30min 到日落前 30min；测试地点必须有不受阻挡的阳光；阳光直射时一定没有障碍物；测试地点必须没有随风飘散的灰尘、煤烟、沙子和其他异物。

表 10-5 涂膜构成

涂膜构成	1层	2层	3层
透明涂层		○*	○*
珍珠底涂层			○*
彩色底涂层	○*	○*	○*
中间层漆/底层漆（防锈涂层）	○	○	○

注：○代表有涂层；○*代表对应涂层种类，去除添加剂（UVA 和 HALS）、颜料和亮光剂后。

2) 阳光照射方向为正南。

3) 日照角度：10月至4月为20°，5月至9月为5°。

4) 方法 A 指定测试期为两年；方法 B 指定测试期为三个月（如果可能，在6月、7月和8月）。

（6）测试程序

1) 方法 A。

① 测量试样漆面厚度、光泽度和色调（3-刺激值 X、Y 和 Z）。

② 用非擦除性油墨在试样背面书写：油漆颜色、油漆制造商、测试起止日期、油漆表面厚度、序列号，以及其他任何需要的信息。

③ 将空白试样存放在完全黑暗的位置，直到测试完成。携带另外两个试样到指定测试地点，将其小心地安装在暴露台上。确保试样表面方向正确，测试面朝上（朝阳），写有信息的一面朝下。随后开始测试。

④ 让试样暴露在指定时间内。一年后应进行中间检查。试验结束时，从暴露台上取下试样。

⑤ 用海绵或其他软质材料浸泡在中性洗涤剂中清洗试样，再用自来水冲洗，最后晾干。

⑥ 用蜡对 1/3 的试样表面进行抛光，用化合物对另外 2/3 进行抛光，见图 10-6。

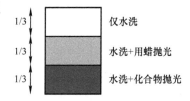

图 10-6 试样抛光位置

⑦ 对抛光区域和未抛光区域执行以下测试。

a. 油漆表面状况（染色、开裂等）测试。

b. 光泽度试验。

c. 变色（色差）测试。

d. 起泡试验。

e. 黏附试验。

f. 按需要测试其他部位。

⑧ 根据需要测量天气和气候条件。

2) 方法 B。

① 测量试样漆面厚度。用不可擦笔在试样背面书写：油漆颜色、油漆制造商、测试起止日期、油漆表面厚度，以及其他所需信息。

② 小心将试样安装到暴露台上。确保试样表面方向正确，测试面朝上（朝阳），写有信息的一面朝下。随后开始测试。

③ 让试样暴露在指定时间内。结束时，从暴露台上取下试样。先用海绵或其他软质材料浸泡在中性洗涤剂中清洗试样，再用自来水冲洗，最后晾干。

④ 每隔 2mm 进行横切黏合试验。注意没有剥离的部分的数量。

（7）表示

1) 方法 A。

① 记录油漆表面外观状态有无异常。

② 记录光泽度。在测定值为 10 以上的情况下，用 JIS Z8401-1999 规定的方法将小数点后第 2 位舍入显示。

③ 记录规定的变色（色差）情况。

a. 目测时，色差、色相、明度、彩度都用程度来表示。选取图 10-7 所示的 2 个方向，根据表 10-6 确定。

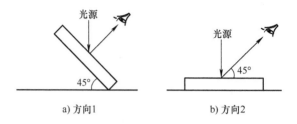

图 10-7　方向图 1

表 10-6　色相、明度、彩度判定

色相/明度/彩度	红、黄、深蓝、绿、紫、白、黑、明亮、阴暗、清晰、浑浊
程度	+3：相当多
	+2.5：+2~+3 的中等程度
	+2：偏多
	+1.5：+1~+2 的中等程度
	+1：只多一点
	+0.5：±0~+1 的中等程度
	±0：无差别
	-0.5：-1~±0 的中等程度
	-1：只少一点
	-1.5：-2~-1 的中等程度
	-2：偏少
	-2.5：-3~-2 的中等程度
	-3：相当少

b. 用仪器判别时，表示 $L^*a^*b^*$ 系的色差 ΔE^*（$L^*a^*b^*$）和 ΔL^*、Δa^*、Δb^* 也要显示所用设备的机器名称。

c. 使用视觉色差表时，与目视色差的相关值、ΔL^*、Δa^*、Δb^* 和 $\Delta N(NMC)$ 表示为图 10-8 所示方向。

④ 记录指定的任何起泡（方法 A 和方法 B 共用）。

a. 记录起泡的程度。起泡的大小、密度分类见表 10-7，没起泡可认为外观正常。

b. 黏附性试验结果按相关规定记录。

⑤ 记录按要求所做的黏合剂评价结果。用残存的表面数除以全部的表面数，以此来表示未剥离的残留的表面数，同时显示评价分数。显示剥离的位置（比如是从底部还是从中间涂层）。

⑥ 记录任何与测试程序有关的细节。

2）方法 B。根据相关规定记录测试结果。

3）根据需要记录天气和气候条件。

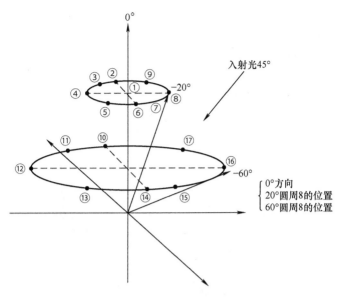

图10-8 方向图2

表10-7 泡点等级判定

大小		密度	
记号	程度	记号	程度
A	非常小 (星星点点~φ0.1)	a	低
		b	一般
		c	高
		d	非常高
B	小 (φ0.2~φ0.5)	a	低（10个以下）
		b	一般（20个以下）
		c	高（150个以下）
		d	非常高（超过150个）
C	一般 (φ0.5~φ1.0)	a	低（4个以下）
		b	一般（20个以下）
D	大 (φ1.5~φ3.0)	a	低（3个以下）
		b	一般（20个以下）

2. 耐老化特性：加速暴露

（1）目标

确定油漆表面对人为创造（加速）环境条件的抵抗力。

（2）测试方法

1）阳光耐老化试验箱法，包括连续法和循环法（日照耐老化试验箱法-湿度）。

方法A：（使用透明底漆涂料）检查中间附着力的方法。

方法B：（使用标准底漆）在双涂层金属涂料表面产生开裂和起泡。

2）荧光紫外灯/冷凝试验法。

3）氙弧灯试验法。

4）金属卤化物灯试验法。

(3) 日照耐老化试验箱连续法

1）所需设备。

① 碳弧灯试验箱，按 JIS B7753-1993 要求，见图 10-9。

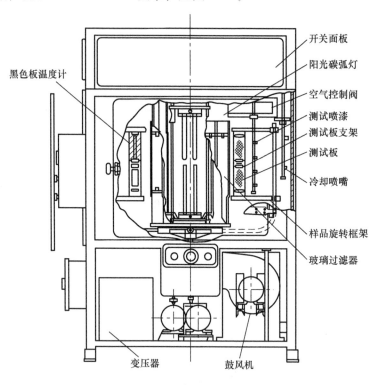

图 10-9 碳弧灯试验箱

② 高灵敏度累积光量计，测量波长 300~700nm。

③ 光探测器，专用硅光电管（带温度补偿电路）。

④ 显示比例，汞柱刻度（辐照度），每个刻度都有一个补偿值。

⑤ 汞分离灵敏度，约 1.5mm，11h（$92 \times 10^4 J/m^2$）。

⑥ 显示比例范围 0~120mm。

2）试样准备。使用试验片 A（70mm×150mm）。准备 3 个试验片，实际测试过程中使用其中两个，另一个作为参考样品。

3）测试条件。

① 黑板温度（63±3）℃［大气温度（50±2）℃］。

② 雨量周期：照射 120min，降雨 18min。

③ 雨况：压力 78~127kPa（0.8~1.3kgf/cm²）；水量（2100±100）mm/min；pH 值为 6.0~8.0、电导率低于 3μs/cm³ 的去离子水。

④ 试验期见 NESM0135 第 8 项规定。

4）测试程序。

① 测量试样漆面厚度、光泽度和色调（3-刺激值 X、Y 和 Z），其中一个试样留作参考样品。

② 用不可擦笔在试样背面书写：油漆颜色、油漆制造商、测试起止日期、油漆表面厚度，以及任何其他必要的信息。

③ 将试样安装到碳弧灯试验箱测试座上。试样测试面必须朝上。将试样支架与试样一起安装到旋转框架上。试样测试面必须面向气体过滤器。如果试样数少于支架数，则将铝板安装到空支架上，并将

支架安装到旋转框架上。铝板起到屏蔽作用。

④ 从测试开始到测试完成，每隔 250h 检查一次试样状态。如果使用斜面式旋转框架，则所有试样必须同时从上到下旋转。

⑤ 在指定的测试周期结束时，从支架上取下试样。先用海绵或其他软质材料浸泡在中性洗涤剂中清洗试样，再用自来水冲洗，最后晾干。

⑥ 用蜡抛光一个试样的下半部分表面。当超过目标时间时，抛光另一个试样的下半部分表面。

⑦ 对抛光和未抛光区域执行以下测试。

a. 油漆表面状况（染色、开裂等）测试。

b. 光泽度试验。

c. 变色（色差）测试。

d. 起泡试验。

e. 黏附试验。

f. 按需要测试其他部位。

5）报告。记录任何与测试程序有关的细节。

6）通过测量辐照度补偿测试时间：试验箱的标准辐照度允许有 ±15% 偏差。参照标准辐照度偏差计算测试补偿时间。测试补偿时间应在实际测试前完成。在连续测试中，测量平行于试验箱的辐照度，以便控制。如果检测结果稳定，则每月只需进行一次控制测量。

① 测试时间补偿法：

a. 将仪表安装到试样旋转框架上。通过旋转光源周围的区域，将仪表暴露在光源下。达到 200h 的辐照总量（10 个连续 20h 或 4 个连续 50h）。

b. 将辐照总量除以试验时间得出平均辐照度。

c. 根据平均辐照度与标准辐照度之间的偏差率补偿试验时间。补偿必须以连续测试时间为单位（20h 或 50h）。标准辐照度为每小时 $255W/m^2$。

d. 将补偿时间取整，以小时（h）为单位记录。

② 补偿测试时间（示例）：连续 20h 运行单位 200h 的平均辐照度为 $228W/m^2$。

$$补偿时间 = \frac{255(W/m^2)}{228(W/m^2)} \times 20h = 22.4h \approx 22h$$

适用于连续 50h 的运行单位。

$$补偿时间 = \frac{255(W/m^2)}{228(W/m^2)} \times 50h = 55.9h \approx 56h$$

(4) 碳弧灯试验箱循环法 A

1）目的。利用加速法研究面漆涂层与其下涂层（中涂层或底涂层）在不研磨的情况下的密接性。

2）所需设备和材料。

① 碳弧灯试验箱。

② 恒温恒湿控制室（恒温恒湿槽直接投入法）。

③ 暴露台。

④ 切割工具。

3）试样准备。采用试验片 A（70mm×150mm）。

4）测试条件。以"碳弧灯试验箱 200h→室温 0.5h→湿润（50℃、95%RH）120h→室温 0.5h"为一个循环，按规定循环进行。

5）测试程序。

① 按程序将试样安装到试验箱内。在指定时段内将试样暴露在指定条件下。

② 从试验箱内取出试样。将恒温恒湿控制室设置在指定条件下，将试样以 45°倾角置于室内，保持规定时间。

③ 按指定循环数重复测试。
④ 每次循环后，检查试样油漆表面是否开裂和起泡。
6) 报告。记录试验循环的次数和油漆表面开裂及起泡的程度。

(5) 碳弧灯试验箱循环法 B
1) 目标。测定未打磨的油漆表面涂层与中间涂层或底涂层之间的附着力。
2) 所需设备和材料。
① 碳弧灯试验箱。
② 恒温恒湿控制室（恒温恒湿槽直接投入法）。
③ 高灵敏度累计光量计。
④ 蜡。
3) 试样制备。采用试验片 A(70mm×150mm)。按正常程序涂底涂和中涂。接着涂两层改性金属漆（透明底漆）。或按试样使用规定涂一层改性金属漆（透明底涂层）并烘烤。
4) 测试条件。以"碳弧灯试验箱 600h→室温 0.5h→湿润（50℃、95%RH）240h→室温 0.5h"为一个循环。
5) 测试程序
① 将试验箱调至指定加速老化条件。
② 将待暴露试样放置在试验箱内指定时间。
③ 从试验箱内取出试样。将恒温恒湿控制室调至指定条件，将试样置于室内指定时间。
④ 按指定循环数重复测试。
⑤ 每隔 2mm 进行附着力测试，注意未剥离部分的数量。
6) 报告。将未剥离部分的数量按比例记录（未剥离部分的数量/总数量）。

(6) 荧光紫外灯/冷凝试验法
1) 目标。确定油漆表面抗环境（阳光和露水）影响的性能。使用人工荧光紫外光（uv）和冷凝装置。
2) 所需设备：荧光紫外灯试验箱。试验箱由耐腐蚀性材料制成，包括荧光紫外灯、水加热盘、试样保持架、时间和温度控制装置、记录装置等部分，见图 10-10。
3) 试样准备。采用试验片 A(70mm×150mm)。
4) 测试条件。以"紫外光照射（$2.8mW/cm^2$，70℃）8h→凝结（50℃）4h"为一个循环。
5) 测试程序
① 将试样安装到支架上。试样涂装面必须面向荧光紫外灯。如果没有足够的试样来完全填满支架则使用伪试样。
② 将试验室设置为指定试验条件，按指定循环数重复测试。

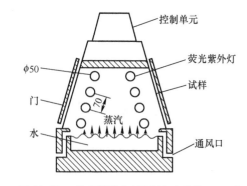

图 10-10 荧光紫外灯试验箱（单位：mm）

③ 如果要在 1 周内完成测试，则每天都要检查试样。如果测试时间超过一周，则至少要每周检查一次试样。检查后将试样重新放入试验箱时，应随机放置在支架上。
④ 完成所需测试循环后，将试样从试验箱中取出。
⑤ 检查油漆表面是否有明显的裂纹和其他缺陷。
6) 报告。
① 注意是否存在明显裂纹，以及未抛光表面上任何油漆表面缺陷的细节和严重程度。
② 注意以下要素：
a. 试验箱的类型和型号。

b. 荧光紫外灯的制造商及型号。

c. 辐照总时间和试验时间。

d. 测试条件。

(7) 氙弧灯试验法

1) 所需设备

① 氙弧灯试验箱由耐腐蚀性材料制成,包括内置氙弧灯、试样旋转架、雨水产生装置、辐照度控制装置、温度和湿度控制装置以及记录装置,见图10-11。

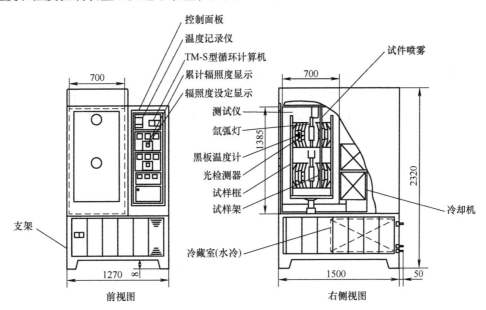

图10-11 氙弧灯试验箱(单位:mm)

② 标准光源。

③ 色差计。

④ 光泽度计。

⑤ 切割机。

⑥ 玻璃纸胶带。

2) 试样准备。采用试验片D(70mm×110mm)。

3) 测试条件。

① 辐照度180W/m^2(波长最大400nm)。试样表面照度和光对称性必须在有效额定面积的±10%以内。初始试样照明的波长为290nm。

② 温度:日照期(63±3)℃(黑板温度);降水期(28±3)℃(大气温度)。

③ 湿度:日照期(50±5)%RH;降水期大于95%RH。

④ 降水期:360min日照期内降水24min。

⑤ 降水条件:压力约98kPa(1.0kgf/cm^2);温度(20±1)℃;水量800~1000mL/min;pH值为6.0~8.0、电导率低于3μs/cm^3的去离子水。

⑥ 层间风速最高2m/s。

4) 测试程序。

① 将试样安装到保持架上。将试样和保持架整体安装到旋转支架上,试样表面必须朝向氙弧灯。

② 开始测试。每隔240h检查一次试样,直到测试完成。每次检查后,将试样重新安装到支架上,使方向相反(上下或下上)。

③ 测试完成后,从试验箱中取出保持架和试样。先用海绵或软布浸泡在中性洗涤剂中清洁试样表面,再用自来水冲洗,最后干燥(不要擦拭)。

④ 测量或目视检查下列项目:

a. 光泽度。

b. 褪色(变色)情况。

c. 油漆表面外观(堵塞、腐蚀、起泡、染色、龟裂、剥落)。

d. 物理特性(视铅笔硬度、基板纹理等而定)。

5)报告。

① 光泽度。

② 褪色或变色情况。

③ 油漆表面外观,注意有无异常情况,若有则留意严重程度。

④ 物理特性。在5次拉伸中,以划伤超3次那一层下方的硬度作为涂层硬度。划痕(开始受伤的除外)通常指达到底层的涂膜破损,有时还包括涂膜表面的擦伤,具体程度可协商确定。

⑤ 记录如下内容:

a. 试验箱类型、制造商及型号。

b. 测试条件。

c. 测试时间。

d. 灯管更换时间。

(8)金属卤化物灯试验法

1)所需设备。

① 金属卤化物灯试验箱,见图10-12。

② 标准光源。

③ 色差计。

④ 光泽度计。

⑤ 切割工具。

⑥ 玻璃纸胶带。

2)试样的制备。采用试验片D(70mm×110mm)。

3)测试条件。

① A型:

a. 以表10-8所示条件为一个循环。

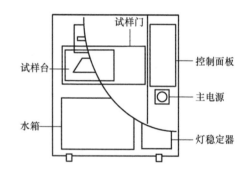

图10-12 金属卤化物灯试验箱

表10-8 循环条件1

条件	光	喷淋	高温多湿	喷淋	常温
时间	24h	10s	24h	10s	—
紫外线强度	102mW/cm²	—	—	—	—
黑板温度	63℃	—	50℃	—	RT(未使用)
湿度	70%	—	95%	—	RH(未使用)

b. 波长范围295~540nm。

c. 降水条件:水温(20±1)℃;水量约每分钟500mL;pH值6.0~8.0、电导率低于$3\mu s/cm^3$的去离子水。

② B型:以表10-9所示条件为一个循环。在指定周期内,以10个循环间隔执行确认。

表 10-9 循环条件 2

条件	光	高温多湿	喷淋	常温	喷淋
时间	4h	4h	10s	4h	10s
紫外光强度	90mW/cm^2	—	—	—	—
黑板温度	63℃	70℃	—	RT（未使用）	—
相对湿度	70%	90%	—	RH（未使用）	—

4）操作。

① 将试样固定在支架上，使试样表面正对旋转框中的金属卤化物灯。

② 开始测试，确认 A 为指定循环，B 为 10 个循环。

③ 测试结束后，将试样从试验箱中取出，用海绵等柔软材料和洗涤剂清洁涂层表面，再用自来水清洗，最后干燥。切勿打磨试样。

④ 测量或目视检查下列项目：

a. 光泽度。

b. 褪色（变色）情况。

c. 油漆表面外观（磨粉、腐蚀、起泡、染色、开裂、剥落等）。

d. 物理性能（根据铅笔硬度和基板纹理要求）。

5）报告。

① 光泽度。

② 褪色或变色。

③ 记录油漆表面外观情况。注意有无异常情况，若有则记录严重程度。

④ 记录物理性能，在 5 次拉伸中，以划伤超 3 次那一层下方的硬度作为涂层硬度。

⑤ 注意以下要素：

a. 试验箱类型、制造商和型号。

b. 测试条件。

c. 测试时间。

d. 灯管更换时间。

3. 光照特性：自然暴露

1）目标。确定内部零件油漆表面对阳光照射的长时间耐受性。这些部件没有暴露在雨水中。

2）所需设备。

① 暴露台。暴露台必须覆盖一块玻璃板（按 JIS R3202 - 2011 要求），以避免试样表面产生沉淀。暴露台必须装在一个密封的盒子里，以允许温度升高。试样与盒子侧面和玻璃板之间至少有 5cm 距离，见图 10-13。

② 褪色（变色）灰度计（按 JIS L 0804 - 2004 规定）。

③ 色差计。

④ 镜面光泽度计。

3）试样准备。采用试验片 B(70mm×300mm) 或试验片 A(70mm×150mm)。准备 3 个试验片 A 和 3 个试验片 B，各留一个作为空白样品。

4）测试条件。与自然照射相同，按指定时间暴露。

5）测试程序。与自然暴露相同，但不要抛光试样。

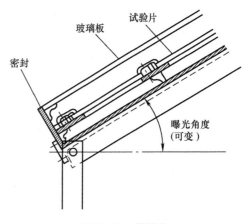

图 10-13 暴露台

① 根据 JIS L0801-2004 要求，目视比较试样色调和灰度：将暴露的试样和未暴露的样品并排放置在一张灰色纸上。在暴露的试样、未暴露的样品和灰度计上放置所附面膜，见图 10-14，比较暴露的试样和未暴露的样品之间的色差，以及灰度指示，确定等级。

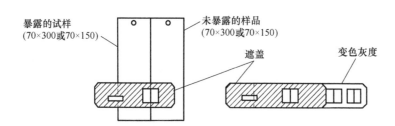

图 10-14 比较暴露的试样和未暴露的样品（单位：mm）

② 干燥试样，不要打磨试样。
③ 测量或目视检查下列项目：
a. 光泽度。
b. 褪色（变色）情况。
c. 油漆表面外观（粉化、腐蚀、起泡、染色、龟裂、剥落等）。
d. 物理性能（根据铅笔硬度和基板纹理要求）。

6）报告。
① 与自然照射相同。
② 注意灰度等级。
③ 记录光泽度。
④ 记录变色（色差）情况。
⑤ 记录油漆表面外观，注意有无异常情况，若有则记录严重程度。
⑥ 记录物理性能。在 5 次拉伸中，以划伤超 3 次那一层下方的硬度作为涂层硬度。

4. 光照特性：加速暴露

1）目标。在室外使用耐老化试验箱进行试验时，评估室内油漆表面对阳光照射的阻力，然后确定内部的老化情况。

2）所需设备。
① 褪色（变色）灰度计。
② 比色计。
③ 镜面光泽度计。

3）试样准备。采用试验片 A(70mm×150mm)。准备 3 个试样，留一个作为空白样品。

4）测试条件。根据 NESM 0135 项目 8.6 要求。

5）测试程序。与加速暴露相同。
① 使用灰度计进行变色测试。
② 干燥试样，不要打磨试样。
③ 测量或目视检查下列项目：
a. 光泽度。
b. 褪色（变色）情况。
c. 油漆表面外观（粉化、腐蚀、起泡、染色、龟裂、剥落等）。
d. 物理性能（视铅笔硬度及基板纹理要求）。

10.3 试验数据与结论

如图 10-15 所示,对于聚氯乙烯材料,金属卤化物灯试验箱较户外暴露试验加速 150 倍;对于聚碳酸酯材料,金属卤化物灯试验箱较户外暴露试验加速 300 倍;对于聚对苯二甲酸乙酯材料,金属卤化物灯试验箱较户外暴露试验加速 880 倍。金属卤化物灯试验箱较氙弧灯试验箱加速 15 倍以上。

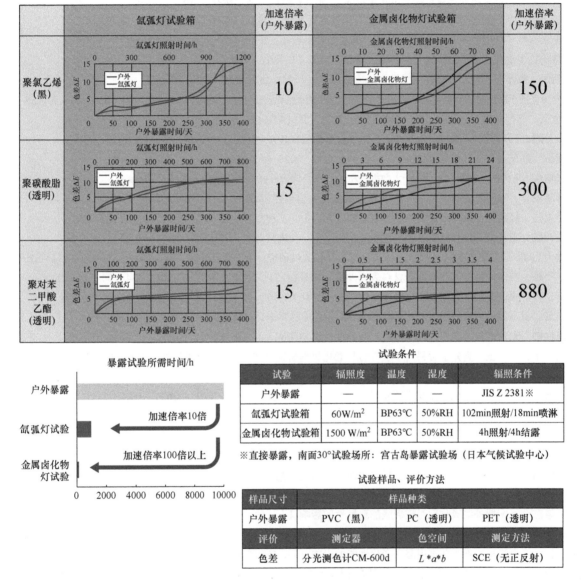

图 10-15　氙弧灯试验箱与金属卤化物灯试验箱试验结果对比

参 考 文 献

[1] 王连喜,毛留喜,李琪,等.生态气象学导论[M].北京:气象出版社,2010.
[2] 李庆臻.科学技术方法大辞典[M].北京:科学出版社,1999.
[3] 曹渡,苏忠.汽车内外饰设计与实战手册[M].北京:机械工业出版社,2017.
[4] 马坚,揭敢新,刘强,等.汽车气候老化应用技术[M].广州:华南理工大学出版社,2013.
[5] 詹樟松.汽车性能集成开发[M].北京:机械工业出版社,2021.
[6] 孙慧钧.主观评价理论之探讨[J].统计研究,2010(1):97-100.
[7] 马利娟.汽车塑料件自然曝露耐候性评价方法[D].长春:吉林大学,2016.
[8] 徐青梅.基于海南自然气候曝露试验的商用车底盘耐腐蚀性及耐候性提升研究[J].涂料工业,2021,51(9):55-59.
[9] 张全新.车架防腐工艺研究[J].涂料工业,2021,51(4):63-66.
[10] 李尹熙.汽车用非金属材料现状[J].化工新型材料,1996(9):6-7,19.
[11] 陈浩.汽车高分子材料老化分析[J].汽车工程师,2020(4):15-17.
[12] 张晓东,王伟健,祁黎,等.基于大数据分析的汽车外饰部件光热老化模型研究[J].环境技术,2020(6):97-110.
[13] 樊新民.工程塑料及其应用[M].北京:机械工业出版社,2016.
[14] 吴志强.轻量化背景下改性塑料在汽车上的应用[J].工程塑料应用,2023,51(3):152-156.
[15] 张龚敏.塑料及其复合材料老化机理研究进展[J].合成材料老化与应用,2014,43(1):74-78.
[16] 熊俊.ABS湿热海洋大气环境室内外老化行为及相关性研究[J].装备环境工程,2022,19(5):117-125.
[17] 孙宇雄.汽车内饰件改性聚丙烯材料表面发粘缺陷分析[J].企业技术开发,2015,34(3):14-15.
[18] 田瑶君.聚丙烯户外自然光老化失效分析[J].塑料,2016,45(3):97-99.
[19] 王琦.耐高温聚丙烯的热氧老化性能研究[J].合成材料老化与应用,2017,46(4):32-36.
[20] 王伟健.光热老化对车用改性聚丙烯耐刮擦性的影响研究[J].环境技术,2019,37(3):79-82.
[21] 刘景军,李效玉.高分子材料的环境行为与老化机理研究进展[J].高分子通报,2005,6:62-69.
[22] 郑学森.车用非金属部件设计选材优化思路的探讨[J].汽车工艺与材料,2018(7):9-14.
[23] 于慧杰.聚丙烯光老化性能变化研究综述[J].当代化工,2017,46(12):2606-2609.
[24] 姜兴亮.聚丙烯老化及抗氧剂的应用和发展[J].化学工程与装备,2016(4):207-210.
[25] 黄险波.车用聚丙烯改性材料技术及应用[M].北京:科学出版社,2016.
[26] 王锡军.增强聚丙烯复合材料机械性能与热氧老化性能研究[J].塑料工业,2015,43(4):97-101.
[27] 陶园园.光稳定剂和抗氧剂对聚乙烯老化性能的影响[J].武汉理工大学学报,2009,31(16):8-11.
[28] 杨华军.耐候ABS材料研究[J].环境技术,2011,34(3):28-31.
[29] 张豪杰.复配紫外线吸收剂对聚碳酸酯耐候性的影响[J].塑料工业,2019,47(7):112-116.
[30] 李登辉.不同抗氧体系的玻纤增强PA66的热氧老化性能[J].工程塑料应用,2020,48(11):106-111.
[31] 方伟.复合光稳定剂对共聚甲醛光老化性能的影响[J].现代塑料加工应用,2015,27(5):41-43.
[32] 朱明源.玻璃纤维增强PBT材料的热氧老化性能研究[J].塑料工业,2016,44(7):107-109.
[33] 王紫悦.影响塑料老化的因素及老化测试研究[J].环境技术,2022,40(1):46-48.
[34] 王钊桐.高分子材料耐候性试验测试方法概述及评价指标的选择[J].环境技术,2007(6):28-31.
[35] 杨秀霞.车用非轮胎橡胶材料发展现状及未来趋势[J].当代石油石化,2015(11):29.
[36] 袁强,李腾英,巩显明.汽车用橡胶材料的发展[J].重型汽车,2001(5):24.
[37] 李志虎,李书鹏,等.乘用车用橡胶与轻量化[M].北京:机械工业出版社,2019.
[38] 国钦瑞,邵华锋.橡胶的老化机理及老化行为的研究进展[J].高分子通报,2022(2):17-18.
[39] 李志虎.汽车用橡胶零件失效分析与预防[M].长春:吉林大学出版社,2017.
[40] 刘明,高蒙,张兴华,等.橡胶材料自然环境老化失效研究进展[J].环境技术,2015(12):31-34.
[41] 杨清芝.现代橡胶工艺学[M].北京:中国石化出版社,1997.
[42] 孟宪德.橡胶的疲劳老化与防护[J].合成材料老化与应用,1992(4):10-21.

[43] 符尧. 橡胶的疲劳老化与防护 [J]. 特种橡胶制品, 2019 (8): 63-66.

[44] 周烜平, 朱潇, 张鑫宇, 等. 橡胶及其制品老化的研究进展 [J]. 橡胶工业, 2020 (4): 316-318.

[45] 杨小田, 张博, 康建铭, 等. 橡胶老化及其防护技术的研究概况 [J]. 化工管理, 2020 (7): 100-101.

[46] 王伟健, 陈燕飞, 李书鹏, 等. 基于 Hallberg-Peck 模型的汽车发动机罩盖三元乙丙橡胶缓冲垫块加速老化试验条件研究 [J]. 橡胶工业, 2021, 68 (6): 459-463.

[47] 陈经盛. 橡胶老化防护与监测（五）[J]. 化工标准化与质量监督, 1996 (7): 27-31.

[48] 陈经盛. 橡胶老化防护与监测（六）[J]. 化工标准化与质量监督, 1996 (8): 22-27.

[49] 罗正怡. 汽车涂层力学性能测试及分析 [D]. 成都: 西南交通大学, 2009.

[50] 万俊亮. 高耐盐雾高光泽商用车水性漆的制备与性能研究 [D]. 广州: 华南理工大学, 2019.

[51] 马磊. 新型伪装涂层老化性能及机理研究 [D]. 长沙: 国防科学技术大学, 2011.

[52] 陈建军. 无机纳米粒子改性丙烯酸酯涂料的制备及其光老化性能的研究 [D]. 杭州: 浙江大学, 2004.

[53] 张海凤, 高廷敏, 曹霞, 等. 改性纳米氧化锌对丙烯酸聚氨酯涂层防腐性能的影响 [J]. 电镀与涂饰, 2010, 29 (2): 54-58.

[54] 宛萍芳, 于金鑫, 王正, 等. 油漆涂层老化黄变分析 [J]. 环境技术, 2013, 6: 29-31.

[55] 杨海, 辛忠. 聚合物防老化稳定剂的协同作用机理 [J]. 中国塑料, 2002 (11): 59-65.

[56] 王剑. 汽车产品在典型自然环境下的老化行为与服役寿命预测研究 [D]. 广州: 广东工业大学, 2018.

[57] 邓洪达. 典型大气环境中有机涂层老化行为及其室内外相关性的研究 [D]. 北京: 机械科学研究院, 2005.

[58] 刘仁, 罗静. 涂料分析与性能测试 [M]. 北京: 化学工业出版社, 2022.

[59] 赵苑, 李欣. 高分子涂层老化机理研究进展分析 [J]. 合成材料老化与应用, 2014, 43 (6): 57-61.

[60] 付芬, 柳娟娟. 汽车针织内饰面料的性能要求与应用 [J]. 科技资讯, 2011 (24): 120.

[61] 罗国海, 郁晓斐, 李君明. 汽车饰件在吐鲁番双重极端环境中的耐候性表现及分析 [J]. 上海汽车, 2021 (12): 57-62.

[62] 吴双全, 陈华. 汽车内饰面料的性能要求及测试标准探讨 [J]. 纺织科技进展, 2015 (3): 51-59.

[63] 李晶晶, 赵会新. 汽车内饰材料中人造皮革的应用研究 [J]. 现代商贸工业, 2008 (8): 386-387.

[64] 韩冰, 付丹, 谢德钰, 等. 2020 中国汽车工程学会年会论文集 [C]. 北京: 机械工业出版社, 2020.

[65] 尹文华, 陈燕, 冯志新. 胶粘剂老化机理及研究进展（上）[J]. 合成材料老化与应用, 2014, 43 (2): 69-73.

[66] 尹文华, 陈燕, 冯志新. 胶粘剂老化机理及研究进展（下）[J]. 合成材料老化与应用, 2014, 43 (3): 65-70.

[67] 林可春. 基于油液监测的汽车发动机状态识别技术 [J]. 厦门理工学院学报, 2011, 19 (2): 14-17.

[68] 雷凌, 李程. 发动机油氧化安定性影响因素研究 [J]. 合成润滑材料, 2023, 50 (1): 45-48.

[69] 孙瑞雨, 贾旭岩, 李程. 热氧化管法评价发动机油的抗氧化性能 [J]. 合成润滑材料, 2021, 48 (4): 23-27.

[70] ZHANG S S. An unique lithium salt for the improved electrolyte of Li-ion battery [J]. Electrochemistry Communications, 2006, 8 (9): 1423-1428.

[71] 李想, 裴波, 丁玉峰. 高压镍锰酸锂电池电解液的研究现状和发展趋势 [J]. 船电技术, 2023, 43 (9): 27-31.

[72] 于健, 赵鸿渝, 吴慧娟. 锂电池电解液技术现状及发展趋势 [J]. 科技创新与应用, 2023 (28): 1-5.

[73] 陈浩, 杨冬月, 黄岗, 等. 锂氧电池有机电解液的研究进展 [J/OL]. 物理化学学报, 2024, 40 (7): 2305059 [2024-01-03]. https://link.cnki.net/urlid/11.1892.O6.20230904.1523.004.

[74] 袁玉和, 李希超, 张国红, 等. 轨道交通车用锂离子电容器低温有机电解液研究 [J/OL]. 电池工业, 2023 (6): 004 [2024-01-24]. https://link.cnki.net/urlid/32.1448.TM.20231017.1040.006.

[75] 王泽旺, 汪志成, 周书民. 磷酸铁锂动力电池老化特性研究 [J]. 电子技术与软件工程, 2023 (1): 127-132.

[76] 凌青青, 钟卉菲, 徐铮. 气相色谱法在锂离子电池电解液研究中的应用 [J]. 浙江化工, 2022, 53 (12): 47-54.

[77] 高宏. 汽车用非金属材料现状与需求预测 [J]. 汽车工业研究, 1999 (4): 41-43.

[78] 刘璇, 杨睿. 橡胶密封材料老化研究进展 [J]. 机械工程材料, 2020, 44 (9): 6-7.

[79] 杨杰, 李光茂, 杨森, 等. 硅橡胶绝缘材料老化研究的现状与进展 [J]. 环境技术, 2021 (12): 106-108.

[80] 田永. 汽车电子电器件材料的选择与应用 [J]. 汽车与配件, 2014 (19): 64, 67.

[81] 张菊香. 硬膜涂层在汽车前照灯上的应用 [J]. 汽车与驾驶维修, 2022 (10): 31, 33.

[82] 王文涛. 汽车危险报警开关气候老化性能研究 [J]. 环境技术, 2012, 30 (4): 32, 35.

[83] 张涛,周漪,刘静. 汽车整车在典型环境下大气暴露试验结果分析 [J]. 装备环境工程, 2013, 10 (6): 50-55.

[84] 张晓东,刘旭,吕天一,等. DIN 75220 标准阳光模拟试验对海南户外暴露试验对比研究 [J]. 装备环境工程, 2023, 20 (6): 141-146.

[85] 陈平方,余晓杰,陆挺. 整车自然暴晒与全光谱阳光模拟老化相关性研究 [J]. 环境技术, 2020 (3): 70-73.

[86] 陆启凯. 汽车自然气候老化试验 [M]. 广州:华南理工大学出版社, 2010.

[87] 陈穆祖,陈卫华,周彪. 油漆桔皮的测定原理、方法与评价 [J]. 涂料工业, 1998 (6): 41-43.